U0837349

财经商贸大类大数据与会计专业技能应用型教材

大数据财务分析

杨 霞 刘春应 主 编

刘聿一 朱春霖 副主编

電子工業出版社
Publishing House of Electronics Industry
北京 · BEIJING

内 容 简 介

本书基于 Power BI 软件平台，以项目的形式组织内容，循序渐进地讲解大数据财务分析的基本原理与应用方法。

本书共 6 个项目，分别为初识 Power BI、获取数据、数据基础操作、数据分析模型、制作可视化报表、财务应用中的图形对象。

本书实例丰富、内容翔实、操作方法简单易学，既适合作为职业院校计算机与财会等相关专业的教材，也可供从事数据分析相关工作的专业人士参考。

未经许可，不得以任何方式复制或抄袭本书之部分或全部内容。
版权所有，侵权必究。

图书在版编目（CIP）数据

大数据财务分析 / 杨霞，刘春应主编. —北京：电子工业出版社，2022.11
ISBN 978-7-121-43808-0

Ⅰ. ①大… Ⅱ. ①杨… ②刘… Ⅲ. ①企业管理－财务管理－高等学校－教材 Ⅳ. ①F275

中国版本图书馆 CIP 数据核字（2022）第 111667 号

责任编辑：薛华强　　特约编辑：倪荣霞
印　　刷：三河市良远印务有限公司
装　　订：三河市良远印务有限公司
出版发行：电子工业出版社
　　　　　北京市海淀区万寿路 173 信箱　　邮编：100036
开　　本：787×1092　1/16　印张：15　字数：384 千字
版　　次：2022 年 11 月第 1 版
印　　次：2022 年 11 月第 1 次印刷
定　　价：49.80 元

凡所购买电子工业出版社图书有缺损问题，请向购买书店调换。若书店售缺，请与本社发行部联系，联系及邮购电话：（010）88254888，88258888。

质量投诉请发邮件至 zlts@phei.com.cn，盗版侵权举报请发邮件至 dbqq@phei.com.cn。

本书咨询联系方式：（010）88254569，xuehq@phei.com.cn，QQ1140210769。

前　言

数据分析是指用适当的统计分析方法对收集到的大量数据进行分析，提取有用信息、形成结论，从而对数据加以详细研究和概括总结的过程。这一过程也是质量管理体系的支持过程。在实际应用中，数据分析可帮助人们作出判断，以便采取适当的行动。

随着信息技术的快速发展，大数据技术逐步渗透至各行各业的应用实践中，财务会计行业更是典型的数据处理和分析行业。借助大数据的海量数据处理技术，人们可以高效准确地进行各种财务数据的处理和分析。

本书以由浅入深、循序渐进的方式展开讲解，以合理的结构和经典的实例对大数据财务分析的各种功能进行了详细的介绍，具有较高的实用价值。通过本书的学习，读者可以掌握大数据财务分析技术的基本原理和应用方法。

一、本书特点

1. 实例丰富

本书的实例无论是数量还是种类，都非常丰富。本书结合大量的大数据财务分析实例，详细讲解了大数据财务分析技术的基本原理，让读者在学习实例的过程中潜移默化地掌握大数据财务分析技术的应用方法。

2. 突出提升技能

本书从全面提升读者的大数据财务分析实际应用能力的角度出发，通过讲解 Power BI 软件平台并深入剖析实例，使读者能够独立地完成各种大数据财务分析应用操作。

书中大部分实例源自大数据财务分析项目案例，经过编者的精心提炼和改编，不仅能够帮助读者学好知识点，而且能够提升读者的实际操作水平。

3. 技能与思政教育紧密结合

本书在讲解大数据财务分析专业知识的同时，紧密结合思政教育主旋律，使读者学好专业知识的同时，还能强化思政教育。

4. 编者团队经验丰富

本书的编者都是在高校中从事大数据财务分析教学与研究的一线教师，具有丰富的教学实践经验与教材编写经验。有一些编者出版过大数据可视化技术相关的书籍，这些图书经过市场的检验，很受读者欢迎。多年的教学工作使他们能够准确地把握学生的心理与实际需求。

编者总结多年的开发经验及教学心得体会，力求在本书中全面、细致地展现大数据财务分析应用领域的基本原理与应用方法。

5. 项目形式，实用性强

本书采用项目的形式组织内容，把大数据财务分析理论知识分解并融入每个项目，增强了本书的实用性。

二、本书的基本内容

全书共 6 个项目，分别为初识 Power BI、获取数据、数据基础操作、数据分析模型、制作可视化报表、财务应用中的图形对象。

三、关于本书的服务

1. 关于本书的技术问题或有关本书信息的发布

读者若遇到有关本书的技术问题，可以将问题发到邮箱 714491436@qq.com，我们将及时回复。也欢迎各位读者加入图书学习 QQ 交流群（523536756）交流探讨。

2. 配套资源

为满足教师的教学需求，本书配备了电子课件及相关素材，读者可登录华信教育资源网（www.hxedu.com.cn）免费注册后进行下载。

本书由达州职业技术学院的杨霞、河南测绘职业学院的刘春应担任主编，长沙商贸旅游职业技术学院的刘聿一、长春金融高等专科学校的朱春霖担任副主编。河北军创家园文化发展有限公司为本书的出版提供了必要的帮助，在此对他们的付出表示真诚的感谢！

编　者

目　　录

项目一

初识 Power BI

思政目标

- 培养读者自主学习能力，养成良好的学习习惯。
- 及时关注行业动态，了解行业发展趋势，推陈出新。

技能目标

- 了解 Power BI 的主要功能。
- 熟悉 Power BI 工作界面。
- 掌握 Power BI 帮助文档的使用方法。

项目导读

学习使用一个应用程序，应首先了解该软件的功能及工作界面。本项目将介绍 Power BI 的产品家族、主要工具及功能。熟悉 Power BI 的工作环境，掌握帮助文档的使用方法，为将来更好地运用 Power BI 完成复杂的任务打下坚实的基础。

任务一 Power BI 概述

任务引入

小明应聘了一份会计工作，需要使用 Power BI 软件对数据进行处理，但是要想熟练使用 Power BI 软件进行数据处理，必须先了解该软件具有什么功能、包含哪些产品，以及有哪些主要工具等。只有对 Power BI 的界面有了宏观的认识，才能更好、更快地进行数据处理。

知识准备

BI 是商业智能（Business Intelligence）的简称，又称商业智慧或商务智能，指用现代数据仓库技术、线上分析处理技术、数据挖掘和数据展现技术进行数据分析以实现商业价值。Power BI 是 Microsoft 公司推出的一套智能商业数据分析软件，可以连接来自不同系统的上百个数据源，对数据进行提取、清理、整合、汇总、分析，并能根据需要改变条件，即时生成美观的统计报表进行发布，帮助企业做出有效的预测和明智的决策。

一、Power BI 功能简介

Power BI 作为一款可视化的商业数据分析工具，能帮助用户高效地完成数据挖掘与分析，其主要功能简要介绍如下。

1. 可连接多种不同类型的数据源

Power BI 可连接几乎所有类型的数据，包括 Excel 文件、CSV（文本）文件、XML 文件、Access 数据库、SQL Server 数据库、Oracle 数据库、MySQL 数据库、Sybase 数据库、Web 数据、IBM Netezza 等。

2. 数据管理与建模

利用 Power BI 可轻松对从数据源加载的数据进行规范化处理，更改数据类型、对行列数据进行操作、合并多个源的数据。

3. 创建效果炫酷的视觉对象

视觉对象也称可视化效果，在 Power BI 中泛指图表、图形、地图或其他可直观呈现数据的报表元素。Power BI 预置了种类全面的可视化效果库，用户只需要简单的几步操作，就可创建精美、专业的视觉对象。

4. 创建专业报表

在 Power BI 中，报表的概念类似于 Excel 中的工作簿。也就是说，一个报表可以包含多个页面，每个页面中又可以包含数量不一的视觉对象。

5. 共享与协作

通过登录 Power BI 服务，用户可将制作的报表发布到工作区或其他位置，从而实现团队共享与协作。

二、Power BI 产品家族

针对不同应用场景和用户角色，Microsoft 提供了一系列 Power BI 产品。

1. Power BI Desktop

该产品称为 Power BI 桌面应用程序，为免费版，主要用于个人建立数据模型和报表。

2. Power BI Pro

该产品可称为网络版的 Power BI Desktop，是基于用户的服务。除拥有 Power BI Desktop 的所有功能外，还支持对等共享、企业分发、嵌入 API 和控件、团队协作、访问 Power BI 应用、电子邮件订阅、在 Excel 中分析等功能。

3. Power BI Premium

该产品是基于为企业提供 Power BI 体验的一种服务，对应的服务资源称为专有容量。企业获得容量许可后，不需要向每个企业用户授予许可，即可在整个企业内发布、访问报表。其根据需要，还可以扩大专有容量的规模并提高性能。

4. Power BI Mobile

该产品用于在 iOS 和 Android 等移动设备上实时访问 Power BI 报表和仪表板。

5. Power BI Embedded

该产品是一组便于开发人员在自己的应用中嵌入 Power BI 报表和仪表板的 API。

6. Power BI 报表服务器

该产品是一个在防火墙内部提供管理报表和 KPI 的本地服务器，企业用户可通过 Web 浏览器、移动设备或电子邮件查看服务器中的管理报表和 KPI。

7. Power BI 服务

该产品是软件即服务（Software-as-a-Service，SaaS），通过该产品可与其他人共享报表。

本书选用 Power BI 的 Windows 桌面应用程序 Power BI Desktop，介绍数据分析和可视化的方法。

三、Power BI 主要工具及功能

Power BI 整合了一系列工具，最主要的 3 个是 Power Query、Power Pivot 和 Power BI Desktop。其中，Power Query 和 Power Pivot 基于 Excel，Power BI Desktop 则独立存在。

Power Query 是自 Excel 2010 开始添加的一个插件，用于获取文件、文件夹、数据库、网页等多种数据源并进行处理，且能保存处理步骤，不需重复操作也能处理后期更新的数据，在很大程度上弥补了 Excel 在处理数据源繁多且数据量庞大的数据时能力的不足。

特别提示

Excel 2010 和 2013 版需到 Microsoft 官网下载安装 Power Query 插件，Excel 2016 及更新版本则将该插件功能嵌入“数据”选项卡，可以直接使用。

Power Pivot 是 Microsoft 自 Excel 2013 开始，继 Power Query 之后内置的一个数据处理插件，可以利用 Power Query 处理好的数据或其他数据建立分析模型。

Power BI Desktop 是 Power BI 产品家族的一员，整合了 Power Query 和 Power Pivot 的功能，但并不是对这两个插件的简单集成。Power BI Desktop 功能更加强大，既可以处理数据、建立模型，还可以对数据进行动态图表展现，建立复杂的报表体系；操作更加简单，只需要使用现成的功能就可轻松完成，而且效果更加专业。

任务二 Power BI Desktop 工作界面

任务引入

小明已经对 Power BI 软件有了一个初步的认识。那么，Power BI 的工作界面是什么样子呢？又该如何进行操作呢？

知识准备

在 Microsoft 官网下载安装 Power BI Desktop 安装包，然后双击桌面上生成的快捷图标，即可启动 Power BI Desktop。

一、欢迎界面

在桌面上双击 Power BI Desktop 的快捷图标，启动 Power BI Desktop 后，弹出如图 1-1 所示的欢迎界面。

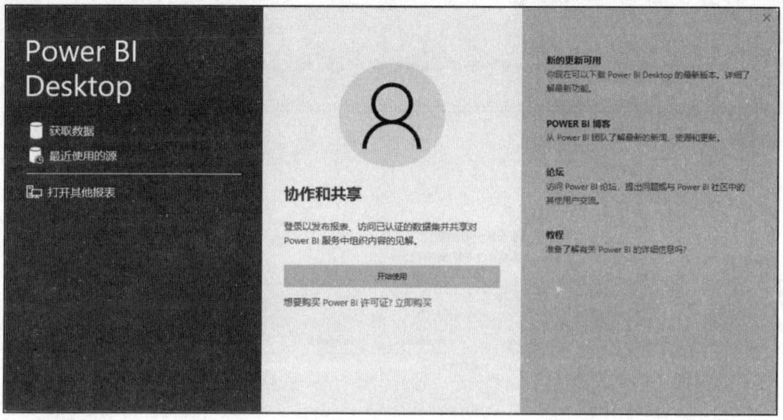

图 1-1　欢迎界面

在欢迎界面中可获取数据、查看最近使用的数据源或打开的报表、浏览学习分享和教学课程。

特别提示

在未登录账户的情况下，Power BI Desktop 的某些功能或命令不会显示。如果要全面地认识 Power BI Desktop 的操作主界面，建议注册账户并登录。

在欢迎界面单击“开始使用”按钮 开始使用，弹出电子邮件地址输入界面，如图 1-2 所示。

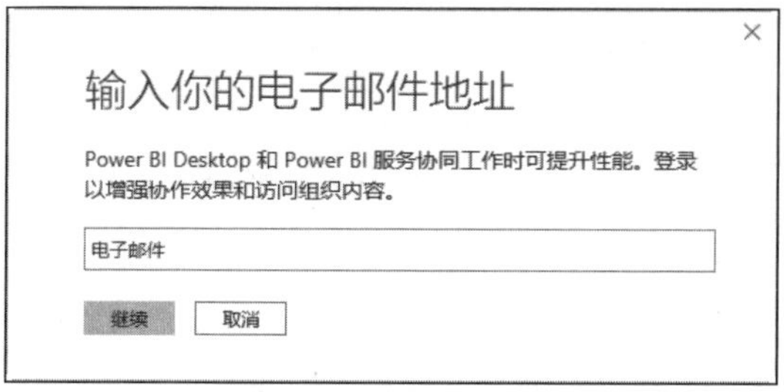

图 1-2　电子邮件地址输入界面

输入工作或学校电子邮件账户，单击“继续”按钮，登录后，可以使用 Power BI 服务访问组织内容、协同工作，以提升性能。

如果仅希望使用 Power BI Desktop 制作个人报表，不想登录，可以在电子邮件地址输入界面单击“取消”按钮，关闭该界面。

单击欢迎界面右上角的“关闭”按钮，可关闭欢迎界面。

二、操作主界面

登录账户或关闭欢迎界面后，显示操作主界面，如图 1-3 所示。

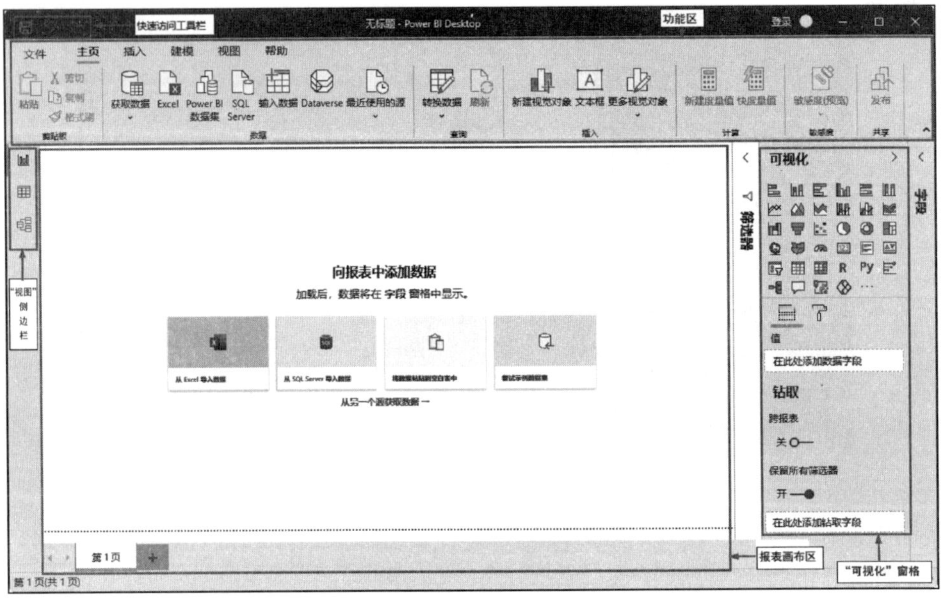

图 1-3　操作主界面

特别提示

Power BI 升级频率较高，每月都有更新。不同时期的软件界面可能略有差别，但总体框架和功能基本一致。

三、快速访问工具栏

快速访问工具栏位于操作主界面左上角，标题栏左侧，集中显示最常用的命令按钮，如“保存”“撤销”和“恢复”。

四、功能区

功能区位于标题栏下方，以选项卡和组的形式分类组织功能按钮，便于用户快速找到所需要的功能命令，如图 1-4 所示。当前选项卡下方显示黄色栏线，且字体加粗显示。

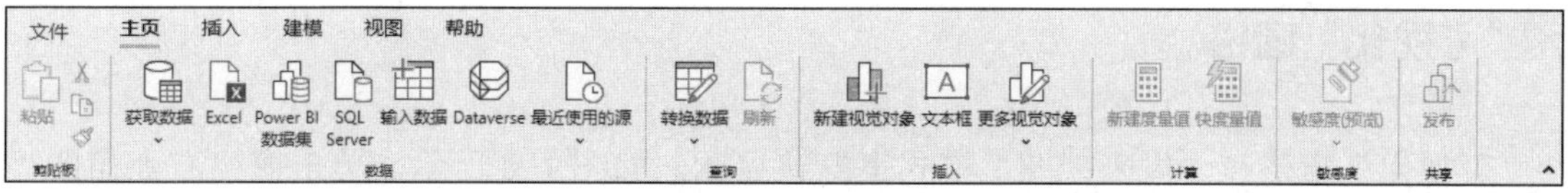

图 1-4　功能区

单击功能区右下角的“折叠”按钮 ^，可以隐藏功能组的名称，如图 1-5 所示。

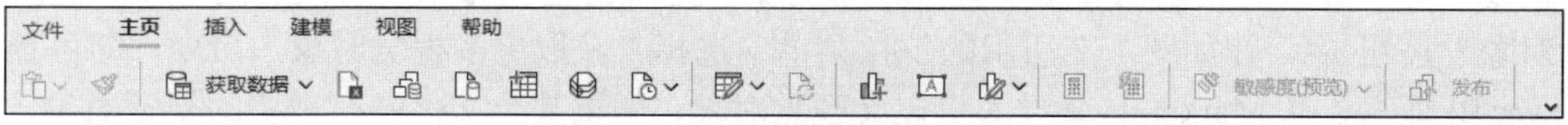

图 1-5　隐藏功能组的名称

五、“视图”侧边栏

“视图”侧边栏位于功能区下方、界面左侧，自上而下排列了 3 个用于切换视图的功能按钮，如图 1-6 所示。当前选中图标左侧显示黄色栏线。

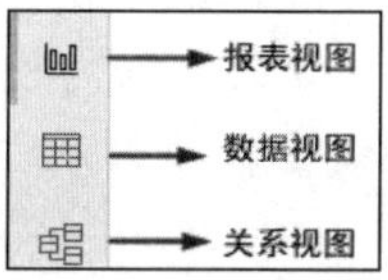

图 1-6　“视图”侧边栏

（1）报表视图：Power BI Desktop 的默认视图，用于查看、使用数据生成视觉对象设计报表。可很方便地移动视觉对象并进行复制、粘贴、合并等操作。

（2）数据视图：用于查看、编辑数据模型中的数据，显示的数据是其加载到模型中的样子。在需要创建度量值和计算列、识别数据类型时非常方便。

（3）关系视图：以图形方式管理数据模型中表之间的关系，对于包含许多表且关系复杂的模型尤为有用。

六、报表画布区

报表画布区如图 1-7 所示，上部区域是报表画布，是创建和排列视觉对象的区域，启动时默认显示获取数据的向导图，方便用户在报表中添加数据；下部区域是页面选项卡，以便在同一报表的不同页面之间进行切换。

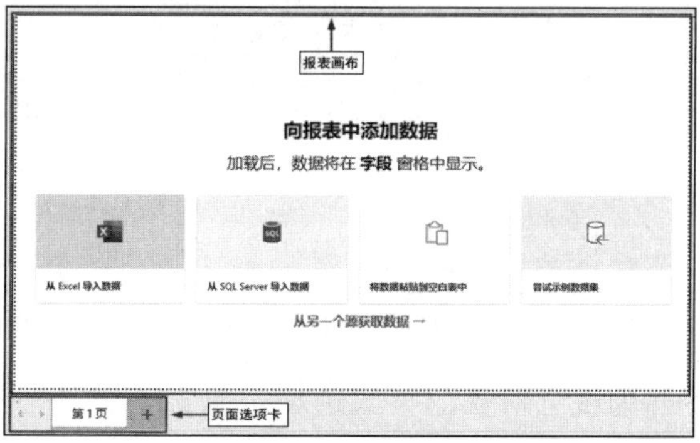

图 1-7　报表画布区

七、“可视化”窗格

“可视化”窗格在“报表视图”模式下默认显示，如图 1-8 所示。单击窗格右上角的“显示/隐藏窗格”按钮，可以切换窗格的显示状态。

“可视化”窗格上部显示各种常用的在报表中创建的视觉对象，如条形图、饼图、漏斗图、着色地图等。如果要创建列表中没有的视觉对象，则单击视觉对象列表最后的“获取更多视觉对象”按钮…，在如图 1-9 所示的下拉菜单中选择“获取更多视觉对象”命令，即可登录 Power BI 服务，从 Marketplace 导入自定义视觉对象。如果某个文件中有需要的视觉对象，则选择“从文件导入视觉对象”命令。

如果要删除视觉对象列表中的自定义视觉对象，则在如图 1-9 所示的下拉菜单中选择“删除视觉对象”命令，在弹出的对话框中选择要删除的视觉对象，然后单击“删除”按钮 删除 。

特别提示

删除从 AppSource 或文件导入的视觉对象时，将删除当前报表中该视觉对象的所有实例。如果删除的视觉对象没有固定到可视化效果窗格，那么以后要重新使用该视觉对象时，必须重新导入。

如果导入的视觉对象较多，为便于选择，可以取消固定某些不常用的视觉对象。右击要取消固定的视觉对象图标，从弹出的快捷菜单中选择“取消固定此视觉对象”命令，如图 1-10 所示。

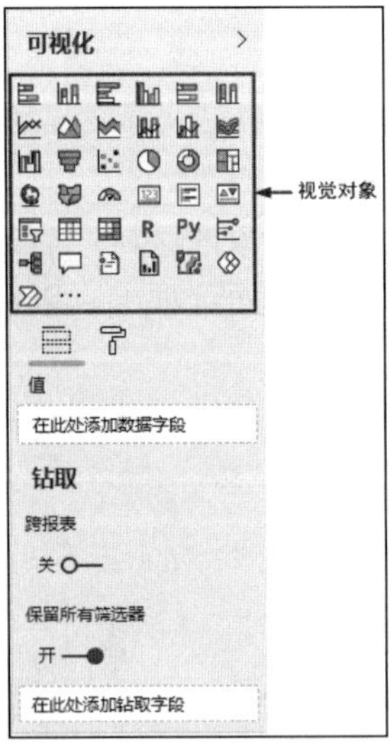

图 1-8 “可视化”窗格

图 1-9 “获取更多视觉对象”下拉菜单

图 1-10 取消固定视觉对象

“可视化”窗格的下部为视觉对象的格式选项，包含“字段”、“格式”、“分析”3 个选项卡。

在“字段”选项卡中，可以设置视觉对象用于轴和值的字段以及筛选器，如图 1-11 所示；在“格式”选项卡中，可以设置视觉对象的外观样式，如图 1-12 所示；在“分析”选项卡中，可以在视觉对象中添加分析曲线，并设置样式，如图 1-13 所示。

图 1-11　“字段”选项卡

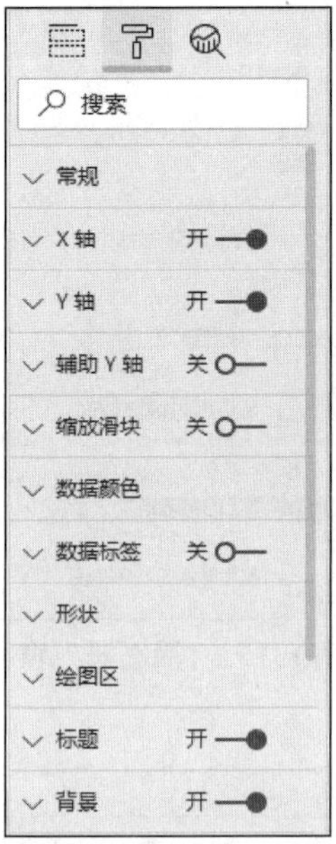

图 1-12　“格式”选项卡

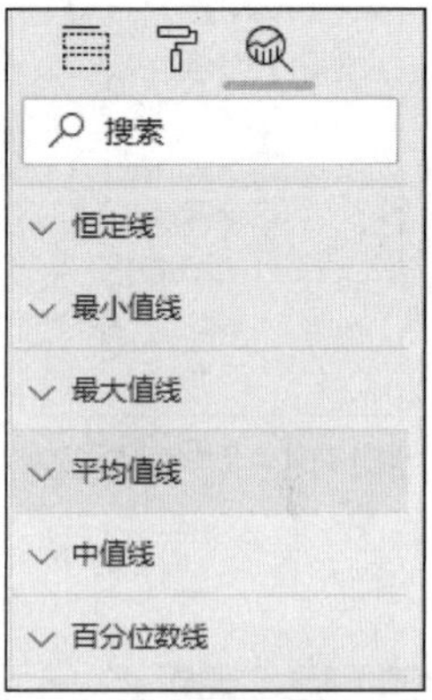

图 1-13　“分析”选项卡

八、“字段”窗格

“字段”窗格在“报表视图”模式下默认隐藏，单击窗格顶部的“显示/隐藏窗格”按钮 < ，即可展开“字段”窗格，如图 1-14 所示。

“字段”窗格显示当前报表已获取的数据表及表中的字段。勾选字段名称左侧的复选框，可将字段添加到视觉对象中，反之从视觉对象中删除指定字段。

如果字段名称前面有符号Σ（如图 1-14 中的“单价”和“订单数量”），则表示该字段为聚合字段，可执行计数、求和或求平均值等聚类分析。

九、“筛选器”窗格

“筛选器”窗格在“报表视图”模式下也默认隐藏，单击窗格顶部的“显示/隐藏窗格”按钮 < ，即可展开“筛选器”窗格，如图 1-15 所示。

“筛选器”窗格用于在报表的视觉对象中显示特定的数据并排序，可设置视觉级、页面级、报表级筛选器。将鼠标指针移到要设置筛选类型的筛选器上，显示“展开或折叠筛选器卡”按钮 ∨ 。单击该按钮，即可展开筛选器，如图 1-16 所示。勾选要显示的值左侧的复选框，报表画布中的视觉对象将随之发生变化，仅显示指定的值。

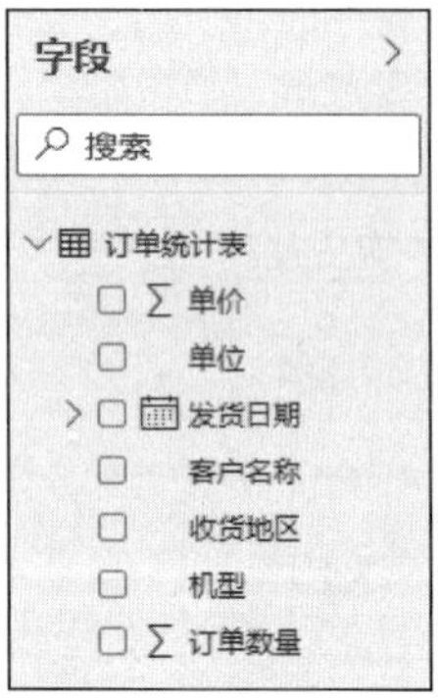

图 1-14 “字段”窗格

图 1-15 “筛选器”窗格

图 1-16 设置筛选类型

任务三 使用 Power BI Desktop 帮助文档

任务引入

小明已经对 Power BI 的工作界面有了初步的了解。那么，对于初学者来说如何使用 Power BI 的帮助文档呢？

知识准备

为方便用户快速掌握 Power BI Desktop 的操作，Microsoft 提供了丰富的帮助文档，不仅可帮助用户快速找到不了解的功能和操作的详细介绍，还提供了大量的示例，方便用户学习使用。

一、查看帮助文档

在 Power BI Desktop 的功能区单击“帮助”选项卡，可以看到多个与 Power BI Desktop 程序相关的帮助主题，如指导式学习、培训视频、文档、示例等，如图 1-17 所示。

单击要查看的功能按钮，即可打开浏览器，进入相应的帮助类别。例如，单击“文档”按钮?，在浏览器中默认显示 Power BI Desktop 的入门帮助文档，如图 1-18 所示。

图 1-17　“帮助”选项卡

图 1-18　Power BI Desktop 的入门帮助文档

在左侧的导航栏中单击帮助标题，即可跳转到相应的帮助内容页面。

如果要查看更多的 Power BI 文档，则在文档路径中单击“Power BI”，如图 1-19 所示，即可显示更全面的 Power BI 文档列表，如图 1-20 所示。

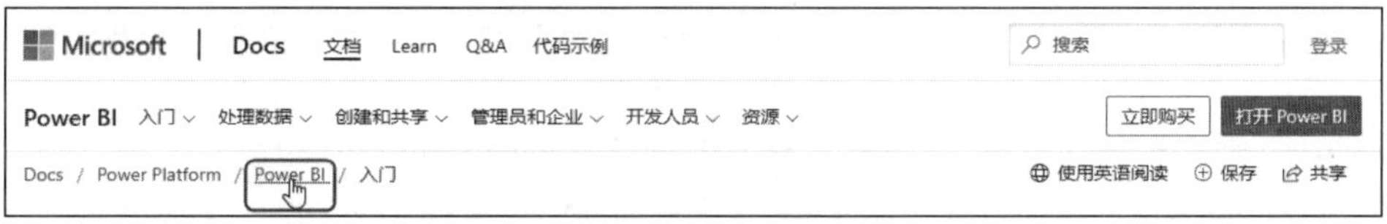

图 1-19　选择路径

图 1-20　Power BI 文档列表

如果要查找帮助内容，则在搜索栏中输入关键词，如“切片器”，如图 1-21 所示，再按〈Enter〉键，即可显示相应的搜索结果的内容链接，如图 1-22 所示。单击链接文本，即可显示该链接的具体内容。

图 1-21 输入搜索关键字

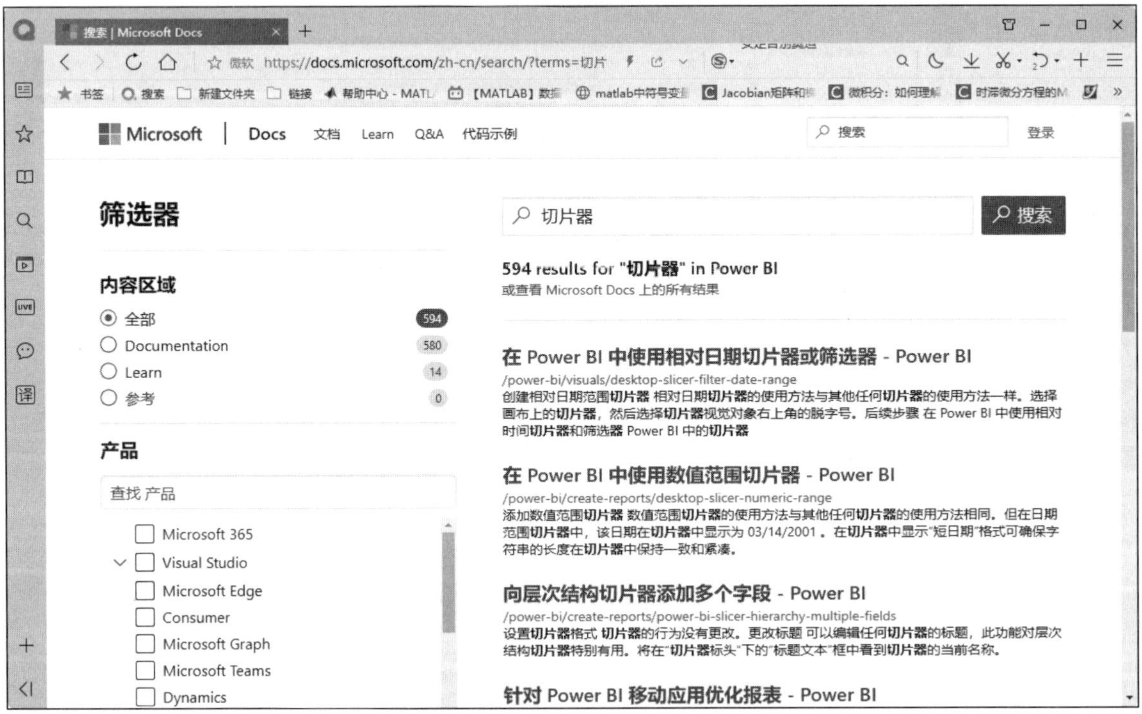

图 1-22 搜索结果

二、使用示例

在功能区的“帮助”选项卡的“资源”组中单击“示例”按钮，弹出如图 1-23 所示的下拉菜单。

从菜单中可以看到，Power BI Desktop 提供了丰富的示例类型，不仅提供了示例数据集帮助初学者找到合适的数据快速创建视觉对象，还提供了多种格式和由专家创建的示例报表，此外，还可浏览由经验丰富的咨询合作伙伴创建的报表和商业情报解决方案。

在下拉菜单中选择“示例数据集”命令，打开示例数据使用向导，如图 1-24 所示。

单击“启动教程”链接文本，启动浏览器，显示帮助文档。在左侧的导航栏中展开“示例”类别，可以看到 Power BI Desktop 提供的示例列表，如图 1-25 所示。

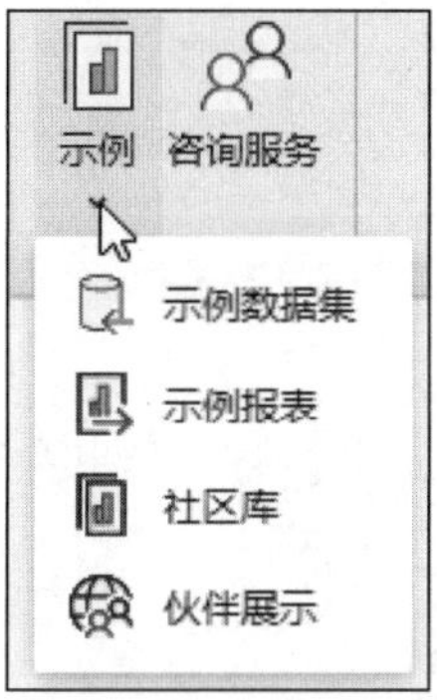

图 1-23 “示例”下拉菜单

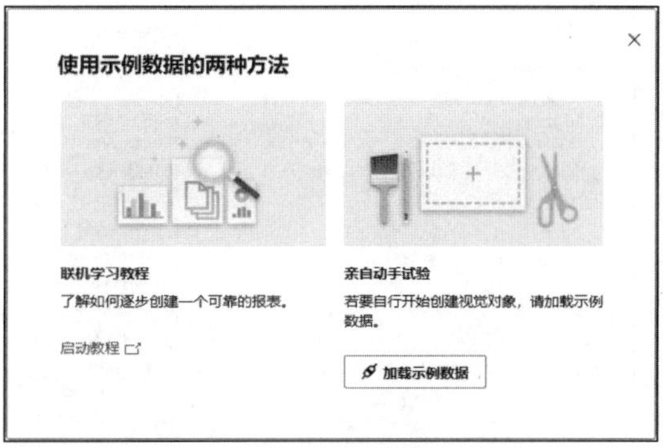

图 1-24 示例数据使用向导

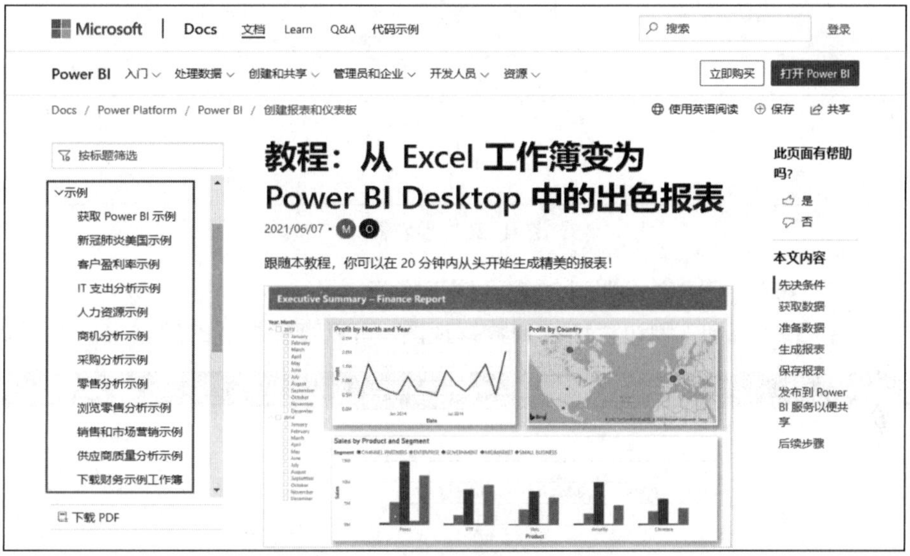

图 1-25 查看示例

Power BI 示例有 3 种使用方式：内容包、.pbix 文件或 Excel 工作簿。内容包是可在 Power BI 服务中使用的，包含一个或多个仪表板、数据集和报表的捆绑包。.pbix 文件包含数据集和报表，可在 Power BI Desktop 中直接打开。Excel 工作簿包含数据表和 Power View 图表等内容，可在 Power BI Desktop 中导入。

特别提示

Power BI Desktop 不直接使用导入的 Excel 工作簿，而是在新的 Power BI Desktop 文件中按查询、数据模型表、KPI、度量值或 Power View 图表分类导入数据。

单击需要的示例，在右侧窗格中可以查看下载、使用示例的方法。

如果希望直接利用示例数据创建视觉对象，则在如图 1-24 所示的示例数据使用向导中单击“加载示例数据”按钮

，打开导航器，选中要加载的表，如图 1-26 所示。

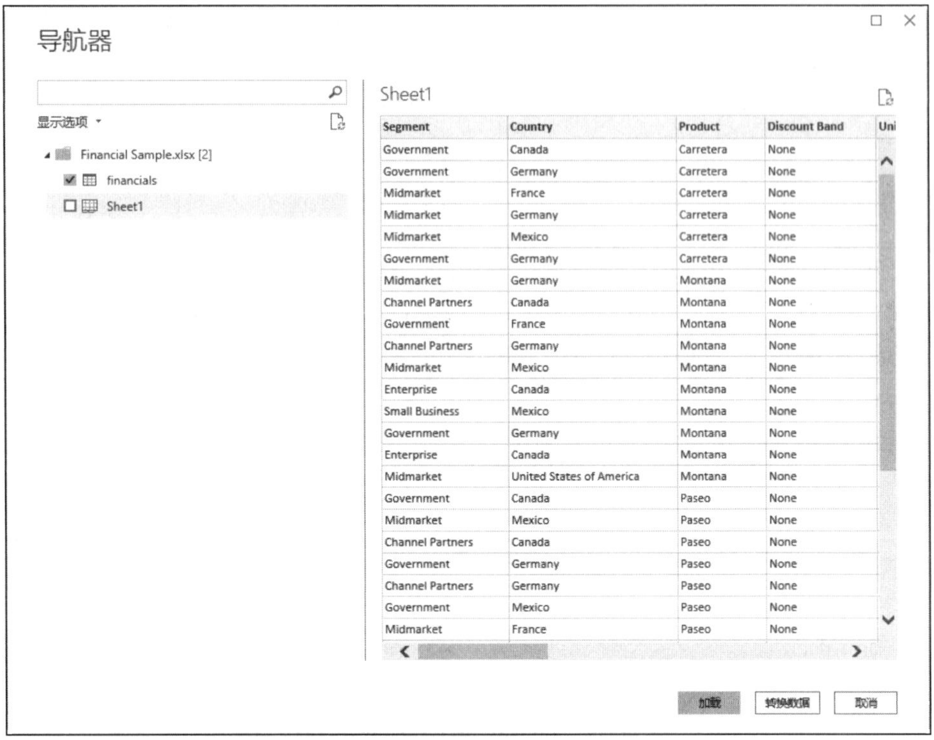

图 1-26　导航器

单击“加载”按钮 加载 ，即可加载示例工作簿。

加载完成后，在“视图”侧边栏切换到数据视图，可以查看加载的数据表，如图 1-27 所示。

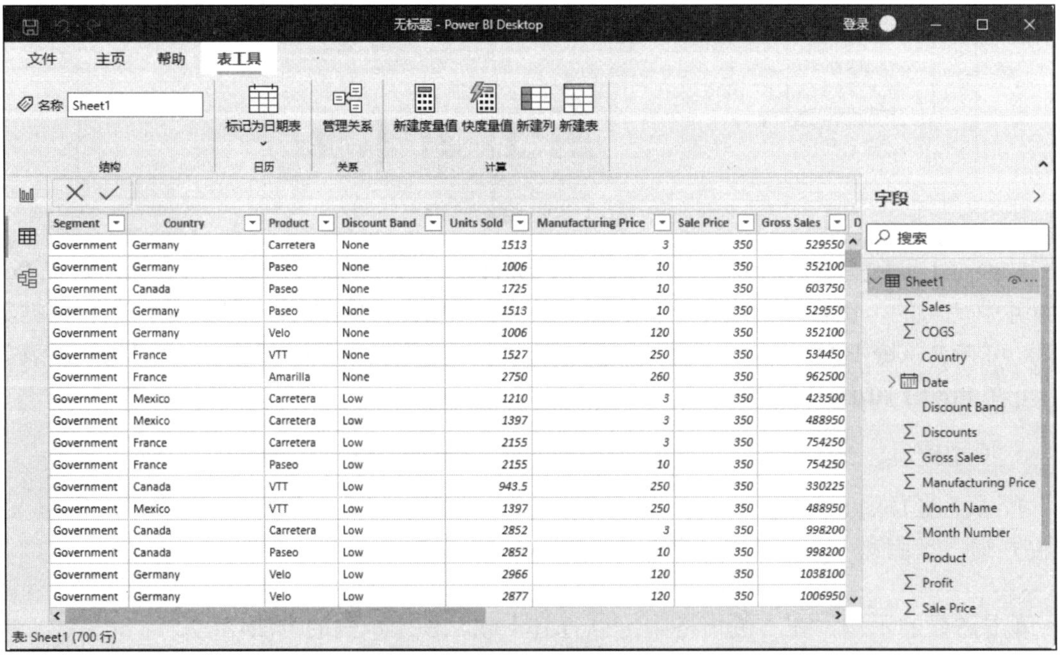

图 1-27　加载的数据表

项目总结

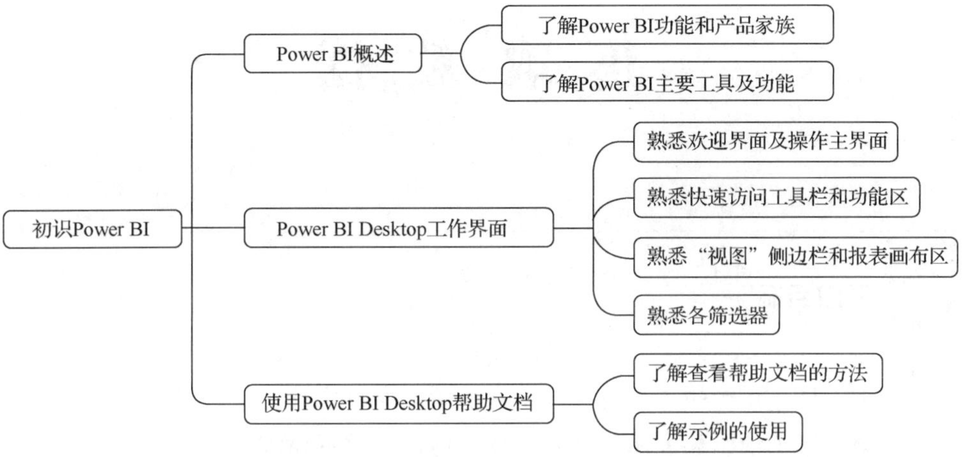

项目实战

实战一　怎样删除视觉对象？

（1）在“报表视图”模式下单击“可视化”窗格视觉对象列表最后的“获取更多视觉对象”按钮…，打开下拉菜单。

（2）在下拉菜单中选择“删除视觉对象”命令，即可删除视觉对象。

实战二　怎样利用帮助文档查看“报表视图”的概念？

（1）在 Power BI Desktop 的功能区单击“帮助”选项卡，在“帮助”组中单击“文档”按钮?，在浏览器中默认显示 Power BI Desktop 的入门帮助文档。

（2）在搜索栏中输入“报表视图”，按〈Enter〉键，即可显示相应的搜索结果的内容链接，用户可以选择合适的链接进行查看。

项目二

获 取 数 据

思政目标

- 培养读者的工匠精神、精益求精的学习态度。
- 逐步培养读者谦虚好学、持之以恒的学习精神。

技能目标

- 能够快速填充数据。
- 能够通过记录单填充数据。
- 能够定义单元格名称。

项目导读

要创建报表和视觉对象，首先需要获取数据。除了支持直接输入数据，Power BI Desktop 还可以连接不同类型的数据源，获取数据进行分析。

本项目将讲解 3 种数据的获取方法。

任务一 直接输入数据

任务引入

领导让小明制作一张各部门的工资报表，表格内容要求简洁明了。那么，小明该如何进行数据的引入呢？

知识准备

创建报表之前要先创建表，然后再输入数据。本任务简要介绍报表的创建、编辑及数据的输入。

一、表格的创建与编辑

如果报表的数据量较少，获取数据最直接的方法就是在 Power BI Desktop 中直接输入数据。下面我们来对其进行详细的介绍。

1. 创建表

在“主页”选项卡的“数据”组中单击“输入数据”按钮，打开“创建表”对话框，如图 2-1 所示。

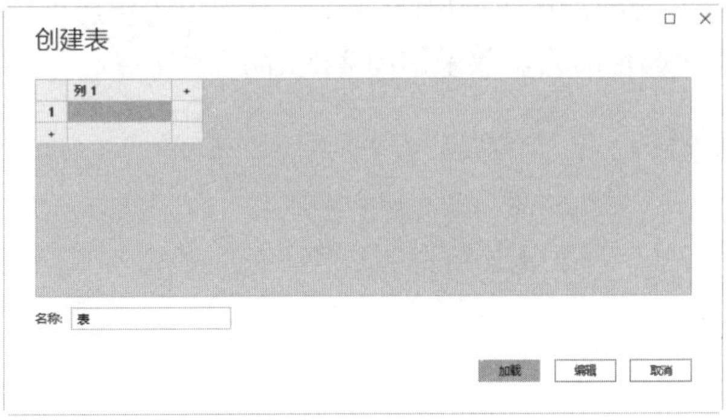

图 2-1 “创建表”对话框

2. 插入列/行

（1）单击单元格右侧的“插入列”按钮或按〈→〉键，插入一列，如图 2-2 所示。

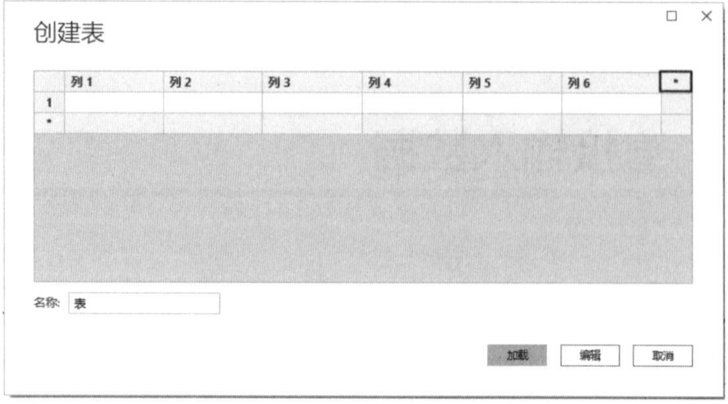

图 2-2　插入列

（2）单击单元格左侧的“插入行”按钮+，可以插入一个空白行，如图 2-3 所示。

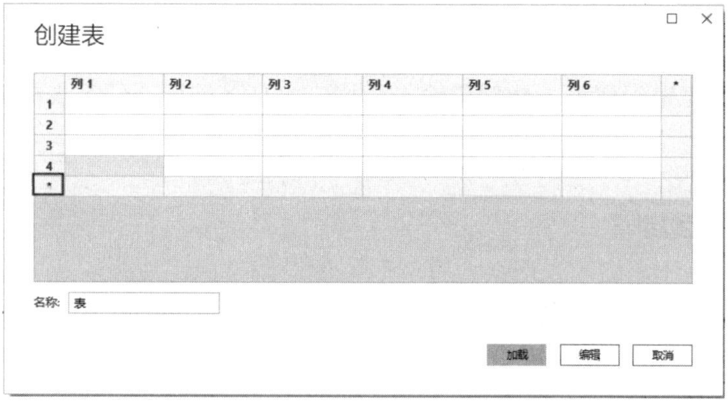

图 2-3　插入行

3. 删除行/列

如果要删除表的某一行/列，在该行/列上右击，从弹出的快捷菜单中选择“删除”命令，如图 2-4 所示，即可删除选定的列，效果如图 2-5 所示。

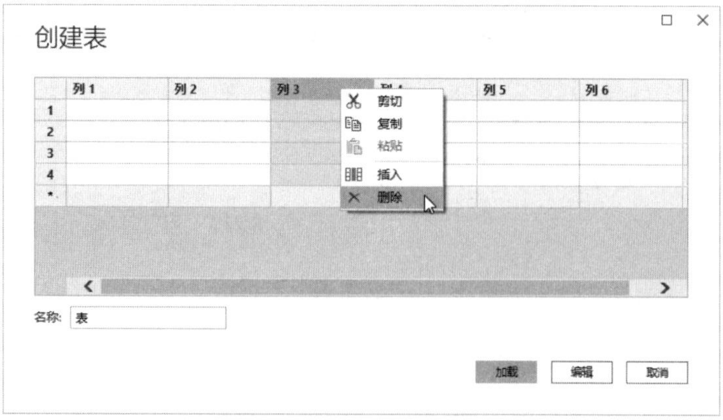

图 2-4　选择“删除”命令

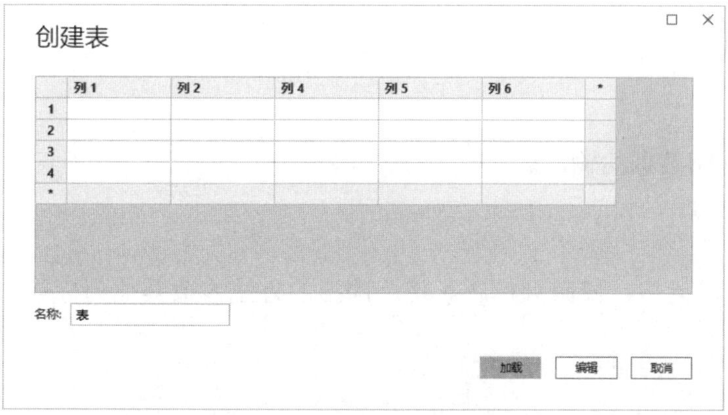

图 2-5　删除一列的效果

4. 在某列之前插入列

选中“列 4”列，右击，从快捷菜单中选择“插入”命令，如图 2-6 所示，可以在当前列左侧插入一列，效果如图 2-7 所示。这样表格就创建完成了。如果创建的表格不合适，则可以通过上述命令随时进行修改。

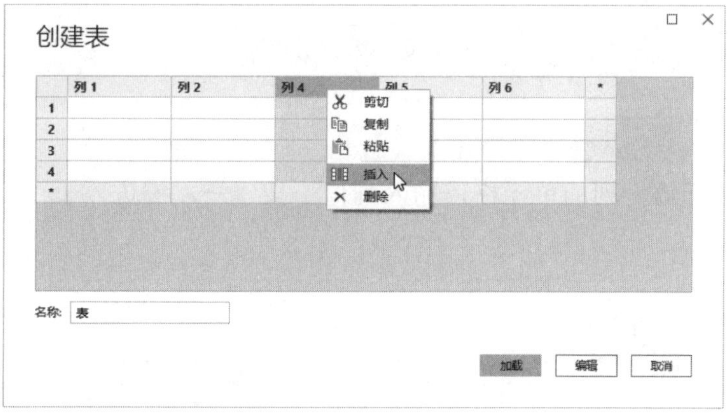

图 2-6　选择“插入”命令

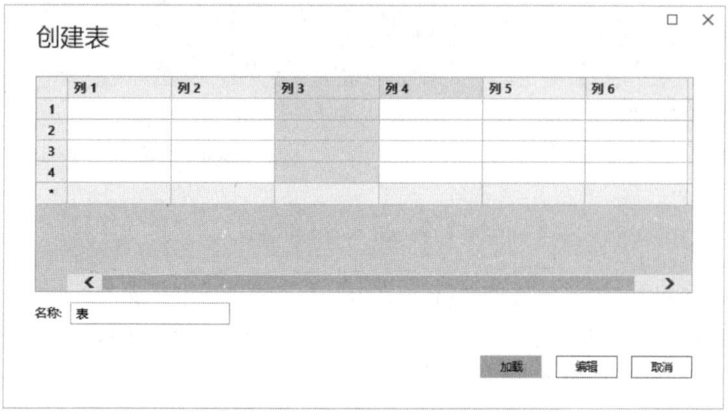

图 2-7　插入一列的效果

二、输入数据

接下来我们介绍数据的输入。

1. 修改列标题

双击“列 1”单元格，修改列标题。使用同样的方法修改其他列标题，如图 2-8 所示。

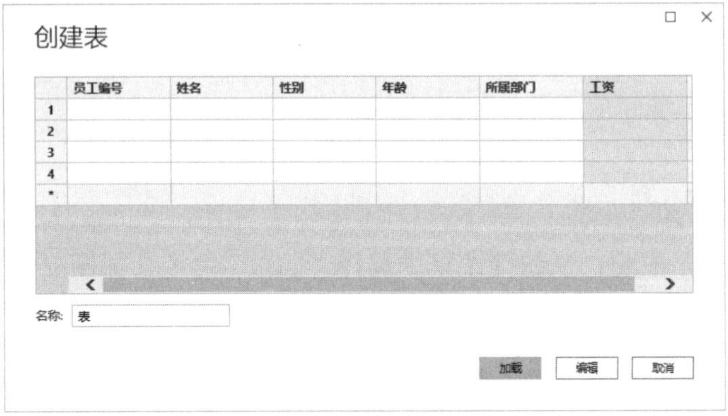

图 2-8　修改列标题

2. 输入数据

（1）单击第一行第一列的单元格，输入列值。按〈→〉键进入下一列，输入列值，如图 2-9 所示。

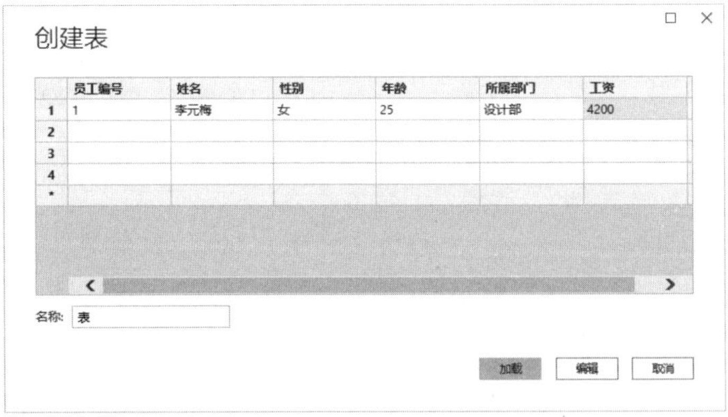

图 2-9　输入各列的值①

（2）按照上一步的方法输入其他行中各列的值，如图 2-10 所示。

（3）一行数据输入完成后，按〈Enter〉键可以在当前行下方插入一个空白行，输入数据。按〈Enter〉键，可以输入当前列的下一行数据。完成数据输入后的表，如图 2-11 所示。

---

① 李元梅为化名。全书图中出现的人名均为化名。

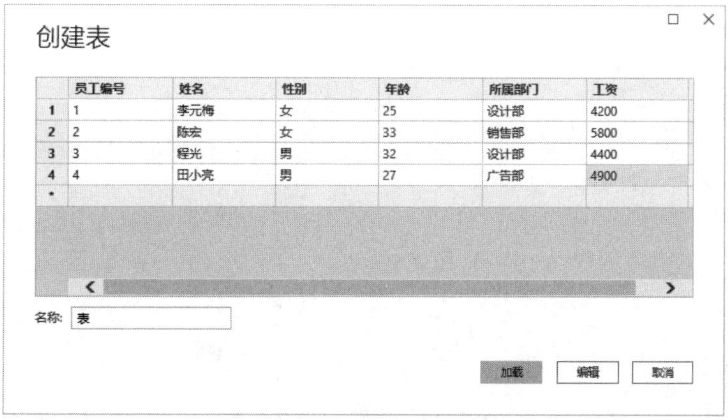

图 2-10　输入数据

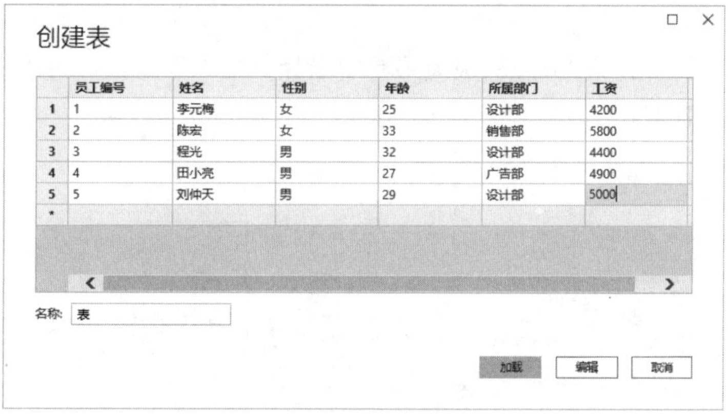

图 2-11　数据表

3. 删除数据列

如果要删除数据表中的某一列，则在该列上右击，从弹出的快捷菜单中选择“删除”命令，如图 2-12 所示，即可删除选定的列，效果如图 2-13 所示。

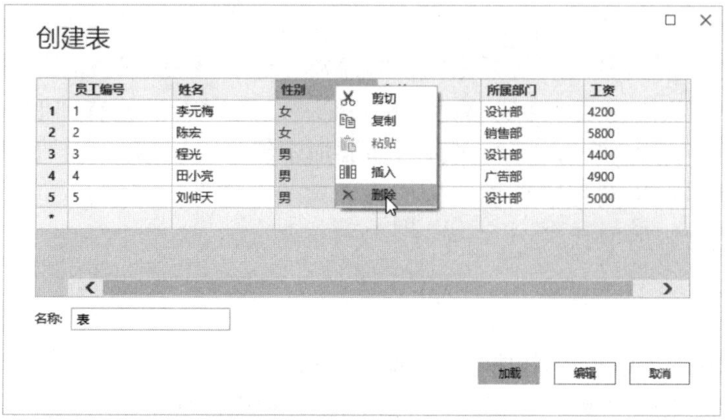

图 2-12　选择“删除”命令

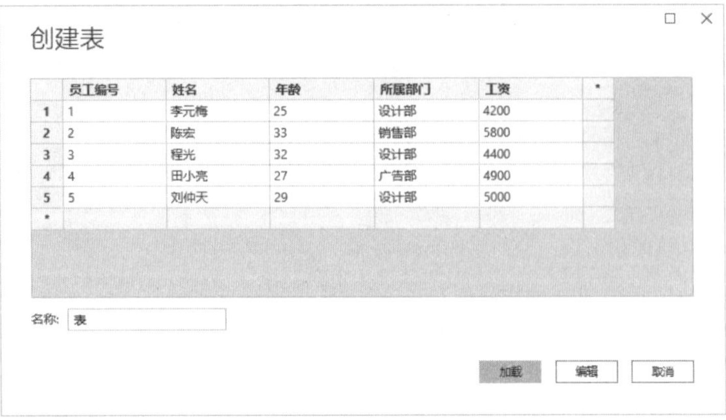

	员工编号	姓名	年龄	所属部门	工资
1	1	李元梅	25	设计部	4200
2	2	陈宏	33	销售部	5800
3	3	程光	32	设计部	4400
4	4	田小亮	27	广告部	4900
5	5	刘仲天	29	设计部	5000

图 2-13　删除一列的效果

4. 复制粘贴数据列

（1）选中“工资”列，右击，从快捷菜单中选择“插入”命令，可以在当前列的左侧插入一列，如图 2-14 所示。

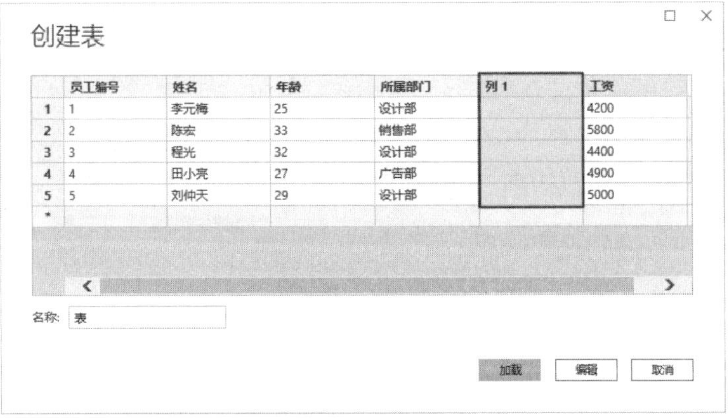

	员工编号	姓名	年龄	所属部门	列 1	工资
1	1	李元梅	25	设计部		4200
2	2	陈宏	33	销售部		5800
3	3	程光	32	设计部		4400
4	4	田小亮	27	广告部		4900
5	5	刘仲天	29	设计部		5000

图 2-14　插入列

（2）如果要插入的列与已有的某列相同或相似，则利用“复制”和“粘贴”命令可以快速输入数据。

（3）在“工资”列上右击，从弹出的快捷菜单中选择“复制”命令，然后在上一步插入的“列 1”上右击，从快捷菜单中选择“粘贴”命令，可以看到原有列的值被替换为“工资”列的值，为保证列标题的唯一，标题名称后面添加了编号，以示区别，如图 2-15 所示。

由此可以看到，如果要粘贴数据，则应先创建一个空白的行或列，否则粘贴位置的行或列的内容会被粘贴内容所取代。

5. 移动列

如果要重新排序行或列，可以利用“剪切”和“粘贴”命令。将“工资.1”列的标题修改为“扣款”，并在“工资”列右侧插入一个空白列，利用快捷菜单中的“剪切”命令剪切“扣款”列，然后在插入的空白列上右击，并在快捷菜单中选择“粘贴”命令，即可将“扣款”列移到指定的位置，如图 2-16 所示。

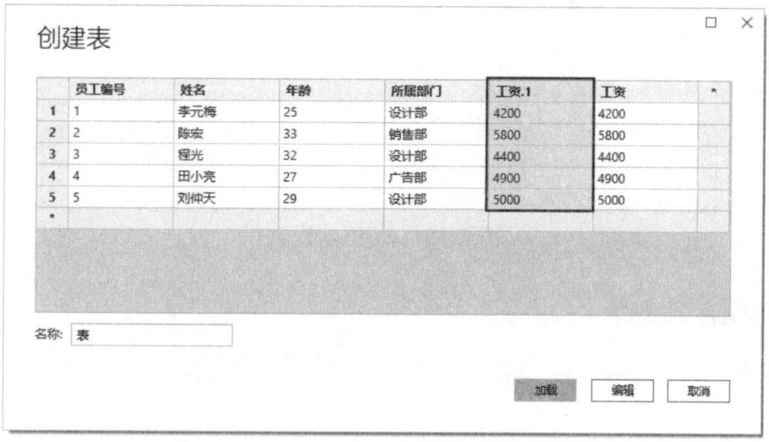

图 2-15　粘贴列

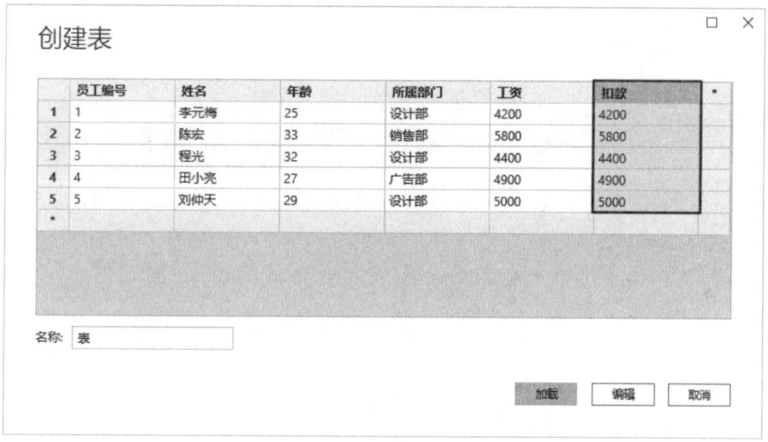

图 2-16　移动列位置

使用同样的方法，可以在表中删除行或插入行。

6. 输入数据表名称

在数据表下方的“名称”文本框中可以输入数据表的名称。

数据输入完成后，如果要进一步编辑数据，则单击“创建表”对话框底部的“编辑”按钮 编辑 ，即可启动 Power Query 编辑器，方便用户编辑数据。有关 Power Query 编辑器的使用方法将在下一章具体介绍。

7. 加载数据

单击右下方“加载”按钮 加载 ，即可关闭“创建表”对话框，将数据表加载到模型中。此时，在“字段”窗格中可以看到表的字段，在数据视图中可以查看表数据，如图 2-17 所示。

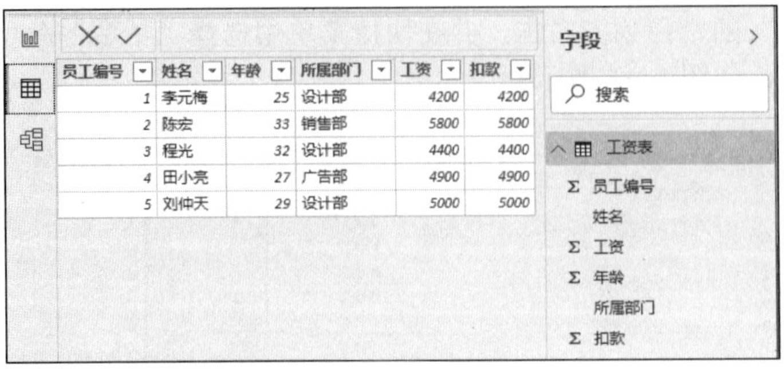

图 2-17　创建的数据表

案例一——创建现金日记账

（1）启动 Power BI Desktop，单击“文件”菜单中的“新建”命令，新建一个空白的 Power BI 报表。

（2）在“主页”选项卡的“数据”组中单击“输入数据”按钮，打开“创建表”对话框，如图 2-18 所示。

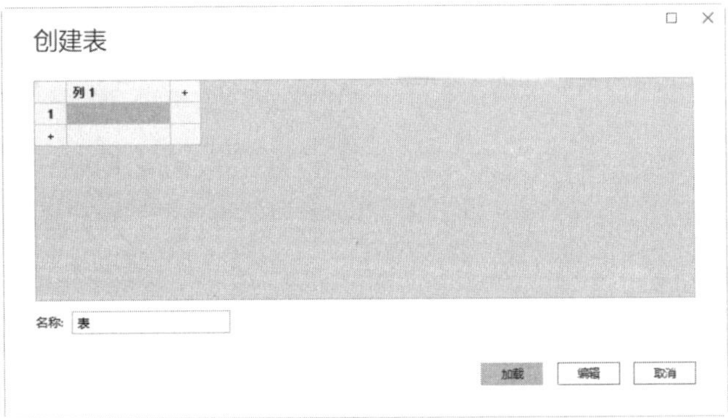

图 2-18　“创建表”对话框

（3）双击“列 1”单元格，修改列标题。然后单击单元格右侧的“插入列”按钮或按〈→〉键，插入一列，双击该列单元格，修改该列标题。使用同样的方法插入其他列并修改其他列标题，如图 2-19 所示。

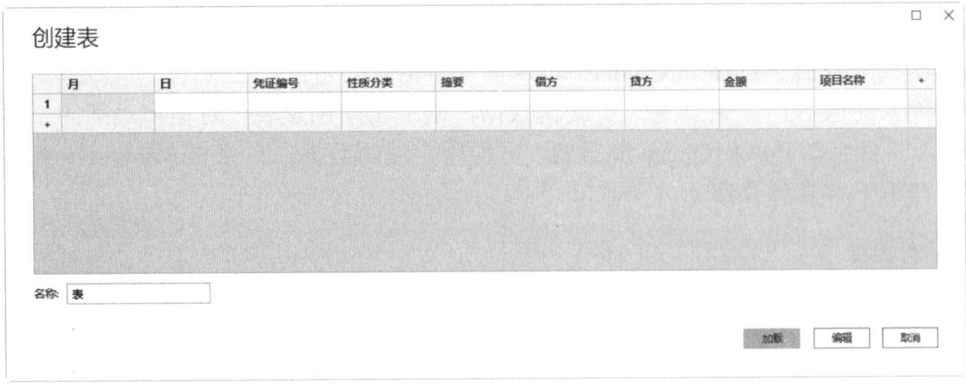

图 2-19　修改列标题

（4）单击第一行第一列的单元格，输入列值。按〈→〉键进入下一列，输入列值，如图 2-20 所示。

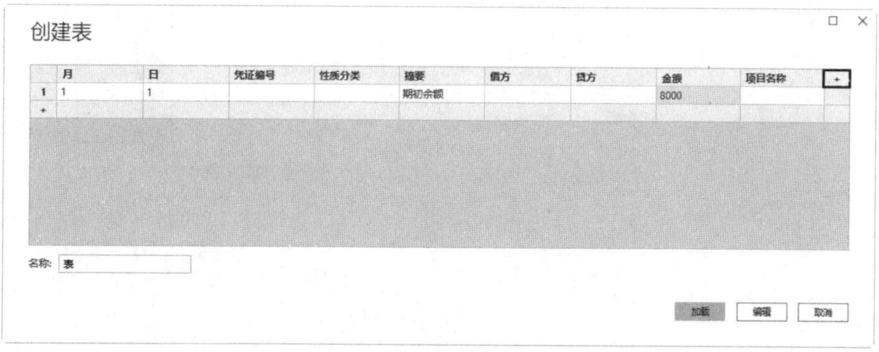

图 2-20　输入各列的值

（5）单击单元格左侧的“插入行”按钮 + ，可以插入一个空白行。按照上一步的方法输入该行中各列的值，如图 2-21 所示。

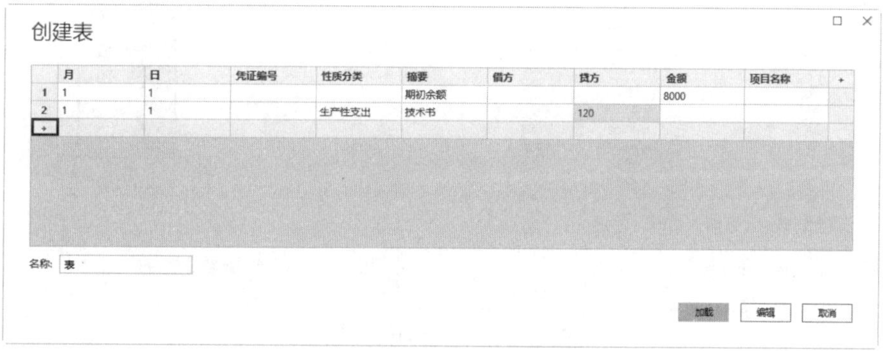

图 2-21　插入行并输入数据

（6）一行数据输入完成后，按〈Enter〉键可以在当前行下插入一个空白行。输入数据，按〈Enter〉键，可以输入当前列的下一行数据。完成数据输入后的表，如图 2-22 所示。

图 2-22　数据表

（7）选中“摘要”列，右击，从弹出的快捷菜单中选择“复制”命令，然后在“项目名称”列上右击，从快捷菜单中选择“粘贴”命令，效果如图 2-23 所示。

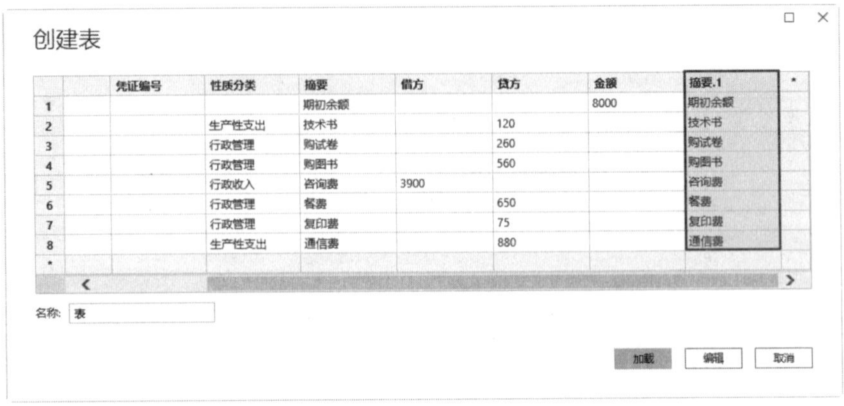

图 2-23　粘贴列

（8）将“摘要.1”列的标题修改为“备注”，如图 2-24 所示。

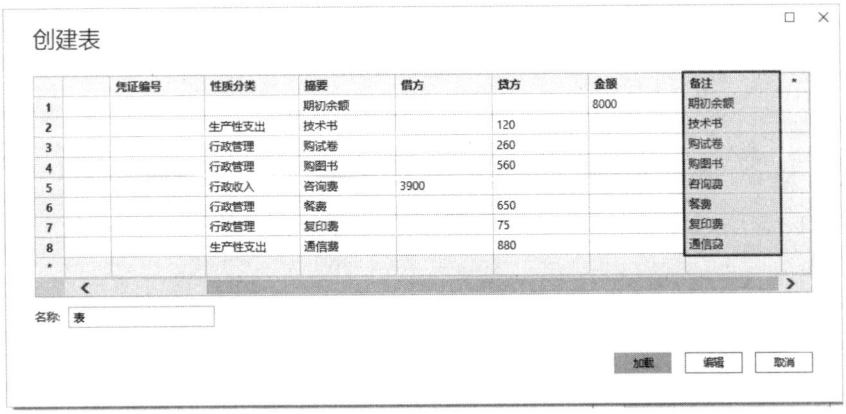

图 2-24　粘贴列修改标题

（9）在“名称”文本框中输入数据表的名称“现金日记账”。

（10）单击“加载”按钮 加载 ，即可关闭“创建表”对话框，将数据表加载到模型中。此时，在“字段”窗格中可以看到表的字段，在数据视图中可以查看表数据，如图 2-25 所示。

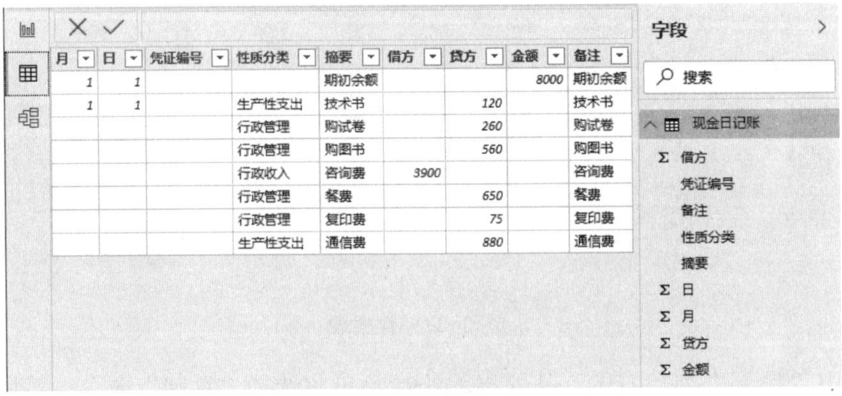

图 2-25　创建的数据表

任务二 连接数据源

任务引入

小明作为公司财务部的职员，他选择使用 Power BI 制作员工工资表来记录员工的工资情况。在处理员工的工资数据时，需要输入大量重复的、有规律的数据。如何才能快速填充数据、减少输入的工作量？

知识准备

在功能区“主页”选项卡的“数据”组中单击“获取数据”下拉按钮，在弹出的下拉菜单中选择“更多”命令，可以查看 Power BI Desktop 能连接的数据源类型，如图 2–26 所示。

从图 2-26 可以看到，Power BI Desktop 支持的数据源类型分为 6 个类别：文件、数据库、Power Platform、Azure、联机服务和其他。“全部”表示包括所有类别的数据源连接类型。单击其中一个类别，可以查看该类别下的数据源类型。例如，单击“文件”类别，可以看到 Power BI Desktop 支持的“文件”类型的数据源，如图 2–27 所示。

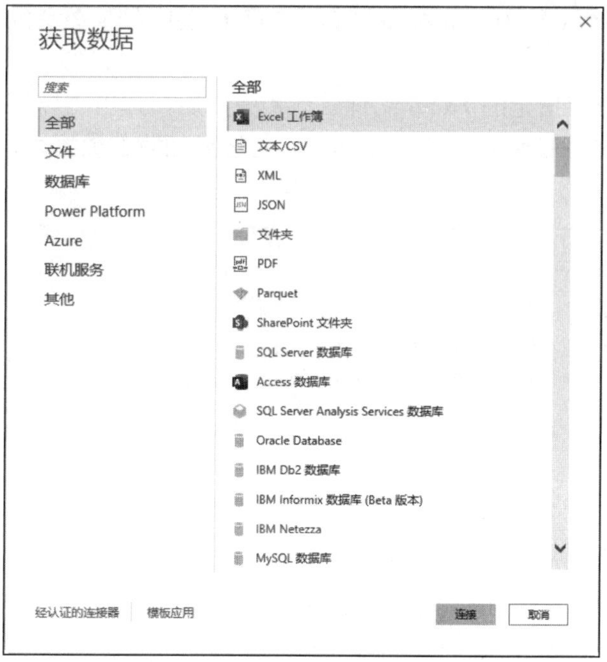

图 2–26　Power BI Desktop 可连接的数据源类型列表

图 2–27　“文件”类型的数据源

下面分别介绍 Power BI Desktop 连接几种常用类型的数据源的操作方法。

一、Excel 工作簿

提到处理、分析数据，很多人会想到大众化的办公软件 Excel，在 Excel 中也能找到 Power BI 的雏形。作为专业的商业智能分析工具，Power BI Desktop 可以轻松连接 Excel 工作簿，甚至可以直接使用 Excel 中的图表。

（1）在“主页”选项卡的“数据”组中单击“Excel”按钮，弹出“打开”对话框。切换到 Excel 文件的保存路径，选择需要保存的 Excel 文件，如图 2-28 所示。

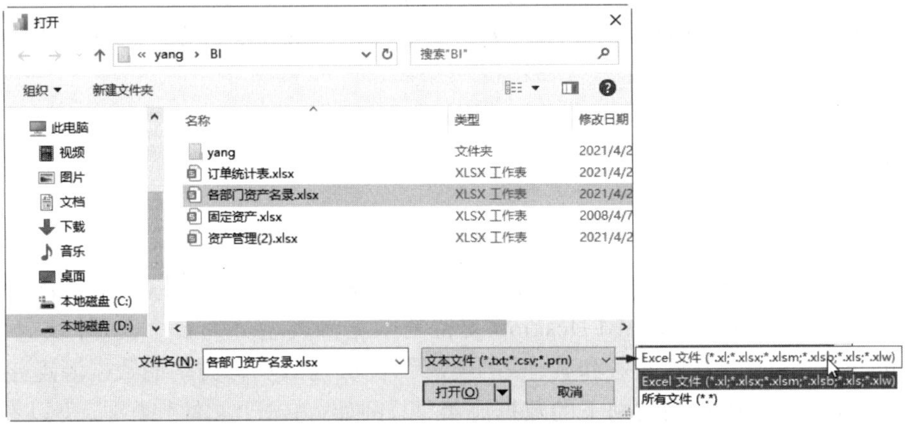

图 2-28　选择 Excel 文件

（2）在文件格式下拉列表中可以看到，Power BI Desktop 可连接的 Excel 文件格式包括.xl、.xlsx、.xlsm、.xlsb、.xls 和.xlw。

（3）单击“打开”按钮打开(O)，即可连接指定的 Excel 文件。连接完成后，弹出“导航器”对话框。对话框左侧显示连接的 Excel 文件中包含的所有工作表，勾选要加载的数据表，右侧可预览数据表内容，如图 2-29 所示。

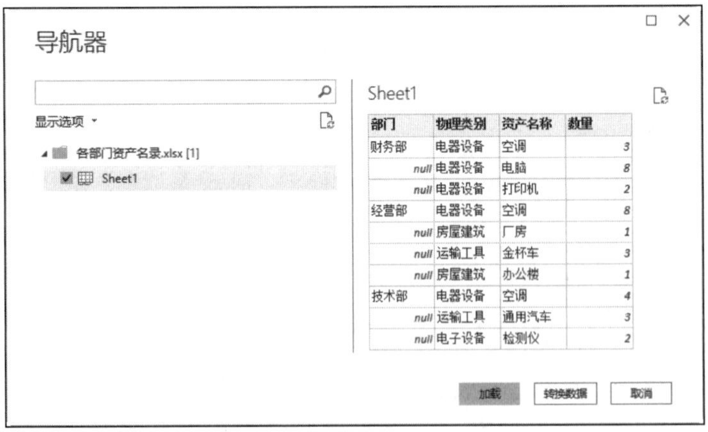

图 2-29　“导航器”对话框

（4）如果要导入并编辑工作表中的数据，则在“主页”选项卡的“查询”组中单击“转换数据”按钮，即可打开 Power Query 编辑器显示数据。有关 Power Query 编辑器的介绍和相关操作将在下一章讲解。

（5）如果要直接导入工作表数据，则单击“加载”按钮 加载 ，此时可在数据视图中查看导入的数据，如图 2-30 所示。

图 2-30　导入的数据

在 Power BI Desktop 的标题栏上可以看到，连接 Excel 文件时，并不是直接在 Power BI Desktop 中打开 Excel 文件，而是新建一个 Power BI 文件并导入数据。

二、文本/CSV 文件

“文本/CSV”类型的数据源通常使用固定的分隔符（如逗号、空格、分号、制表符等）分隔数据，每一行为一条记录。

（1）在“主页”选项卡的“数据”组中单击“获取数据”下拉按钮，在弹出的下拉菜单中选择“文本/CSV”选项，弹出“打开”对话框。

（2）选择要连接的文件“huochefangzhen.txt”。“文本/CSV”类型的数据源包括.txt、.csv 和.prn 格式的文件。

（3）单击“打开”按钮 打开(O) ，弹出如图 2-31 所示的文件导入对话框。如果导入时因文件编码格式不正确，则导入的数据会出现乱码。此时，可在文件导入对话框顶部的“文件原始格式”下拉列表中重新选择文件编码格式。在“分隔符”下拉列表中可选择导入文件使用的分隔符。

导入“文本/CSV”类型的数据源时，Power BI Desktop 默认基于前 200 行数据检测数据类型。用户也可以根据实际需要，在“数据类型检测”下拉列表中选择“基于整个数据集”或“不检测数据类型”。

特别提示

如果不检测数据类型，则文件中的所有数据都将作为文本导入。

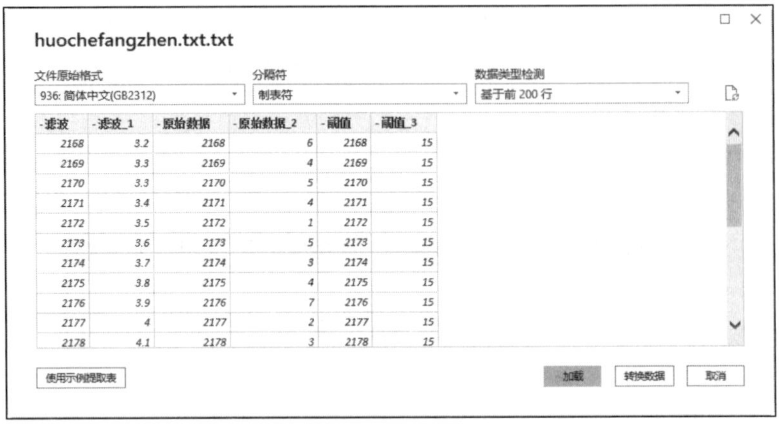

图 2-31　文件导入对话框

（4）单击“加载”按钮，即可导入文件中的数据，在数据视图中可查看数据。

三、XML 文件

XML 是可扩展标记语言（Extensible Markup Language）的缩写，采用自定义的标记组织数据，不受编程语言和操作系统的限制，是互联网数据存储和传输的重要工具。

（1）在“主页”选项卡的“数据”组中单击“获取数据”下拉按钮，在弹出的下拉菜单中选择“更多”选项，然后在弹出的“获取数据”对话框中选择“XML”类别。

（2）单击“连接”按钮，在弹出的“打开”对话框中选择要连接的 XML 文件，然后单击“打开”按钮，弹出“导航器”对话框。

（3）在“导航器”对话框左侧勾选要加载的数据表，右侧可预览数据表内容，如图 2-32 所示。

（4）单击“加载”按钮，即可将数据导入 Power BI Desktop。

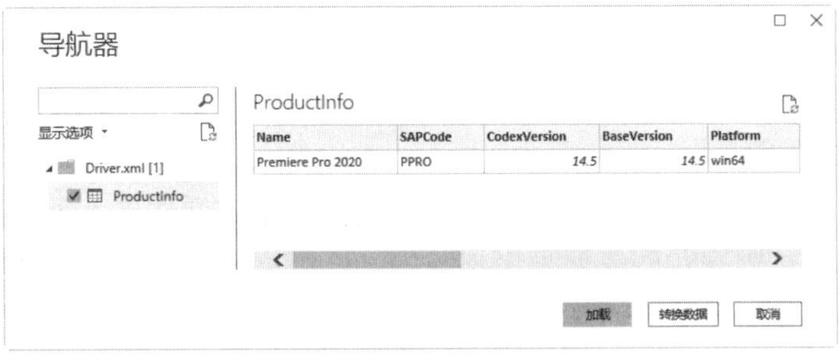

图 2-32　“导航器”对话框

四、JSON 文件

JSON（JavaScript Object Notation，JS 对象简谱）采用完全独立于编程语言的文本格式，是一种既易于人阅读和编写，也易于机器解析和生成的数据交换格式。

（1）在“主页”选项卡的“数据”组中单击“获取数据”下拉按钮，在弹出的下拉菜单中选择“更多”选项，然后在弹出的“获取数据”对话框中选择“JSON”类别。

（2）单击“连接”按钮 连接 ，在弹出的“打开”对话框中选择要连接的 JSON 文件“weather.json”。

（3）单击“打开”按钮 打开(O) ，即可启动 Power Query 编辑器，显示导入的文件数据，如图 2-33 所示。

（4）在“主页”选项卡的“关闭”组中单击“关闭并应用”按钮，即可在数据视图中查看导入的数据，如图 2-34 所示。

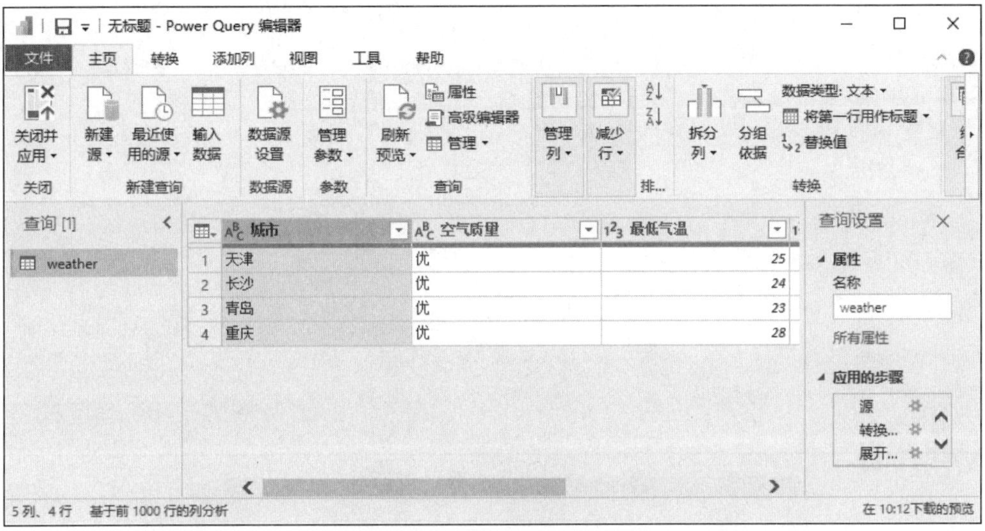

图 2-33 Power Query 编辑器

图 2-34 导入的数据

五、PDF 文件

PDF 也是一种非常常见的数据来源，多用于公司的各种报告和报表。连接 PDF 文件的方法与其他文件类型的数据源相同。

（1）在“主页”选项卡的“数据”组中单击“获取数据”下拉按钮，在弹出的下拉菜单中选择“更多”选项，然后在弹出的“获取数据”对话框中选择“PDF”类别。

（2）单击“连接”按钮，在弹出的“打开”对话框中选择要连接的PDF文件，然后单击“打开”按钮，在弹出的“导航器”对话框左侧勾选要加载的数据表，右侧可预览数据表内容，如图2-35所示。

（3）单击“加载”按钮，即可将指定的表数据导入Power BI Desktop。

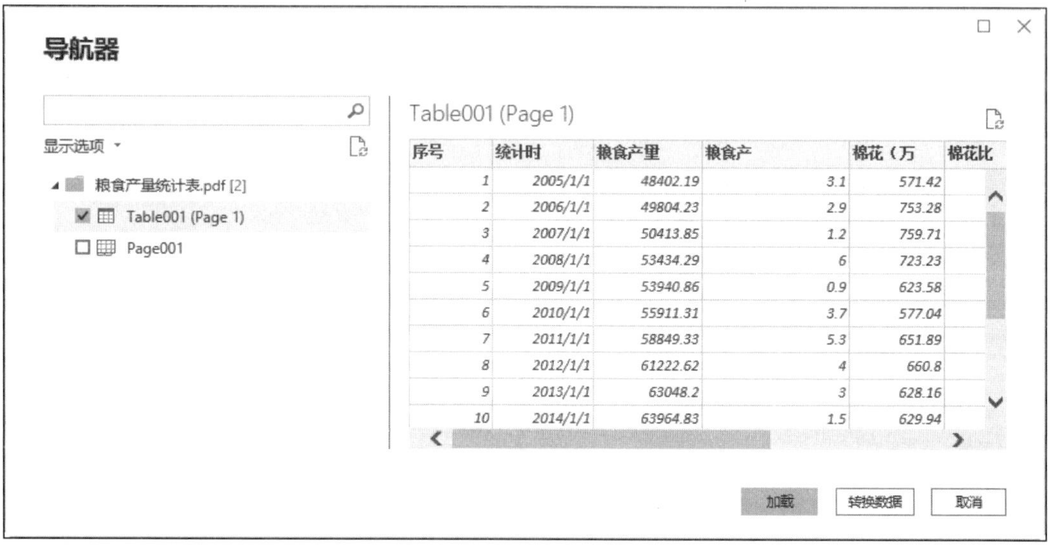

图2-35 “导航器”对话框

六、文件夹

在Power BI Desktop中，文件夹是一种特殊的数据源。连接文件夹，可将文件夹中所有文件的文件名、创建日期、访问日期、文件内容等相关信息作为记录导入。

（1）在“主页”选项卡的“数据”组中单击“获取数据”下拉按钮，在弹出的下拉菜单中选择“更多”选项，然后在弹出的“获取数据”对话框中选择“文件夹”类别。

（2）单击“连接”按钮，弹出“文件夹”对话框。单击“浏览”按钮，打开“浏览文件夹”对话框，选择要连接的文件夹，单击“确定”按钮，返回到“文件夹”对话框。

（3）单击“确定”按钮，关闭对话框，即可显示文件夹的预览数据。如果要进一步导入文件夹中文件内部的数据，则单击“组合”按钮，在弹出的下拉菜单中选择“合并并转换数据”或“合并和加载”选项，打开如图2-36所示的“合并文件”对话框。可以为文件夹中的每个文件指定编码格式、分隔符和数据类型检测范围，以导入数据。

“合并并转换数据”与“合并和加载”不同的是，在“合并文件”对话框中单击“确定”按钮，前者会打开Power Query编辑器，后者直接在数据视图中加载数据。

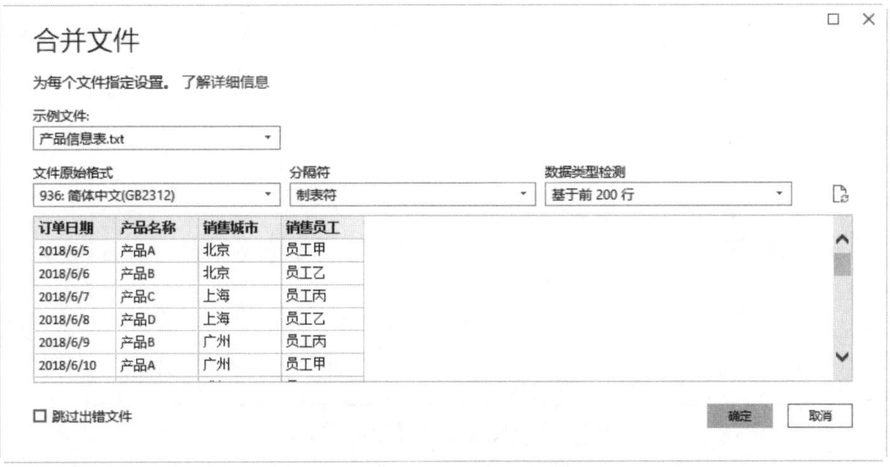

图 2-36 “合并文件”对话框

七、数据库

如果数据量庞大且关系复杂，则通常使用数据库管理数据。目前市面上的数据库软件种类繁多，比较主流的数据库有 MySQL、Oracle、SQL Server 等。连接各种数据库的操作方法基本相同，下面以连接 SQL Server 数据库为例，介绍在 Power BI Desktop 中连接数据库的操作步骤。

（1）在“主页”选项卡的“数据”组中单击“获取数据”下拉按钮，在弹出的下拉菜单中选择“更多”选项，然后在弹出的“获取数据”对话框中选择“数据库”类别，可以查看 Power BI Desktop 支持的数据库类型，如图 2-37 所示。

图 2-37 Power BI Desktop 支持的数据库类型

（2）单击要连接的数据库类型，打开如图 2-38 所示的服务器设置选项对话框。

图 2-38　服务器设置选项对话框

Power BI Desktop 获取数据时有 3 种数据源连接模式：导入、DirectQuery 和实时连接。这 3 种连接模式各具特点。

“导入”连接模式在建立数据连接时，会为数据源中的每个表创建一个查询，在加载数据时，导入的数据及查询返回的所有数据都将缓存在 Power BI 中。因此，用户与视觉对象交互时可以快速反映更改。与此同时，视觉对象不能反映数据源中基础数据的变化，需要通过“刷新”命令反映变化的数据。

“DirectQuery”连接模式在建立数据连接时，不会导入数据源的基础数据进行缓存，始终对数据源进行查询以更新视觉对象。如果基础数据有变动，则应进行“刷新”操作，向数据源发送查询以重新检索数据，及时更新视觉对象。

“实时连接”连接模式与“DirectQuery”连接模式类似，直接查询数据源的基础数据，不缓存数据，能实时反映基础数据的变化。但不能定义计算列、层次结构和关系等。

（3）设置服务器名称、数据库名称和连接模式后，单击“确定”按钮，打开如图 2-39 所示的身份验证对话框。

图 2-39　身份验证对话框

从图 2-39 中可以看到，可以使用 Windows 账户、数据库账户或 Microsoft 账户连接数据库服务器。如果是本地数据库，则建议选择使用 Windows 账户连接数据库。

（4）设置身份验证方式后，单击“连接”按钮，开始连接数据库。连接成功后，弹出“导航器”对话框显示数据库中的数据表。

（5）选中要加载的数据表，单击“加载”按钮，即可完成连接操作，在 Power BI Desktop 中加载指定的数据表。

案例二——从 Excel 导入工资报表

（1）启动 Power BI Desktop，单击“文件”菜单中的“新建”命令，新建一个空白的 Power BI 报表。

（2）在“主页”选项卡的“数据”组中单击“Excel”按钮，弹出“打开”对话框。选择“各部门工资表”，单击“打开”按钮，弹出，在“导航器”对话框左侧勾选“工资条”复选框，如图 2-40 所示。

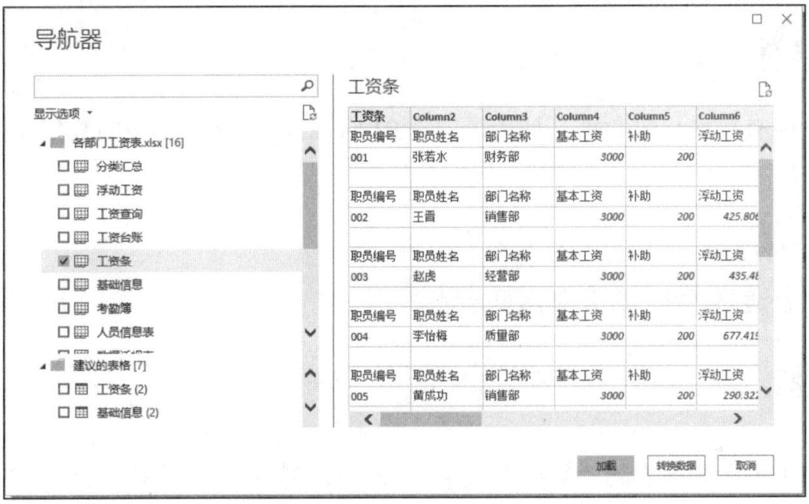

图 2-40　“导航器”对话框

（3）单击“加载”按钮，此时可在数据视图中查看导入的数据，如图 2-41 所示。

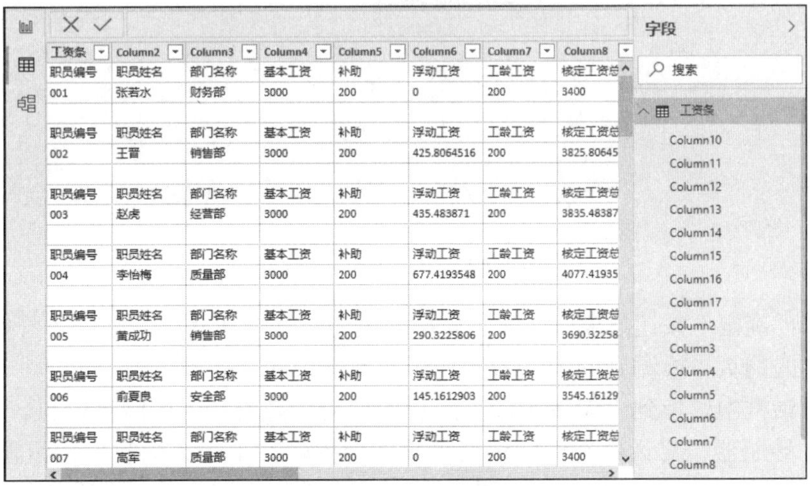

图 2-41　导入数据

任务三 采集网页数据

任务引入

小明已经掌握了利用 Excel 工作簿、文本/CSV 文件、XML 文件等导入数据的方法，领导要求小明从公司的网站上采集数据。那么，小明该如何从网页中采集数据呢？

知识准备

如果网页中有表格化的数据，使用 Power BI Desktop 可将网页中的数据导入报表。

一、访问网站

选择一个合适的网站，并复制网页地址。

二、载入数据

（1）在“主页”选项卡的“数据”组中单击“获取数据”下拉按钮，在弹出的下拉菜单中选择“Web”选项，弹出“从 Web”对话框，如图 2-42 所示。在“URL”文本框中粘贴网页的地址。

图 2-42 “从 Web”对话框

（2）单击“确定”按钮，开始连接数据源。连接成功后，弹出“导航器”对话框，左侧显示指定的网页中检测到的表，右侧显示当前选中的表的数据。

（3）在对话框中切换到“Web 视图”选项卡，可以查看相应的网页内容。

（4）在“导航器”对话框左侧勾选要加载的数据表，单击“加载”按钮，即可将指定的数据表加载到 Power BI Desktop 中。此时，在数据视图中可以查看加载的数据。

特别提示

如果网址使用的传输协议提供对网站服务器的身份认证，则弹出如图 2-43 所示的身份验证对话框。单击“连接”按钮，即可连接数据源。

图 2-43　身份验证对话框

案例三——从中国财经网获取数据

（1）在浏览器中打开中国财经网的首页，在地址栏复制当前网页的地址，如图 2-44 所示。

图 2-44　要采集数据的网页

（2）在“主页”选项卡的“数据”组中单击“获取数据”下拉按钮，在弹出的下拉菜单中选择“Web”选项，打开“从 Web”对话框。在“URL”文本框中粘贴网页的地址，如图 2-45 所示。

图 2-45　粘贴网址

（3）单击“确定”按钮 ，开始连接数据源。连接成功后，弹出“导航器”对话框，左侧显示指定的网页中检测到的表，右侧显示当前选中的表的数据，如图 2-46 所示。

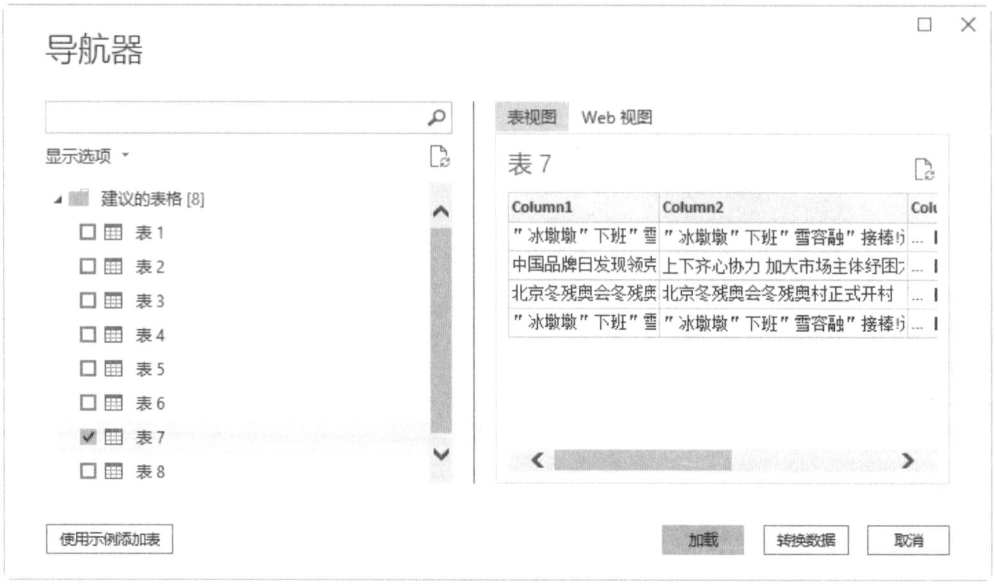

图 2-46 “导航器”对话框

（4）在“导航器”对话框中切换到“Web 视图”选项卡，可以查看相应的网页内容，如图 2-47 所示。

图 2-47 Web 视图

（5）在对话框左侧勾选要加载的数据表，单击“加载”按钮 ，即可将指定的数据表加载到 Power BI Desktop 中。此时，在数据视图中可以查看加载的数据，如图 2-48 所示。

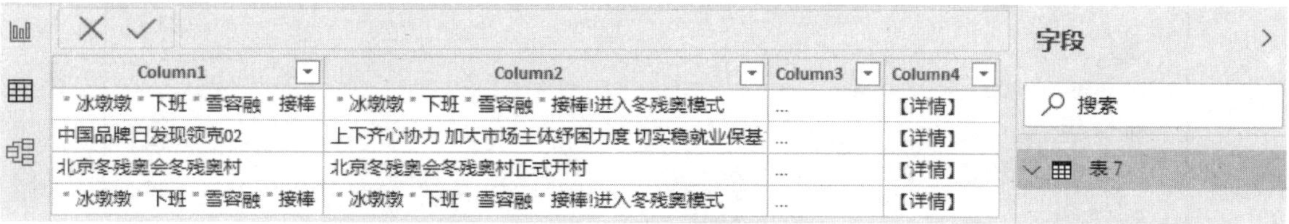

图 2-48　加载的数据表

项目总结

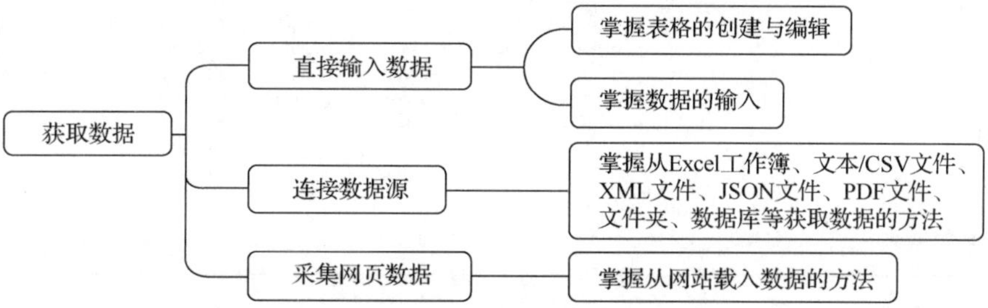

项目实战

实战　建立商品信息表

（1）在“主页”选项卡的“数据”组中单击“获取数据”下拉按钮，在弹出的下拉菜单中选择“更多”选项，然后在弹出的“获取数据”对话框中选择“文件夹”类别。

（2）单击“连接”按钮，弹出“文件夹”对话框。单击“浏览”按钮，打开“浏览文件夹”对话框，选择要连接的文件夹“商品信息表”，单击“确定”按钮，返回到“文件夹”对话框。

（3）单击“确定”按钮，关闭对话框，即可显示文件夹的预览数据。

（4）单击“组合”按钮，在弹出的下拉菜单中选择“合并并转换数据”选项，打开如图 2-49 所示的“合并文件”对话框。

图 2-49 “合并文件”对话框

（5）单击“确定”按钮 确定 ，即可启动 Power Query 编辑器，如图 2-50 所示。可以在编辑器中对文件进行编辑修改，完成后在“主页”选项卡的“关闭”组中单击“关闭并应用”按钮，即可退出编辑器，在“数据视图”模式下查看导入的数据，如图 2-51 所示。

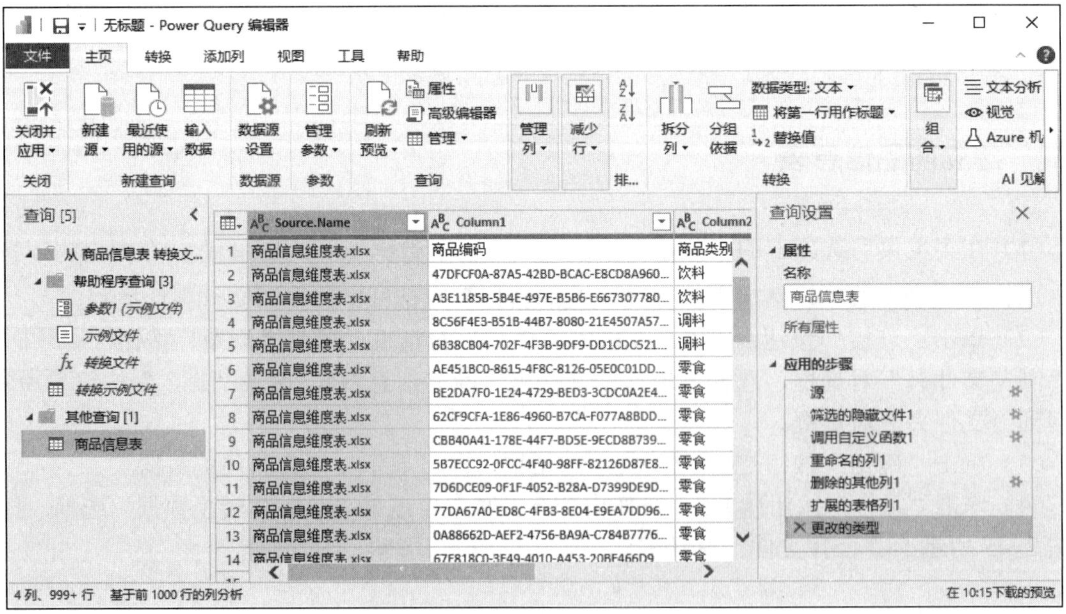

图 2-50 Power Query 编辑器

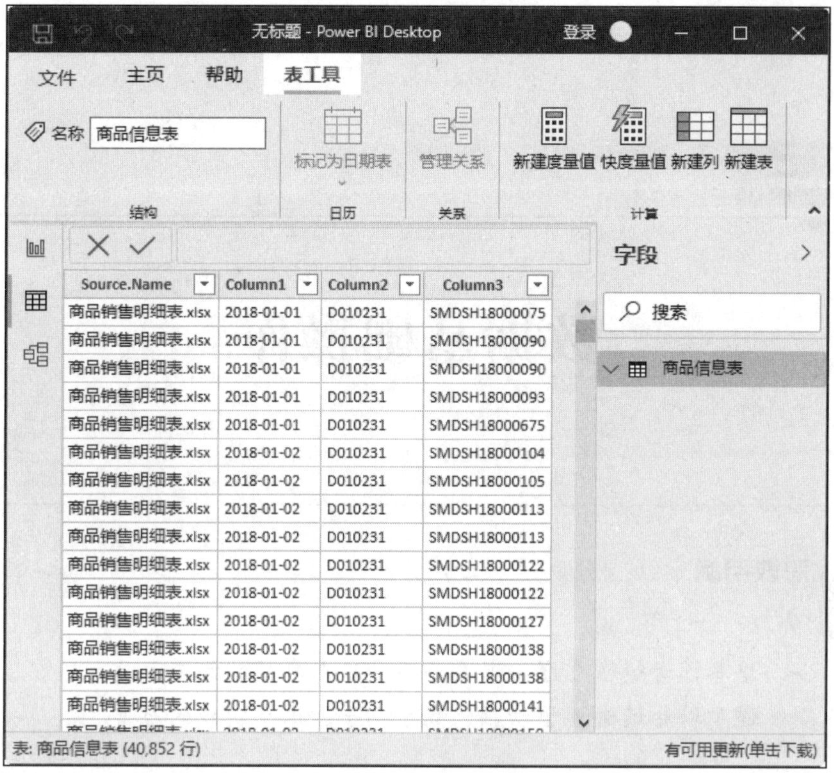
无标题 - Power BI Desktop
登录
文件
主页
帮助
表工具
名称 商品信息表
标记为日期表
管理关系
新建度量值 快度量值 新建列 新建表
结构
日历
关系
计算
字段
搜索
商品信息表
Source.Name
Column1
Column2
Column3
商品销售明细表.xlsx 2018-01-01 D010231 SMDSH18000075
商品销售明细表.xlsx 2018-01-01 D010231 SMDSH18000090
商品销售明细表.xlsx 2018-01-01 D010231 SMDSH18000090
商品销售明细表.xlsx 2018-01-01 D010231 SMDSH18000093
商品销售明细表.xlsx 2018-01-01 D010231 SMDSH18000675
商品销售明细表.xlsx 2018-01-02 D010231 SMDSH18000104
商品销售明细表.xlsx 2018-01-02 D010231 SMDSH18000105
商品销售明细表.xlsx 2018-01-02 D010231 SMDSH18000113
商品销售明细表.xlsx 2018-01-02 D010231 SMDSH18000113
商品销售明细表.xlsx 2018-01-02 D010231 SMDSH18000122
商品销售明细表.xlsx 2018-01-02 D010231 SMDSH18000122
商品销售明细表.xlsx 2018-01-02 D010231 SMDSH18000127
商品销售明细表.xlsx 2018-01-02 D010231 SMDSH18000138
商品销售明细表.xlsx 2018-01-02 D010231 SMDSH18000138
商品销售明细表.xlsx 2018-01-02 D010231 SMDSH18000141
表: 商品信息表 (40,852 行)
有可用更新(单击下载)

图 2-51 导入的数据

项目三

数据基础操作

思政目标

- 培养读者缜密严谨、求真务实、追求卓越的优秀品质。
- 逐步培养读者善于动脑、勤于动手、乐于实践的习惯。

技能目标

- 能够输入文本、数字以及日期和时间。
- 能够快速填充数据。
- 能够通过记录单填充数据。
- 能够定义单元格名称。

项目导读

Power BI Desktop 具有强大的数据编辑、管理功能，可以对数据进行多种方式的查看、排序、筛选、提取、分类汇总，以及合并、追加查询等操作。本章主要介绍利用 Power Query 编辑器对数据进行编辑、管理、规范化的操作，为后续的数据可视化奠定基础。

任务一　认识 Power Query 编辑器

任务引入

小明在制作报表过程中发现，导入的数据文件格式五花八门，有的不能满足要求，需要在 Power Query 编辑器中进行重新编辑。那么，什么是 Power Query 编辑器？ Power Query 编辑器的界面和窗格又是什么样的呢？

知识准备

从各类数据源导入数据之后，需要对数据进行编辑直至符合要求，然后加载到数据模型中，进行数据的分析和可视化。Power BI 获取数据后，可以通过 Power Query 编辑器对数据进行处理。本任务简要介绍 Power Query 编辑器的界面及各窗格的用途。

一、界面简介

启动 Power BI Desktop，打开数据文件。在“主页”选项卡的“查询”组中单击“转换数据”按钮，即可进入 Power Query 编辑器界面，如图 3-1 所示。

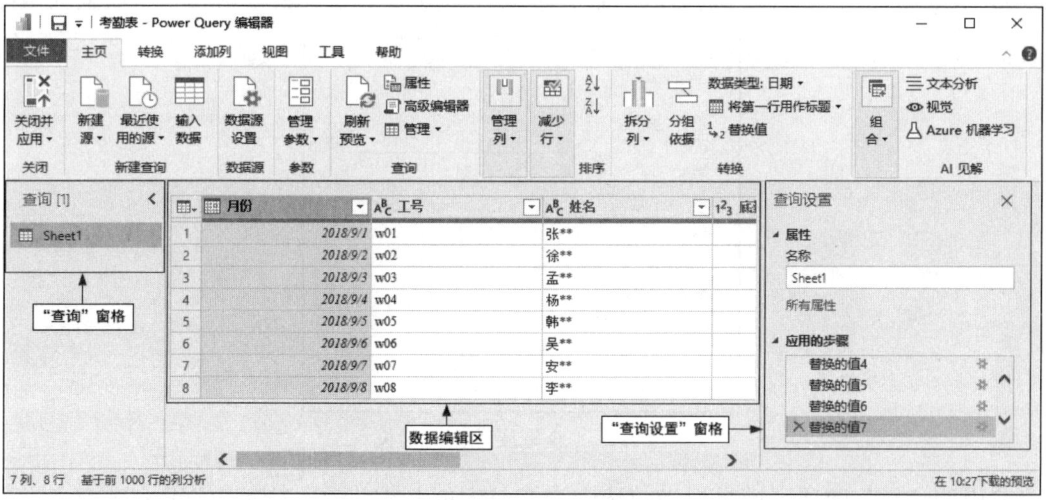

图 3-1　Power Query 编辑器界面

标题栏显示当前打开的文件名称。标题栏下方是功能区，以选项卡和组的形式将数据操作功能命令集成在一起，方便调用。

二、窗格简介

“查询”窗格显示加载到 Power BI Desktop 的所有查询名称，窗格标题右侧的方括号[ ]中显示当前加载的查询的数目。在查询名称上右击，利用弹出的快捷菜单可对查询进行复制、删除、重命名等操作。

特别提示

按住〈Shift〉键或〈Ctrl〉键选择多个连续或不连续的查询，在快捷菜单中选择“删除”命令，可同时删除多个查询。

数据编辑区显示当前选中的查询在某个时刻的数据，在状态栏右侧显示数据加载的时间，默认为“应用的步骤”选项区域下的列表框中最后一个操作时的数据。在 Power BI Desktop 中，一个查询导入的数据为一个数据表。在该区域，可更改查询中的数据类型、替换数据值、对数据进行筛选、分组等操作。在“主页”选项卡的“查询”组中单击“刷新预览”按钮，可查看数据源的最新数据。

“查询设置”窗格包含两个选项区域：“属性”和“应用的步骤”，分别用于设置查询属性和管理对查询的操作步骤。

在“属性”选项区域下的“名称”文本框中可修改查询表的名称，单击“所有属性”按钮，打开如图 3-2 所示的“查询属性”对话框。在“说明”文本框中可输入对查询的描述说明，便于理解和后期维护。默认勾选的“启用加载到报表”复选框表示将获取的数据加载到报表，如果不勾选，则从报表中删除该查询对应的数据。勾选“包含在报表刷新中”复选框表示刷新报表时，会应用该查询获取的最新数据，否则要单独刷新数据表以获取最新数据。

图 3-2 “查询属性”对话框

“应用的步骤”选项区域显示当前选中查询包含的基本步骤，执行查询则按顺序执行应用的步骤。通常，从 Excel 文件获取数据，查询会自动完成“源”“导航”“提升的标题”和“更改的类型”4 个步骤。单击某一个步骤，在数据编辑区可预览该步骤对应的数据。

在“应用的步骤”选项区域下的列表框中选择“源”步骤，可预览数据源的源信息，如

图 3-3 所示。其中，“Name”字段为源数据的名称，“Data”字段对应的“Table”表明源数据为数据表。

特别提示

不同类型的数据源，对应的源信息有所不同。

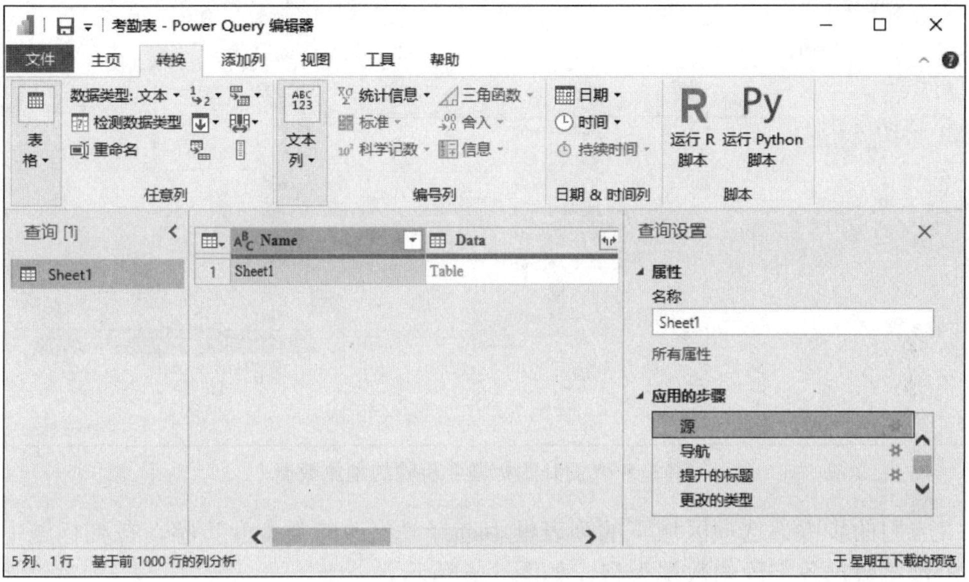

图 3-3　“源”步骤的预览数据

在“应用的步骤”选项区域下的列表框中选择“导航”步骤，可预览数据源的原始数据，通常没有进行任何转换，所有字段均为字符型，列名为 Column1、Column2，如图 3-4 所示。

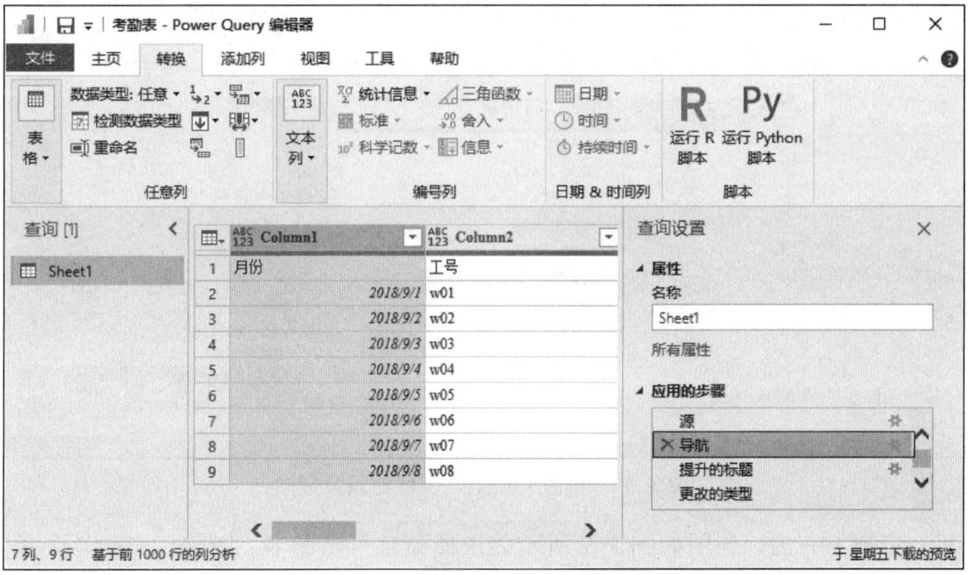

图 3-4　“导航”步骤的预览数据

在“应用的步骤”选项区域下的列表框中选择“提升的标题”步骤，可查看提升标题后的预览数据，如图 3-5 所示。该步骤自动识别源数据中的字段标题。

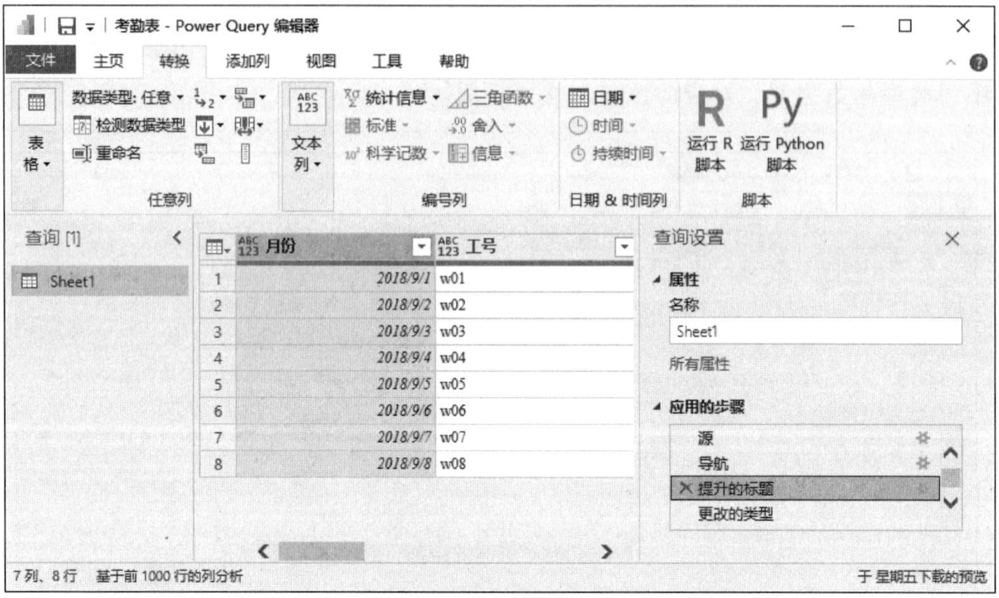

图 3-5 “提升的标题”步骤的预览数据

在“应用的步骤”选项区域下的列表框中选择“更改的类型”步骤，在列标题中以图标形式显示预览数据各字段的数据类型，如图 3-6 所示。

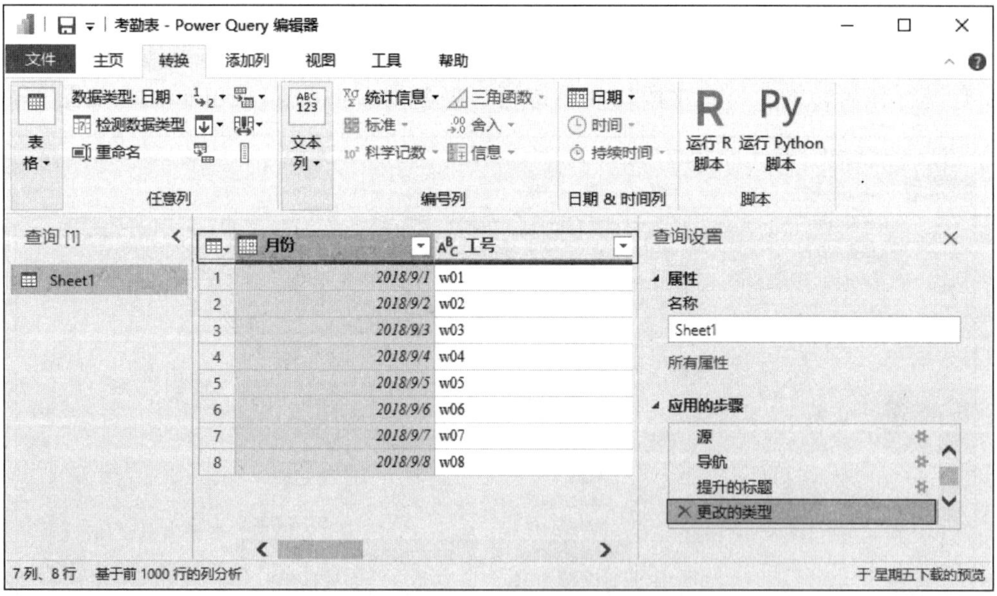

图 3-6 “更改的类型”步骤的预览数据

在某一步骤上右击，利用如图 3-7 所示的快捷菜单可重命名、删除、移动某个具体步骤。

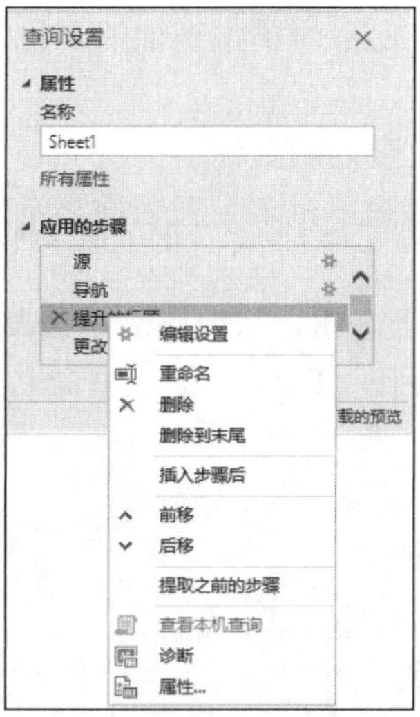

图 3-7　利用快捷菜单管理应用的步骤

特别提示

“删除到末尾”命令是指删除当前及其后的所有步骤。删除的步骤不能恢复。

任务二　管理查询

任务引入

公司人员发生了变动，作为公司财务部的职员，领导让小明在原有报表的基础上对工资表进行修改，并再编制一个考勤报表。那么，在 Power Query 编辑器中，如何对原有的数据表进行编辑呢？又如何方便快捷地制作考勤表呢？

知识准备

对于导入的数据表，有些不一定符合要求，在对数据进行分析之前，通常应先整理查询。本任务主要介绍对数据表的管理查询，并详细介绍查询中常用的一些命令，如重命名、复制、插入、引用、分组等。

一、重命名查询

在实际应用中，一个 Power BI 文件通常包含多个查询，给每个查询指定一个具有代表意义的名称可方便查找。在“查询”窗格中单击查询的名称，即可切换到对应的查询。

重命名查询的操作方法如下。

（1）执行以下操作之一，修改查询的名称。

① 在“查询”窗格中双击要重命名的表，表名称显示为可编辑状态，如图 3-8（a）所示。键入新的名称后按〈Enter〉键。

② 在要重命名的表名称标签上右击，从弹出的快捷菜单中选择“重命名”命令，表名称显示为可编辑状态，键入新名称后按〈Enter〉键。重命名后的效果如图 3-8（b）所示。

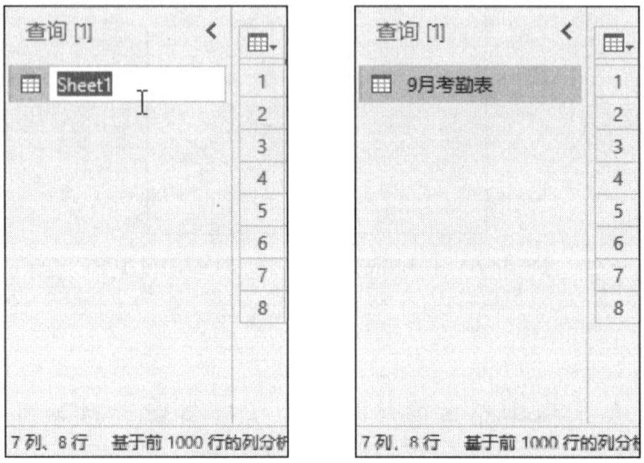

（a）　（b）

图 3-8　重命名查询表

（a）双击要重命名的表；（b）键入新名称

此时返回 Power BI Desktop 的主界面，会发现“字段”窗格中的查询表名称仍然为旧名称，且数据编辑区上方显示醒目的黄色底纹提示“未应用的查询中有挂起的更改”，如图 3-9 所示。

图 3-9　提示信息

（2）在提示栏中单击“应用更改”按钮，或在 Power Query 编辑器的“主页”选项卡的“关闭”组中单击“关闭并应用”按钮，在弹出的下拉菜单中选择“应用”命令，应用命名结果。

此时，提示栏消失，“字段”窗格中的表名称显示为修改后的名称。

二、复制查询

如果要创建与加载到 Power BI Desktop 中的表结构和内容相似的查询表，一个简单的方法是复制已有的查询表，然后进行修改。

在 Power Query 编辑器中，利用快捷菜单中的两个“复制”命令，可以便捷地复制表。

1. 复制、粘贴表

（1）在“查询”窗格中选中要复制的表，右击，从弹出的快捷菜单中选择第一个“复制”命令，如图 3-10 所示。

（2）在“查询”窗格的空白处右击，从弹出的快捷菜单中选择“粘贴”命令，即可显示复制的表，并自动在表名称后添加编号，使之成为唯一的命名，例如“9 月考勤表”变为“9 月考勤表(2)”，如图 3-11 所示。

图 3-10　选择第一个“复制”命令

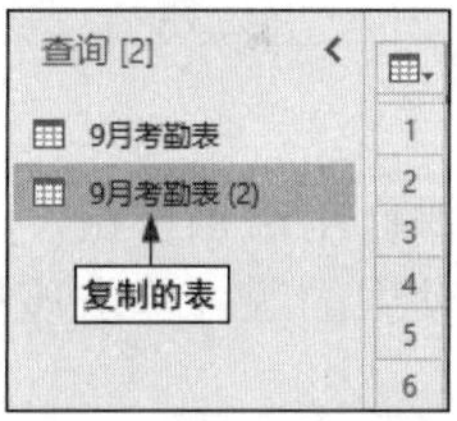

图 3-11　复制、粘贴表

（3）在 Power Query 编辑器的“主页”选项卡的“关闭”组中单击“关闭并应用”按钮，在弹出的下拉菜单中选择“应用”命令，应用复制结果。

2. 生成表副本

（1）在“查询”窗格中选中要复制的表，右击，从弹出的快捷菜单中选择第二个“复制”命令，如图 3-12 所示。

该“复制”命令与第一个“复制”命令不同的是，该命令不仅复制查询表，而且自动生成表的一个副本，如图 3-13 所示。

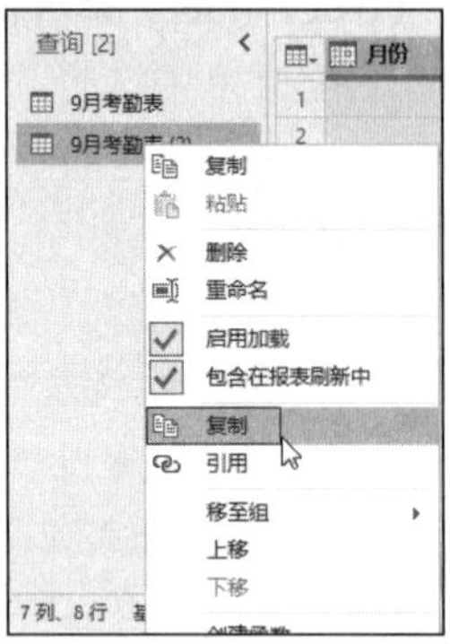

图 3-12　选择第二个“复制”命令

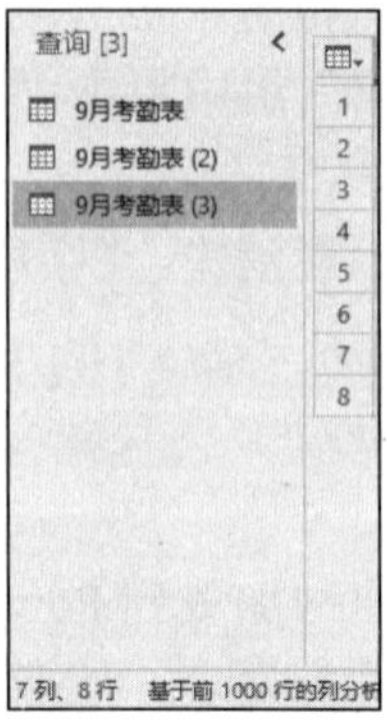

图 3-13　复制结果

（2）在“主页”选项卡的“关闭”组中单击“关闭并应用”按钮，在弹出的下拉菜单中选择“应用”命令，应用复制结果。

三、插入查询

在 Power Query 编辑器中，利用“主页”选项卡“新建查询”组中的按钮可以多种方式插入查询，如图 3-14 所示。各按钮功能如下。

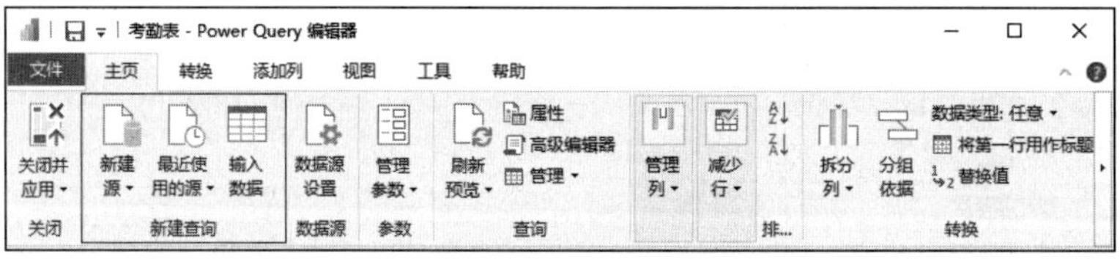

图 3-14　“新建查询”组

① 新建源：单击该按钮，从如图 3-15 所示的数据源中加载数据。

② 最近使用的源：单击该按钮，打开如图 3-16 所示的源列表，选择一个源，即可加载对应的数据。

③ 输入数据：通过手动输入的方式新建查询。

图 3-15　源列表

图 3-16　最近使用的源列表

前两种输入数据的方式前面的章节已介绍，如果数据量较少，在 Power Query 编辑器中手动输入数据，是获取数据内容最直接的方法。下面通过直接输入数据的方法在 Power Query 编辑器中插入“sw 部门考勤表”。

（1）在“主页”选项卡的“新建查询”组中单击“输入数据”按钮，打开“创建表”对话框，显示用于输入数据的行、列表格，如图 3-17 所示。

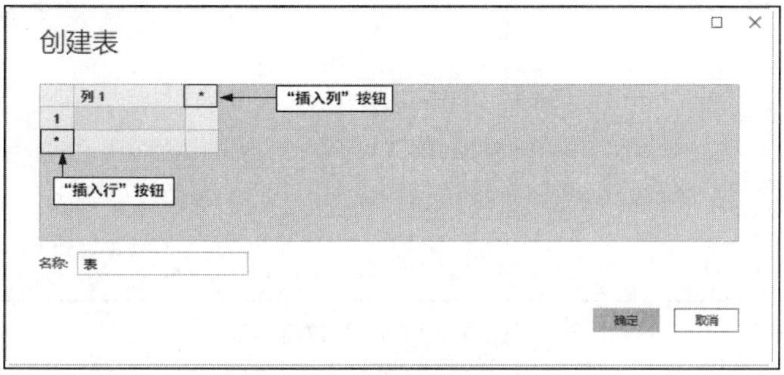

图 3-17　“创建表”对话框

（2）单击第一列标题单元格进入编辑状态，修改列名为“工号”。然后单击“插入行”按钮 + 7 次，插入 7 行，依次单击单元格输入第一列的数据，如图 3-18 所示。

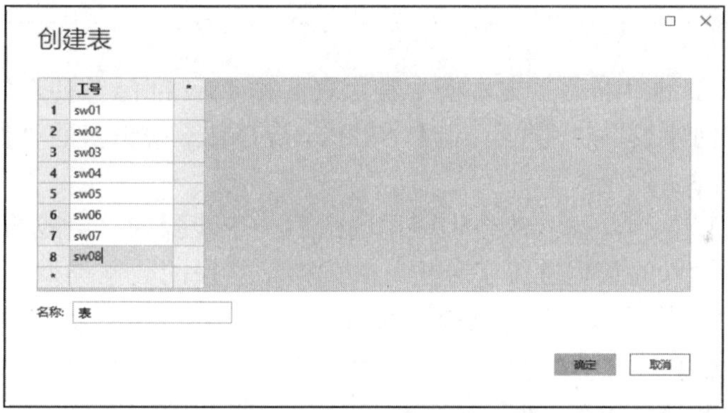

图 3-18　输入第一列数据

（3）单击“插入列”按钮 + 5 次，插入 5 列，并修改各列的标题，如图 3-19 所示。

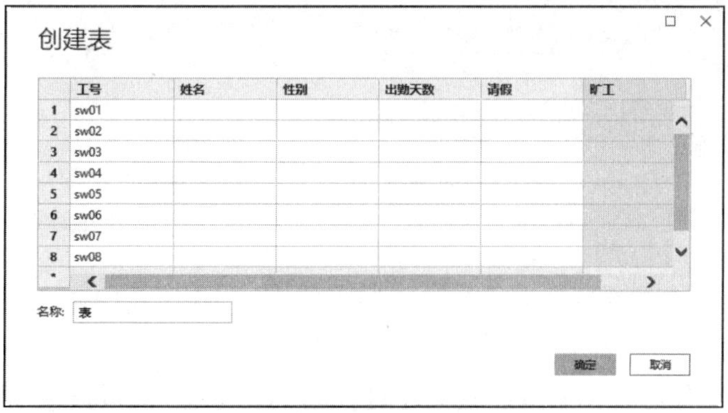

图 3-19　插入列并修改标题

（4）在单元格中输入数据，如图 3-20 所示。

图 3-20　输入数据

特别提示

如果在其他文件（如 Excel 工作表）中有相应的数据，则可以打开文件复制数据，然后在“创建表”对话框中粘贴添加数据。

（5）在对话框底部的“名称”文本框中输入表名称“sw 部门考勤表”，然后单击“确定”按钮，关闭“创建表”对话框。此时，在 Power Query 编辑器的“查询”窗格中可以看到插入的查询，如图 3-21 所示。

从图 3-21 中可以看到，插入的查询应用的最后一个步骤为“更改的类型”，说明 Power Query 编辑器自动对输入的数据进行了分析，并确定了字段的数据类型。

根据需要还可以调整插入的查询的排列位置。

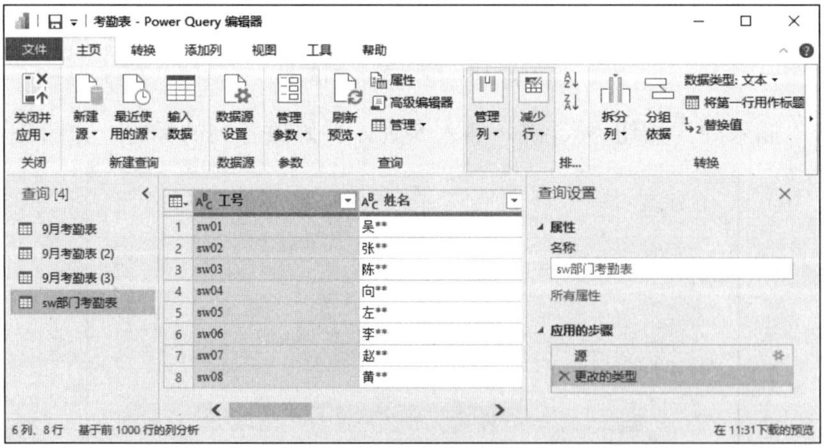

图 3-21　插入的查询

（6）在“sw 部门考勤表”上按住鼠标左键拖动到目标位置，目标位置显示一条黄色的粗线，如图 3-22 所示。释放鼠标，即可将查询移动到指定位置，如图 3-23 所示。

利用右击查询打开的快捷菜单中的“上移”或“下移”命令，也可以移动查询的排列位置。

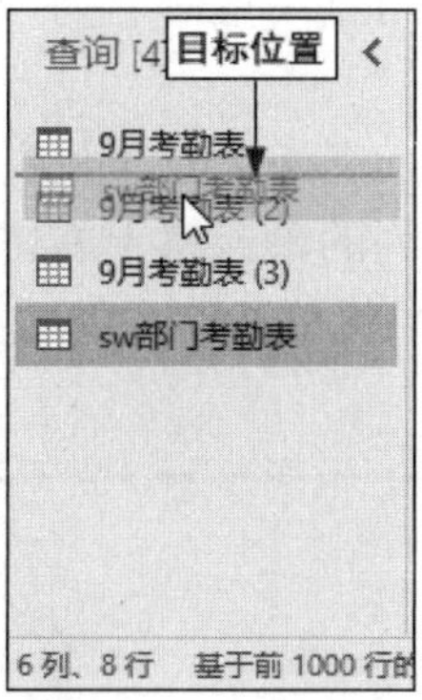

图 3-22　移动查询

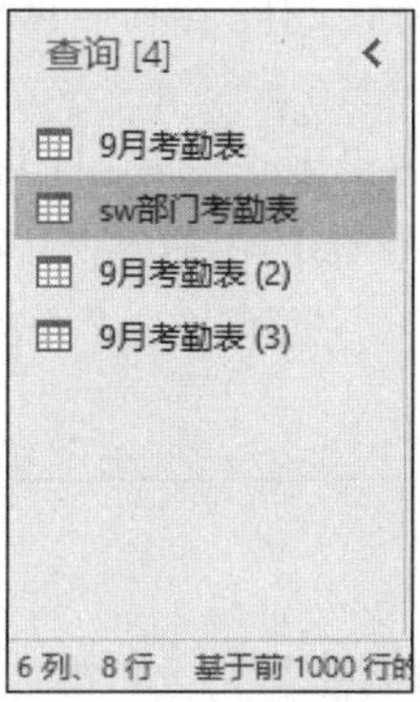

图 3-23　移动后的排列效果

四、引用查询

通过引用查询，可以制作一个查询（被引用查询）的副本（引用查询），将被引用查询中的最终数据作为数据源。与复制的副本不同的是，改变被引用查询中的数据时，引用查询中的数据会随之更新。

下面通过创建“sw 部门考勤表”的引用，介绍创建引用查询的方法，以及引用查询与被引用查询之间的关联。

（1）在“查询”窗格中右击将被引用的查询“sw 部门考勤表”，在弹出的快捷菜单中选择“引用”命令，如图 3-24 所示。

与复制并生成副本类似，此时在“查询”窗格中可以看到创建的引用查询，为保持查询名称的唯一性，该查询的名称在被引用查询的名称之后自动添加编号，如图 3-25 所示。

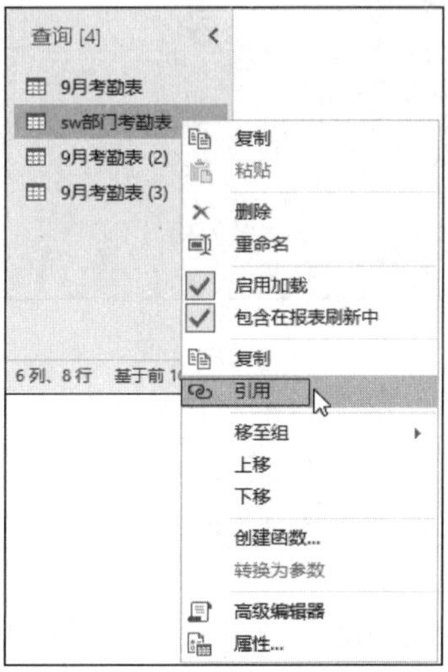

图 3-24　选择“引用”命令

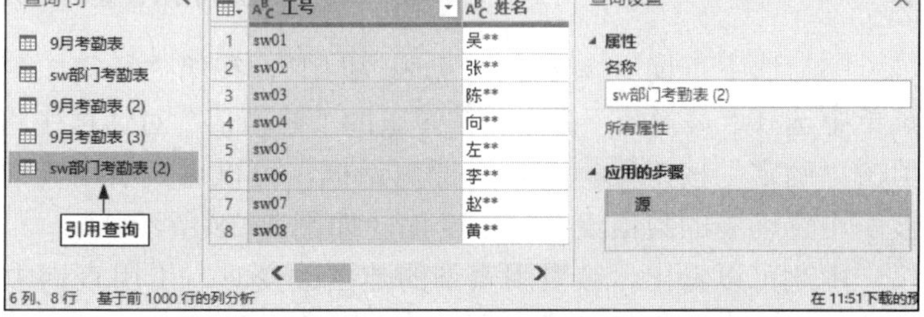

图 3-25　创建引用查询

从图 3-25 中可以看到，引用查询的应用步骤只有“源”，说明引用查询没有对被引用查询做任何更改。

（2）为便于理解查询的内容和后期的维护，将引用查询重命名为一个易辨识的名称“sw 部门考勤表_引用”。

接下来分别修改被引用查询和引用查询，观察两个查询之间的关联。

（3）选中查询“sw 部门考勤表”，在第二行第二列的单元格上右击，从弹出的快捷菜单中选择“替换值”命令，在弹出的“替换值”对话框中将单元格中的数据修改为“徐**”，如图 3-26 所示。

图 3-26　修改被引用查询中的数据

（4）单击“确定”按钮，关闭对话框，可以看到被引用查询和引用查询中的数据都发生了相应的变化，如图 3-27 所示。

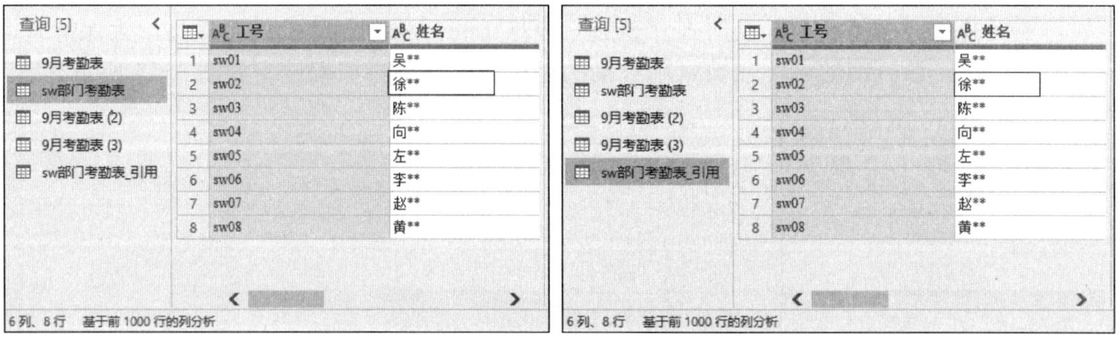

图 3-27　修改被引用查询的结果

（5）选中查询“sw 部门考勤表_引用”，在第二行第二列的单元格上右击，从弹出的快捷菜单中选择“替换值”命令，在弹出的“替换值”对话框中将单元格中的数据修改为“张**”。单击“确定”按钮，关闭对话框，可以看到引用查询中的数据发生了相应的变化，但被引用查询中的数据没有发生变化，如图 3-28 所示。

由此可以看出，被引用查询的数据改变时，引用查询中的数据会随之改变；而引用查询中的数据改变时，被引用查询中的数据不受影响。

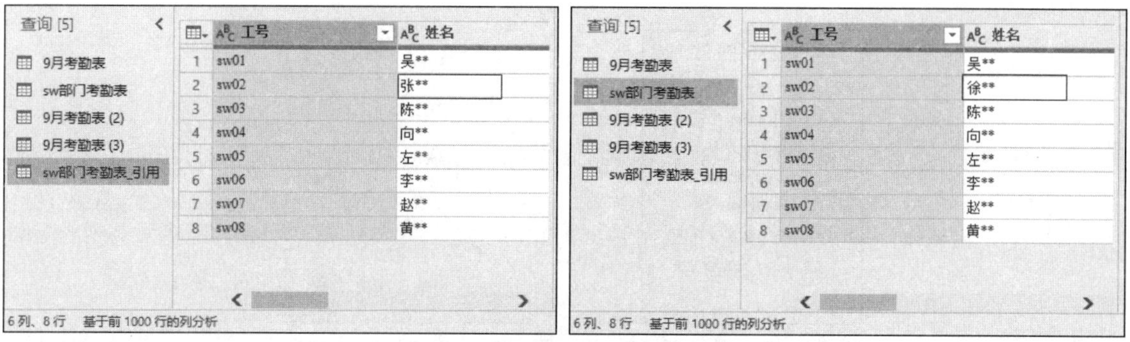

图 3-28　修改引用查询的结果

五、查询分组

如果加载的查询较多，为便于查看、管理，可以对查询进行分组。对组进行折叠、展开，可快速隐藏或显示要预览的表。

下面通过新建“第三季度”组对查询进行分组，演示使用组对查询进行管理的操作方法。

（1）在“查询”窗格中右击要移动到组的表，从弹出的快捷菜单中选择“移至组”→“新建组”命令，如图 3-29 所示。

（2）在弹出的“新建组”对话框中输入组名称，建议在“说明”文本框中添加组的描述说明，如图 3-30 所示。

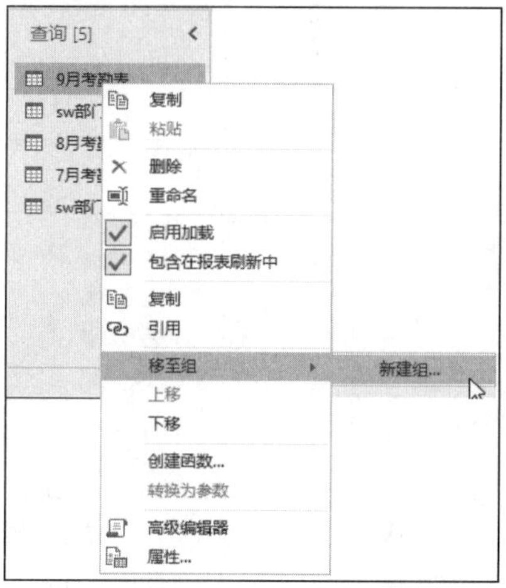

图 3-29　选择“移至组”→“新建组”命令

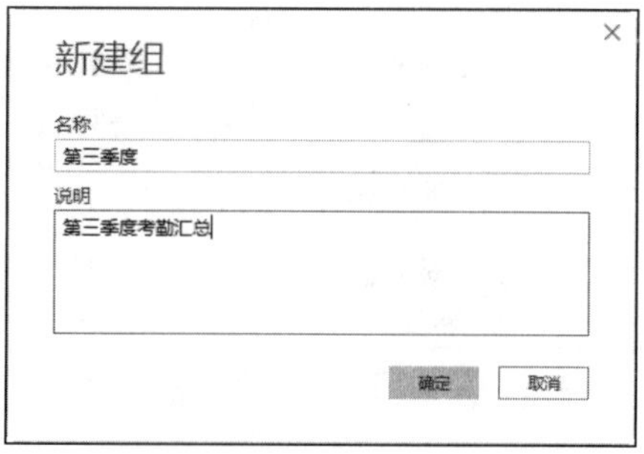

图 3-30　“新建组”对话框

（3）单击“确定”按钮，关闭对话框，在“查询”窗格中可以看到，选中的查询被移动至新建的组，自动新建一个名为“其他查询”的组，将其他查询移到该组，如图 3-31 所示。窗格标题右侧的方括号[ ]中显示该组当前包括的查询数。

（4）选中“8 月考勤表”，按住鼠标左键将其拖动到“9 月考勤表”上方，显示黄色的粗线时，如图 3-32 所示，释放鼠标，即可将“8 月考勤表”移到“第三季度”组，并显示在“9 月考勤表”上方。

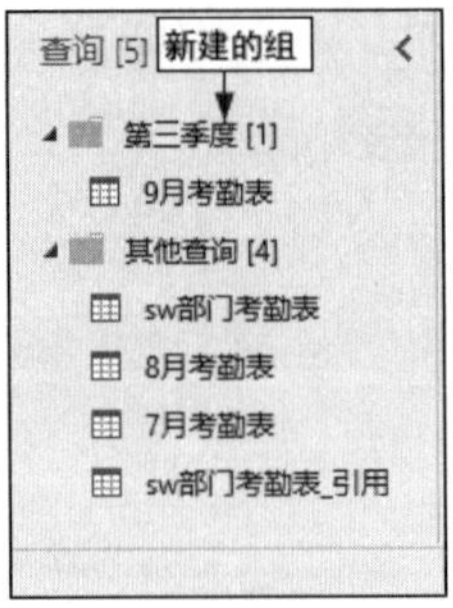

图 3-31　新建组

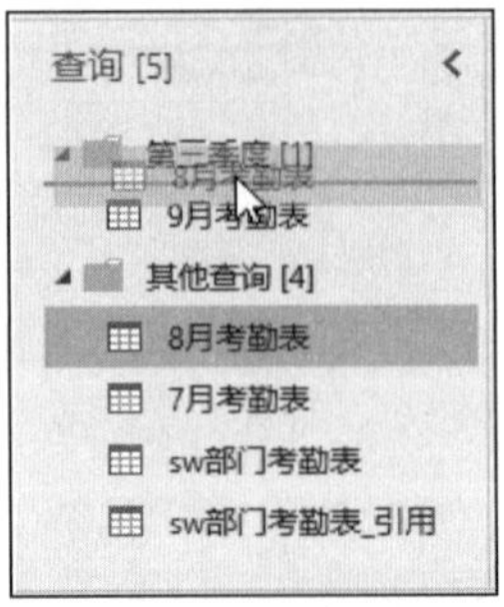

图 3-32　将查询拖动到组中

（5）右击“7 月考勤表”，在弹出的快捷菜单中选择“移至组”→“第三季度”命令，如图 3-33 所示，即可将指定的查询移到指定的组中；默认显示在底部，如图 3-34 所示。

此时，可通过折叠、展开组，查看部分查询。

（6）单击“其他查询”组名左侧的“展开”按钮◢，即可折叠该组，隐藏该组的查询，左侧的图标切换为“折叠”图标▷，如图 3-35 所示。单击“折叠”图标▷，即可展开组。

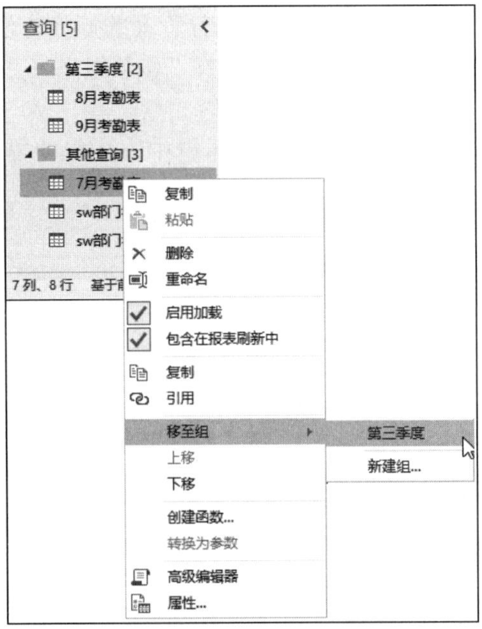

图 3-33　使用命令将查询移至组

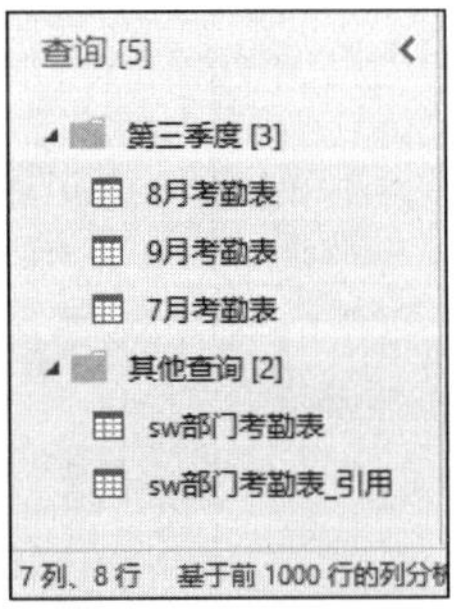

图 3-34　查询移至组的效果

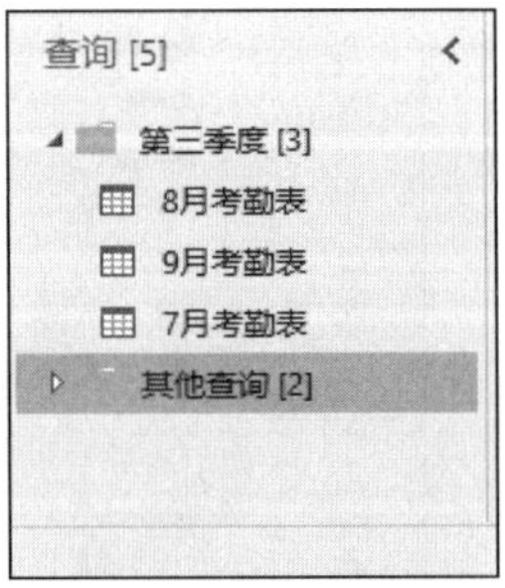

图 3-35　折叠“其他查询”组

如果不再使用组管理查询，则在组名上右击，从弹出的快捷菜单中选择“取消分组”命令。在这里要注意“取消分组”与“删除组”命令的区别。“取消分组”命令相当于将查询移到组外，然后删除空组；而“删除组”命令不仅删除组，同时还删除组中的所有查询。

特别提示

删除“其他查询”组时，只能删除组中的查询，组继续存在。

案例一——某公司年度利润报表

（1）启动 Power BI Desktop，单击“文件”菜单中的“新建”命令，新建一个空白的 Power BI 报表。

（2）在“主页”选项卡的“数据”组中单击“Excel”按钮，弹出“打开”对话框。选择“某公司年度利润报表”，单击“打开”按钮，弹出“导航器”对话框，在左侧勾选“表 7”复选框。

（3）单击“加载”按钮，可在数据视图中查看导入的数据，如图 3-36 所示。

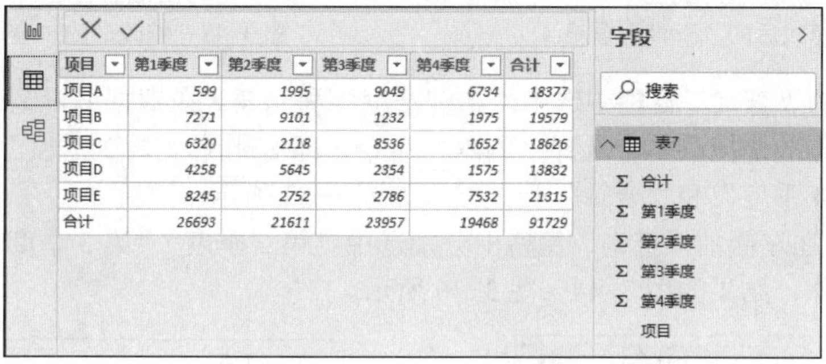

图 3-36　导入的数据

（4）在“主页”选项卡的“查询”组中单击“转换数据”按钮，即可进入 Power Query 编辑器界面，如图 3-37 所示。

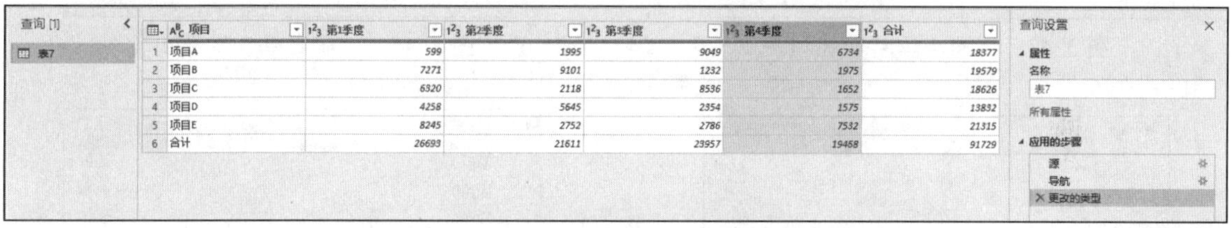

图 3-37　Power Query 编辑器界面

（5）在“查询”窗格中右击“表 7”，在弹出的快捷菜单中选择“引用”命令，此时在“查询”窗格中可以看到创建的引用查询，如图 3-38 所示。同理，创建其他 3 个引用查询，结果如图 3-39 所示。

（6）在界面左侧的“查询”窗格中选中“表 7”，在右侧的“查询设置”窗格中修改其名称为“年度利润表”，如图 3-40 所示。此时，左侧的“查询”窗格中的“表 7”名称随之变为“年度利润表”，如图 3-41 所示。

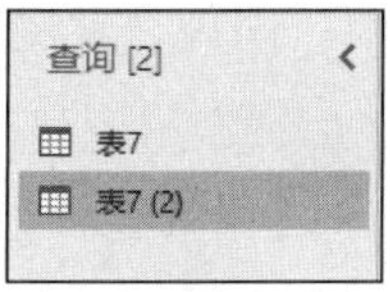

图 3-38　创建引用查询 1

图 3-39　创建引用查询 2

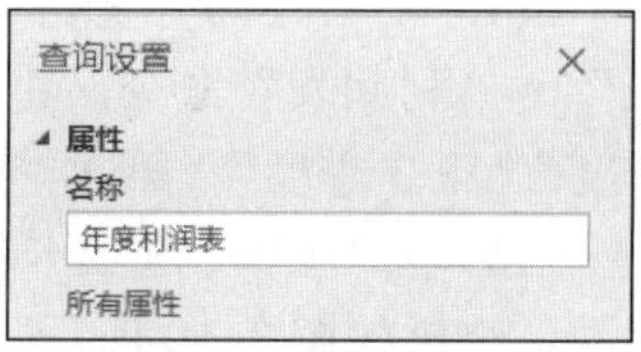

图 3-40　修改名称

（7）在左侧的“查询”窗格中双击“表 7（2)”，修改名称为“第 1 季度”。

（8）同理，修改其他表的名称，分别为“第 2 季度”“第 3 季度”“第 4 季度”，结果如图 3-42 所示。

图 3-41　修改后的“查询”窗格 1

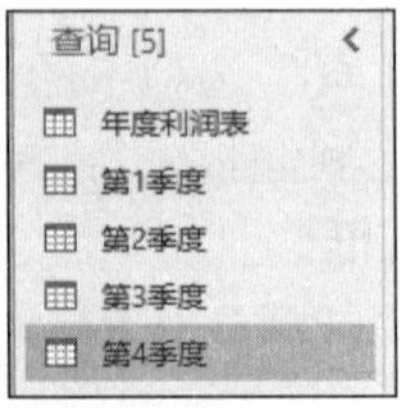

图 3-42　修改后的“查询”窗格 2

（9）在左侧的“查询”窗格中选中“第 1 季度”利润表，在数据编辑区选中“第 2 季度”列，右击，在弹出的快捷菜单中选择“删除”命令，即可删除“第 2 季度”列。同理，删除“第 3 季度”“第 4 季度”和“合计”列，结果如图 3-43 所示。

（10）同理，在左侧的“查询”窗格中分别选中“第 2 季度”“第 3 季度”和“第 4 季度”利润表，进行操作，结果如图 3-44～图 3-46 所示。

	项目	第1季度
1	项目A	599
2	项目B	7271
3	项目C	6320
4	项目D	4258
5	项目E	8245
6	合计	26693

图 3-43　“第 1 季度”利润表

	项目	第2季度
1	项目A	1995
2	项目B	9101
3	项目C	2118
4	项目D	5645
5	项目E	2752
6	合计	21611

图 3-44　“第 2 季度”利润表

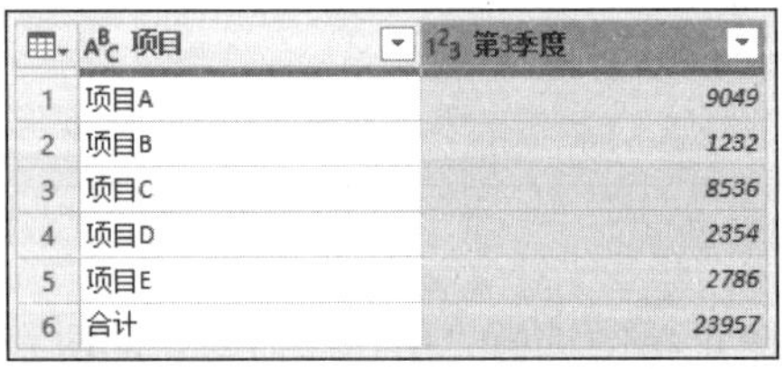

	项目	第3季度
1	项目A	9049
2	项目B	1232
3	项目C	8536
4	项目D	2354
5	项目E	2786
6	合计	23957

图 3-45　“第 3 季度”利润表

	项目	第4季度
1	项目A	6734
2	项目B	1975
3	项目C	1652
4	项目D	1575
5	项目E	7532
6	合计	19468

图 3-46　“第 4 季度”利润表

（11）在“查询”窗格中右击“年度利润表”，从弹出的快捷菜单中选择“移至组→新建组”命令。

（12）在弹出的“新建组”对话框中输入组名称“利润表”，在“说明”文本框中添加组的描述说明“年度及各季度利润表”，如图 3-47 所示。

（13）单击“确定”按钮 确定 ，即可创建分组，结果如图 3-48 所示。

（14）在“查询”窗格中右击“第 1 季度”利润表，从弹出的快捷菜单中选择“移至组”→“利润表”命令，将“第 1 季度”利润表移至“利润表”分组中。同理，移动“第 2 季度”“第 3 季度”“第 4 季度”的利润表，结果如图 3-49 所示。

（15）在“主页”选项卡的“关闭”组中单击“关闭并应用”按钮，返回 Power BI Desktop 界面，结果如图 3-50 所示。

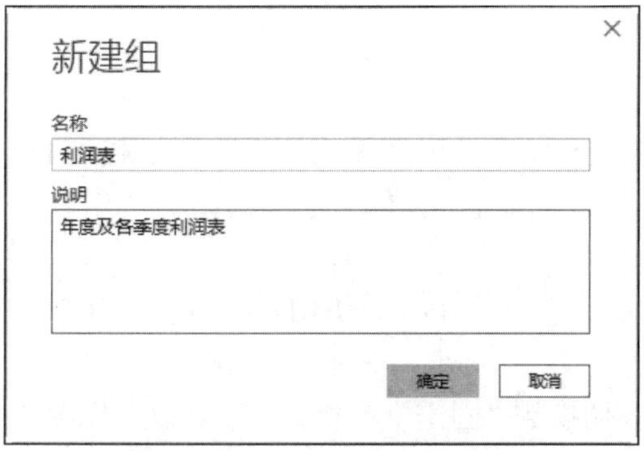

图 3-47　“新建组”对话框

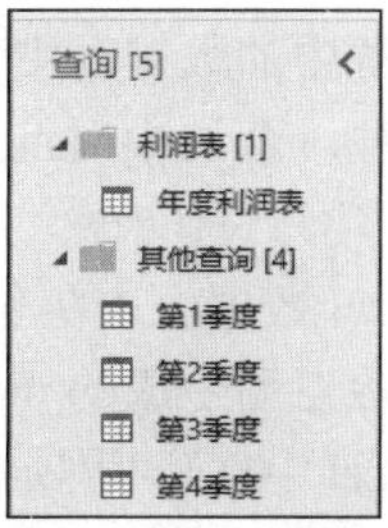

图 3-48　创建分组

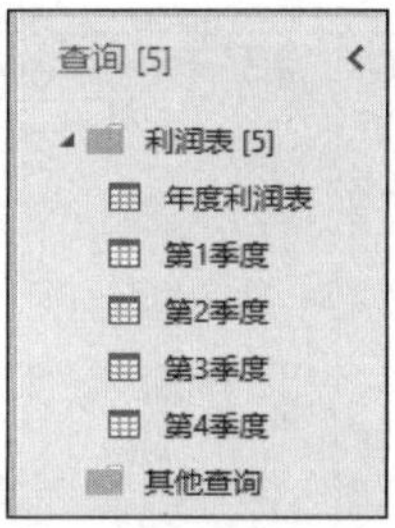

图 3-49　移动结果

图 3-50　编辑结果

任务三　数据规范化

任务引入

小明作为公司财务部的职员，他在整理公司的固定资产报表时发现有的单元格是合并单元格，有的单元格显示 null 值，有的数值需要修改为大写，有的数据错误。那么，如何处理合并单元格？如何填充单元格的 null 值？如何修改数值的大小写？如何替换错误的数据呢？

知识准备

Power BI Desktop 几乎支持所有格式的数据，但对视觉对象和建模工具来说，最合适的是列式数据。从不同数据源加载到 Power BI 的数据可能存在标题位置错误、数据类型不准确或含有重复项等情况。因此，在数据可视化之前，通常需要使用 Power Query 编辑器对加载的数据进行规范化处理。

一、设置标题行

如果数据源中的数据表中包含合并单元格，或第一行不是列标题字段，那么加载到 Power BI Desktop 中时，查询中对应的单元格显示 null 值。此时，可通过提升数据标题解决这一问题。

例如，Excel 数据源表头包含合并单元格，不能正常导入 Power BI Desktop，下面通过设置标题行，清除自动生成的 null 值。

（1）在 Excel 中打开“固定资产”Excel 工作簿，切换到“固定资产档案”工作表，如图 3-51 所示。从图 3-51 中可以看到，该数据表的第一行包含合并单元格，列标题位于第二行。

	A	B	C	D	E	F	G	H	I	J	K	L	M	N	O	P	Q
1	固定资产档案								折旧						当前日期:	2014/7/3	
2	卡片编号	物理类别	资产名称	资产编号	变动方式	使用状态	使用日期	使用部门	原值	使用年限	折旧月份	残值率	残值	月折旧额	累计折旧	净值	折旧方法
3	F001	电器设备	空调	A001	购入	使用中	2009/8/1	财务部	3,500.00	10	59	5%	175.00	27.71	1634.89	1,865.11	
4	F002	电器设备	空调	A002	购入	使用中	2008/8/1	经营部	3,500.00	10	71	5%	175.00	27.71	1967.41	1,532.59	
5	F003	电器设备	空调	A003	购入	使用中	2010/8/1	技术部	3,500.00	10	47	5%	175.00	27.71	1302.37	2,197.63	
6	F004	房屋建筑	厂房	A004	自建	使用中	2006/7/1	机关部	3,000,000.00	50	96	5%	150,000.00	4750	456000	2,544,000.00	
7	F005	运输工具	现代汽车	A005	接受投资	使用中	2011/3/15	技术部	170,000.00	10	40	5%	8,500.00	1345.83	53833.2	116,166.80	
8	F006	运输工具	金杯车	A006	购入	使用中	2012/3/16	机关部	150,000.00	10	28	5%	7,500.00	1187.5	33250	116,750.00	
9	F007	电器设备	电脑	A007	购入	使用中	2011/8/1	财务部	5,000.00	5	35	5%	250.00	79.17	2770.95	2,229.05	
10	F008	电器设备	电脑	A008	购入	使用中	2010/8/1	财务部	5,000.00	5	47	5%	250.00	79.17	3720.99	1,279.01	
11	F009	电器设备	电脑	A009	购入	使用中	2012/8/1	劳资部	5,000.00	5	23	5%	250.00	79.17	1820.91	3,179.09	
12	F010	房屋建筑	办公楼	A010	自建	在使用	2006/5/1	机关部	1,000,000.00	40	98	5%	50,000.00	1979.17	193958.66	806,041.34	
13	F011	电子设备	检测仪	A011	接受捐赠	在使用	2007/12/9	技术部	500,000.00	20	79	5%	25,000.00	1979.17	156354.43	343,645.57	
14	F012	电了设备	检测仪	A012	购入	在使用	2012/12/9	技术部	500,000.00	5	19	5%	25,000.00	7916.67	150416.73	349,583.27	
15	F013	电器设备	打印机	A013	购入	在使用	2011/2/19	财务部	3,000.00	5	41	5%	150.00	47.5	1947.5	1,052.50	
16	F014	电器设备	打印机	A014	购入	在使用	2011/2/19	财务部	3,001.00	5	41	5%	150.05	47.52	1948.32	1,052.68	
17	F015	电器设备	打印机	A015	购入	在使用	2011/2/19	劳资部	3,002.00	5	41	5%	150.10	47.53	1948.73	1,053.27	
18	F016	机器设备	起重机	A016	接受投资	在使用	2012/10/15	其他	300,000.00	20	21	5%	15,000.00	1187.5	24937.5	275,062.50	
19	F017	机器设备	调动机	A017	接受投资	在使用	2013/2/11	其他	400,000.00	20	17	5%	20,000.00	1583.33	26916.61	373,083.39	

图 3-51　“固定资产档案”工作表

（2）打开 Power BI Desktop，从 Excel 数据源中获取数据。在“导航器”对话框中左侧勾选要加载的数据表“固定资产档案”，在右侧预览绘表，数据如图 3-52 所示，然后在“主页”选项卡的“查询”组中单击“转换数据”按钮 。

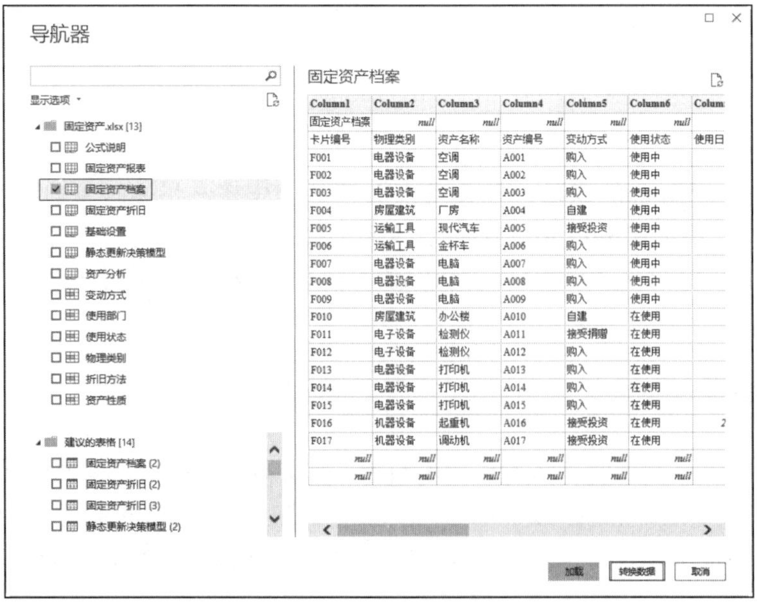

图 3-52　选择要加载的数据表

（3）从启动的 Power Query 编辑器中可以看到，数据表中的列字段没有显示在列标题栏中，如图 3-53 所示。

（4）切换到“转换”选项卡，在“表格”组中单击“将第一行用作标题”按钮，在弹出的下拉菜单中选择“将第一行用作标题”命令。此时含有列字段的行数据提升为列标题，如图 3-54 所示。

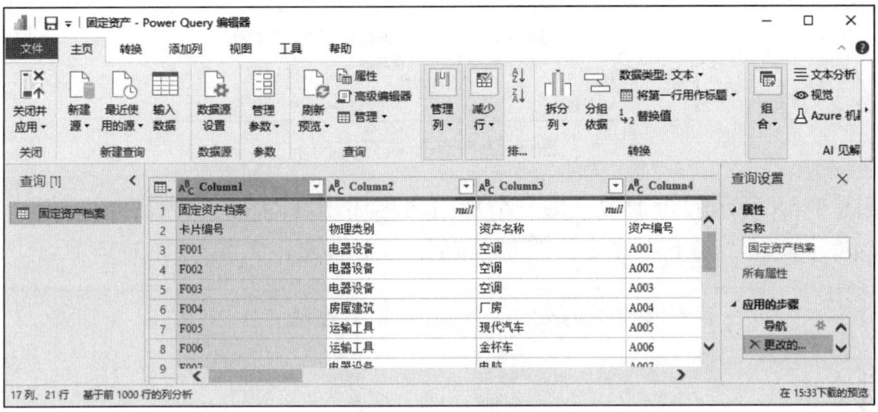

图 3-53　加载数据

图 3-54　提升列标题

二、填充相邻单元格的 null 值

如果数据源中存在合并单元格，则加载到 Power BI Desktop 后，跨行合并的单元格中会显示 null 值，如图 3-55 所示，不便于后期数据的可视化处理。利用 Power Query 编辑器中的填充功能，可轻松使相邻单元格中的值向下填充 null 值所在的单元格。

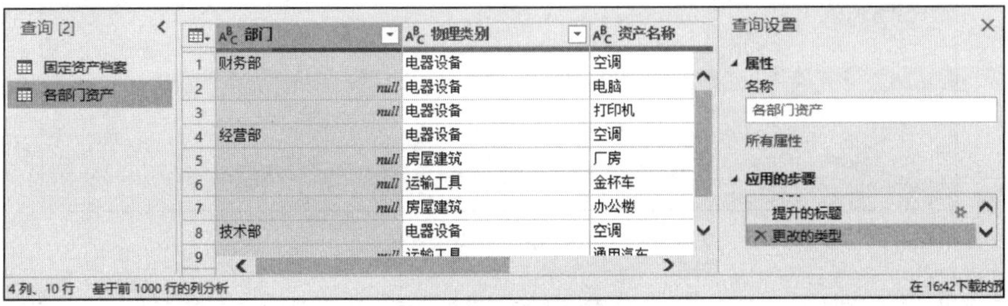

图 3-55　预览数据

（1）单击列标题，选中含有 null 值的列，在“转换”选项卡的“任意列”组中单击“填充”按钮，在弹出的下拉菜单中根据 null 值所在的单元格位置选择填充方向，如图 3-56 所示。

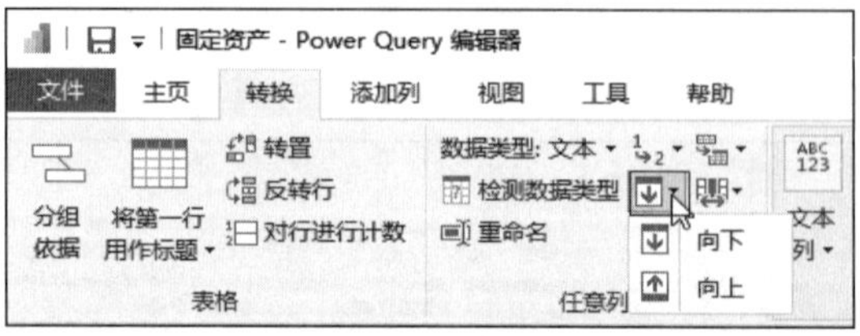

图 3-56　选择填充方向

（2）在图 3-55 所示的查询中，每一个部门名称显示在对应资产信息的首行，其他行显示为“null”，因此选择“向下”命令，将部门名称向下填充，效果如图 3-57 所示。

图 3-57　向下填充部门名称的效果

三、修改列类型和大小写

如果加载的数据表中的数据格式或大小写不符合要求，则利用 Power Query 编辑器的转换功能可快速更改数据类型和大小写格式。

例如，要将“数量”列的数据类型修改为“文本”，并将“型号”列数值更改为大写，可以执行以下操作。

（1）打开原始文件，在 Power Query 编辑器中可以看到，“数量”列的数据格式为文本，如图 3-58 所示。

图 3-58　预览数据

（2）在“数量”列标题上右击，从弹出的快捷菜单中选择“更改类型”→“整数”命令，如图 3-59 所示。

（3）在弹出的“更改列类型”对话框中单击“替换当前转换”按钮 替换当前转换 ，如图 3-60 所示，替换现有的类型转换，并关闭对话框。此时，在数据编辑区可以看到，“数量”列的数据类型显示为数值，如图 3-61 所示。

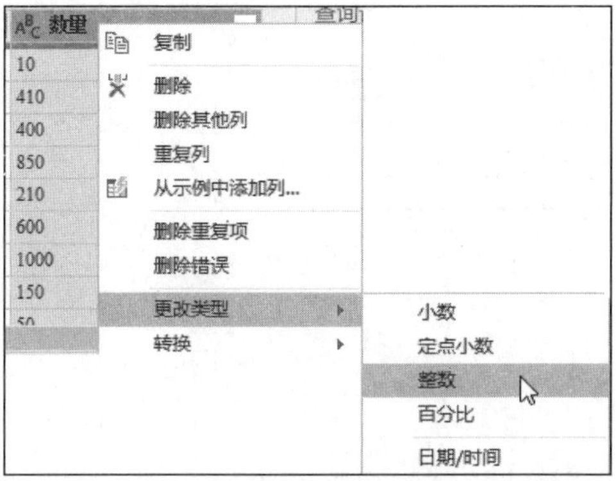

图 3-59　将数据类型更改为“整数”

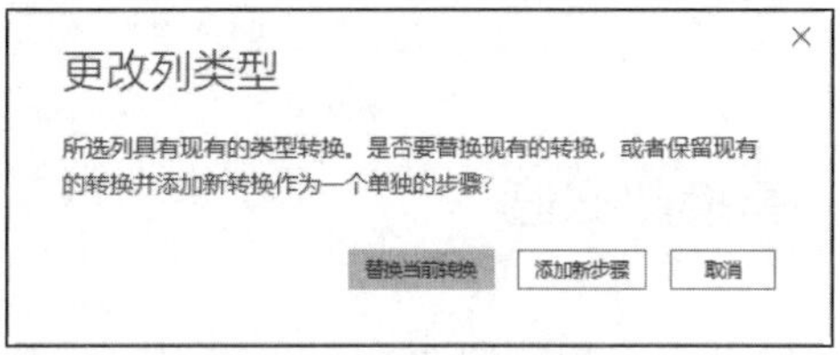

图 3-60　“更改列类型”对话框

图 3-61　修改列类型后的效果

接下来将“型号”列的数据格式转换为大写。

（4）在“型号”列标题上右击，从弹出的快捷菜单中选择“转换”→“大写”命令，如图 3-62 所示。

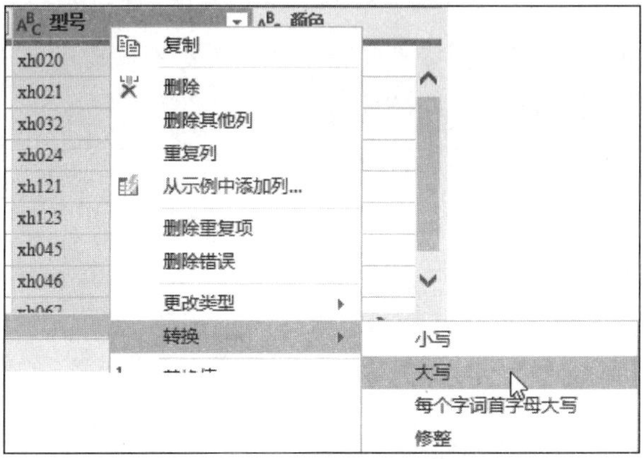

图 3-62　将数据格式转换为“大写”

此时，在数据编辑区可以看到，“型号”列的数据字母均显示为大写，如图 3-63 所示。

图 3-63　将数据格式转换为大写的效果

四、替换数据值

如果连接的数据源中存在错误，或需要修改某列中的数据值，则在 Power Query 编辑器中利用替换功能可很方便地进行修改。

下面通过将“颜色”列中的“太空白”替换为“皓月灰”，并替换数据表中的错误值，演示替换数据值的用法与功能。

（1）如果要替换某列单元格中指定的值，则在包含要替换的值的单元格上右击，从弹出的快捷菜单中选择“替换值”命令，如图 3-64 所示。

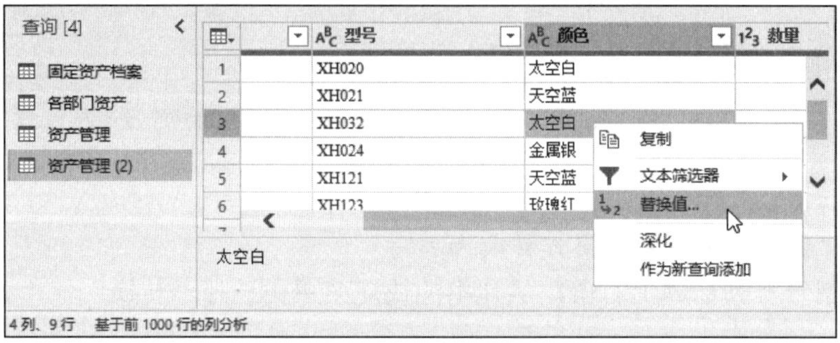

图 3-64　选择“替换值”命令

（2）在弹出的“替换值”对话框中，“要查找的值”文本框自动填充选中单元格的值，“替换为”文本框则应输入要替换的值，如图 3-65 所示。

图 3-65　“替换值”对话框

如果在列标题上右击，从弹出的快捷菜单中选择“替换值”命令，则在弹出的“替换值”对话框中，“要查找的值”文本框显示为空，需要用户自己输入要替换的值。

（3）单击“确定”按钮，关闭对话框，即可将指定单元格的值修改为替换的值，如图 3-66 所示。

图 3-66　替换值的效果

使用替换功能还可以修改数据编辑区中的错误值。例如，在“剩余数量”列可以看到，第三行的单元格中显示“Error”，表明数据有误，如图 3-67 所示。

图 3-67　错误值

（4）在错误值所在的列标题上右击，从弹出的快捷菜单中选择“替换错误”命令。在弹出的“替换错误”对话框中，在“值”文本框中输入要替换错误值的值，如图 3-68 所示。

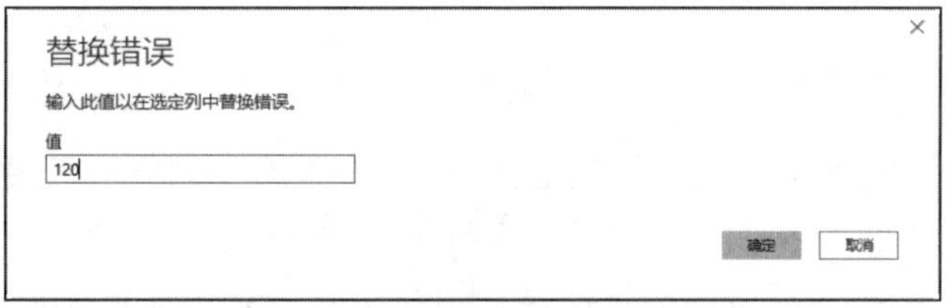

图 3-68　“替换错误”对话框

（5）单击“确定”按钮，关闭对话框，即可将错误值替换为指定的值，如图 3-69 所示。

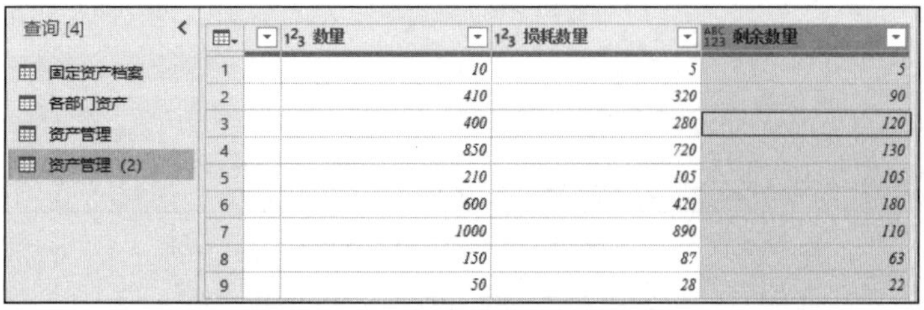

图 3-69　替换错误值的效果

五、转置行列数据

如果数据源中的数据加载到 Power BI Desktop 后的行列效果不方便处理，则可利用 Power Query 编辑器对数据进行行列转置，即将行变换为列、列变换为行。

下面通过转置“资产购置费用”统计表，演示转置行列数据的操作方法。

（1）将 Excel 数据源中的数据表加载到 Power Query 编辑器中。由于数据源中有合并单元格，因此加载的数据中有部分单元格不能正常导入，显示为“null”，如图 3-70 所示。

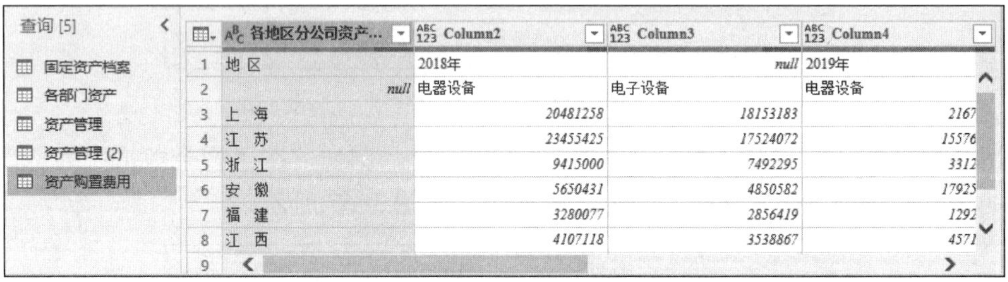

图 3-70 预览数据

（2）在“转换”选项卡的“表格”组中单击“转置”按钮，将表中的行列进行置换，行变为列，列变为行，在“地区”列右击，在弹出的快捷菜单中选择“更改类型”→“文本”命令，效果如图 3-71 所示。

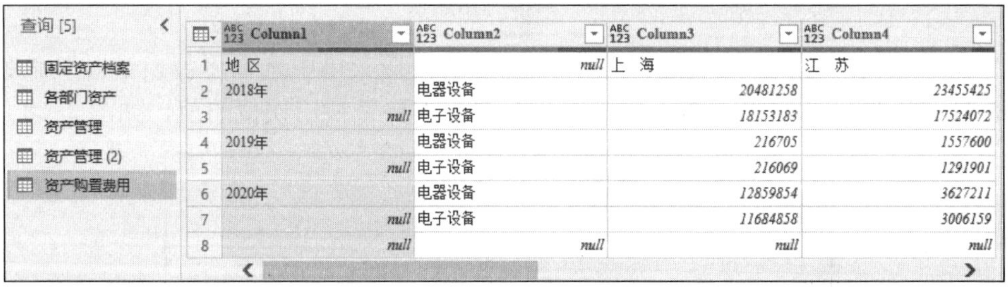

图 3-71 行列转置的效果

（3）在“转换”选项卡的“表格”组中单击“将第一行用作标题”按钮，在弹出的下拉菜单中选择“将第一行用作标题”命令，效果如图 3-72 所示。

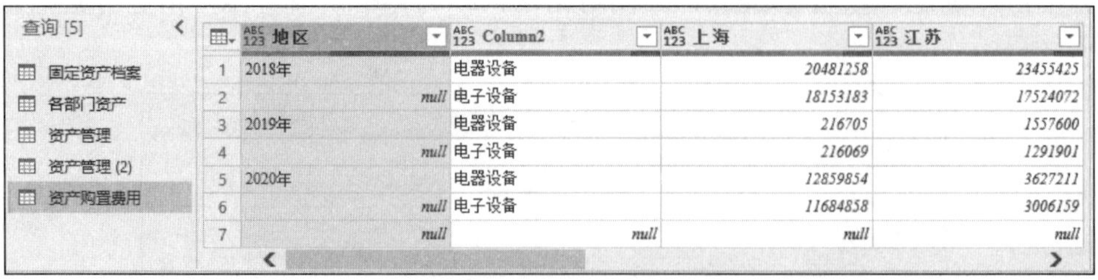

图 3-72 提升标题行

从图 3-72 中可以看到，导入的数据中最后一行为空行，接下来的步骤就是删除空行。

（4）切换到“主页”选项卡，在“减少”组中单击“删除行”按钮，然后在弹出的下拉菜单中选择“删除空行”命令，如图 3-73 所示，即可删除数据区域中的空行。

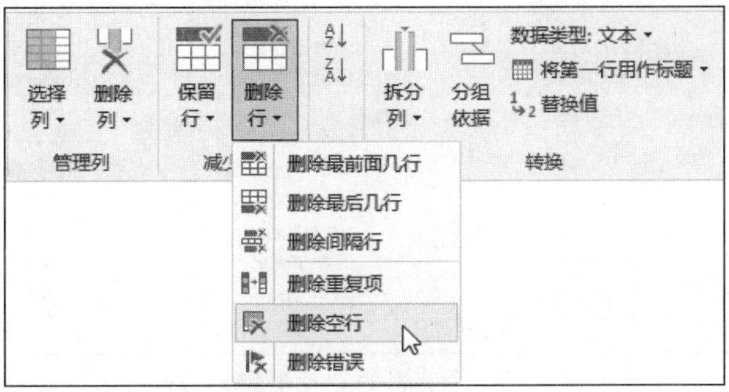

图 3-73　删除空行

（5）在“地区”列标题上右击，从弹出的快捷菜单中选择“填充”→“向下”命令，填充因数据源跨列合并导致的 null 值单元格，如图 3-74 所示。

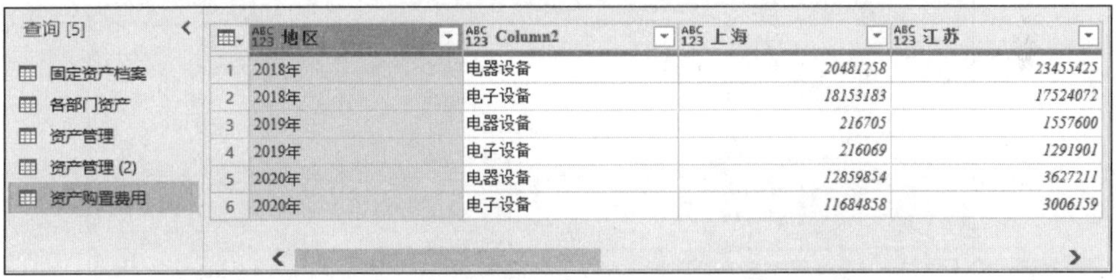

	地区	Column2	上海	江苏
1	2018年	电器设备	20481258	23455425
2	2018年	电子设备	18153183	17524072
3	2019年	电器设备	216705	1557600
4	2019年	电子设备	216069	1291901
5	2020年	电器设备	12859854	3627211
6	2020年	电子设备	11684858	3006159

图 3-74　向下填充相邻单元格

（6）切换到“转换”选项卡，在“表格”组中单击“反转行”按钮，反转数据编辑区中的行数据，如图 3-75 所示。

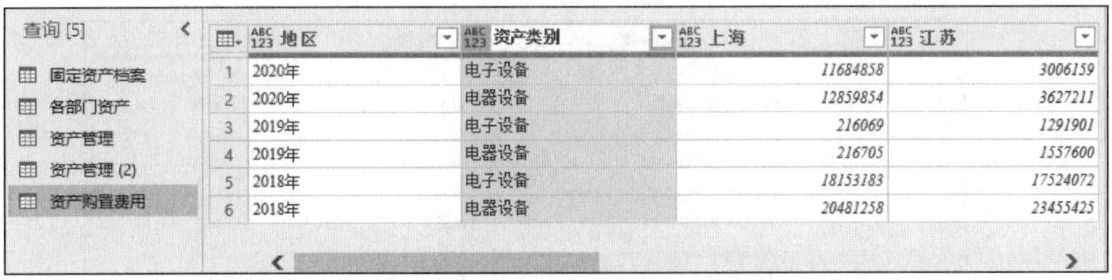

	地区	资产类别	上海	江苏
1	2020年	电子设备	11684858	3006159
2	2020年	电器设备	12859854	3627211
3	2019年	电子设备	216069	1291901
4	2019年	电器设备	216705	1557600
5	2018年	电子设备	18153183	17524072
6	2018年	电器设备	20481258	23455425

图 3-75　反转行数据

案例二——某商品进货统计表

（1）启动 Power BI Desktop，单击“文件”菜单中的“新建”命令，新建一个空白的 Power BI 报表。

（2）在“主页”选项卡的“数据”组中单击“Excel”按钮，弹出“打开”对话框。选择“某商品进货统计表”，单击“打开”按钮 打开(O)，弹出“导航器”对话框，在左侧勾选“进货统计表”复选框。

（3）在“主页”选项卡的“查询”组中单击“转换数据”按钮，即可进入 Power Query

编辑器界面，如图 3-76 所示。

	进货统计表	Column2	Column3	Column4
1	日期	编码	名称	型号
2	2019/6/20	14001	商品1	B533-X
3	2019/6/20	14002	商品2	B600-X
4	2019/6/20	14003	商品3	DMA-66
5	2019/7/20	14005	商品5	D240-X
6	2019/7/20	14008	商品8	DMA-88
7	2019/7/20	14007	商品7	G200-X
8	2019/8/20	14006	商品6	G300-X
9	2019/8/20	14009	商品9	AGP-H8
10	2019/8/20	14010	商品10	D240-H

图 3-76　Power Query 编辑器界面

（4）在“转换”选项卡的“表格”组中单击“将第一行用作标题”按钮，在弹出的下拉菜单中选择“将第一行用作标题”命令，结果如图 3-77 所示。

	日期	编码	名称	型号
1	2019/6/20	14001	商品1	B533-X
2	2019/6/20	14002	商品2	B600-X
3	2019/6/20	14003	商品3	DMA-66
4	2019/7/20	14005	商品5	D240-X
5	2019/7/20	14008	商品8	DMA-88
6	2019/7/20	14007	商品7	G200-X
7	2019/8/20	14006	商品6	G300-X
8	2019/8/20	14009	商品9	AGP-H8
9	2019/8/20	14010	商品10	D240-H

图 3-77　将第一行用作标题

（5）右击“编码”列标题，在弹出的快捷菜单中选择“更改类型”→“文本”命令，弹出“更改列类型”对话框，单击“替换当前转换”按钮 替换当前转换 ，结果如图 3-78 所示。

	日期	编码	名称	型号
1	2019/6/20	14001	商品1	B533-X
2	2019/6/20	14002	商品2	B600-X
3	2019/6/20	14003	商品3	DMA-66
4	2019/7/20	14005	商品5	D240-X
5	2019/7/20	14008	商品8	DMA-88
6	2019/7/20	14007	商品7	G200-X
7	2019/8/20	14006	商品6	G300-X
8	2019/8/20	14009	商品9	AGP-H8
9	2019/8/20	14010	商品10	D240-H

图 3-78　修改列类型

（6）选中“型号”列第 6 行的“G200-X”单元格，右击，从弹出的快捷菜单中选择“替换值”命令。

（7）弹出“替换值”对话框，输入替换名称为“G408-A”，如图 3-79 所示。单击“确定”按钮 确定 ，结果如图 3-80 所示。

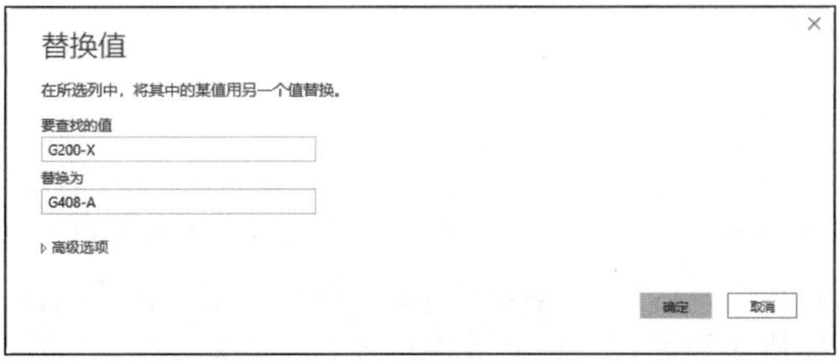

图 3-79　“替换值”对话框

（8）商品进货统计表创建完成。单击“主页”选项卡“关闭”功能组中的“关闭并应用”按钮，返回 Power BI Desktop 界面，结果如图 3-81 所示。

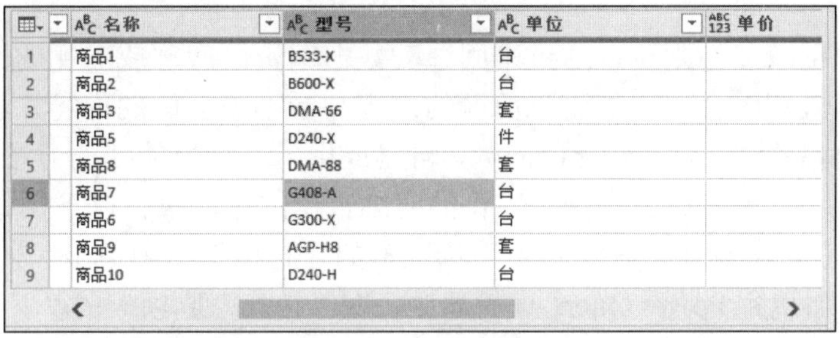

	名称	型号	单位	单价
1	商品1	B533-X	台	
2	商品2	B600-X	台	
3	商品3	DMA-66	套	
4	商品5	D240-X	件	
5	商品8	DMA-88	套	
6	商品7	G408-A	台	
7	商品6	G300-X	台	
8	商品9	AGP-H8	套	
9	商品10	D240-H	台	

图 3-80　替换结果

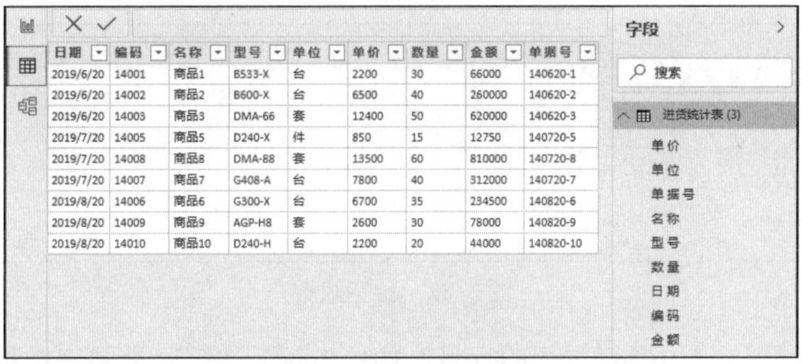

日期	编码	名称	型号	单位	单价	数量	金额	单据号
2019/6/20	14001	商品1	B533-X	台	2200	30	66000	140620-1
2019/6/20	14002	商品2	B600-X	台	6500	40	260000	140620-2
2019/6/20	14003	商品3	DMA-66	套	12400	50	620000	140620-3
2019/7/20	14005	商品5	D240-X	件	850	15	12750	140720-5
2019/7/20	14008	商品8	DMA-88	套	13500	60	810000	140720-8
2019/7/20	14007	商品7	G408-A	台	7800	40	312000	140720-7
2019/8/20	14006	商品6	G300-X	台	6700	35	234500	140820-6
2019/8/20	14009	商品9	AGP-H8	套	2600	30	78000	140820-9
2019/8/20	14010	商品10	D240-H	台	2200	20	44000	140820-10

图 3-81　商品进货统计表

任务四　编辑行列数据

任务引入

小明已经掌握数据表的管理查询以及对数据表中行列数据的规范化，但是在编辑的过程中发现导入的数据不太合理，需要对其进行修改。那么，对于表中的数据又该如何进行删除、提取、合并等编辑操作呢？

知识准备

将数据导入 Power BI Desktop 之后，利用 Power Query 编辑器可以轻松地管理行列数据。本任务简要介绍行列管理中常用的一些操作，如查看行数据保留或删除指定范围的行数据、按指定条件对数据进行排序和筛选、根据需要拆分或合并列、提取列中的文本或数据、自定义条件添加列、对数据进行分类汇总。

一、查看行数据

如果表中的数据较多，则可以通过来回移动数据编辑区底部或右侧的滚动条调整窗口进行查看。但这种方式有时会出现能看见前面的内容却看不见后面的内容，能看见左边的内容却看不见右边的内容的情况。Power Query 编辑器提供了一种更简捷的方法查看行数据。

例如，要查看“订单统计表”中第 6 行的明细数据，可以执行以下操作。

（1）从 Excel 获取数据源，在“主页”选项卡的“查询”组中单击“转换数据”按钮，将“订单统计表”加载到 Power Query 编辑器中。在“转换”选项卡的“表格”组中单击“将第一行用作标题”按钮，在弹出的下拉菜单中选择“将第一行用作标题”命令，结果如图 3-82 所示。

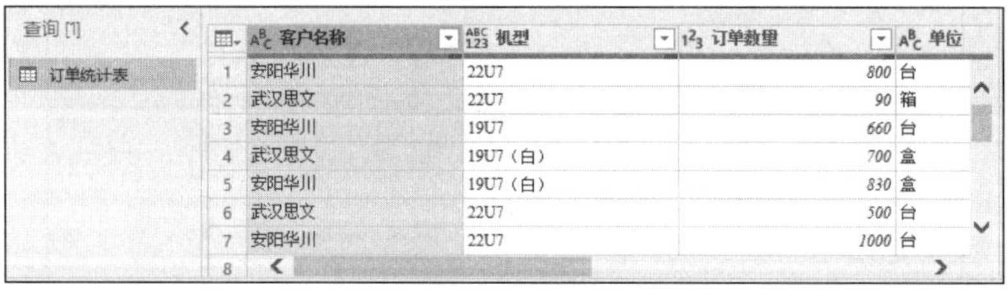

图 3-82　预览数据

（2）在数据编辑区选中要查看行的行号，如单击行号“6”，即可在数据编辑区下方显示该行所有单元格的数据，如图 3-83 所示。

图 3-83　查看第 6 行的数据

二、保留、删除行数据

在查看行列规模较大的表数据时，如果要查看某些特定行的数据，则可通过保留指定行，或删除行操作，仅在数据编辑区显示特定的行。

如果要查看的行数相对较少，则可启用保留行功能。Power Query 编辑器中选中要查看数据的查询，在“主页”选项卡的“减少”组中单击“保留行”按钮，在弹出的下拉菜单中可以选择保留行的方法，如图 3-84 所示。

选择“保留最前面几行”命令，弹出如图 3-85 所示的对话框，可以指定要保留的行数。例如，指定行数为 5，则仅在数据编辑区显示查询的前 5 行数据，其他行不显示。

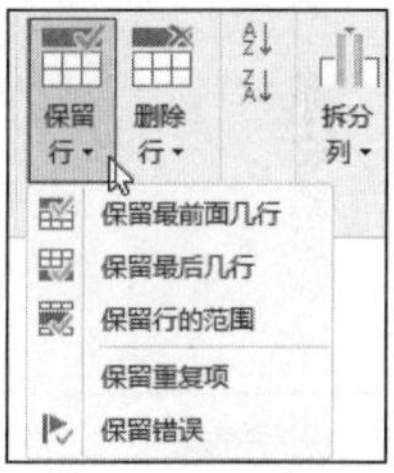

图 3-84 “保留行”下拉菜单

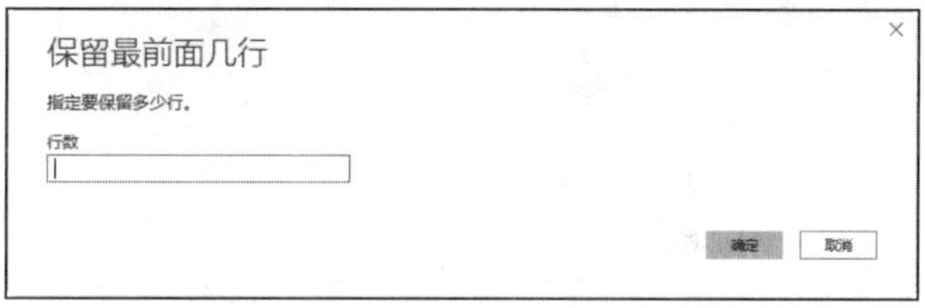

图 3-85 “保留最前面几行”对话框

选择“保留最后几行”命令，在弹出的“保留最后几行”对话框中指定要保留的行数。例如，指定行数为 2，则仅在数据编辑区显示查询的最后 2 行数据，其他行不显示。

选择“保留行的范围”命令，弹出如图 3-86 所示的对话框。在“首行”和“行数”文本框中分别指定要保留的起始行和总行数。例如，指定首行为 3，行数为 5，则仅在数据编辑区显示从第 3 行开始的 5 行数据，其他行不显示。

如果要查看的行数相对较多，则可以启用删除行功能，删除不需要查看的行。在“主页”选项卡的“减少”组中单击“删除行”按钮，在弹出的下拉菜单中可以看到，Power Query 编辑器提供了多种删除行的方式，如图 3-87 所示，方便用户快捷查看数据。

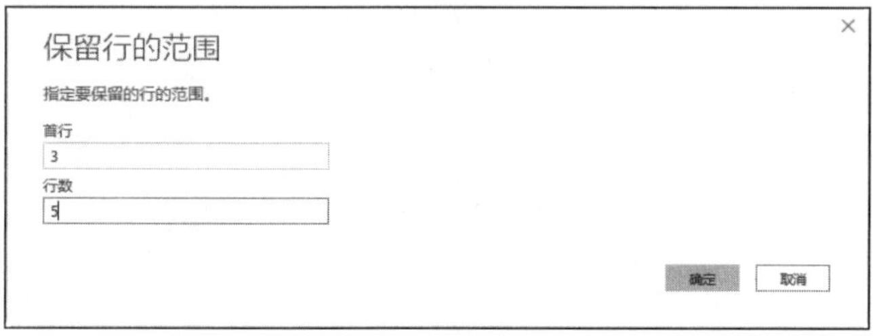

图 3-86 “保留行的范围”对话框

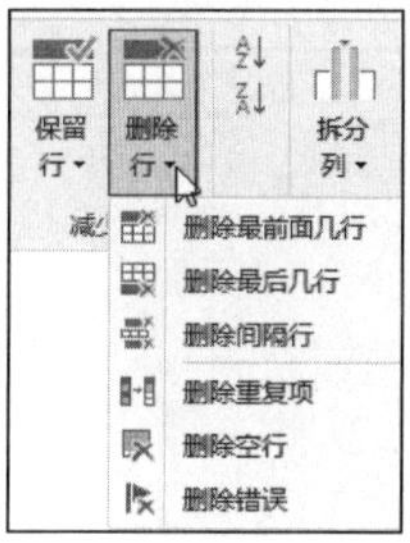

图 3-87 “删除行”下拉菜单

“删除最前面几行”或“删除最后几行”命令与“保留最前面几行”或“保留最后几行”命令类似，可在弹出的对话框中指定从第一行开始或到最后一行结束的行数。

选择“删除间隔行”命令，弹出如图 3-88 所示的对话框中在“要删除的第一行”“要删除的行数”和“要保留的行数”文本框中，分别指定从哪一行开始删除、删除的行数，以及在数据表最后保留的行数。

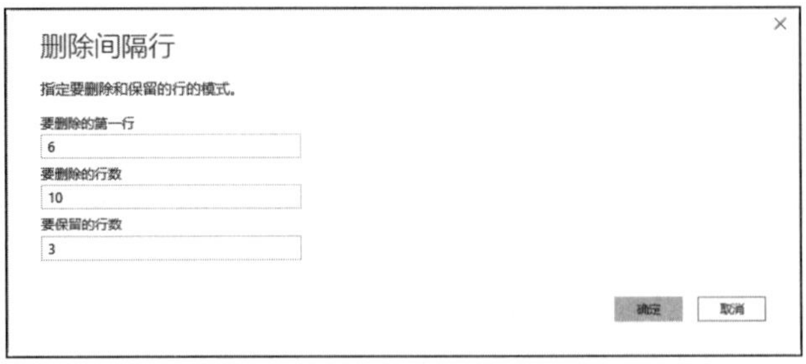

图 3-88 “删除间隔行”对话框

例如，按图 3-88 的设置，单击“确定”按钮 确定 ，关闭对话框后，将从第 6 行开始删除 10 行数据，并保留后面的 3 行数据。删除间隔行前后的预览数据如图 3-89 所示。

（a） （b）

图 3-89 删除间隔行前后的预览数据

（a）删除间隔行前；（b）删除间隔行后

选择“删除重复项”命令，可删除当前选定列中包含重复值的行。例如，选中“机型”列，删除重复项前后的预览数据如图 3-90 所示。

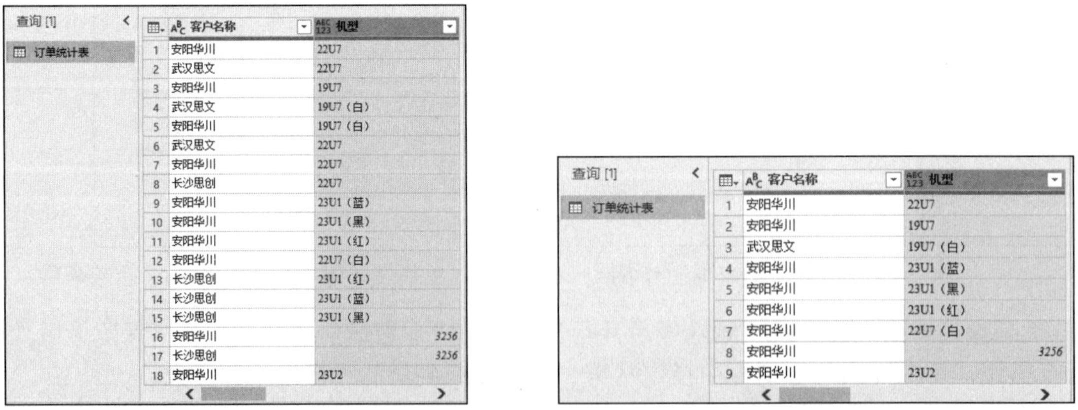

（a） （b）

图 3-90 删除重复项前后的预览数据

（a）删除重复项前；（b）删除重复项后

选择“删除空行”命令，可以删除当前表中的所有空行；选择“删除错误”命令，可删除当前选定列中包含错误值的行。

三、排序和筛选行数据

在 Power Query 编辑器中，对数据进行排序有以下两种常用的操作。

（1）选中要排序的列，在“主页”选项卡的“排序”组中单击“升序排序”按钮或“降序排序”按钮。

（2）在要排序的列标题中单击右侧的下拉按钮，在弹出的下拉菜单中可选择升序或降序排序，如图 3-91 所示。然后单击“确定”按钮。

执行以上两种操作之一，整个表中的数据行即可按照选中列数据升序或降序排列。

对数据进行筛选可查看特定的数据信息。在 Power Query 编辑器中，利用文本筛选器可筛选包含特定文本信息的列数据，使用数字筛选器可筛选指定范围的列数据。

下面通过指定客户名称包含的字符以及订单数量的范围筛选特定的数据行。

（1）单击“客户名称”列标题右侧的下拉按钮，在弹出的下拉菜单中取消勾选“全选”复选框，然后勾选“武汉思文”复选框，如图 3-92 所示。

图 3-91 在下拉菜单中选择排序方式

图 3-92 设置筛选条件

（2）单击“确定”按钮，在数据编辑区仅显示客户名称为“武汉思文”的行数据，筛选的列标题右侧的下拉按钮显示为筛选器图标，如图 3-93 所示。

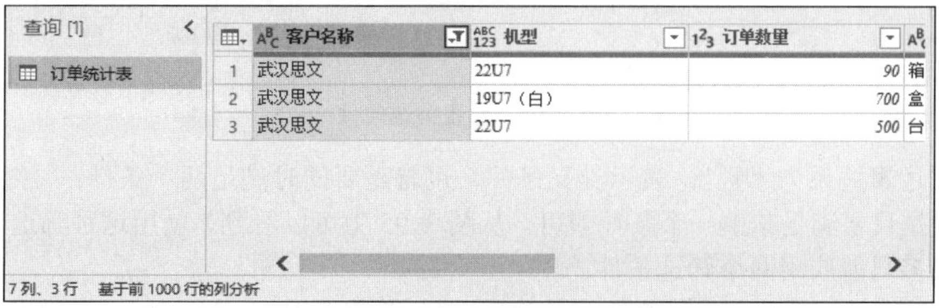

图 3-93 筛选结果

（3）单击列标题右侧的筛选器图标，在弹出的下拉菜单中选择“清除筛选器”命令，或勾选“全选”复选框，即可清除筛选。

如果要使用同一列中的两个条件筛选数据，或者使用两个条件之一对文本内容进行筛选，则可以使用自定义筛选功能。例如，要筛选收货地区中包含“南”，且不以“河”开头的行数据，可执行以下操作。

（4）单击“收货地区”列标题右侧的下拉按钮，在弹出的下拉菜单中选择“文本筛选器”→“包含”命令，如图 3-94 所示。

图 3-94　设置文本筛选器

（5）在弹出的“筛选行”对话框的第一个条件中输入要包含的文本“南”，然后选中条件的逻辑关系为“且”的单选按钮；设置第二个条件为“开头不是”，条件值为“河”，如图 3-95 所示。

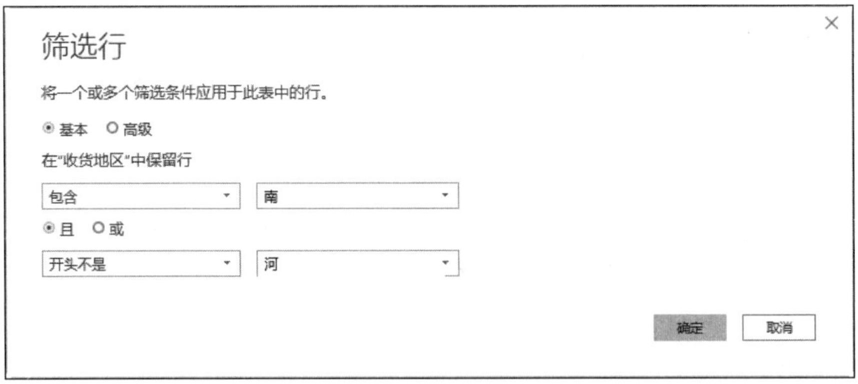

图 3-95　设置筛选条件

条件的逻辑关系为“且”，表示交叉条件，也就是要同时满足两个条件；“或”表示并列条件，也就是只要满足其中一个条件即可。从图 3-95 中可以看到，使用这种筛选模式对同一列数据，最多只能应用两个筛选条件。

（6）单击“确定”按钮 

，关闭对话框，在数据编辑区即可显示同时满足两个指定条件的行数据，如图 3-96 所示。

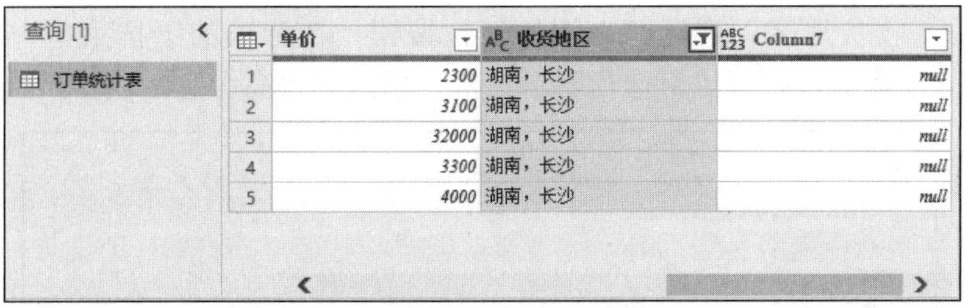

图 3-96　筛选结果

接下来，使用数字筛选器在上一步的结果数据中，进一步筛选订单数量大于等于 500，或小于等于 100 的行数据。

（7）单击“订单数量”列标题右侧的下拉按钮，在弹出的下拉菜单中选择“数字筛选器”→“大于或等于”命令，打开“筛选行”对话框。在第一个条件右侧的下拉列表中输入条件值“500”；然后选中条件的逻辑关系为“或”的单选按钮；设置第二个条件为“小于或等于”，条件值为“100”，如图 3-97 所示。

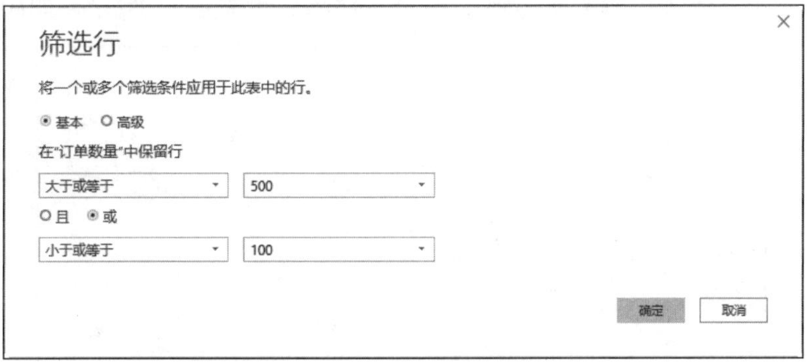

图 3-97　设置筛选条件

（8）单击“确定”按钮 ，关闭对话框，在数据编辑区即可看到筛选结果，如图 3-98 所示。

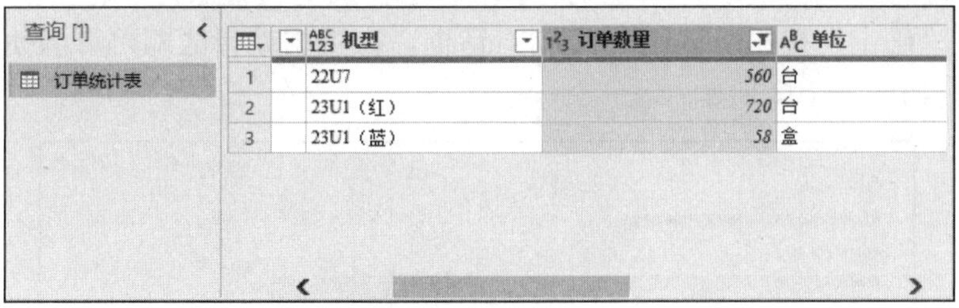

图 3-98　筛选结果

如果要对表中的数据应用两个以上的筛选条件，则要使用高级筛选功能。例如，执行以下操作可以在数据表中筛选收货地区包含“南”，且开头不是“河”，同时订单数量大于等于 500 的行数据。

（9）为方便查看结果，先将数据表恢复到筛选之前的数据。在“查询设置”窗格的“应用的步骤”列表框中，删除筛选行的步骤。

（10）单击“收货地区”列标题右侧的下拉按钮，在弹出的下拉菜单中选择“文本筛选器”→“包含”命令，打开“筛选行”对话框。切换到“高级”选项，如图 3-99 所示。

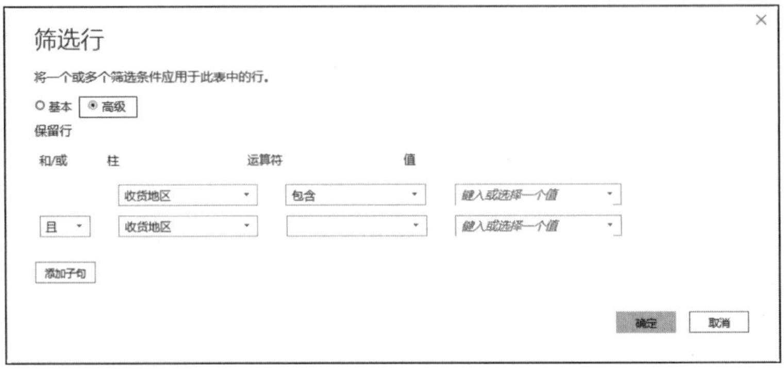

图 3-99　筛选行的高级选项

（11）在第一个条件的“值”文本框中输入“南”；然后设置第二个条件的柱为“收货地区”，运算符为“开头不是”，值为“河”；两个条件的逻辑关系为“且”，如图 3-100 所示。

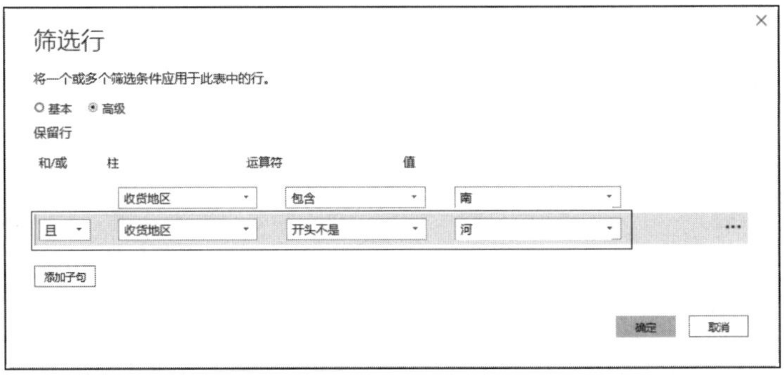

图 3-100　设置第一和第二个筛选条件

（12）单击“添加子句”按钮，添加一个空白的条件。设置第三个条件的柱为“订单数量”，运算符为“大于或等于”，值为“500”；条件的逻辑关系为“且”，如图 3-101 所示。

（13）单击“确定”按钮，关闭对话框，在数据编辑区即可看到使用 3 个筛选条件的查询数据，如图 3-102 所示。

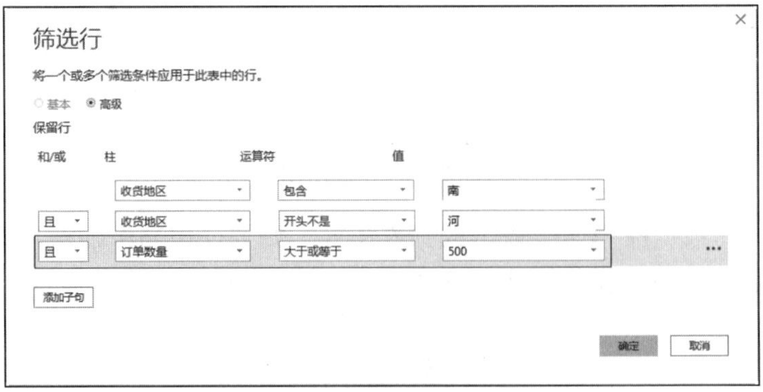

图 3-101　设置第三个筛选条件

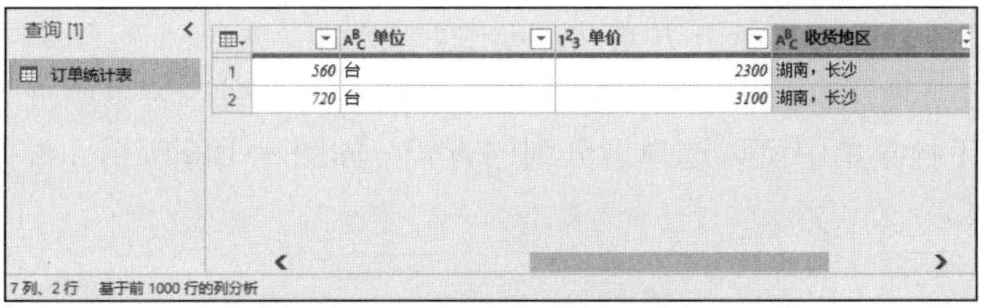

图 3-102　高级筛选结果

四、合并与拆分列

Power Query 编辑器提供了强大的列数据操作功能，在整理分析数据时，可以将多列数据合并在一起，组成一个新的数据列；也可以根据需要将一个数据列中的信息拆分为多列显示。

下面通过合并“订单数量”和“单位”列，然后将“收货地区”列拆分为两列，演示合并与拆分列的操作方法。

（1）在 Power Query 编辑器中，按住〈Ctrl〉键选中要合并的两列数据“订单数量”和“单位”，如图 3-103 所示。

图 3-103　选中要合并的数据列

（2）切换到“转换”选项卡，在“文本列”组中单击“合并列”按钮，弹出“合并列”对话框。在“分隔符”下拉列表中选择合并后的两列数据之间的分隔方式，本任务选择“空格”方式。在“新列名（可选）”文本框中输入合并后的列名称，如“订购量”，如图 3-104 所示。

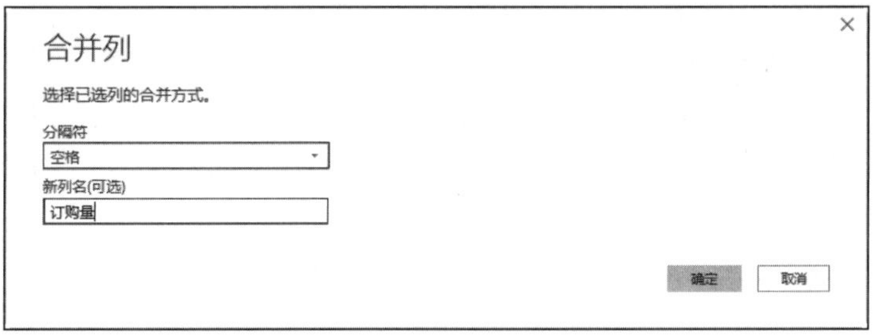

图 3-104　设置合并方式

（3）单击“确定”按钮，即可合并选中的两列，并以新名称显示合并后的列，如图 3-105 所示。

接下来将“收货地区”列拆分为两列，操作方法如下。

（4）选中“收货地区”列，在“转换”选项卡的“文本列”组中单击“拆分列”下拉按钮，在弹出的下拉菜单中可以选择拆分列的方式，如图 3-106 所示。根据列数据值可以选择不同的拆分方式。

图 3-105　合并列的效果

图 3-106　“拆分列”下拉菜单

本任务中的列数据值使用逗号分隔省份和城市，如图 3-107 所示，可以选择“按分隔符”命令将收货地区的数据拆分为两列。

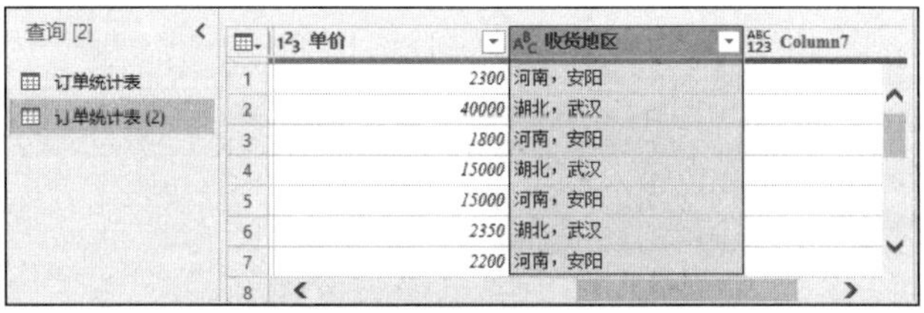

图 3-107　“收货地区”列数据

（5）在“拆分列”下拉菜单中选择“按分隔符”命令，打开“按分隔符拆分列”对话框。本任务选择“自定义”，然后在中文输入状态下输入逗号。“拆分位置”选项区域选中“每次出现分隔符时”单选按钮。展开高级选项，设置拆分为 2 列，如图 3-108 所示。

图 3-108　设置拆分选项

本任务要拆分的列数据中只出现一次分隔符，拆分位置可以任选一个。如果拆分的列数据中出现多次分隔符，则应根据需要选择拆分位置。在分隔符第一次出现的位置拆分，还要选择是以左侧或是右侧的分隔符为基准。

（6）单击“确定”按钮 确定 ，关闭对话框，即可将指定的数据列拆分为两列，并在列标题上添加编号以示区别，如图 3-109 所示。

图 3-109　拆分后的列数据效果

（7）双击列标题，进入可编辑状态时重命名列标题，按〈Enter〉键确认更改，结果如图 3-110 所示。

图 3-110　重命名列标题

五、提取列中的文本或数据

在编辑行列数据时，如果有些信息可根据已有的列数据提取得到，不仅可节省大量的录入时间，而且能保持数据的一致性，避免录入出错，从而提高工作效率。

下面以在“客户名称”列中提取公司名称为例，介绍使用 Power Query 编辑器提取列数据的方法。

（1）在 Power Query 编辑器中，选中要提取数据的“客户名称”列，如图 3-111 所示。

从图 3-111 中可以看到，本任务中的客户名称由所在城市和公司名称组成。

（2）切换到“转换”选项卡，在“文本列”组中单击“提取”按钮，在弹出的下拉菜单中可以选择提取数据的方式，如图 3-112 所示。

其中，选择“长度”命令，则计算列数据的字符数，并用计算结果填充原数据列。选择“首字符”或“结尾字符”命令，则用列数据的第一个字符或最后一个字符填充原数据列。选择“范围”命令，可使用数据值指定范围的字符填充原数据列。如果列数据值中包含分隔符，则使用指定位置的文本填充原数据列。

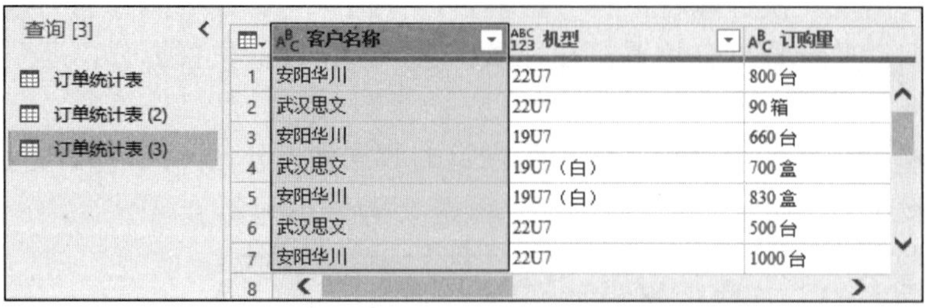

图 3-111　选中要提取数据的列

图 3-112　“提取”下拉菜单

特别提示

如果不希望提取的数据取代原始数据，则可以在“添加列”选项卡的“从文本”组中单击“提取”按钮 ABC 123，选择提取文本的方式，自动新建一列放置提取的数据，从而使原数据列保持不变。

（3）选择“范围”命令，打开“提取文本范围”对话框。在“起始索引”文本框中输入开始提取字符的位置，在“字符数”文本框中输入要提取的字符个数，如图 3-113 所示。

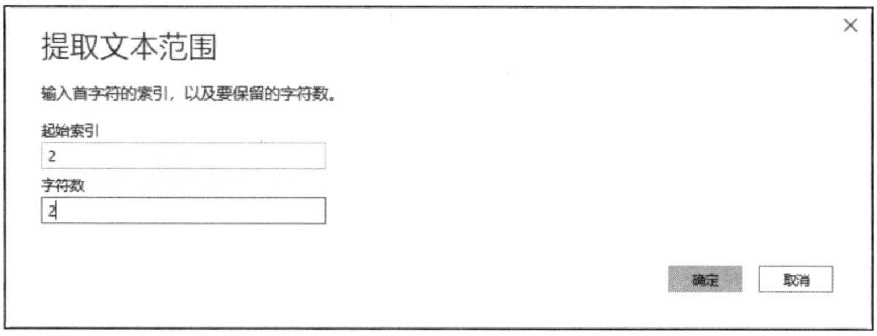

图 3-113　设置提取范围

本任务的列数据比较简单，公司名称都是从第 2 个字符以后开始，长度均为 2，所以起始索引和字符数均设置为“2”。对于较复杂的数据，录入数据值时可以使用分隔符进行分隔，以便后期提取数据。

（4）单击“确定”按钮 确定，关闭对话框，在数据编辑区即可看到提取文本数据的效果，如图 3-114 所示。

图 3-114　提取文本数据的效果

除了可方便地提取文本数据，使用 Power Query 编辑器还可以提取日期数据。接下来以提取发货日期中的日为例，介绍提取日期数据的方法。

（5）选中“发货日期”列，如图 3-115 所示。从图 3-115 中可以看到，该列中的数据以短日期格式显示完整的年月日。

图 3-115　选中“发货日期”列

（6）在“转换”选项卡的“日期&时间列”组中单击“日期”按钮，从弹出的下拉菜单中选择“天”→“天”命令，如图 3-116 所示，从所选列的日期值中提取“日”部分。

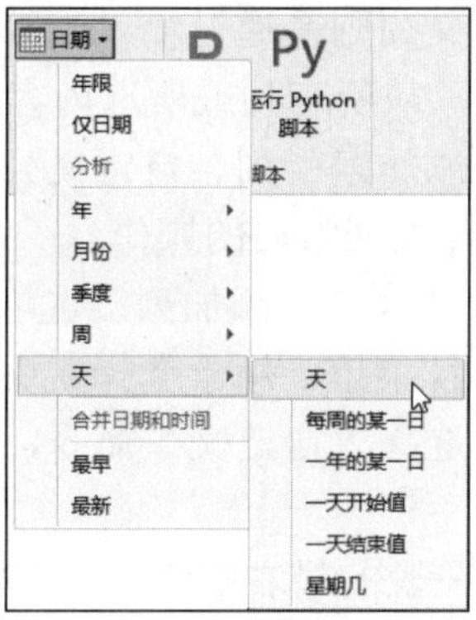

图 3-116　选择提取日期的方式

此时，在数据编辑区可以看到，“发货日期”列各单元格中的数据值被对应日期的日部分取代，如图 3-117 所示。

图 3-117　提取日期的效果

特别提示

如果不希望提取的数据取代原始数据，而是自动新建一列放置提取的数据，则可以在“添加列”选项卡的“从日期和时间”组中单击“日期”按钮，选择提取日期的方式。

六、添加列数据

在对数据进行分析时，有时需要在原有数据的基础上添加一些数据辅助分析。在“添加列”选项卡中，Power Query 编辑器提供了丰富的添加列功能，可以很便捷地添加重复列、索引列和条件列，还可以自定义列，以及通过示例添加列，如图 3-118 所示。

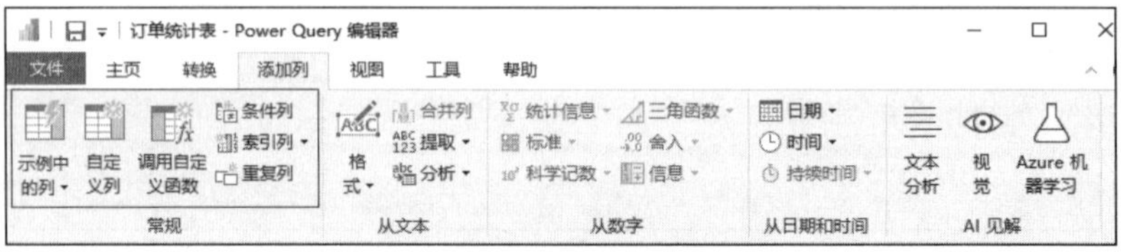

图 3-118 “添加列”选项卡

重复列常用于对列进行复制，然后在执行其他操作的同时保留原始数据。索引列用于为每行数据添加序号，标记每一行的位置。条件列是指根据指定的条件从列中获取数据并计算，生成一个新列存放结果数据。自定义列则是通过输入计算公式或函数，生成一个新的列。示例中的列是指根据输入的示例数据，从所有列或所选内容生成一个数据列。

下面通过在“订单统计表”中添加索引列、自定义公式添加“应收货款”列，以及通过 If 函数添加“VIP 等级”列，介绍添加列常用的操作。

（1）在 Power Query 编辑器中切换到“添加列”选项卡，在“常规”组单击“索引列”按钮，弹出如图 3-119 所示的下拉菜单，用于选择索引的起始序号。

如果要自定义索引列的序号，选择“自定义”命令，在弹出的“添加索引列”对话框中可指定起始索引和增量。

（2）选择“从 1”命令，即可在表的最右侧添加一个标题为“索引”的新列，从 1 开始编号，增量为 1。在“索引”列标题上右击，从弹出的快捷菜单中选择“移动”→“移到开头”命令，将添加的列移到表的最左侧，如图 3-120 所示。

（3）选中“订购量”列，在“转换”选项卡“文本列”组单击“拆分列”命令，设置分隔符为空格，将选中列拆分为 2 列，然后分别命名为“订购数量”和“单位”。

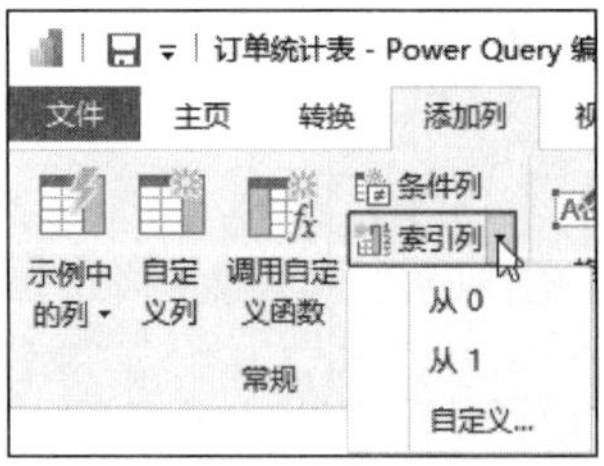

图 3-119 “索引列”下拉菜单

图 3-120 添加索引列并移到表的最左侧

特别提示

为演示合并列的操作，在之前的步骤中合并了“订购数量”和“单位”列，合并后的列数据中有分隔符和文本，如果不拆分，在接下来的数值计算步骤中会出错。

（4）在“添加列”选项卡的“常规”组单击“自定义列”按钮，打开“自定义列”对话框。设置新列名称为“应收货款”，在“可用列”列表框中选中“订购数量”，单击“插入”按钮<< 插入，添加到“自定义列公式”框中。然后在英文状态下输入“*”，在“可用列”列表框中选中“单价”，单击“插入”按钮<< 插入，“自定义列公式”框中即可填充相应的计算公式，如图 3-121 所示。

公式由一个或多个列标题、值和数学运算符构成。如果公式中有括号，必须在英文状态或者半角中文状态下输入。

注意：公式总是以“=”开头，不能删除。

图 3-121　填充自定义列公式

（5）单击“确定”按钮 确定 ，关闭对话框，即可在表的最右侧添加一个名为“应收货款”的列，并填充计算结果。在列名上按住鼠标左键拖动到“单价”列右侧，如图 3-122 所示。

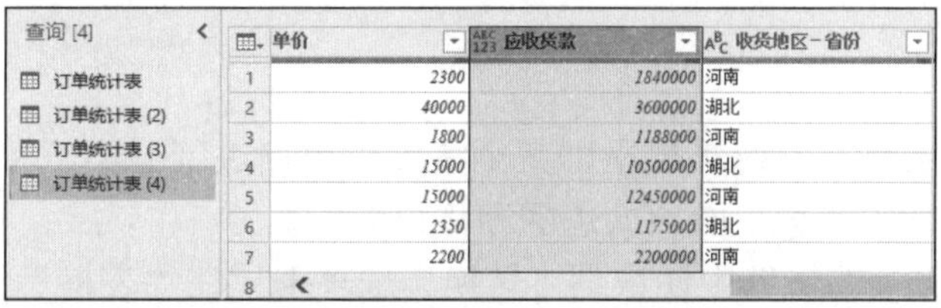

图 3-122　添加自定义列“应收货款”

（6）在“添加列”选项卡的“常规”组单击“条件列”按钮，打开“添加条件列”对话框。输入新列名称“VIP 等级”，然后在 IF 函数软件中，此本为“if 函数”后依次选择列名、运算符和值，在“输出”文本框中指定满足条件时的数据值“三星级”，如图 3-123 所示。

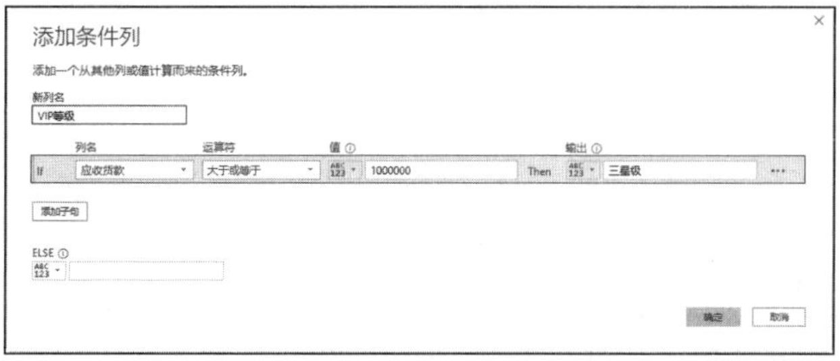

图 3-123　设置条件

（7）单击“添加子句”按钮，出现一个空白行，依次设置列名、运算符、值和输出。然后在 ELSE 函数右侧的文本框中输入以上两个条件都不满足时输出的值，如图 3-124 所示。

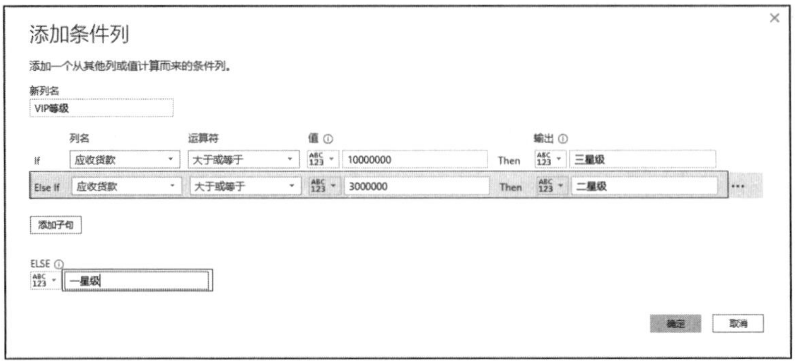

图 3-124　添加子句

（8）单击“确定”按钮，关闭对话框，即可在表的最右侧添加“VIP 等级”列，并根据应收货款的范围划分 3 个等级，如图 3-125 所示。

图 3-125　添加条件列“VIP 等级”

七、分类汇总

在对数据进行分析时，有时需要根据某个字段对数据进行分类汇总。下面通过对客户名称进行分组，汇总计算各个客户的货款总额和订单数量。

（1）在 Power Query 编辑器中切换到“转换”选项卡，在“表格”组中单击“分组依据”按钮，打开如图 3-126 所示的“分组依据”对话框。

图 3-126　“分组依据”对话框

在该对话框中可指定一个字段对数据进行简单分类汇总。如果要分组的字段不止一列，则选中“高级”单选按钮 高级，进行高级分类汇总。

（2）选中“高级”单选按钮，设置分组依据为“客户名称”，分类汇总生成的新列名称为“货款总计”，汇总方式为“求和”，“柱”为“应收货款”，如图 3-127 所示。

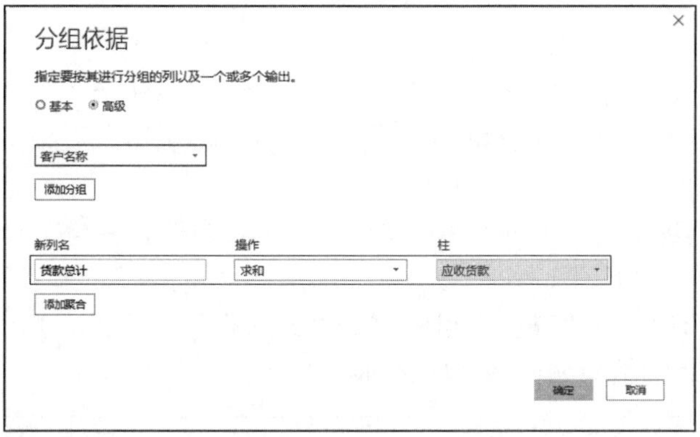

图 3-127　设置分组依据

（3）单击“添加聚合”按钮，指定新列名称为“订单计数”，汇总方式为“对行进行计数”，如图 3-128 所示。

图 3-128　添加聚合

（4）单击“确定”按钮，关闭对话框，在数据编辑区可查看各个客户的货款总额和订单数量，如图 3-129 所示。

图 3-129　分类汇总结果

案例三——销售业绩奖金表

（1）启动 Power BI Desktop，单击“文件”菜单中的“新建”命令，新建一个空白的 Power BI 报表。

（2）在“主页”选项卡的“数据”组中单击“Excel”按钮，弹出“打开”对话框。选择“销售业绩表”，单击“打开”按钮，弹出“导航器”对话框，在左侧勾选“计算销售业绩奖金”复选框。

（3）在“主页”选项卡的“查询”组中单击“转换数据”按钮，即可进入 Power Query 编辑器界面，如图 3-130 所示。

（4）在“主页”选项卡的“减少”组中单击“删除行”按钮，弹出下拉菜单，选择“删除空行”命令，删除后的结果如图 3-131 所示。

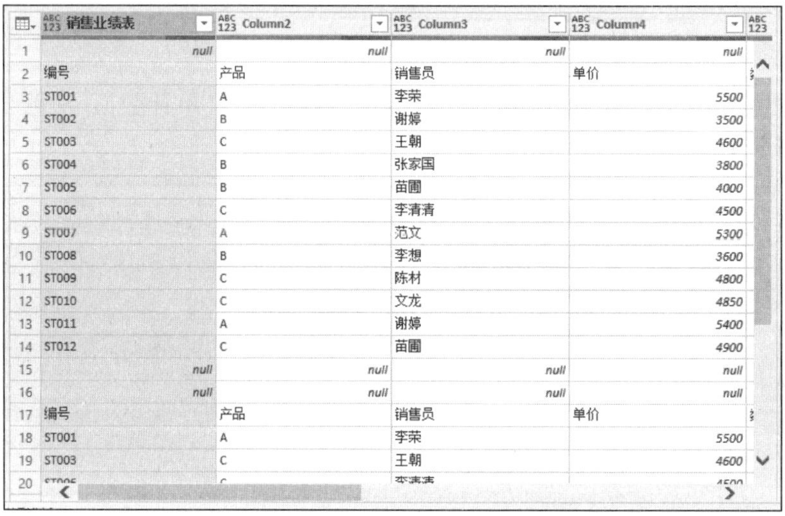

	销售业绩表	Column2	Column3	Column4
1	null	null	null	null
2	编号	产品	销售员	单价
3	ST001	A	李荣	5500
4	ST002	B	谢婷	3500
5	ST003	C	王朝	4600
6	ST004	B	张家国	3800
7	ST005	B	苗圃	4000
8	ST006	C	李清清	4500
9	ST007	A	范文	5300
10	ST008	B	李想	3600
11	ST009	C	陈材	4800
12	ST010	C	文龙	4850
13	ST011	A	谢婷	5400
14	ST012	C	苗圃	4900
15	null	null	null	null
16	null	null	null	null
17	编号	产品	销售员	单价
18	ST001	A	李荣	5500
19	ST003	C	王朝	4600
20				

图 3-130　Power Query 编辑器界面

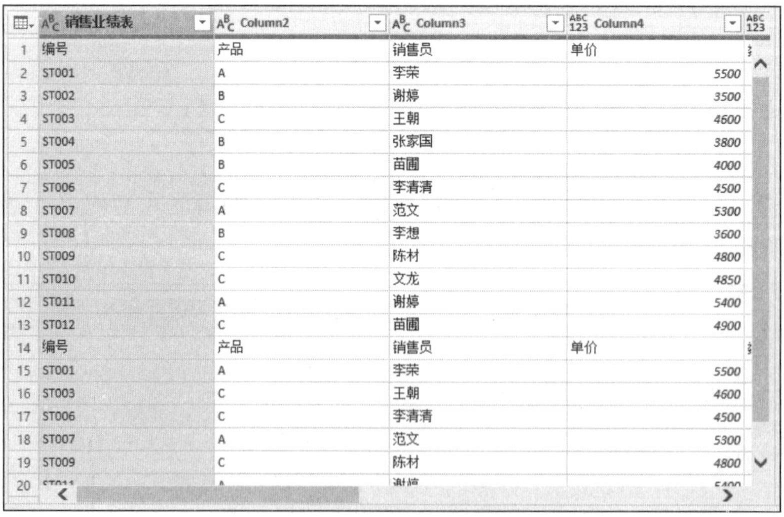

	销售业绩表	Column2	Column3	Column4
1	编号	产品	销售员	单价
2	ST001	A	李荣	5500
3	ST002	B	谢婷	3500
4	ST003	C	王朝	4600
5	ST004	B	张家国	3800
6	ST005	B	苗圃	4000
7	ST006	C	李清清	4500
8	ST007	A	范文	5300
9	ST008	B	李想	3600
10	ST009	C	陈材	4800
11	ST010	C	文龙	4850
12	ST011	A	谢婷	5400
13	ST012	C	苗圃	4900
14	编号	产品	销售员	单价
15	ST001	A	李荣	5500
16	ST003	C	王朝	4600
17	ST006	C	李清清	4500
18	ST007	A	范文	5300
19	ST009	C	陈材	4800
20				

图 3-131　删除空行结果

（5）选中“Column9”列，在“主页”选项卡的“管理列”组中单击“删除列”按钮，弹出下拉菜单，选择“删除列”命令，删除“Column9”列。同理，删除“Column8”列。

（6）在“主页”选项卡的“减少”组中单击“删除行”按钮，弹出下拉菜单，选择“删除最后几行”命令，弹出“删除最后几行”对话框，输入要删除的行数“8”，单击“确定”按钮 确定 ，结果如图 3-132 所示。

（7）在“转换”选项卡的“表格”组中单击“将第一行用作标题”按钮，在弹出的下拉菜单中选择“将第一行用作标题”命令，结果如图 3-133 所示。

（8）单击“系数”列标题，在“转换”选项卡的“任意列”组中单击“填充”按钮，在弹出的下拉菜单中选择“向下”命令，结果如图 3-134 所示。

	销售业绩表	Column2	Column3	Column4
1	编号	产品	销售员	单价
2	ST001	A	李荣	
3	ST002	B	谢婷	
4	ST003	C	王朝	
5	ST004	B	张家国	
6	ST005	B	苗圃	
7	ST006	C	李清清	
8	ST007	A	范文	
9	ST008	B	李想	
10	ST009	C	陈村	
11	ST010	C	文龙	
12	ST011	A	谢婷	
13	ST012	C	苗圃	

图 3-132 删除最后几行的结果

	编号	产品	销售员	单价
1	ST001	A	李荣	5500
2	ST002	B	谢婷	3500
3	ST003	C	王朝	4600
4	ST004	B	张家国	3800
5	ST005	B	苗圃	4000
6	ST006	C	李清清	4500
7	ST007	A	范文	5300
8	ST008	B	李想	3600
9	ST009	C	陈村	4800
10	ST010	C	文龙	4850
11	ST011	A	谢婷	5400
12	ST012	C	苗圃	4900

图 3-133 将第一行用作标题

		数量	金额	系数
1	5500	20	110000	0.02
2	3500	25	87500	0.02
3	4600	27	124200	0.02
4	3800	18	68400	0.02
5	4000	24	96000	0.02
6	4500	24	108000	0.02
7	5300	16	84800	0.02
8	3600	25	90000	0.02
9	4800	22	105600	0.02
10	4850	20	97000	0.02
11	5400	18	97200	0.02
12	4900	23	112700	0.02

图 3-134 填充结果

（9）按住〈Ctrl〉键，依次选中“金额”列和“系数”列，在“添加列”选项卡的“从数字”组中单击“标准”按钮，在弹出的下拉菜单中选择“乘”命令，将计算出的奖金额创建新列，双击“乘法”列，修改名称为“奖金”，结果如图 3-135 所示。

		金额	系数	奖金
1	20	110000	0.02	2200
2	25	87500	0.02	1750
3	27	124200	0.02	2484
4	18	68400	0.02	1368
5	24	96000	0.02	1920
6	24	108000	0.02	2160
7	16	84800	0.02	1696
8	25	90000	0.02	1800
9	22	105600	0.02	2112
10	20	97000	0.02	1940
11	18	97200	0.02	1944
12	23	112700	0.02	2254

图 3-135　重命名列名结果

（10）按住〈Ctrl〉键，选中“销售员”列和“编号”列，在“转换”选项卡的“文本列”组中单击“合并列”按钮，弹出“合并列”对话框，输入合并条件，如图 3-136 所示。

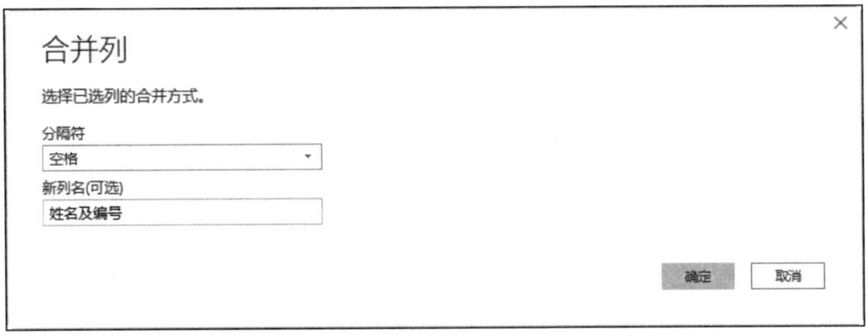

图 3-136　“合并列”对话框

（11）单击“确定”按钮，关闭对话框，结果如图 3-137 所示。

	姓名及编号	产品	单价	数量	金
1	李荣 ST001	A	5500	20	
2	谢婷 ST002	B	3500	25	
3	王朝 ST003	C	4600	27	
4	张家国 ST004	B	3800	18	
5	苗圃 ST005	B	4000	24	
6	李清清 ST006	C	4500	24	
7	范文 ST007	A	5300	16	
8	李想 ST008	B	3600	25	
9	陈村 ST009	C	4800	22	
10	文龙 ST010	C	4850	20	
11	谢婷 ST011	A	5400	18	
12	苗圃 ST012	C	4900	23	

图 3-137　合并结果

（12）选中“姓名及编号”列，在“主页”选项卡的“排序”组中单击“降序排序”按钮，结果如图 3-138 所示。

	姓名及编号	产品	单价	数量	金
1	陈村 ST009	C	4800	22	
2	谢婷 ST011	A	5400	18	
3	谢婷 ST002	B	3500	25	
4	范文 ST007	A	5300	16	
5	苗圃 ST012	C	4900	23	
6	苗圃 ST005	B	4000	24	
7	王朝 ST003	C	4600	27	
8	李荣 ST001	A	5500	20	
9	李清清 ST006	C	4500	24	
10	李想 ST008	B	3600	25	
11	文龙 ST010	C	4850	20	
12	张家国 ST004	B	3800	18	

图 3-138 排序结果

（13）选中“奖金”列，在“主页”选项卡的“转换”组中单击“数据类型”按钮，在弹出的下拉菜单中选择“整数”命令，结果如图 3-139 所示。到此，销售业绩奖金表创建完成。

		数量	金额	系数	奖金
1	4800	22	105600	0.02	2112
2	5400	18	97200	0.02	1944
3	3500	25	87500	0.02	1750
4	5300	16	84800	0.02	1696
5	4900	23	112700	0.02	2254
6	4000	24	96000	0.02	1920
7	4600	27	124200	0.02	2484
8	5500	20	110000	0.02	2200
9	4500	24	108000	0.02	2160
10	3600	25	90000	0.02	1800
11	4850	20	97000	0.02	1940
12	3800	18	68400	0.02	1368

图 3-139 修改数据类型结果

（14）在“主页”选项卡的“关闭”组中单击“关闭并应用”按钮，返回 Power BI Desktop 界面，结果如图 3-140 所示。

产品	单价	数量	金额	系数	奖金	姓名及编号
C	4800	22	105600	0.02	2112	陈村 ST009
A	5400	18	97200	0.02	1944	谢婷 ST011
B	3500	25	87500	0.02	1750	谢婷 ST002
A	5300	16	84800	0.02	1696	范文 ST007
C	4900	23	112700	0.02	2254	苗圃 ST012
B	4000	24	96000	0.02	1920	苗圃 ST005
C	4600	27	124200	0.02	2484	王朝 ST003
A	5500	20	110000	0.02	2200	李荣 ST001
C	4500	24	108000	0.02	2160	李清清 ST006
B	3600	25	90000	0.02	1800	李想 ST008
C	4850	20	97000	0.02	1940	文龙 ST010
B	3800	18	68400	0.02	1368	张家国 ST004

字段
搜索
计算销售业绩奖金
产品
单价
Σ 奖金
姓名及编号
数量
系数
金额

图 3-140 销售业绩奖金表

项目总结

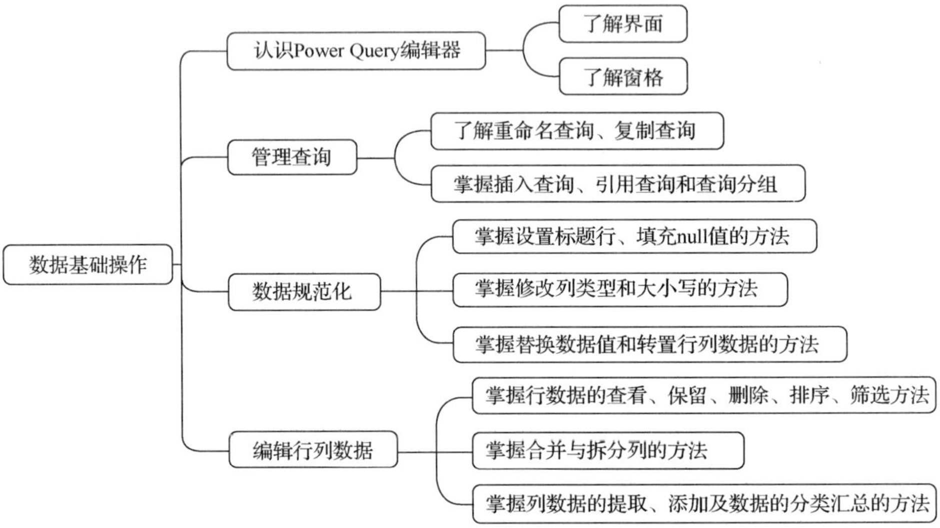
数据基础操作
认识Power Query编辑器
了解界面
了解窗格
管理查询
了解重命名查询、复制查询
掌握插入查询、引用查询和查询分组
数据规范化
掌握设置标题行、填充null值的方法
掌握修改列类型和大小写的方法
掌握替换数据值和转置行列数据的方法
编辑行列数据
掌握行数据的查看、保留、删除、排序、筛选方法
掌握合并与拆分列的方法
掌握列数据的提取、添加及数据的分类汇总的方法

项目实战

实战　建立商品发货详单

（1）启动 Power BI Desktop，单击“文件”菜单中的“新建”命令，新建一个空白的 Power BI 报表。

（2）在“主页”选项卡的“数据”组中单击“Excel”按钮，弹出“打开”对话框。选择“商品发货详单”，单击“打开”按钮，弹出“导航器”对话框，在左侧勾选“Sheet1”复选框。

（3）单击“加载”按钮，此时可在数据视图中查看导入的数据。

（4）在“主页”选项卡的“查询”功能组中单击“转换数据”按钮，即可进入 Power Query 编辑器界面，如图 3-141 所示。

图 3-141　Power Query 编辑器界面

（5）在“查询”窗格中双击“Sheet1”，修改表的名称为“商品发货详单”，如图 3-142 所示。

（6）选中“细分”列，在“转换”选项卡的“任意列”组中单击“填充”按钮，在弹出的下拉菜单中选择“向下”命令。

（7）同理，填充“城市”列和“省/自治区”列，结果如图 3-143 所示。

（8）选中“类别”列和“子类别”列，右击，在弹出的快捷菜单中选择“删除列”命令，将该两列删除，结果如图 3-144 所示。

（9）双击“行 ID”列，修改该列名称为“编号”，结果如图 3-145 所示。

图 3-142　修改名称

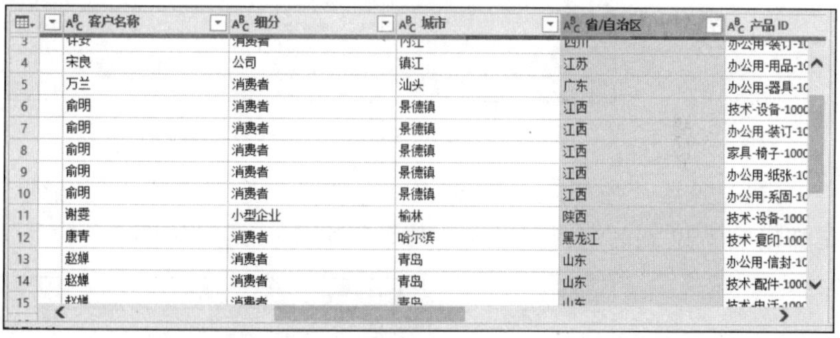

图 3-143　填充结果

图 3-144　删除列

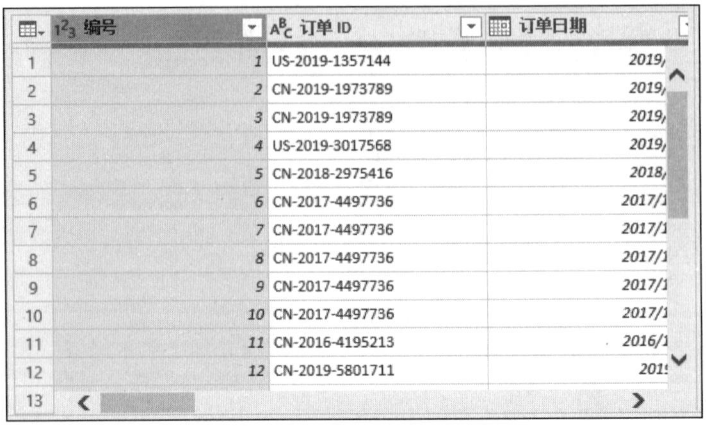

	编号	订单 ID	订单日期
1	1	US-2019-1357144	2019/
2	2	CN-2019-1973789	2019/
3	3	CN-2019-1973789	2019/
4	4	US-2019-3017568	2019/
5	5	CN-2018-2975416	2018/
6	6	CN-2017-4497736	2017/1
7	7	CN-2017-4497736	2017/1
8	8	CN-2017-4497736	2017/1
9	9	CN-2017-4497736	2017/1
10	10	CN-2017-4497736	2017/1
11	11	CN-2016-4195213	2016/1
12	12	CN-2019-5801711	201
13			

图 3-145　修改列名称

（10）选中“编号”列，在“主页”选项卡的“转换”组中单击“数据类型”按钮，在弹出的下拉菜单中选择“文本”命令，结果如图 3-146 所示。

	编号	订单 ID	订单日期	发货日期
1	1	US-2019-1357144	2019/4/27	
2	2	CN-2019-1973789	2019/6/15	
3	3	CN-2019-1973789	2019/6/15	
4	4	US-2019-3017568	2019/12/9	
5	5	CN-2018-2975416	2018/5/31	
6	6	CN-2017-4497736	2017/10/27	
7	7	CN-2017-4497736	2017/10/27	
8	8	CN-2017-4497736	2017/10/27	
9	9	CN-2017-4497736	2017/10/27	
10	10	CN-2017-4497736	2017/10/27	
11	11	CN-2016-4195213	2016/12/22	
12				

图 3-146　修改数据类型

（11）选中“省/自治区”列，在“转换”选项卡的“任意列”组中单击“移动”按钮，在弹出的下拉菜单中选择“向左移动”命令，结果如图 3-147 所示。

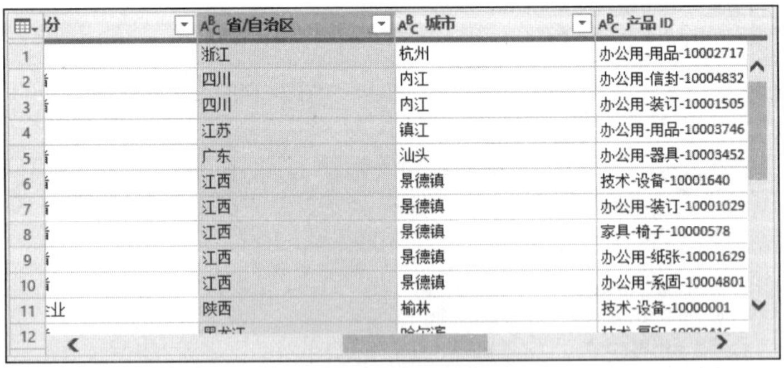

	份	省/自治区	城市	产品 ID
1		浙江	杭州	办公用-用品-10002717
2		四川	内江	办公用-信封-10004832
3		四川	内江	办公用-装订-10001505
4		江苏	镇江	办公用-用品-10003746
5		广东	汕头	办公用-器具-10003452
6		江西	景德镇	技术-设备-10001640
7		江西	景德镇	办公用-装订-10001029
8		江西	景德镇	家具-椅子-10000578
9		江西	景德镇	办公用-纸张-10001629
10		江西	景德镇	办公用-系固-10004801
11		陕西	榆林	技术-设备-10000001
12				

图 3-147　移动列

（12）按住〈Ctrl〉键，选中“城市”列和“省/自治区”列，在“转换”选项卡的“文本列”组中单击“合并列”按钮，弹出“合并列”对话框，设置分隔符和新列名，如图 3-148 所示。

（13）单击“确定”按钮，关闭对话框，完成合并，结果如图 3-149 所示。

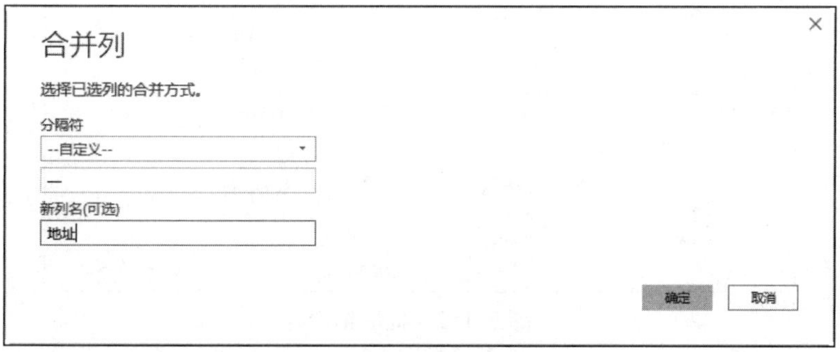

图 3-148　设置合并方式

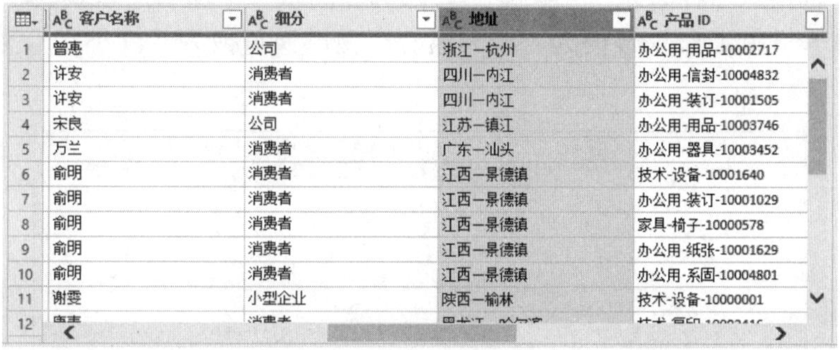

	客户名称	细分	地址	产品 ID
1	曾惠	公司	浙江—杭州	办公用-用品-10002717
2	许安	消费者	四川—内江	办公用-信封-10004832
3	许安	消费者	四川—内江	办公用-装订-10001505
4	宋良	公司	江苏—镇江	办公用-用品-10003746
5	万兰	消费者	广东—汕头	办公用-器具-10003452
6	俞明	消费者	江西—景德镇	技术-设备-10001640
7	俞明	消费者	江西—景德镇	办公用-装订-10001029
8	俞明	消费者	江西—景德镇	家具-椅子-10000578
9	俞明	消费者	江西—景德镇	办公用-纸张-10001629
10	俞明	消费者	江西—景德镇	办公用-系固-10004801
11	谢雯	小型企业	陕西—榆林	技术-设备-10000001

图 3-149　合并结果

（14）选中“产品名称”列，右击，在弹出的快捷菜单中选择“转换→大写”命令，将该列的英文字符全部改为大写，结果如图 3-150 所示。

（15）选中“产品 ID”列，在“转换”选项卡的“文本列”组中单击“提取”按钮，在弹出的下拉菜单中选择“结尾字符”命令，如图 3-151 所示。

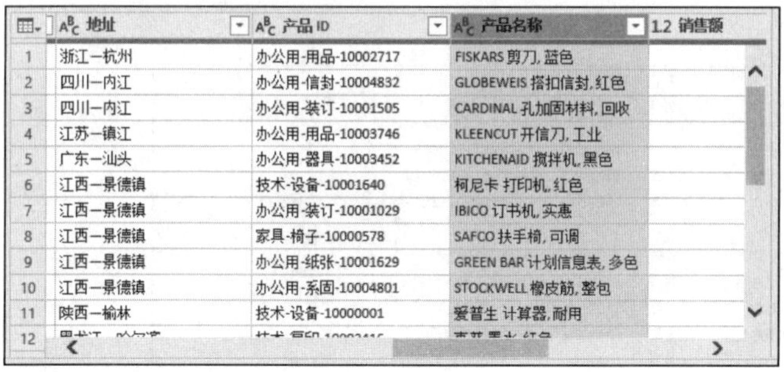

	地址	产品 ID	产品名称	1.2 销售额
1	浙江—杭州	办公用-用品-10002717	FISKARS 剪刀, 蓝色	
2	四川—内江	办公用-信封-10004832	GLOBEWEIS 搭扣信封, 红色	
3	四川—内江	办公用-装订-10001505	CARDINAL 孔加固材料, 回收	
4	江苏—镇江	办公用-用品-10003746	KLEENCUT 开信刀, 工业	
5	广东—汕头	办公用-器具-10003452	KITCHENAID 搅拌机, 黑色	
6	江西—景德镇	技术-设备-10001640	柯尼卡 打印机, 红色	
7	江西—景德镇	办公用-装订-10001029	IBICO 订书机, 实惠	
8	江西—景德镇	家具-椅子-10000578	SAFCO 扶手椅, 可调	
9	江西—景德镇	办公用-纸张-10001629	GREEN BAR 计划信息表, 多色	
10	江西—景德镇	办公用-系固-10004801	STOCKWELL 橡皮筋, 整包	
11	陕西—榆林	技术-设备-10000001	爱普生 计算器, 耐用	

图 3-150　大写转换

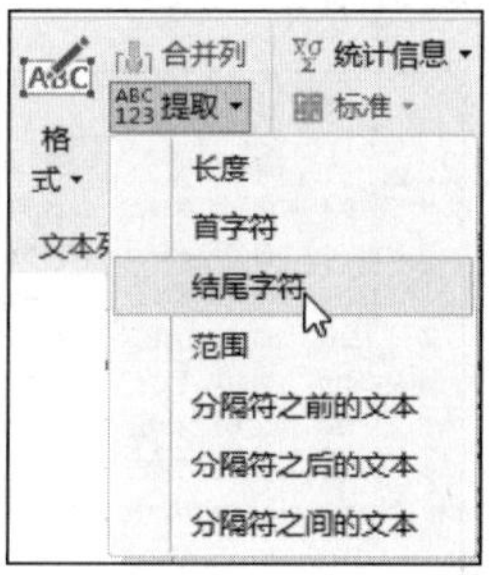

图 3-151　选择“结尾字符”命令

（16）弹出“提取结尾字符”对话框，输入字符数为“8”。单击“确定”按钮，关闭对话框，结果如图 3-152 所示。

（17）选中“客户名称”列中的“曾惠”单元格，右击，在弹出的快捷菜单中选择“替换值”命令，弹出“替换值”对话框，输入要替换的名称为“李小贤”，单击“确定”按钮。

图 3-152　提取结果

（18）同理，将“许安”替换为“邱世吉”，“宋良”替换为“刘奕”，“万兰”替换为“贾春峰”，“俞明”替换为“林海东”，“谢雯”替换为“闵敏”，“康青”替换为“金鑫”，“赵婵”替换为“夏雨沫”，“刘斯云”替换为“叶天远”，“白鹄”替换为“秦小青”，结果如图 3-153 所示。

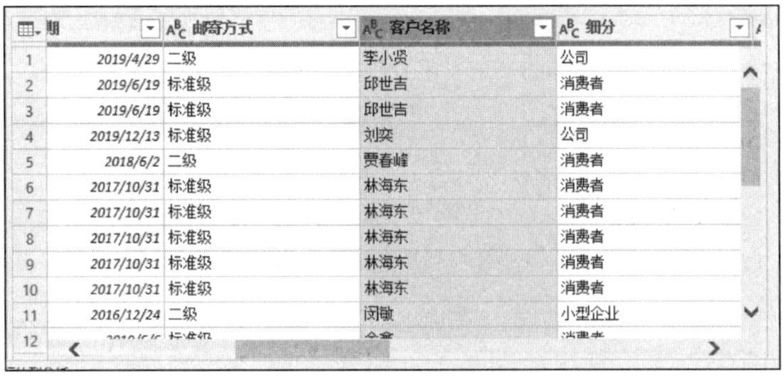

图 3-153　替换结果

（19）在“主页”选项卡的“关闭”组中单击“关闭并应用”按钮，返回 Power BI Desktop 界面，结果如图 3-154 所示。

图 3-154　商品发货详单

项目四

数据分析模型

思政目标

- 培养读者善于钻研、实事求是、与时俱进的精神。
- 在掌握技能目标的同时，能够活学活用，学以致用。

技能目标

- 了解数据视图的概念及简单的编辑命令。
- 掌握数据关系的处理方法。
- 能够熟练运用数据分析表达式编辑表格。

项目导读

Power BI Desktop 可以对多个表格、多种来源的数据，根据不同的维度、不同的逻辑做聚合分析。而分析的前提是要将这些数据表建立关系，这个建立关系的过程就是建立数据分析模型，简称数据建模。

在建模过程中，如果模型中已有值、列或表不利于关系的建立或不符合分析需要，还可以通过 DAX 创建度量值、计算列及新表。

任务一　管理数据

任务引入

小明在制作表格时，发现数据表中的表名、列名以及数据类型、格式等都需要进行修改。那么，在 Power BI Desktop 中，怎样做才能解决这些问题呢？

知识准备

管理数据通常在数据视图和关系视图中进行，数据视图用于编辑、显示数据表数据，关系视图用于查看和管理数据表之间的关系。

一、认识数据视图

在数据视图中看到的数据是已加载到模型之中的数据效果，除了可以显示数据外，还可以在其中添加度量值、创建新列，有助于检查、浏览模型中的数据。

在 Power BI Desktop 工作界面的“视图”侧边栏中单击“数据视图”按钮，即可切换到数据视图，如图 4-1 所示。

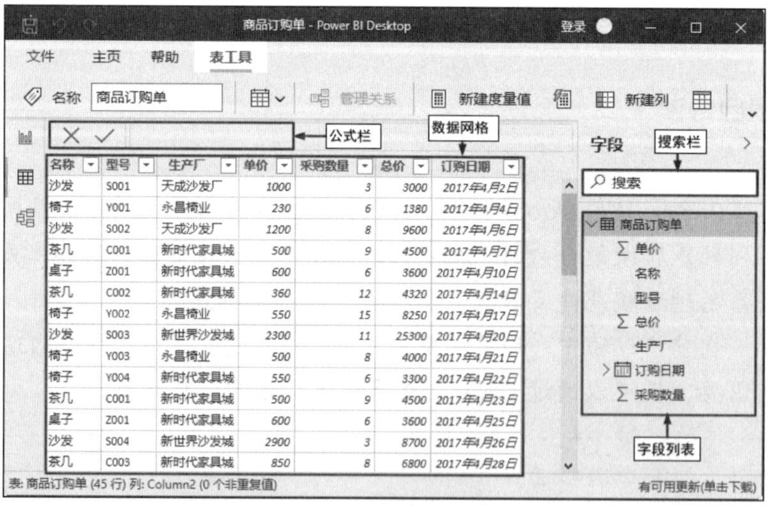

图 4-1　数据视图

标题栏下方是建模功能区，提供了修改列名、格式化数据类型、新建度量值、创建计算列和表等功能。

建模功能区下方是数据视图中的工作区，主要由以下 4 个部分构成。

（1）数据网格：使用表格形式显示当前数据表中的数据，可以选中单个单元格，也可以选中一列。

（2）公式栏：位于数据网格上方，用于输入度量值和计算列的数据分析表达式。

（3）搜索栏：位于“字段”窗格顶部，可在模型中搜索加载的表或列。

（4）字段列表：位于搜索栏下方，通过单击可以很方便地在数据网格中选中要查看的表或列。

窗口底部的状态栏显示当前表的名称、总行数、当前列名称以及当前列中的非重复值个数等信息。

二、修改列名称

在数据视图中修改列名称的方法有很多种，下面简要介绍常用的几种方法。

（1）在建模功能区中修改。单击要修改列名的数据列中的任一单元格，在建模功能区“列工具”选项卡“结构”组的“名称”文本框中输入新的列名，如图 4-2 所示，按〈Enter〉键，即可修改列名。

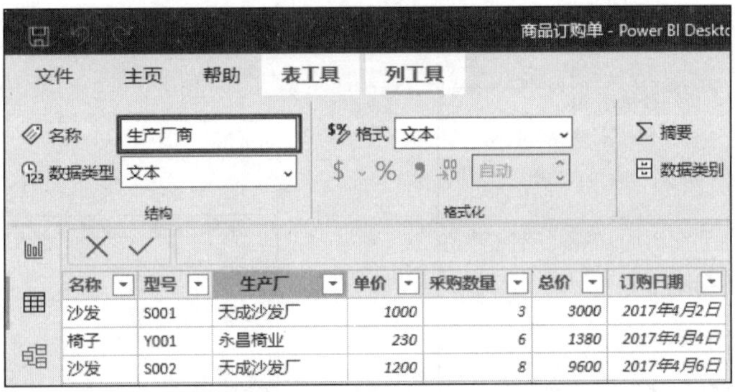

图 4-2　在建模功能区中修改列名

（2）在数据网格中修改。双击要修改名称的列，列名变为可编辑状态，随后输入新的列名，如图 4-3 所示，按〈Enter〉键或单击其他区域确认。

图 4-3　在数据网格中修改列名

（3）在“字段”窗格中修改。在字段列表中双击要修改名称的字段，字段变为可编辑状态，随后输入新的名称，如图 4-4 所示，按〈Enter〉键或单击其他区域确认。

（4）利用快捷菜单命令修改。在数据网格中右击要修改列名的数据列中的任一单元格，或在“字段”窗格的字段列表中右击要修改名称的字段，在弹出的快捷菜单中选择“重命名”命令，列字段变为可编辑状态，随后输入新的列名。按〈Enter〉键或单击其他区域确认。

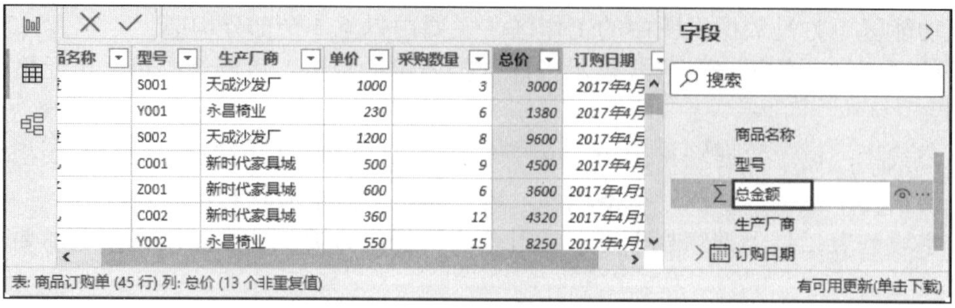

图 4-4　在“字段”窗格中修改列名

三、格式化数据

在数据视图中，数据列的数据类型和显示格式可以很方便地修改。

（1）单击要进行格式化的列，在建模功能区“列工具”选项卡“结构”组的“数据类型”下拉列表中可以选择新的数据类型，如图 4-5 所示。

（2）在“列工具”选项卡“格式化”组的“格式”下拉列表中可以选择数据的显示格式，如图 4-6 所示。

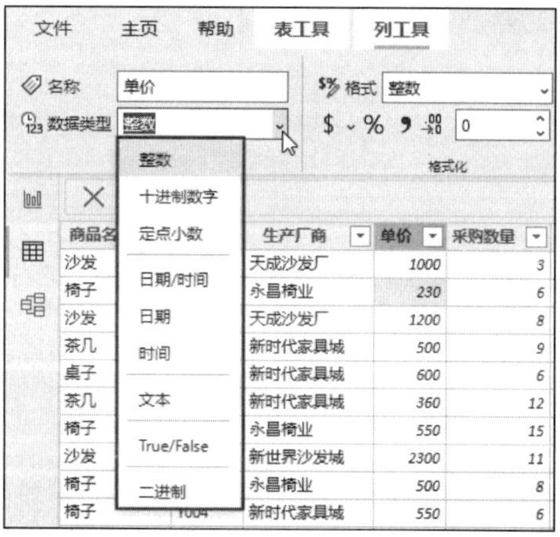

图 4-5　“数据类型”下拉列表

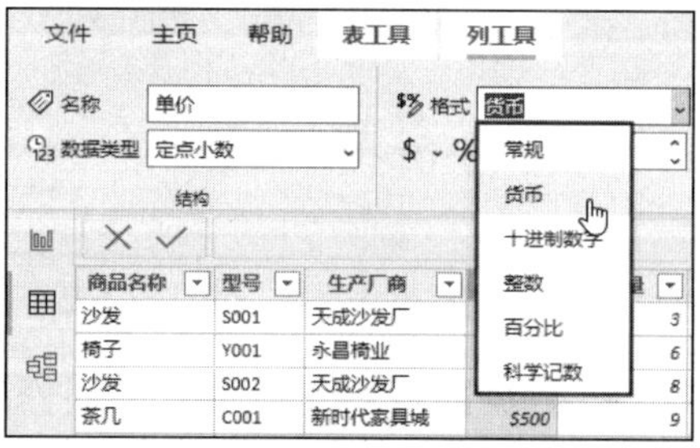

图 4-6　“格式”下拉列表

设置显示格式后，利用“格式”下拉列表框下方的格式功能按钮$ ⌄ % ❟ .00，还可以进一步设置显示方式，如货币符号、百分比、千位分隔符和小数位数。

四、刷新数据

Power BI Desktop 在连接数据源获取数据时，如果数据有更改，只有通过刷新数据，才能获取最新的数据。

如果要刷新模型中的单个数据表，在“字段”窗格中右击字段名，从弹出的快捷菜单中选择“刷新数据”命令，如图 4-7 所示。也可以在数据网格中右击，利用快捷菜单中的“刷新数据”命令刷新当前表数据。

图 4-7　选择“刷新数据”命令

如果要刷新模型中的所有数据表，在“主页”选项卡的“查询”组中单击“刷新”按钮。

案例一——修改产品合格率表

（1）打开 Power BI Desktop 软件，在“主页”选项卡的“数据”组中单击“Excel”按钮，弹出“打开”对话框，选择“产品合格率”文件，单击“打开”按钮，弹出“导航器”对话框，在左侧勾选“表 2”复选框，单击“加载”按钮，导入文件。

（2）选中“4 月份”列，在建模功能区中修改列名称为“4 月合格率”，结果如图 4-8 所示。

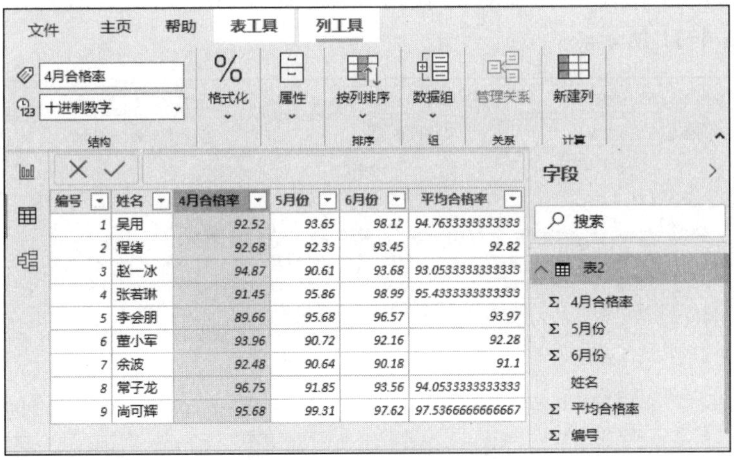

编号	姓名	4月合格率	5月份	6月份	平均合格率
1	吴用	92.52	93.65	98.12	94.7633333333333
2	程绪	92.68	92.33	93.45	92.82
3	赵一冰	94.87	90.61	93.68	93.0533333333333
4	张若琳	91.45	95.86	98.99	95.4333333333333
5	李会朋	89.66	95.68	96.57	93.97
6	董小军	93.96	90.72	92.16	92.28
7	余波	92.48	90.64	90.18	91.1
8	常子龙	96.75	91.85	93.56	94.0533333333333
9	尚可辉	95.68	99.31	97.62	97.5366666666667

图 4-8　修改列名称 1

（3）同理，修改“5 月份”列名称和“6 月份”列名称，结果如图 4-9 所示。

（4）选中“编号”列，修改数据类型为“文本”，修改摘要为“计数（非重复）”，结果如图 4-10 所示。

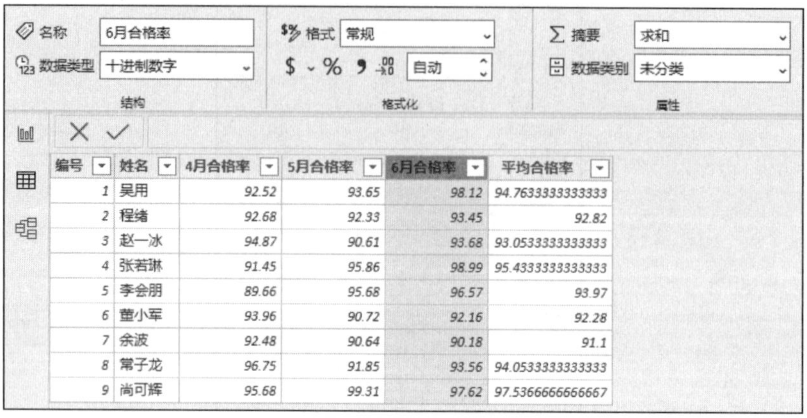

编号	姓名	4月合格率	5月合格率	6月合格率	平均合格率
1	吴用	92.52	93.65	98.12	94.7633333333333
2	程绪	92.68	92.33	93.45	92.82
3	赵一冰	94.87	90.61	93.68	93.0533333333333
4	张若琳	91.45	95.86	98.99	95.4333333333333
5	李会朋	89.66	95.68	96.57	93.97
6	董小军	93.96	90.72	92.16	92.28
7	余波	92.48	90.64	90.18	91.1
8	常子龙	96.75	91.85	93.56	94.0533333333333
9	尚可辉	95.68	99.31	97.62	97.5366666666667

图 4-9　修改列名称 2

编号	姓名	4月合格率	5月合格率	6月合格率	平均合格率
1	吴用	92.52	93.65	98.12	94.7633333333333
2	程绪	92.68	92.33	93.45	92.82
3	赵一冰	94.87	90.61	93.68	93.0533333333333
4	张若琳	91.45	95.86	98.99	95.4333333333333
5	李会朋	89.66	95.68	96.57	93.97
6	董小军	93.96	90.72	92.16	92.28
7	余波	92.48	90.64	90.18	91.1
8	常子龙	96.75	91.85	93.56	94.0533333333333
9	尚可辉	95.68	99.31	97.62	97.5366666666667

图 4-10　修改数据类型

（5）选中“平均合格率”列，修改格式为“十进制数字”，小数位数为 3，摘要设置为“平均值”，结果如图 4-11 所示。

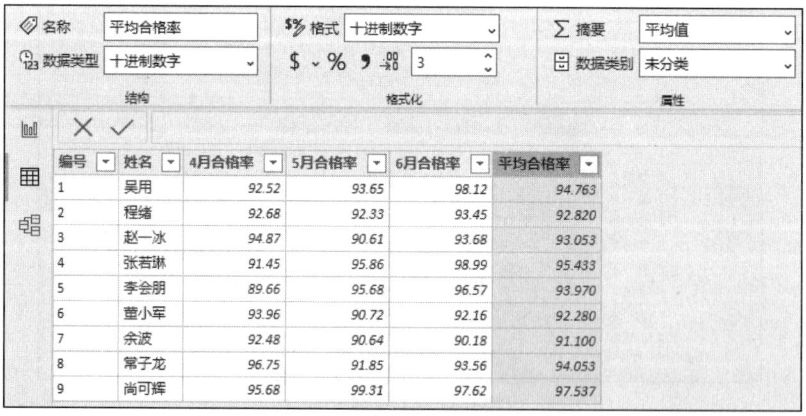

编号	姓名	4月合格率	5月合格率	6月合格率	平均合格率
1	吴用	92.52	93.65	98.12	94.763
2	程绪	92.68	92.33	93.45	92.820
3	赵一冰	94.87	90.61	93.68	93.053
4	张若琳	91.45	95.86	98.99	95.433
5	李会朋	89.66	95.68	96.57	93.970
6	董小军	93.96	90.72	92.16	92.280
7	余波	92.48	90.64	90.18	91.100
8	常子龙	96.75	91.85	93.56	94.053
9	尚可辉	95.68	99.31	97.62	97.537

图 4-11　修改格式

（6）在“字段”窗格中选中“表 2”，在“表工具”选项卡的“结构”组的“名称”文本框中输入“产品合格率表”，如图 4-12 所示。

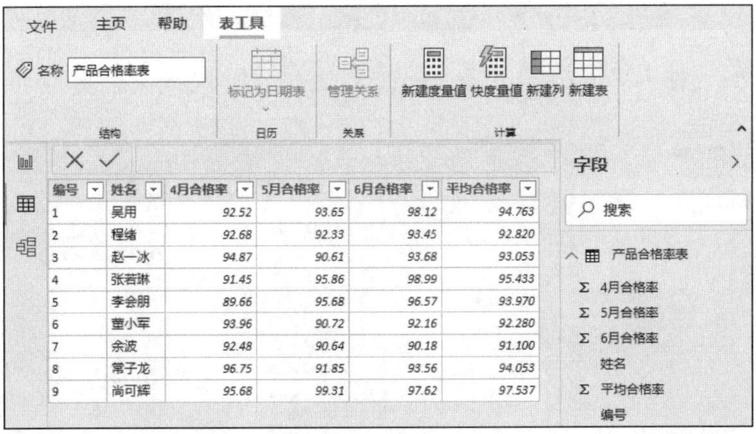

图 4-12　修改表名

（7）在“字段”窗格中选中“产品合格率表”，右击，在弹出的快捷菜单中选择“刷新数据”命令，对修改的内容进行更新。

任务二　管理数据关系

任务引入

马上就到年末了，作为财务部主管的小明要对公司产品的销售数据进行分析，为了准确计算结果并在报表中显示正确信息，在不同表之间创建关系式是必不可少的。那么，在 Power BI Desktop 中如何创建关系并对其进行编辑呢？

知识准备

在分析数据时，往往要利用多个数据表中的数据及其关系来完成一些复杂的数据分析任务，这就要求在数据建模时创建数据表之间的关系，并对关系进行管理，以满足实际的工作需要。

一、认识关系视图

在 Power BI Desktop 中，利用关系视图可以很方便地查看模型中的所有表、列和关系，创建关系，并对关系进行管理。

在 Power BI Desktop 工作界面的“视图”侧边栏中单击“关系视图”按钮，即可切换到关系视图，如图 4-13 所示。

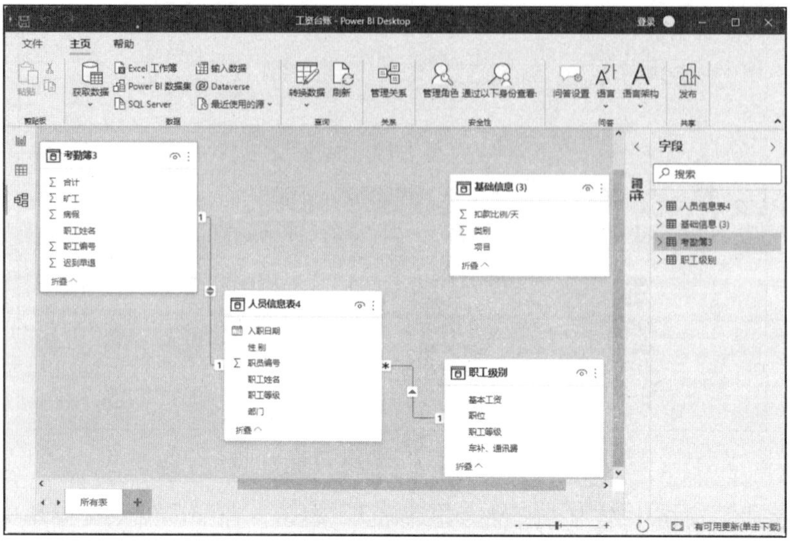

图 4-13　关系视图

将鼠标指针移到关系线上，关系线高亮显示，关联表之间的关联列突出显示，如图 4-14 所示。

关系线两端是基数，表示“从”和“到”相关列的数据特征，也就是两个关联表之间关联列的匹配关系。“一”端表示该列包含唯一值；“多”端表示该列可以包含重复值。Power BI Desktop 常用的基数有以下两种。

（1）一对一（1∶1）：两个表中的关联列中的值是一一对应的关系，意味着两个列都包含唯一值。例如，图 4-14 中表“考勤簿 3”和“人员信息表 4”，按“职工姓名”列建立的关系就是一对一的关系。

（2）多对一（*∶1）：主表中的关联列可具有多个值与查找表的关联列中的一个值相匹配。例如，在图 4-15 中，“职工级别”表中的“职工等级”只出现一次，但在“人员信息表 4”中，每个职工都有对应的等级，因此，“职工等级”会出现多次。

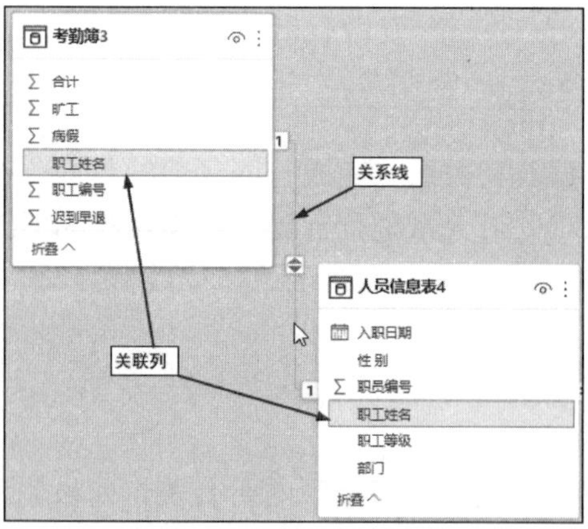

图 4-14　查看关联列

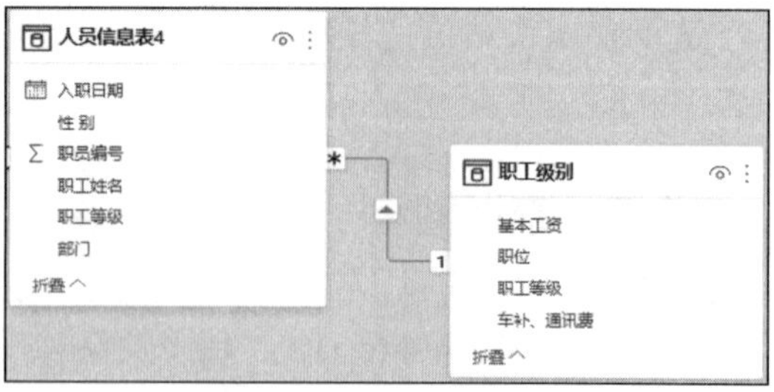

图 4-15　多对一的匹配关系

除了以上两种常用的数据匹配关系，还有一种关系线为虚线的数据关系，表示不可用（或非活动）的关系。如图 4-16 所示，表“考勤簿 3”和“浮动工资 2”之间虽然有名称和数据类型相同的列，但它们之间的关系线为虚线，表示无法在这两个表之间创建直接可用的关系。

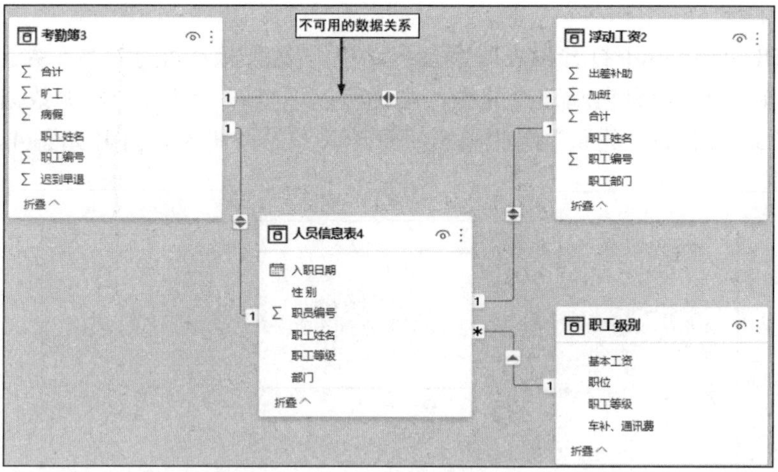

图 4-16　不可用的数据关系

关系线中间显示交叉筛选器方向，用于指定根据关联列在一个表中查找另一个表的匹配行的方式，决定筛选器的传播方向。

特别提示

在 Power BI Desktop 关系视图中，活动关系用实线表示，非活动关系用虚线表示。两个模型表之间只能有一条活动的筛选器传播路径。虽然可以引入其他关系路径，但必须将这些关系都配置为非活动状态。

（3）“双向”交叉筛选器：在关系线中显示为⬍，表示根据关联列，从关联的两个表的任意一个表中都能查找另一个表的匹配行。例如，在图 4-16 中，可根据表“考勤簿 3”中的“职工姓名”关联列，在表“人员信息表 4”中找到对应的职工信息；也能根据表“人员信息表 4”中的“职工姓名”关联列，在表“考勤簿 3”中找到对应的职工考勤信息。

特别提示

双向关系可能会对性能产生负面影响。此外，尝试配置双向关系可能会导致筛选器传播路径不明确。在这种情况下，Power BI Desktop 可能无法提交关系更改，并显示错误警告。建议仅在需要时使用双向筛选。

（4）“单向”交叉筛选器：在关系线中显示为▲或▼，表示只能从一个表根据关联列查找另一个表中的匹配行，反之不行。例如，图 4-16 中，可在表“职工级别”中，根据关联列“职工等级”，在表“人员信息表 4”中找到指定等级的职工信息，但不能在表“人员信息表 4”中根据关联列“职工等级”，在表“职工级别”中找到对应的匹配行。

二、自动检测创建关系

在 Power BI Desktop 中打开报表时，会自动检测数据表之间的关系，并自动设置基数和交叉筛选器方向。如果没有自动建立关系，则执行以下步骤，可自动检测数据表创建关系。

在“主页”选项卡的“关系”组中单击“管理关系”按钮，打开如图 4-17 所示的“管理关系”对话框。

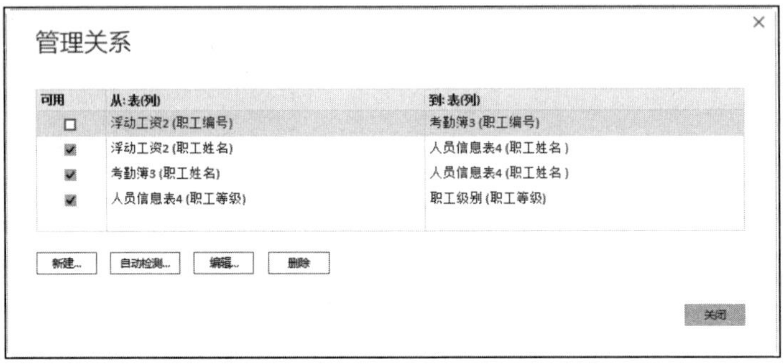

图 4-17 “管理关系”对话框

其中，“可用”列中没有勾选的复选框表示对应的关系不可用。选中没有勾选的复选框，弹出“关系激活”对话框，提示用户不可用的原因以及解决方法，如图 4-18 所示。

单击“关闭”按钮，回到“管理关系”对话框，单击“自动检测”按钮，即可弹出“自动检测”对话框，开始检测关系。通常情况下，如果两个表存在名称和数据类型都相同的列，Power BI Desktop 会自动将该列作为关联列，为两个表建立关系。

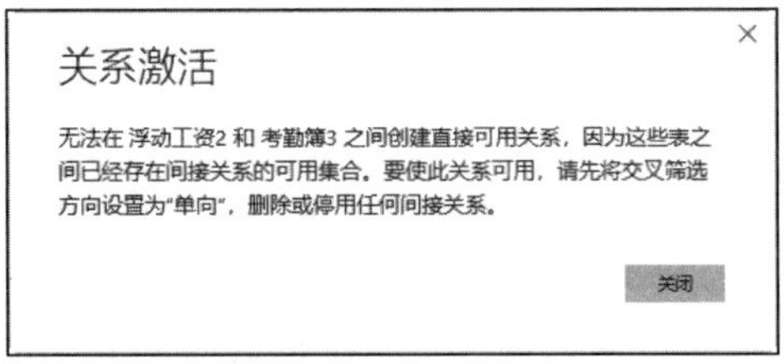

图 4-18 “关系激活”对话框

三、手动创建关系

如果 Power BI Desktop 没有自动为数据表创建关系，用户可以在如图 4-17 所示的“管理关系”对话框或关系视图中手动创建关系。下面分别进行介绍。

1. 在“管理关系”对话框中创建关系

例如，要在表“浮动工资 2”和“工资台账（2）”之间创建关系，可以执行以下操作。

（1）单击“新建”按钮，打开“创建关系”对话框。

（2）在第一个下拉列表中选择“浮动工资 2”，并选中“职工编号”列设置为关联列。

（3）在第二个下拉列表中选择“工资台账（2）”，并选中“职员编号”列设置为关联列。

（4）分别设置基数和交叉筛选器方向，如图 4-19 所示。

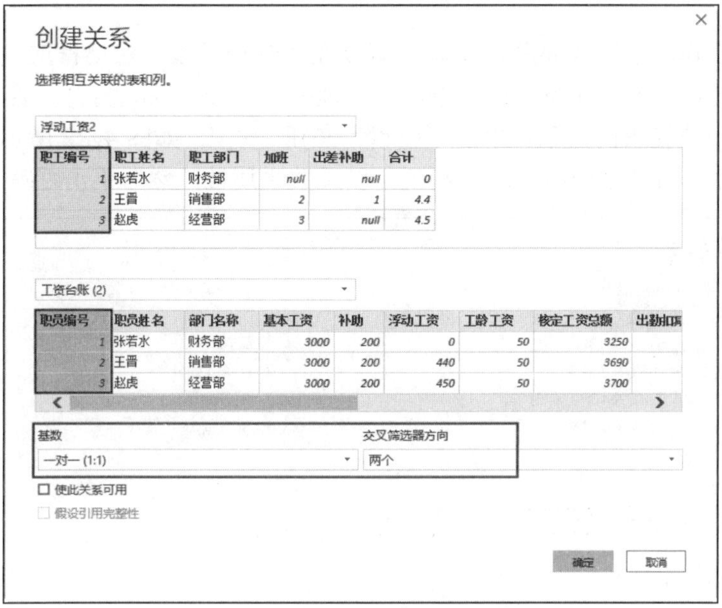

图 4-19　创建关系

（5）设置完成，单击“确定”按钮 ，关闭“创建关系”对话框，并返回到“管理关系”对话框。在关系列表中可以看到创建的关系。

2. *在关系视图中创建关系*

在关系视图中，只需要将一个表中的关联列拖放到另一个表的关联列上，即可创建关系。例如，选中表“人员信息表 4”中的“职员编号”列，并按住鼠标左键，将其拖到表“浮动工资 2”中的“职工编号”列中，如图 4-20 所示，释放鼠标，即可在两个表之间创建关系，并自动设置基数和交叉筛选器方向，如图 4-21 所示。

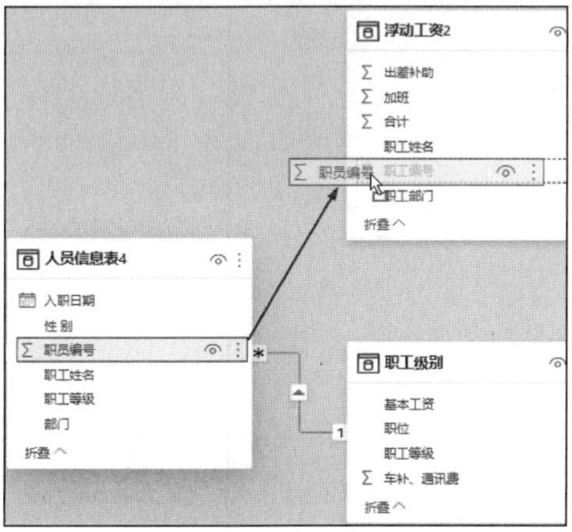

图 4-20　拖动关联列

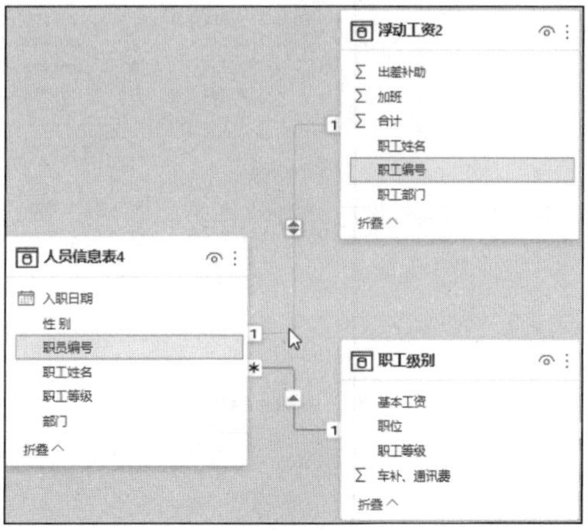

图 4-21　自动设置基数和交叉筛选器方向

四、编辑关系

编辑关系的操作与创建关系基本相同，可以在“管理关系”对话框或关系视图中进行。

在“主页”选项卡的“关系”组中单击“管理关系”按钮，打开“管理关系”对话框。在关系列表中选中要编辑的关系，单击“编辑”按钮 编辑... ，如图 4-22 所示，打开如图 4-23 所示的“编辑关系”对话框修改关联表和列，以及关系属性，然后单击“确定”按钮 确定 。

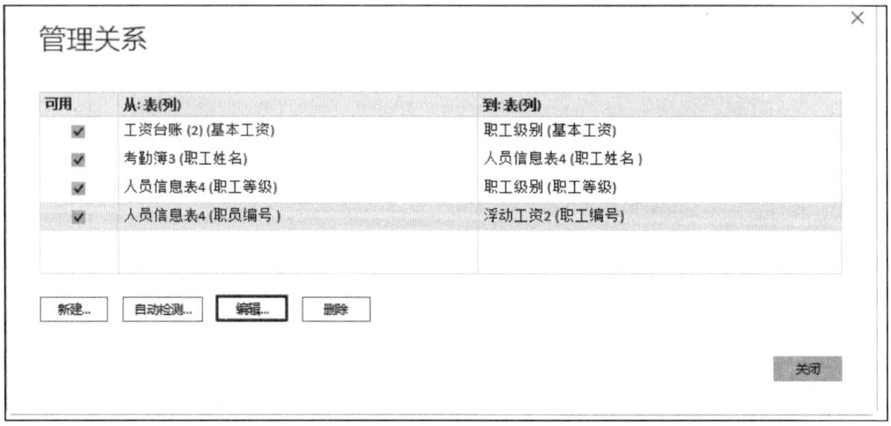

图 4-22 “管理关系”对话框

在关系视图中双击关系线，也可打开如图 4-23 所示的“编辑关系”对话框，根据需要修改关联的表和列，以及基数、交叉筛选器方向，然后单击“确定”按钮 确定 。

如果要删除关系，则在“管理关系”对话框的关系列表中选中关系，然后单击“删除”按钮 删除 。也可以右击关系线，在快捷菜单中选择“删除”命令，删除指定的关系。

图 4-23 “编辑关系”对话框

案例二——商品进销存管理

（1）单击“文件”菜单中的“打开报表”命令，在打开的“文件”菜单右侧窗格中单击“浏览报表”按钮，弹出“打开”对话框，选择“商品进销存管理”文件，单击“打开”按钮，在 Power BI Desktop 界面打开文件。

（2）在 Power BI Desktop 工作界面的“视图”侧边栏中单击“关系视图”按钮，系统自动创建关系图，如图 4-24 所示。

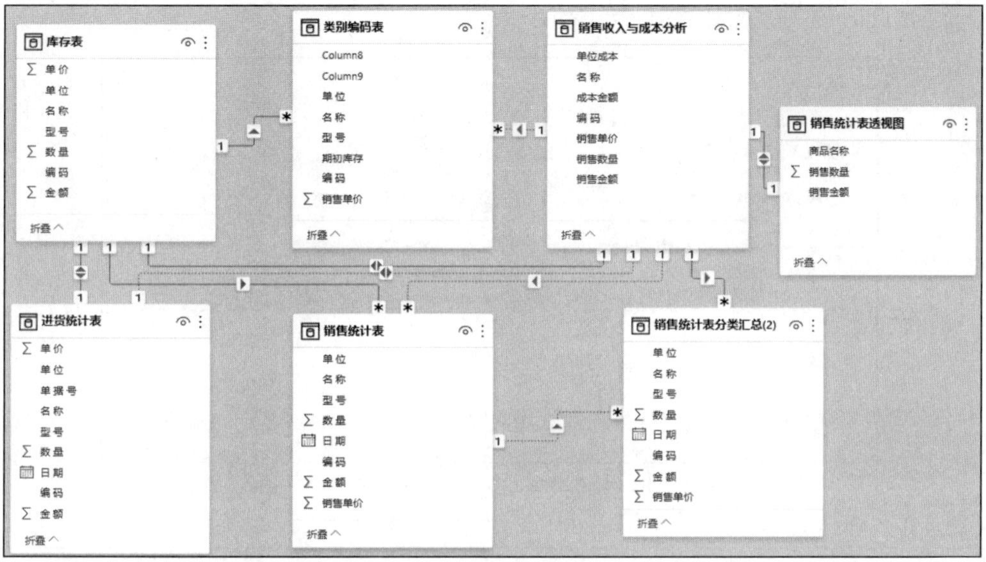

图 4-24　关系图

（3）在“主页”选项卡的“关系”组中单击“管理关系”按钮，弹出“管理关系”对话框，如图 4-25 所示。按住〈Ctrl〉键，选中没有勾选的复选框，单击“删除”按钮，弹出“删除关系”对话框，如图 4-26 所示。

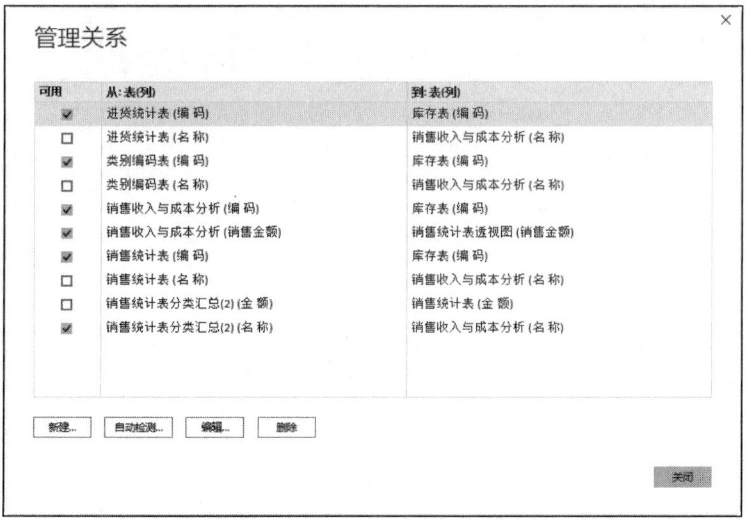

图 4-25　“管理关系”对话框

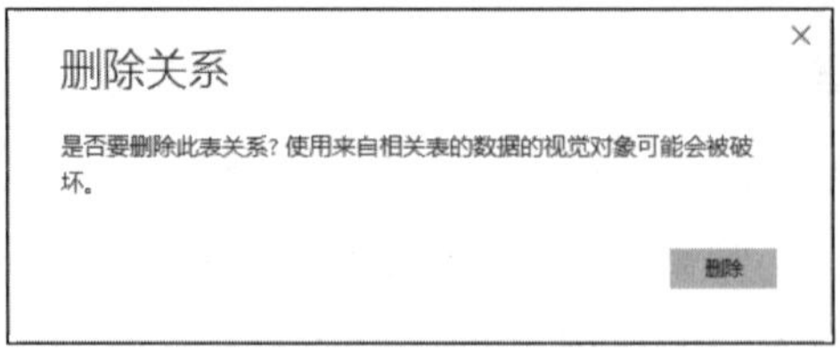

图 4-26 “删除关系”对话框

（4）单击“删除”按钮![删除]，此时“管理关系”对话框如图 4-27 所示。单击“关闭”按钮![关闭]，此时的关系图如图 4-28 所示。

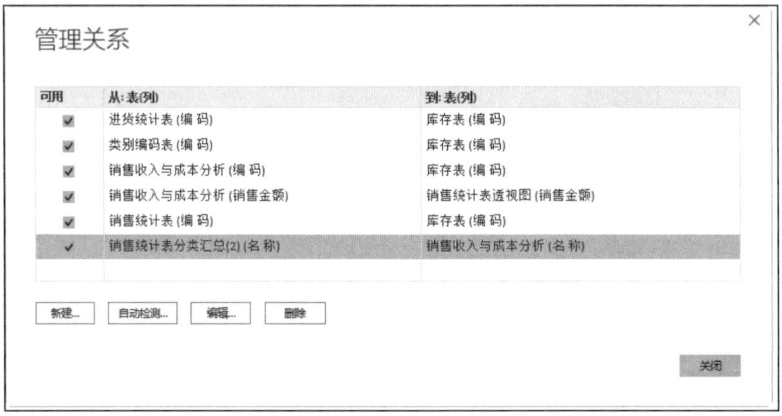

图 4-27 删除关系后的“管理关系”对话框

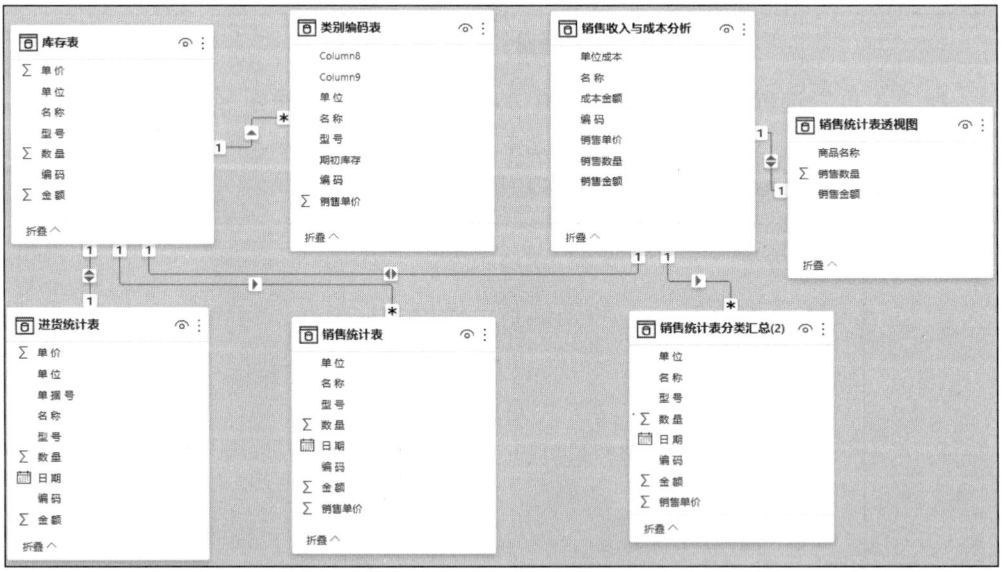

图 4-28 删除关系后的关系图

（5）在“主页”选项卡的“关系”组中单击“管理关系”按钮，弹出“管理关系”对话框，选中如图 4-29 所示的关系，单击“编辑”按钮![编辑...]，弹出“编辑关系”对话框，如图 4-30 所示。

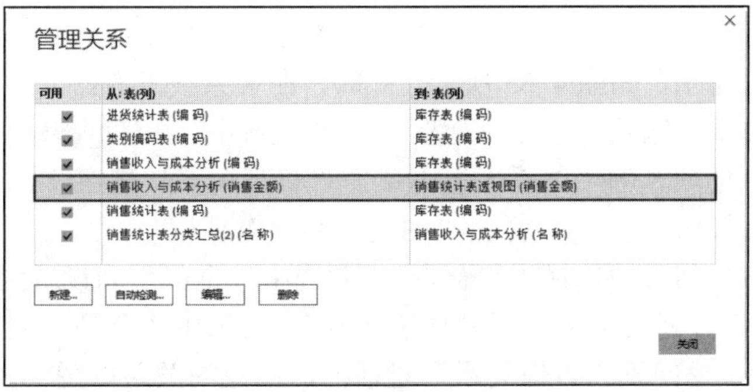

图 4-29　选中此关系

图 4-30　“编辑关系”对话框

（6）单击“确定”按钮 确定 ，返回“管理关系”对话框，此时，“销售收入与成本分析（名称）”和“销售统计表透视图（商品名称）”两表的关联关系发生了变更，如图 4-31 所示。单击“关闭”按钮 关闭 ，关系修改完毕，结果如图 4-32 所示。

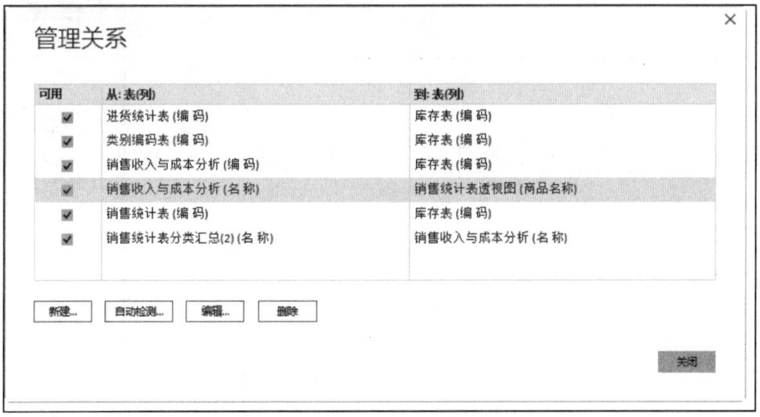

图 4-31　修改关联列

（7）将鼠标指针移到表“库存表”与“进货统计表”的关系上，关系线高亮显示，关联表之间的关联列突出显示，如图 4-33 所示。此时，在关系线上右击，在弹出的快捷菜单中选择“删除”命令，弹出“删除关系”对话框，单击“删除”按钮 删除 ，删除此关系线。

（8）在“主页”选项卡的“关系”组中单击“管理关系”按钮，弹出“管理关系”对话框，单击“新建”按钮 新建... ，弹出“创建关系”对话框。

（9）在第一个下拉列表中选择“库存表”，并选中“金额”列设置为关联列。

（10）在第二个下拉列表中选择“进货统计表”，并选中“金额”列设置为关联列。单击“确定”按钮 确定 ，返回到“管理关系”对话框，创建的关系如图 4-34 所示。

图 4-32　修改后的关系表

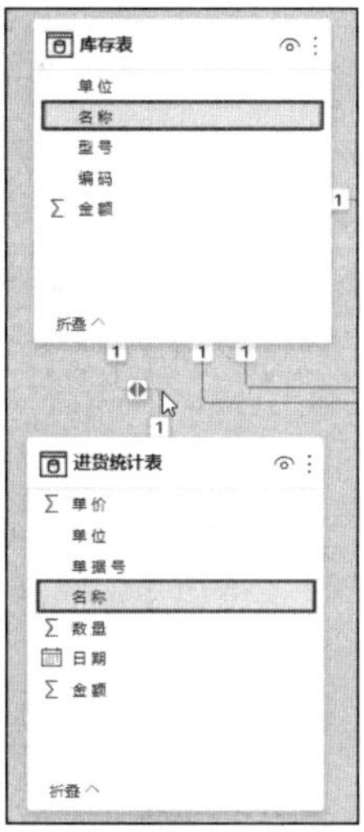

图 4-33　选中关系线

（11）单击“关闭”按钮 关闭 ，新关系创建完成，结果如图 4-35 所示。

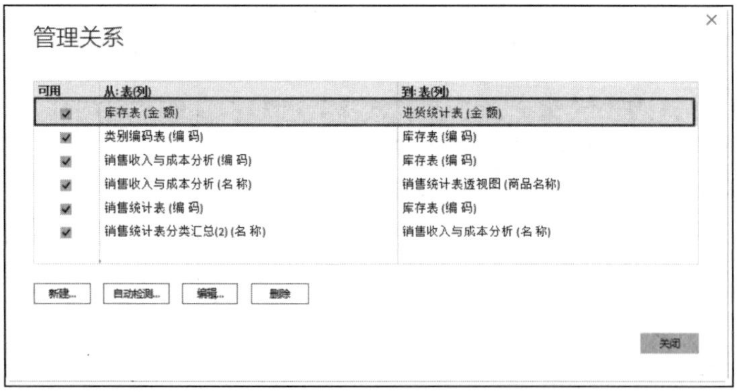

图 4-34　创建的关系

图 4-35　创建的新关系

任务三　数据分析表达式

任务引入

年末结算时，领导要求小明对公司不同类别的产品进行分析，并分析市场发展趋势。那么，小明该如何利用 DAX 公式来解决这些问题呢？

知识准备

数据分析表达式（Data Analysis Expressions，DAX），是由可用于计算并返回一个或多个值的函数、运算符或常量构成的库。DAX 包含一些在 Excel 公式中使用的函数，还包含其他用于处理关系数据和执行动态聚合的函数，这些函数和运算服务可根据需要进行组合。为新列创建 DAX 公式时，将计算表中每一行的结果，如果刷新基础数据或修改数据值，则自动重新计算列值。也就是说，DAX 可帮助用户通过模型中已有的数据创建新的数据信息。

一、DAX 语法规则

DAX 是一种专为数据模型及商业智能计算而设计的公式语言，通过公式完成计算。在 Power BI Desktop 中，利用公式可创建度量值、列和表，用公式创建的列和表分别称为计算列和计算表。

DAX 语法规则，是指 DAX 公式的编写方式。一个 DAX 公式通常包括组成公式的各种元素，如度量值、等号、函数、括号、引用表、引用列等。图 4-36 所示是一个简单的 DAX 公式。

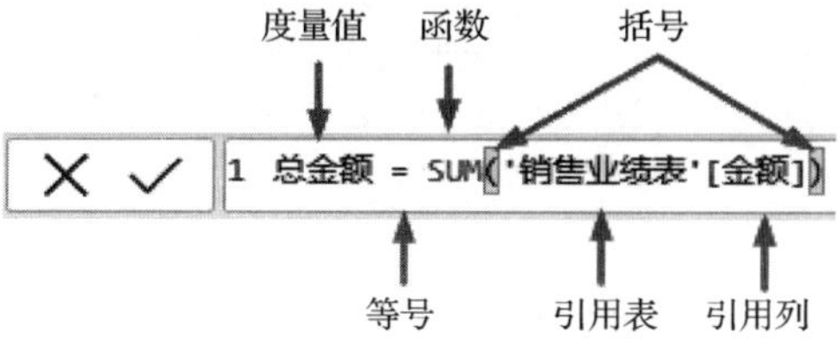

图 4-36　DAX 公式示例

（1）度量值。度量值通常用于表示单个的值，类似于全局标量，作用域为整个报表，还可当作参数用于其他公式，使计算公式和模型更有效率。

特别提示

在 DAX 公式中，度量值、引用列和引用表的名称不区分大小写。度量值作为参数被引用时，应包括在方括号[ ]中。

（2）等号。等号运算符（=）表示公式的开头，等号右侧为公式的计算表达式，完成计算后将结果返回给度量值。

（3）函数。函数是预编写的公式，用于执行某种特定的计算功能，能够简化复杂计算。

（4）括号。大多数函数至少需要一个参数，用于将值传递给函数；参数应包含在括号中。

（5）引用表。使用英文单引号引用表名，表明计算使用的列数据所属的数据表。

同一个表中引用的列不需要在公式中包含表名，但是建议即使在同一个表中，最好在度量值公式中包含表名，以避免误解。

（6）引用列。使用方括号[ ]引用列名，表明用于计算的数据列。

如果引用列不属于当前数据表，必须用数据表名称进行限定，也就是添加引用表。

在复杂的计算问题中，还会涉及 DAX 公式的组合应用，公式中会包含多个函数、多种运算符和常量。

二、运算符

DAX 支持的运算符包括算术运算符、比较运算符、字符串连接运算符和逻辑运算符。下面简要介绍这 4 种类型的运算符。

1. 算术运算符

算术运算符通常用于完成基本的数学运算，如表 4-1 所示。

表 4-1　算术运算符

算术运算符	含义	示例
+	加法运算	6+3
–	减法运算、负号	5–4、–1
*	乘法运算	3*7
/	除法运算	15/3
%	百分比	20%
^	幂运算	6^2

2. 比较运算符

比较运算符用于比较两个操作数，结果是一个逻辑值 True 或 False，如表 4-2 所示。

表 4-2　比较运算符

比较运算符	含义	示例
=	等于	[年龄]=35
>	大于	[等级]>3
<	小于	[得分]<60
>=	大于或等于	[销量]>=100
<=	小于或等于	[单价]<=150
<>	不相等	[姓名]<>"Judy"

3. 字符串连接运算符

字符串连接运算符使用符号(&)连接一个或多个字符串以产生一串文本，如表 4-3 所示。

表 4-3　字符串连接运算符

字符串连接运算符	含义	示例
&	将两个文本值连接起来生成一个连续的文本值	"Power"&"BI"="PowerBI"

4. 逻辑运算符

逻辑运算符用于执行逻辑判断，结果为逻辑值 True 或 False，如表 4-4 所示。

表 4-4　逻辑运算符

<table>
<tr><th>逻辑运算符</th><th>含义</th><th>示例</th></tr>
<tr><td>&&</td><td>逻辑与，运算符两侧的两个操作数的值都为逻辑值 True，运算结果为 True，否则为 False</td><td>[单价]<=150 && [销量]>=100</td></tr>
<tr><td>||</td><td>逻辑或，运算符两侧的两个操作数的值只要有一个为逻辑值 True，运算结果为 True，否则为 False</td><td>[单价]<=150 || [销量]>=100</td></tr>
</table>

如果公式中同时用到了多个运算符，DAX 按表 4-5 所示的顺序进行运算。如果公式中包含相同优先级的运算符，则从左到右进行计算。

表 4-5　公式中运算符的优先级

<table>
<tr><th>运算符</th><th>说明</th></tr>
<tr><td>^</td><td>求幂</td></tr>
<tr><td>%</td><td>百分比</td></tr>
<tr><td>–</td><td>负号</td></tr>
<tr><td>* 和 /</td><td>乘和除</td></tr>
<tr><td>+ 和 –</td><td>加和减</td></tr>
<tr><td>&</td><td>连接两个文本字符串（连接）</td></tr>
<tr><td>=、<、>、<=、>=、<></td><td>比较运算符</td></tr>
<tr><td>&&和||</td><td>逻辑运算符</td></tr>
</table>

三、类型转换

在公式中，每个运算符都需要特定类型的数值与之对应。在数据视图中选中一个字段，在“列工具”选项卡“结构”组中的“数据类型”下拉列表中可以查看数据类型，如图 4-37 所示。

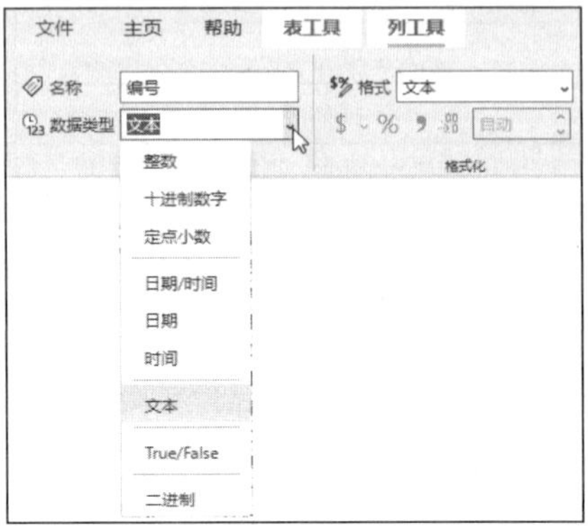

图 4-37 “数据类型”下拉列表

如果输入的数值类型与所需类型不一致，DAX 可能会自动将数值进行隐式的数据类型转换，如表 4-6 所示。

表 4-6 公式中数据类型转换

公式	产生结果	说明
="3"+"9"	"12"	使用加号时，DAX 会认为公式中的运算项为数字。虽然公式中使用引号说明"3"和"9"是文本型数值，但是 DAX 会自动将它们转换为数字
="$2.00"+3	5	当公式中需要数字时，DAX 会将其中的文本项自动转换成数字
="TEXT"&TRUE	TEXTTRUE	需要文本时，DAX 会将数字和逻辑型数值转换成文本

四、参数命名约定

为便于使用和理解函数，DAX 对内置函数的参数命名进行了规范约定，如表 4-7 所示。

表 4-7 DAX 函数主要参数的命名约定

参数	说明
expression	返回单个标量值的 DAX 表达式，计算次数根据上下文确定
value	返回单个标量值的 DAX 表达式，在执行所有其他操作之前只计算一次
table	返回数据表的 DAX 表达式
tableName	使用标准 DAX 语法的现有表的名称，不能是表达式
columnName	使用标准 DAX 语法的现有列的名称，通常采用完全限定的名称，不能是表达式
name	字符串常量，用于提供新对象的名称
order	确定排序顺序的枚举常量
ties	确定如何处理等同值的枚举常量

五、DAX 函数

DAX 中的函数按类型可分为聚合函数、日期和时间函数、筛选器函数、财务函数、信息函数、逻辑函数、数学和三角函数、关系函数、统计函数、父/子函数、表操作函数、文本函数、时间智能函数和其他函数。各类 DAX 函数的功能简要说明如下。

① 聚合函数：计算由表达式定义的列或表中所有行（标量）的值，如计数、求和、平均值、最小值或最大值。

② 日期和时间函数：类似于 Excel 中的日期和时间函数，不同的是，DAX 函数基于 Microsoft SQL Server 使用的日期/时间数据类型。

③ 筛选器函数：可返回特定的数据类型、在相关表中查找值，以及按相关值进行筛选。筛选器函数允许操作数据上下文，从而创建动态计算。

④ 财务函数：用于执行财务计算的公式。

⑤ 信息函数：查找作为参数提供的表或列，并反馈此值是否与预期类型匹配。例如，如果引用的值包含错误，则 ISERROR 函数返回 True。

⑥ 逻辑函数：返回表达式中有关值的信息。

⑦ 数学和三角函数：类似于 Excel 中的数学和三角函数，不同的是，DAX 函数使用的数值数据类型有所不同。

⑧ 关系函数：用于管理和使用表之间的关系。

⑨ 统计函数：计算与统计分布和概率相关的值，如标准偏差和排列数。

⑩ 父/子函数：帮助用户管理数据模型中显示为父/子层次结构的数据。

⑪ 表操作函数：返回一个表或操作现有表。

⑫ 文本函数：返回字符串的一部分、搜索字符串中的文本或连接字符串值，以及用于控制日期、时间和数字的格式。

⑬ 时间智能函数：创建使用日历和日期的相关内置信息的计算。

⑭ 其他函数：执行无法由其他大多数函数的类别定义的唯一操作。

虽然 DAX 函数中有很多功能与 Excel 函数相同，但相比较而言，DAX 函数应用范围更广，使用方式更灵活，在很多方面有其独特的功能。所以熟悉 Excel 函数的用户有必要了解 DAX 函数的特点，以及它与 Excel 函数的区别。

（1）Excel 函数可引用单元格或单元格区域，而 DAX 函数始终引用整列或整个表，如果要引用表或列中的某个特定单元，应为公式添加筛选器。

（2）如果要逐行自定义计算，DAX 允许将当前行的值或关联值用作参数，以便执行因上下文而变化的计算。

特别提示

上下文是指公式的计算环境，分为行上下文和筛选上下文。行上下文指当前行，筛选上下文是作用于表的筛选条件。

（3）DAX 提供返回计算表的函数，计算表虽然不显示，但可以用作其他参数的参数。

（4）DAX 提供时间智能函数，可以定义或选择日期范围，并基于此范围执行动态计算。

六、创建度量值

在 Power BI Desktop 中，度量值是用 DAX 公式创建的一个字段，该字段名称显示在“字段”窗格中，但没有实际数据。创建度量值不会改变源数据，只有在使用度量值创建视觉对象时才会执行计算。

下面以在“销售业绩表”中创建度量值“总销售额”为例，介绍创建度量值的方法。

（1）在数据视图的“字段”窗格中选中“销售业绩表”，然后在“度量工具”选项卡中单击“新建度量值”按钮，在公式栏中可以看到自动指定的度量值名称和等号，“字段”窗格中显示创建的度量值名称，如图 4-38 所示。

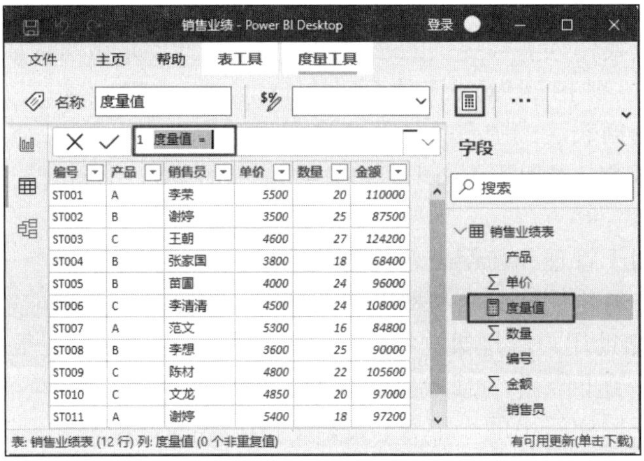

图 4-38　新建度量值

默认的度量值名称为“度量值”，用户可以根据需要，将其重命名为便于识别的名称。

（2）将度量值名称修改为“总销售额”，然后切换到英文输入状态，在等号后输入 SUM 求和函数，此时 Power BI Desktop 会自动显示相应的函数列表以及函数说明，如图 4-39 所示。

图 4-39　输入函数

SUM 函数用于对指定列中的数值进行求和。

（3）双击需要的函数，公式中自动添加括号“(”，并显示当前表中的相关字段列表，如图 4-40 所示。

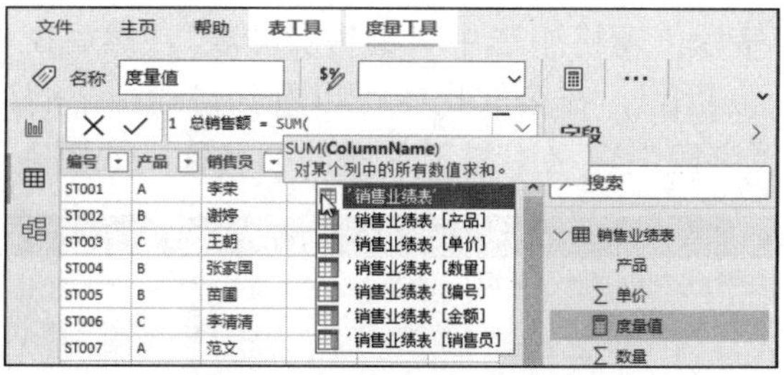

图 4-40　显示数据字段列表

（4）双击需要的字段，然后在英文输入状态下输入反括号“)”，完成公式的输入，如图 4-41 所示。

图 4-41　输入公式

（5）按〈Enter〉键，或单击公式栏上的“确定”按钮✓，即可创建度量值。此时在“字段”窗格中可以看到创建的度量值，如图 4-42 所示。

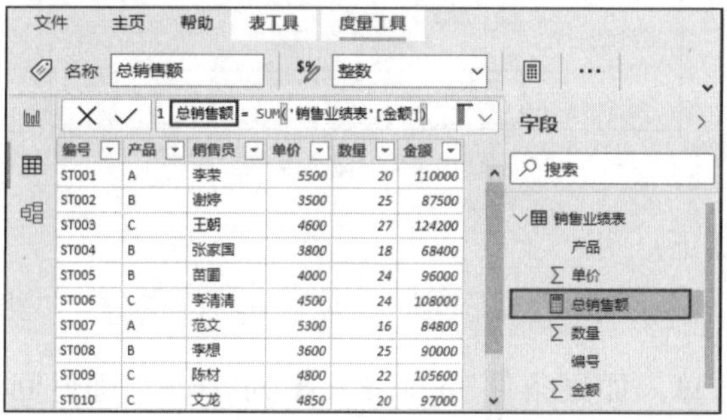

图 4-42　创建的度量值

特别提示

如果创建度量值的公式很长，可以按组合键〈Shift+Enter〉或〈Alt+Enter〉换行。

创建的度量值还可以作为其他度量值的参数。例如，假设总成本为 *X*，可以利用公式（利润=[总销售额]-X）创建一个新的度量值“利润”。

七、创建计算列

如果数据表不包含需要的字段，可利用已有的字段创建计算列，生成需要的字段，并将相应的数据添加到已有的数据表中。

下面以在“销售业绩表”中创建数据列“销售等级”为例，介绍创建计算列的方法。

（1）在数据视图的“字段”窗格中选中“销售业绩表”，然后在“表工具”选项卡的“计算”组中单击“新建列”按钮▦，在公式栏中可以看到自动指定的列名称和等号，数据编辑区添加了指定名称的列，“字段”窗格中显示创建的列名称，如图 4-43 所示。

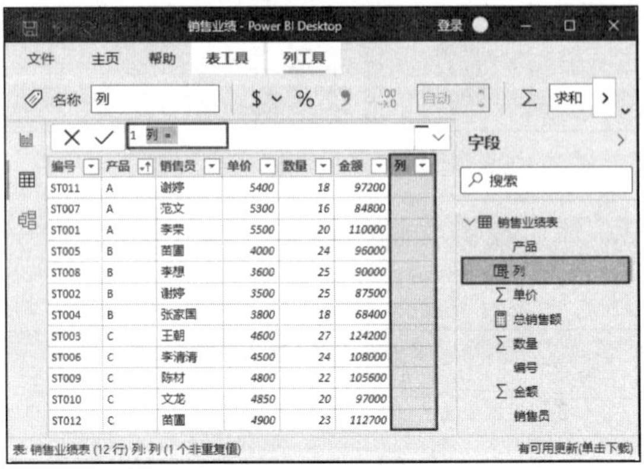

图 4-43　新建列

（2）修改列名为“销售等级”，然后在等号后输入 IF 函数和参数“销售等级 = IF([金额]>=100000,"***",IF([金额]>=80000,"**","*"))”，如图 4-44 所示。

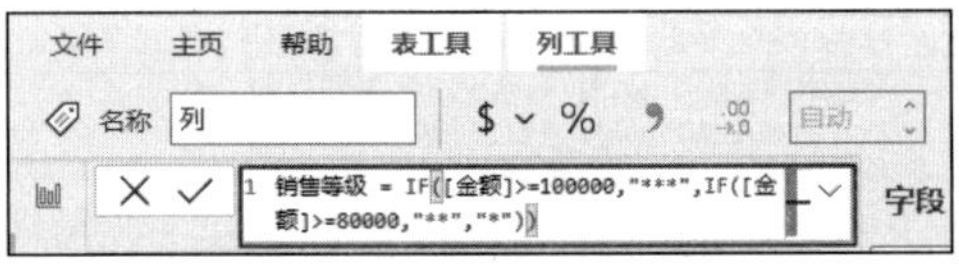

图 4-44　输入公式

IF 函数的语法格式如下：

```
IF(<logical_test>,<value_if_true>,value_if_false)
```

用于对表达式执行逻辑计算，如果条件 logical_test 为 True，则返回值 value_if_true；否则返回值 value_if_false。因此，图 4-44 输入的公式表示，如果“金额”列的值大于或等于 100 000，则对应的字段值为“***”；如果“金额”列的值小于 100 000，且大于或等于 80 000，则对应的字段值为“**”；否则对应的字段值为“*”。

（3）公式输入完毕后，按〈Enter〉键即可利用指定的公式创建计算列，如图 4-45 所示。

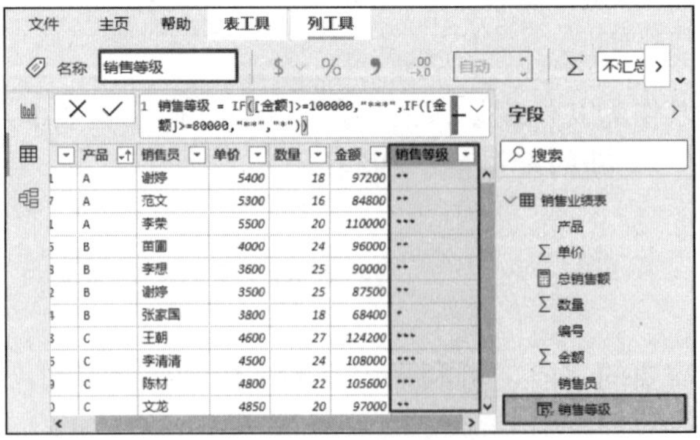

图 4-45　创建的计算列

八、创建计算表

利用已有的数据创建计算表的方式通常有 4 种：将多个数据结构相同的表合并为一个表；通过某个字段合并联结两个表；根据现有的数据字段提取需要的维度表；将度量值集中于同一个表中。无论哪一种方式，都是结合“新建表”功能和 DAX 函数实现的。

下面根据“销售业绩表”中现有的数据字段，提取需要的各类产品的销量，创建一个“销量统计”计算表。

（1）在数据视图的“字段”窗格中选中“销售业绩表”，然后在“表工具”选项卡的“计算”组中单击“新建表”按钮，在公式栏中可以看到自动指定的表名称和等号，数据编辑区添加了默认名称的列，“字段”窗格中显示创建的表名称，如图 4-46 所示。

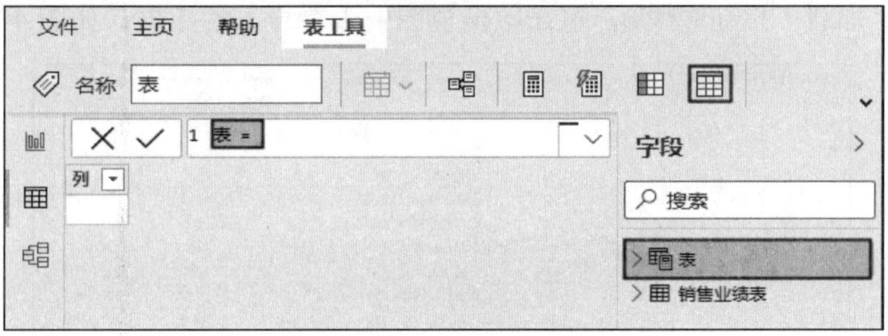

图 4-46 新建表

（2）修改表名为“销售统计”，然后在等号后输入 SUMMARIZE 函数和参数“销售统计 = SUMMARIZE('销售业绩表','销售业绩表'[产品],"最高销量",MAX('销售业绩表'[数量]),"最低销量",MIN('销售业绩表'[数量]))”，如图 4-47 所示。

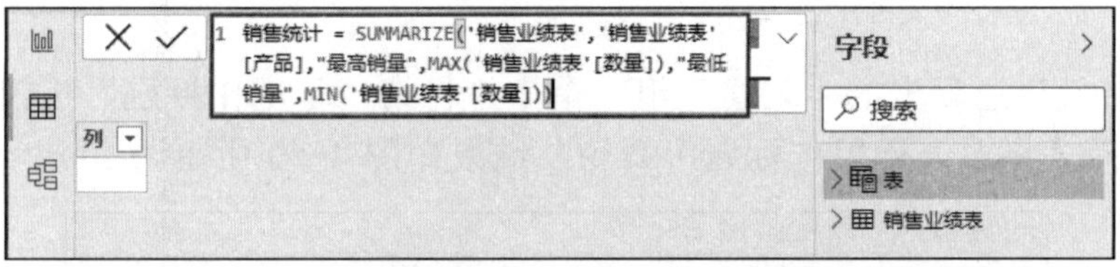

图 4-47 输入公式创建计算表

SUMMARIZE 函数的语法格式如下：

```
SUMMARIZE(<table>,<groupBy_columnName>[,<groupBy_columnName>]...[,<name>,<expression>]...)
```

用于对表 table 中的数据按分组列 groupBy_columnName 计算表达式 expression，计算结果作为列 name 的值，返回的表包含分组列和计算结果列。因此，图 4-47 输入的公式表示对表“销售业绩表”按产品分组，统计各类产品的最高销量和最低销量。

（3）公式输入完毕后，按〈Enter〉键即可利用指定的公式创建计算表。在数据编辑区可看到创建的表数据，“字段”窗格中可看到创建的计算表，如图 4-48 所示。

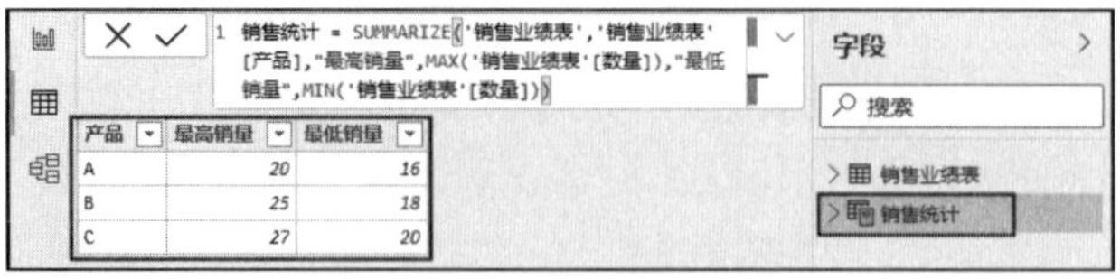

图 4-48　创建计算表

案例三——制作销售统计表

（1）启动 Power BI Desktop，单击“文件”菜单中的“新建”命令，新建一个空白的 Power BI 报表。

（2）在“主页”选项卡的“数据”组中单击“Excel”按钮，弹出“打开”对话框。选择“商品订购单”，单击“打开”按钮，弹出“导航器”对话框，在其左侧勾选“商品订购单”复选框。

（3）单击“加载”按钮，可在数据视图中查看导入的数据，如图 4-49 所示。

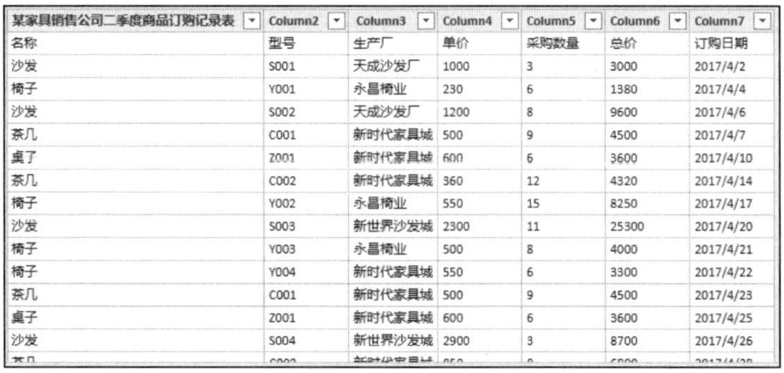

某家具销售公司二季度商品订购记录表	Column2	Column3	Column4	Column5	Column6	Column7
名称	型号	生产厂	单价	采购数量	总价	订购日期
沙发	S001	天成沙发厂	1000	3	3000	2017/4/2
椅子	Y001	永昌椅业	230	6	1380	2017/4/4
沙发	S002	天成沙发厂	1200	8	9600	2017/4/6
茶几	C001	新时代家具城	500	9	4500	2017/4/7
桌了	Z001	新时代家具城	600	6	3600	2017/4/10
茶几	C002	新时代家具城	360	12	4320	2017/4/14
椅子	Y002	永昌椅业	550	15	8250	2017/4/17
沙发	S003	新世界沙发城	2300	11	25300	2017/4/20
椅子	Y003	永昌椅业	500	8	4000	2017/4/21
椅子	Y004	新时代家具城	550	6	3300	2017/4/22
茶几	C001	新时代家具城	500	9	4500	2017/4/23
桌子	Z001	新时代家具城	600	6	3600	2017/4/25
沙发	S004	新世界沙发城	2900	3	8700	2017/4/26

图 4-49　商品订购单

（4）在“主页”选项卡的“查询”组中单击“转换数据”按钮，即可进入 Power Query 编辑器界面。

（5）在“转换”选项卡的“表格”组中单击“将第一行用作标题”按钮，在弹出的下拉菜单中选择“将第一行用作标题”命令，结果如图 4-50 所示。

	名称	型号	生产厂	单价
1	沙发	S001	天成沙发厂	
2	椅子	Y001	永昌椅业	
3	沙发	S002	天成沙发厂	
4	茶几	C001	新时代家具城	
5	桌子	Z001	新时代家具城	
6	茶几	C002	新时代家具城	
7	椅子	Y002	永昌椅业	
8	沙发	S003	新世界沙发城	
9	椅子	Y003	永昌椅业	
10	椅子	Y004	新时代家具城	
11	茶几	C001	新时代家具城	
12	桌子	Z001	新时代家具城	
13				

图 4-50　将第一行用作标题

（6）在“主页”选项卡的“关闭”组中单击“关闭并应用”按钮，在弹出的下拉菜单中选择“关闭并应用”命令，返回 Power BI Dsektop 界面，此时的数据视图如图 4-51 所示。

名称	型号	生产厂	单价	采购数量	总价	订购日期
沙发	S001	天成沙发厂	1000	3	3000	2017年4月2日
椅子	Y001	永昌椅业	230	6	1380	2017年4月4日
沙发	S002	天成沙发厂	1200	8	9600	2017年4月6日
茶几	C001	新时代家具城	500	9	4500	2017年4月7日
桌子	Z001	新时代家具城	600	6	3600	2017年4月10日
茶几	C002	新时代家具城	360	12	4320	2017年4月14日
椅子	Y002	永昌椅业	550	15	8250	2017年4月17日
沙发	S003	新世界沙发城	2300	11	25300	2017年4月20日
椅子	Y003	永昌椅业	500	8	4000	2017年4月21日
椅子	Y004	新时代家具城	550	6	3300	2017年4月22日
茶几	C001	新时代家具城	500	9	4500	2017年4月23日

图 4-51　修改后的数据视图

（7）在“表工具”选项卡的“计算”组中单击“新建表”按钮，在公式栏中可以看到自动指定的表名称和等号，修改表名为“销售统计表”。

（8）在等号后输入 SUMMARIZE 函数和参数“销售统计表 = SUMMARIZE('商品订购单','商品订购单'[名称],"总金额",SUM('商品订购单'[总价]),"总数",SUM('商品订购单'[采购数量]))”，如图 4-52 所示。

（9）按〈Enter〉键或单击公式栏上的“确定”按钮，即创建销售统计表，如图 4-53 所示。

```
1 销售统计表 = SUMMARIZE('商品订购单','商品订购单'[名称],"总金额",SUM('商品订购单'[总价]),"
  总数",SUM('商品订购单'[采购数量]))
```

图 4-52　输入的公式

名称	总金额	总数
沙发	148500	78
椅子	50790	105
茶几	62480	116
桌子	33120	57

图 4-53　销售统计表

项目总结

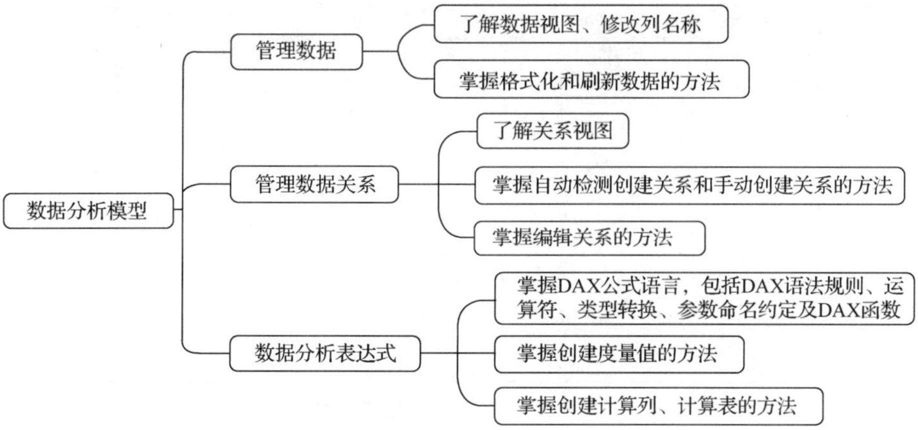

数据分析模型
管理数据
了解数据视图、修改列名称
掌握格式化和刷新数据的方法
管理数据关系
了解关系视图
掌握自动检测创建关系和手动创建关系的方法
掌握编辑关系的方法
数据分析表达式
掌握DAX公式语言，包括DAX语法规则、运算符、类型转换、参数命名约定及DAX函数
掌握创建度量值的方法
掌握创建计算列、计算表的方法

项目实战

实战　制作优质商品销售表

（1）启动 Power BI Desktop，单击“文件”菜单中的“新建”命令，新建一个空白的 Power BI 报表。

（2）在“主页”选项卡的“数据”组中单击“Excel”按钮，弹出“打开”对话框。选择“销售表”，单击“打开”按钮 打开(O)，弹出“导航器”对话框，在左侧勾选“销售成本分析”复选框。

（3）单击“加载”按钮 加载，可在数据视图中查看导入的数据，如图 4-54 所示。

Column1	销售收入与成本统计表	Column3	Column4	Column5	Column6	Column7	Column8	Column9
	编码	名称	单位成本	销售数量	销售单价	销售金额	成本金额	
	14001	商品1	2200	50	5000	250000	110000	
	14002	商品2	3000	40	6500	260000	120000	
	14003	商品3	8000	15	12000	180000	120000	
	14004	商品4	240	47	400	18800	11280	
	14005	商品5	500	25	890	22250	12500	
	14006	商品6	4500	42	7000	294000	189000	
	14007	商品7	4800	20	7500	150000	96000	
	14008	商品8	11000	50	15000	750000	550000	
	14009	商品9	2600	36	4200	151200	93600	
	14010	商品10	2200	45	3800	171000	99000	

图 4-54　销售表

（4）在“主页”选项卡的“查询”组中单击“转换数据”按钮，即可进入 Power Query 编辑器界面。

（5）在“转换”选项卡的“表格”组中单击“将第一行用作标题”按钮，在弹出的下拉菜单中选择“将第一行用作标题”命令，结果如图 4-55 所示。

	编码	名称	单位成本	销售数量
1	14001	商品1	2200	
2	14002	商品2	3000	
3	14003	商品3	8000	
4	14004	商品4	240	
5	14005	商品5	500	
6	14006	商品6	4500	
7	14007	商品7	4800	
8	14008	商品8	11000	
9	14009	商品9	2600	
10	14010	商品10	2200	
11	null	null	null	
12	null	null	null	
13	null	null	null	
14				

图 4-55　将第一行用作标题

（6）按住〈Ctrl〉键，选中“编码”列、“名称”列、“单位成本”列、“销售数量”列、“销售单价”列、“销售金额”列、“成本金额”列，在“主页”选项卡的“管理列”组中单击“删除列”按钮，在弹出的下拉菜单中选择“删除其他列”命令，部分结果如图 4-56 所示。

	编码	名称	单位成本	销售数量
1	14001	商品1	2200	
2	14002	商品2	3000	
3	14003	商品3	8000	
4	14004	商品4	240	
5	14005	商品5	500	
6	14006	商品6	4500	
7	14007	商品7	4800	
8	14008	商品8	11000	
9	14009	商品9	2600	
10	14010	商品10	2200	
11	null	null	null	
12	null	null	null	
13	null	null	null	
14				

图 4-56　删除空列（部分列未展示）

（7）在“主页”选项卡的“减少”组中单击“删除行”按钮，在弹出的下拉菜单中选择“删除空行”命令，结果如图 4-57 所示。

	编码	名称	单位成本	销售数量
1	14001	商品1	2200	50
2	14002	商品2	3000	40
3	14003	商品3	8000	15
4	14004	商品4	240	47
5	14005	商品5	500	25
6	14006	商品6	4500	42
7	14007	商品7	4800	20
8	14008	商品8	11000	50
9	14009	商品9	2600	36
10	14010	商品10	2200	45

图 4-57　删除空行

（8）在“主页”选项卡的“关闭”组中单击“关闭并应用”按钮，在弹出的下拉菜单中选择“关闭并应用”命令，返回 Power BI Dsektop 界面，此时的数据视图如图 4-58 所示。

编码	名称	单位成本	销售数量	销售单价	销售金额	成本金额
14001	商品1	2200	50	5000	250000	110000
14002	商品2	3000	40	6500	260000	120000
14003	商品3	8000	15	12000	180000	120000
14004	商品4	240	47	400	18800	11280
14005	商品5	500	25	890	22250	12500
14006	商品6	4500	42	7000	294000	189000
14007	商品7	4800	20	7500	150000	96000
14008	商品8	11000	50	15000	750000	550000
14009	商品9	2600	36	4200	151200	93600
14010	商品10	2200	45	3800	171000	99000

图 4-58　数据视图

（9）在“表工具”选项卡的“计算”组中单击“新建列”按钮，结果如图 4-59 所示。

（10）修改列名称为“盈利”，输入公式“盈利 = [销售金额]-[成本金额]”，如图 4-60 所示。

（11）按〈Enter〉键或在公式栏上单击“确定”按钮✓，结果如图 4-61 所示。

1 列 =

编码	名称	单位成本	销售数量	销售单价	销售金额	成本金额	列
14001	商品1	2200	50	5000	250000	110000	
14002	商品2	3000	40	6500	260000	120000	
14003	商品3	8000	15	12000	180000	120000	
14004	商品4	240	47	400	18800	11280	
14005	商品5	500	25	890	22250	12500	
14006	商品6	4500	42	7000	294000	189000	
14007	商品7	4800	20	7500	150000	96000	
14008	商品8	11000	50	15000	750000	550000	
14009	商品9	2600	36	4200	151200	93600	
14010	商品10	2200	45	3800	171000	99000	

图 4-59　新建列

```
1 盈利 = [销售金额]-[成本金额]
```

图 4-60　输入公式

编码	名称	单位成本	销售数量	销售单价	销售金额	成本金额	盈利
14001	商品1	2200	50	5000	250000	110000	140000
14002	商品2	3000	40	6500	260000	120000	140000
14003	商品3	8000	15	12000	180000	120000	60000
14004	商品4	240	47	400	18800	11280	7520
14005	商品5	500	25	890	22250	12500	9750
14006	商品6	4500	42	7000	294000	189000	105000
14007	商品7	4800	20	7500	150000	96000	54000
14008	商品8	11000	50	15000	750000	550000	200000
14009	商品9	2600	36	4200	151200	93600	57600
14010	商品10	2200	45	3800	171000	99000	72000

图 4-61　创建“盈利”列

（12）在“表工具”选项卡的“计算”组中单击“新建列”按钮，修改列名称为“优劣评定”，输入公式“优劣评定 = IF([盈利]>=100000,"优",IF([盈利]>=50000,"良","淘汰"))”，如图 4-62 所示。

```
1 优劣评定 = IF([盈利]>=100000,"优",IF([盈利]>=50000,"良","淘汰"))
```

图 4-62　输入公式

（13）按〈Enter〉键或在公式栏上单击“确定”按钮✓，结果如图 4-63 所示。

（14）在“表工具”选项卡的“计算”组中单击“新建表”按钮，修改表名称为“优质产品表”，输入公式“优质商品销售表 = CALCULATETABLE('销售成本分析','销售成本分析'[优劣评定]="优")”，如图 4-64 所示。

（15）按〈Enter〉键或在公式栏上单击“确定”按钮✓，即可创建优质商品表，如图 4-65 所示。

编码	名称	单位成本	销售数量	销售单价	销售金额	成本金额	盈利	优劣评定
14001	商品1	2200	50	5000	250000	110000	140000	优
14002	商品2	3000	40	6500	260000	120000	140000	优
14003	商品3	8000	15	12000	180000	120000	60000	良
14004	商品4	240	47	400	18800	11280	7520	淘汰
14005	商品5	500	25	890	22250	12500	9750	淘汰
14006	商品6	4500	42	7000	294000	189000	105000	优
14007	商品7	4800	20	7500	150000	96000	54000	良
14008	商品8	11000	50	15000	750000	550000	200000	优
14009	商品9	2600	36	4200	151200	93600	57600	良
14010	商品10	2200	45	3800	171000	99000	72000	良

图 4-63　创建“优劣评定”列

```
1 优质商品销售表 = CALCULATETABLE('销售成本分析','销售成本分析'[优劣评定]="优")
```

图 4-64　输入公式

编码	名称	单位成本	销售数量	销售单价	销售金额	成本金额	盈利	优劣评定
14001	商品1	2200	50	5000	250000	110000	140000	优
14002	商品2	3000	40	6500	260000	120000	140000	优
14006	商品6	4500	42	7000	294000	189000	105000	优
14008	商品8	11000	50	15000	750000	550000	200000	优

图 4-65　优质商品表

项目五

制作可视化报表

思政目标

- 具有对未来事物的合理想象和希望，并为之去播种，去耕耘。
- 引导读者制订目标，培养好习惯，为实现目标而努力学习。

技能目标

- 能够熟练掌握各种可视化图表的制作方法。
- 能够熟练创建报表，编辑报表页。
- 能够熟练对视觉对象进行复制、粘贴、分析设置、查看数据。
- 能够熟练完善报表并对报表进行格式化。

项目导读

报表是用表格、图表等格式动态显示数据的表格，它可以将数据信息以格式多样化和数据动态化的方式呈现给使用者，是企业管理的基本措施和业务要求，也是实施 BI 战略的基础。根据不同的分类依据，报表可以分为不同的类型。本章介绍使用 Power BI Desktop 预置的视觉对象制作可视化图表的方法，以及利用 Power BI Desktop 创建报表、编辑报表以及常用的美化报表的操作。

任务一　常用可视化图表

任务引入

小明做好数据表后，发现只通过数据表不能直观地展示数据和数据统计分析的结果，所以，小明决定对数据表进行可视化效果展示。那么，在 Power BI Desktop 中有哪些预置的可视化图表呢？

知识准备

Power BI Desktop 预置了丰富的视觉对象用于制作常见的可视化图表，不仅可制作条形图、折线图、面积图、饼图、散点图、瀑布图、气泡图等经典图表，还可创建仪表、KPI 图、切片器等复杂的视觉对象。

一、柱形图和条形图

柱形图和条形图分别用垂直和水平的柱子表示数据大小，常用于快速比较多个类别的数据大小。Power BI Desktop 中的柱形图和条形图细分为多种类型，如堆积柱形图（条形图）、簇状柱形图（条形图）和百分比堆积柱形图（条形图）。

簇状柱形图（条形图）可以显示一段时间内（或特定时间内）数据的变化，或者描述各项数据之间的差异；堆积柱形图（条形图）和百分比堆积柱形图（条形图）常用于显示各项与整体之间的关系。

簇状柱形图和百分比堆积条形图示例分别如图 5-1 和图 5-2 所示。

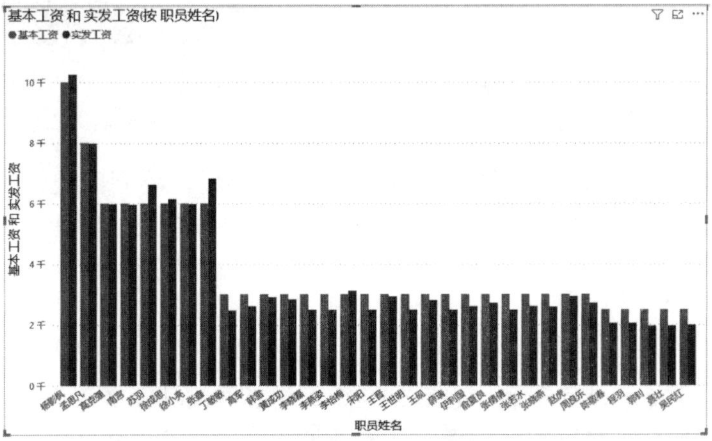

图 5-1　簇状柱形图示例

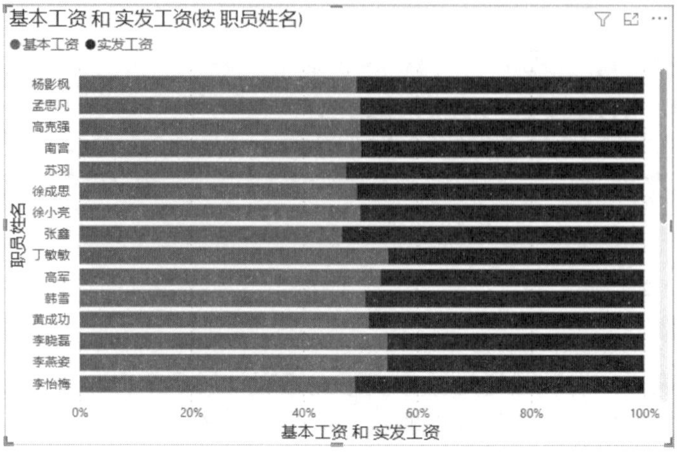

图 5-2　百分比堆积条形图示例

二、折线图、分区图和堆积图

折线图连接各个单独的数据点，以等间隔方式显示数据的变化趋势，示例如图 5-3 所示。通常情况下，类别数据或时间的推移沿水平轴均匀分布，数值数据沿垂直轴均匀分布。

分区图也称基本面积图，将折线和横坐标轴之间的区域使用颜色进行填充，除了可以像折线图一样显示数据的变化趋势，还可以通过没有重叠的阴影面积来反映差距变化的部分，示例如图 5-4 所示。

堆积图是分区图的一种，强调幅度的变化量，示例如图 5-5 所示。

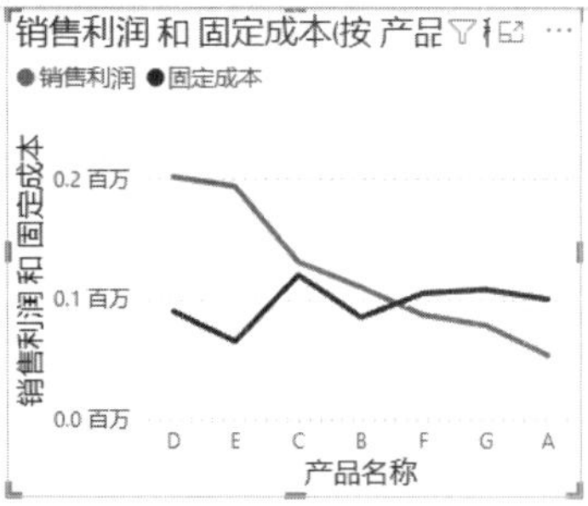

图 5-3　折线图示例

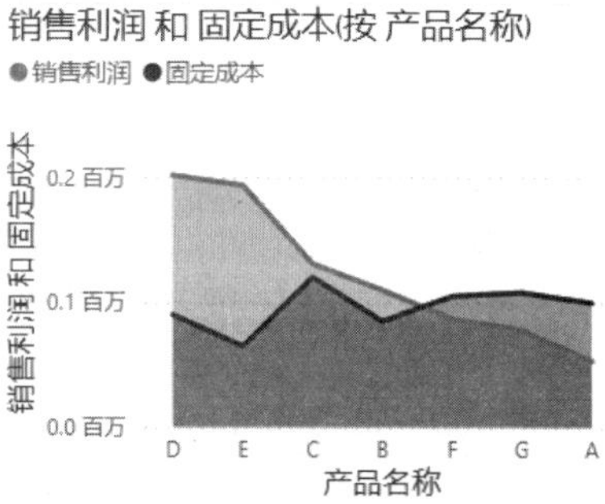

图 5-4　分区图示例

从图 5-4 和图 5-5 中可以看到，堆积图与分区图类似，不同的是，堆积图显示每个数据所占大小随时间或类别而变化的曲线，分区图显示各种数据随时间或类别而变化的曲线。

三、丝带图

丝带图通常用于显示排名变化，内部类别通过列之间的功能区连接，以帮助用户直观地查看列之间的排名变化。丝带图也称堆积序列条形图，可以看作是在堆积条形图的基础上将各部分进行排名显示，并把条形连接起来，呈现丝带状。

下面通过制作某店箱包销量的丝带图，介绍丝带图的制作方法，示例如图 5-6 所示。

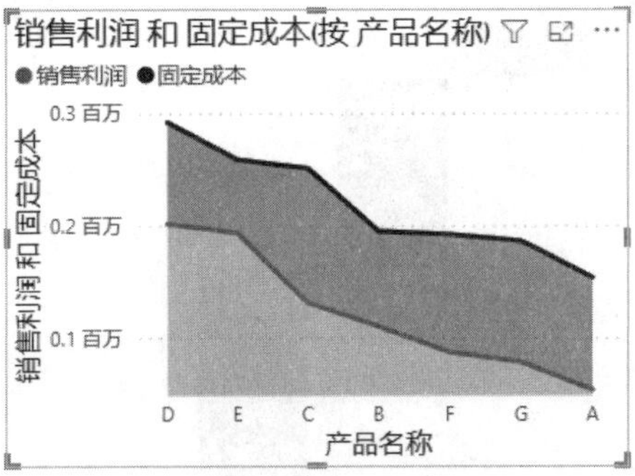

图 5-5　堆积图示例

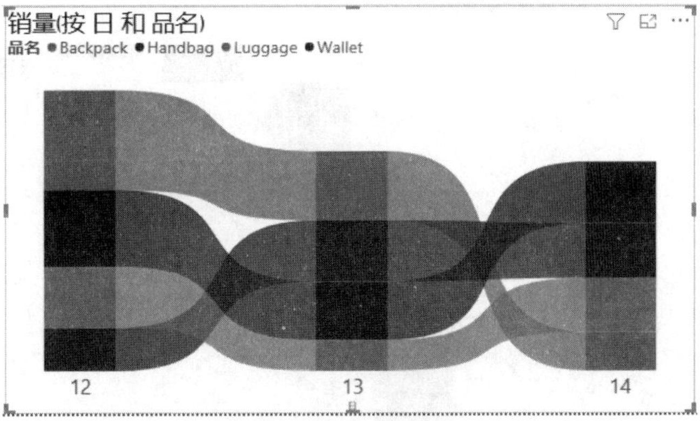

图 5-6　丝带图示例

四、饼图和环形图

饼图以圆心角不同的扇形显示某一数据系列中每一项数值与总和的比例关系。每个扇形用一种颜色进行填充，在各个部分之间的比例差别较大，需要突出某个重要项时十分有用，示例如图 5-7 所示。

环形图与饼图类似，可以看作是中间挖空的饼图。不同的是，在表示比例的大小时，环形图利用环形的长度而不是扇形的角度表示，示例如图 5-8 所示。

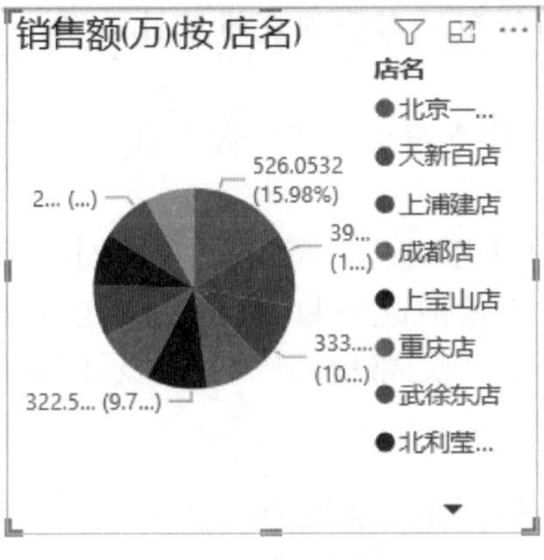

图 5-7　饼图示例

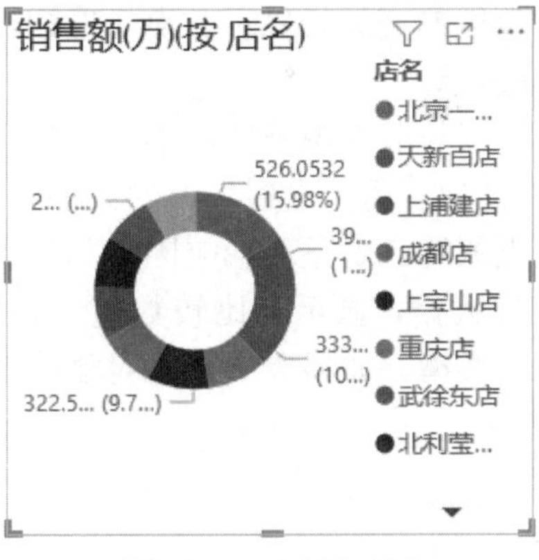

图 5-8　环形图示例

五、瀑布图

瀑布图采用绝对值与相对值相结合的方式，用于展示多个特定数值之间的数量变化关系或过程，常用于分析财务数据和企业经营情况，用以表示数据的构成、变化等情况，示例如图 5-9 所示。

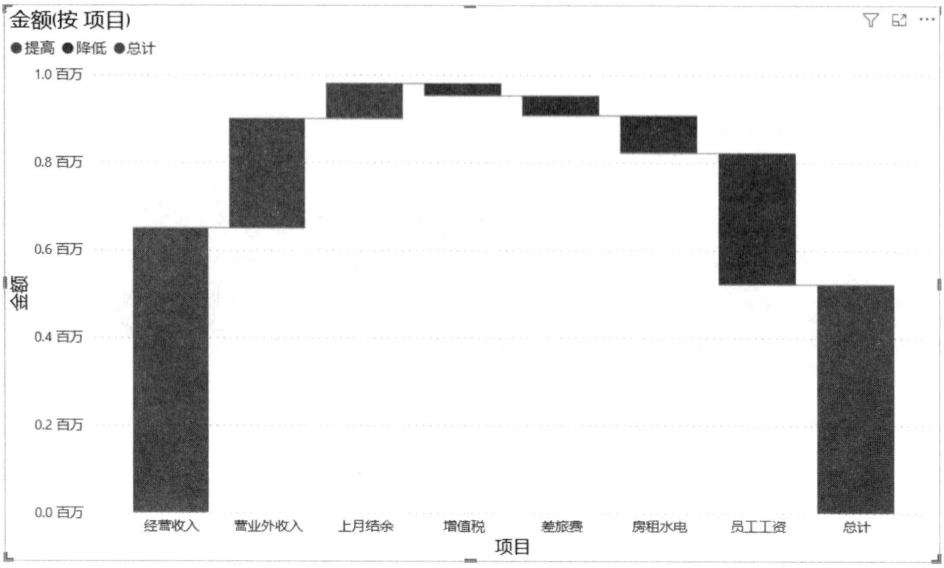

图 5-9　瀑布图示例

六、散点图和气泡图

散点图是用于研究两个变量之间关系的经典图表，有两个数值轴，沿水平轴（横坐标轴）方向显示一组数值数据，沿垂直轴（纵坐标轴）方向显示另一组数值数据，在横坐标轴和纵坐标轴数值的交叉处显示散点（坐标点），利用散点的分布形态反映变量统计关系，示例如图 5-10 所示。

气泡图与散点图类似，不同的是，气泡图在“可视化”窗格的“字段”选项卡中有一个“大小”选项，用于设置气泡的大小。

散点图能直观呈现影响因素和预测对象之间的总体关系趋势，多用于科学数据、统计数据和工程数据，显示和比较数值。如果数据集中包含大量散乱的数据点，那么散点图便是最佳图表类型。如果需要对某对象的双项指标进行衡量，则通常使用气泡图，示例如图 5-11 所示。

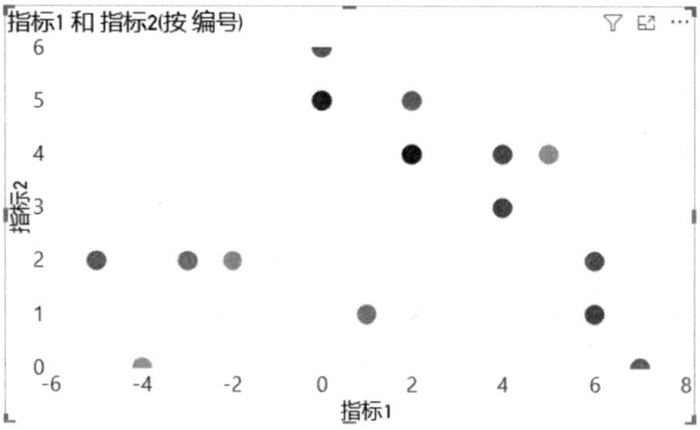

图 5-10　散点图示例

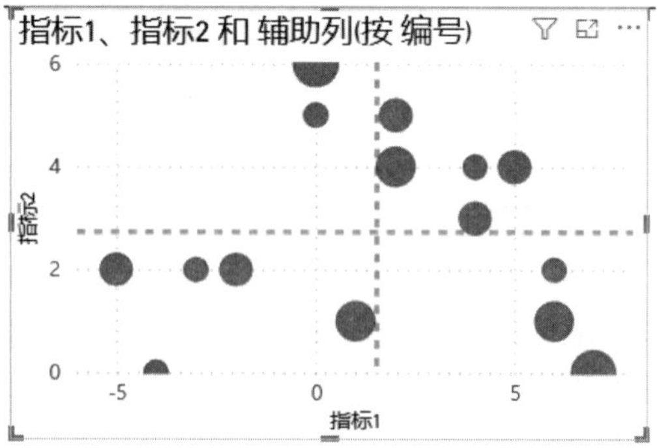

图 5-11　气泡图示例

七、漏斗图

漏斗图也称倒三角图，由堆积条形图演变而来，常用于对比显示流程中多个阶段的值。通常情况下，其值逐渐减小，从而使条形图呈现出漏斗形状。漏斗图适用于业务流程比较规范、周期长、环节多的流程分析，通过漏斗各环节业务数据的比较，能够直观地发现问题所在。

在网站分析中，漏斗图通常用于比较转化率。它不仅能展示用户从进入网站到实现商品购买的最终转化率，还可以展示每个步骤的转化率。示例如图 5-12 所示。

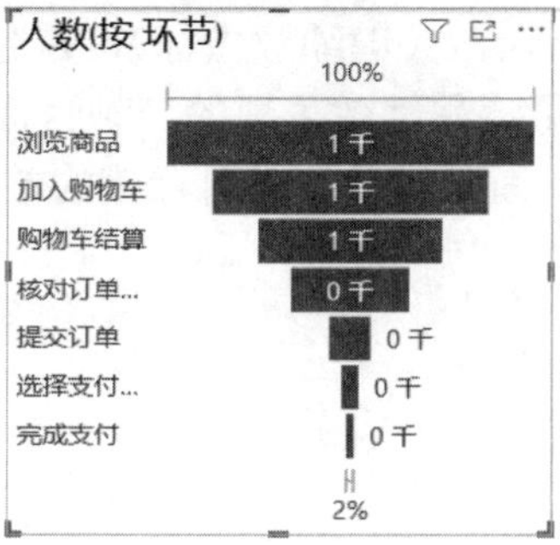

图 5-12　漏斗图示例

八、卡片图和多行卡

如果要突出展示某个指标的数据，如总成本、销售额、同比增长率等，可以使用卡片图，示例如图 5-14 所示。如果要同时展示多个指标的数据，可以使用多行卡，示例如图 5-14 所示。

图 5-13　卡片图示例

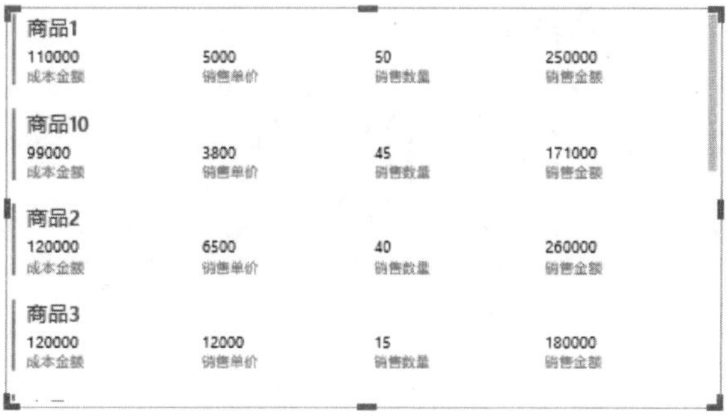

图 5-14　多行卡示例

九、仪表

仪表用于显示某个指标的进度或某个目标的完成情况，常用于经营数据分析、财务指标跟踪、绩效考核等方面，示例如图 5-15 所示。

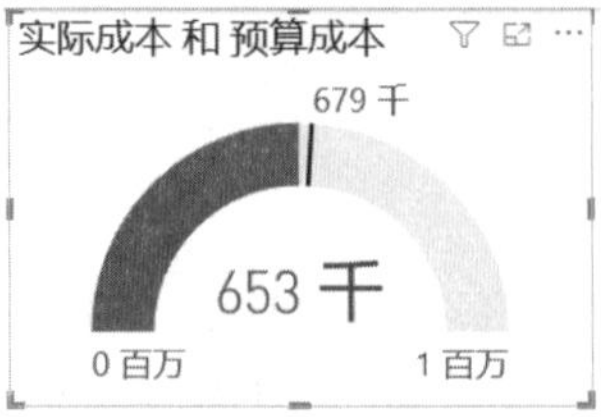

图 5-15　仪表示例

十、KPI 图

KPI（Key Performance Indicator，关键绩效指标），是通过对组织内部流程的关键参数进行设置、取样、计算、分析，衡量流程绩效表现的一种目标式量化管理指标，是企业绩效管理的重要组成部分。KPI 图常用于衡量当前值与目标值的差异和趋势，示例如图 5-16 所示。

特别提示

KPI 图阴影的颜色可反映目标是否达成。默认情况下，红色代表未达成目标；黄色代表和目标持平；绿色代表达成目标。

十一、切片器

切片器用于创建页面级的筛选器，可以筛选当前报表页中其他视觉对象中的数据。使用切片器，不仅能筛选数据，还可直观地查看筛选信息，示例如图 5-17 所示。

图 5-16　KPI 图表示例

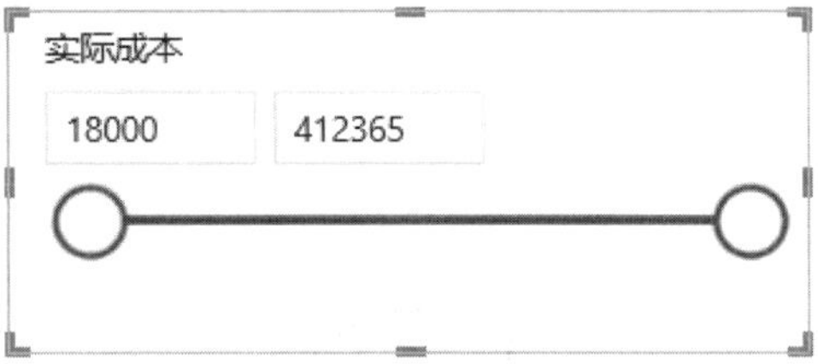

图 5-17　切片器示例

十二、表和矩阵

Power BI Desktop 中的“表”视觉对象不仅可以在报表中以表格的形式显示多个字段的明细数据，计算数值型字段的总计值，还可以使用条件格式为不同字段应用不同的格式，在美化报表的同时增强数据的可读性，示例如图 5-18 所示。

“矩阵”视觉对象与“表”视觉对象类似，也按行、列显示字段的数据信息，应用条件格式，突出显示矩阵内的元素大小。此外，矩阵还可以对行、列中的值进行汇总，如果行中有多个级别的字段，还可以使用钻取功能查看各个层级的数据，示例如图 5-19 所示。

所属部门	员工姓名	医疗费用	报销金额
财务部	肖雅娟	1400	980
财务部	杨小茉	550	440
广告部	王荣	900	675
广告部	张晴晴	800	600
人资部	白雪	200	160
人资部	苏攸攸	320	256
销售部	陆谦	250	200
销售部	徐小旭	380	304
研发部	黄舰	150	120
研发部	李想	1500	1050
研发部	谢小磊	330	264
研发部	赵峥嵘	180	144
总计		6960	5193

图 5-18　表示例

年	2020		总计	
员工姓名	医疗费用	报销金额	医疗费用	报销金额
白雪	200	160	200	160
黄舰	150	120	150	120
李想	1500	1050	1500	1050
陆谦	250	200	250	200
苏攸攸	320	256	320	256
王荣	900	675	900	675
肖雅娟	1400	980	1400	980
谢小磊	330	264	330	264
徐小旭	380	304	380	304
杨小茉	550	440	550	440
张晴晴	800	600	800	600
赵峥嵘	180	144	180	144
总计	6960	5193	6960	5193

图 5-19　矩阵示例

十三、组合图

组合图是将两个或两个以上的数据系列用不同类型的图表显示，合并为一个图表。因此要创建组合图，必须至少选择两个数据系列。Power BI Desktop 内置了两种组合图视觉对象，即折线和堆积柱状图、折线和簇状柱形图。组合图示例如图 5-20 所示。

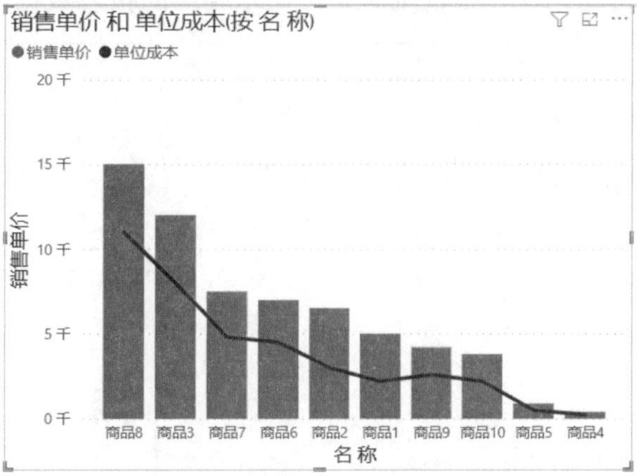

图 5-20　组合图示例

任务二　报表基本操作

任务引入

小明在创建可视化图表的过程中发现，有些报表页类似，有些报表页需要重命名，有些报表页需要移动和删除。那么，如何创建 Power BI Desktop 报表？又如何添加、移动、重命名、删除和隐藏报表页呢？

知识准备

Power BI Desktop 报表是填充可视化效果的画布，具有高度互动性和高度可定制性，可以包含单个视觉对象，也可以包含多个设置了可视化效果的页面。并且，可视化效果可以随着基础数据的变化自动更新。

一、创建 Power BI 报表

要在 Power BI Desktop 中对数据进行可视化，首先需要创建报表。Power BI Desktop 在报表视图中创建报表。

（1）获取数据。启动 Power BI Desktop，在报表视图的报表画布中显示创建报表的向导，单击一种获取数据的方式，如“从 Excel 导入数据”，打开导航器，导入数据。此时显示报表创建向导的第二步。

（2）使用数据生成视觉对象。在“字段”窗格中展开导入的表字段，勾选要添加到报表中的字段，报表画布中自动创建一个视觉对象，显示相应的报表数据，如图 5-21 所示。

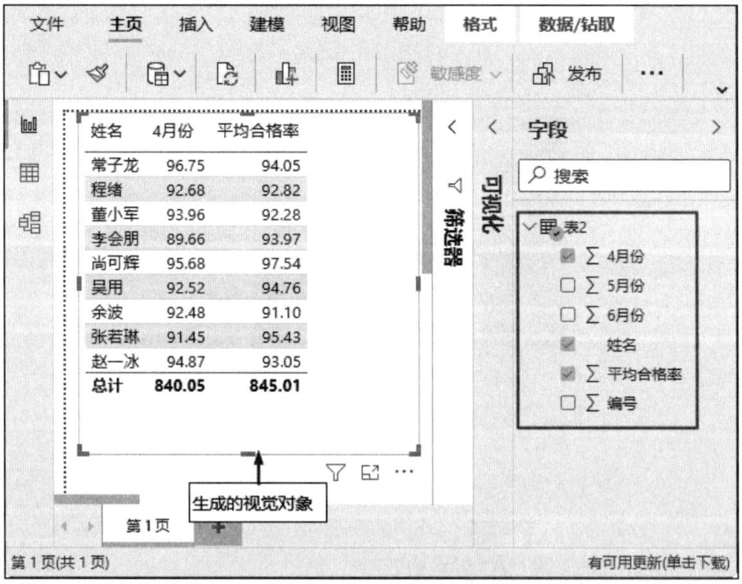

图 5-21　选择报表字段

单击视觉对象下方的“焦点模式”按钮，可在报表画布中以焦点模式显示数据报表，如图 5-22 所示。单击顶部的“返回到报表”按钮，即可返回到如图 5-21 所示的报表画布。

单击视觉对象下方的“筛选器”按钮，可为视觉对象添加筛选器和切片器。

（3）在快速访问工具栏上单击“保存”按钮，在弹出的“另存为”对话框中定位到要保存的路径，输入文件名称，保存类型为“Power BI 文件（*.pbix）”，如图 5-23 所示。然后单击“保存”按钮 保存(S) ，关闭对话框。

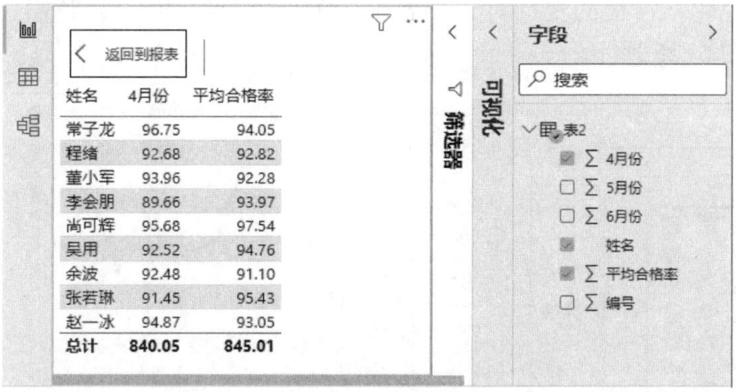

图 5-22　以焦点模式显示数据报表

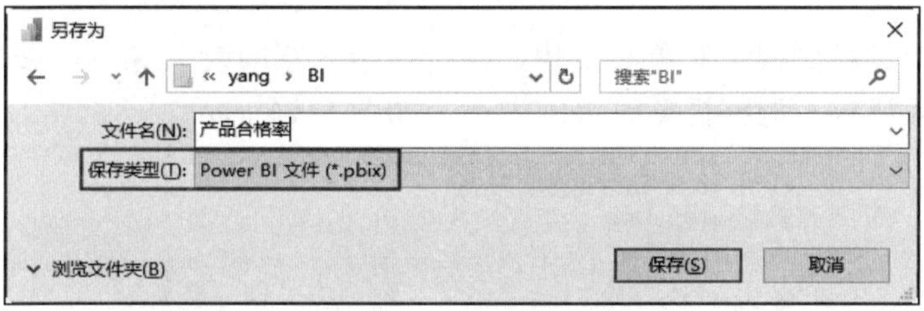

图 5-23　“另存为”对话框

一个.pbix 文件对应一个报表，包含报表和数据模型的相关信息，称为报表文件或者 Power BI 文件。

如果要打开已有的报表，则在“文件”菜单中选择“打开报表”命令，在打开的“文件”菜单右侧的窗格中单击“浏览报表”按钮 浏览报表 ，从弹出的“打开”对话框中选择需要的报表文件，然后单击“打开”按钮 打开(O) 。

二、添加视觉对象

视觉对象是报表的基本构成元素，创建报表离不开视觉对象的制作。Power BI Desktop 预置了类型丰富的视觉对象，用户也可以通过导入自定义视觉对象来扩充视觉对象的类型。

在 Power BI Desktop 的“可视化”窗格中，可以看到预置的视觉对象，如图 5-24 所示。Power BI 系统提供的可视化对象有条形图、柱形图、折线图、面积图、组合图、丝带图、瀑布图、漏斗图、散点图、饼图、环形图、树状图、地图、仪表、卡片图、多行卡、KPI 图、表、矩阵和切片器等。

每种视觉对象都有各自的特点和适用范围，在实际应用中，应根据数据的情况和可视化分析的需求选择合适的视觉对象。

下面以在“产品合格率”报表中添加第二季度各个月份的合格率“折线图”和 4 月份的平均合格率为例，讲解制作视觉对象的基本方法。

（1）在报表视图中展开“字段”窗格，勾选字段“4 月份”“姓名”和“平均合格率”，报表画布中自动添加对应的视觉对象，显示报表数据。

（2）在“可视化”窗格的视觉对象列表中，单击“折线图”按钮，即可将报表数据转化为折线图，如图 5-25 所示。

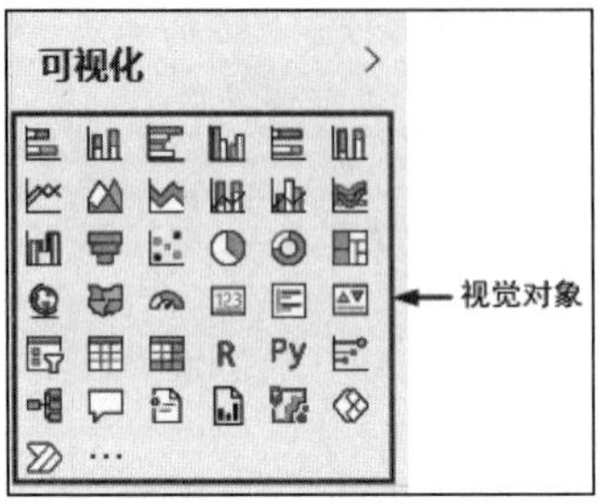

图 5-24 “可视化”窗格

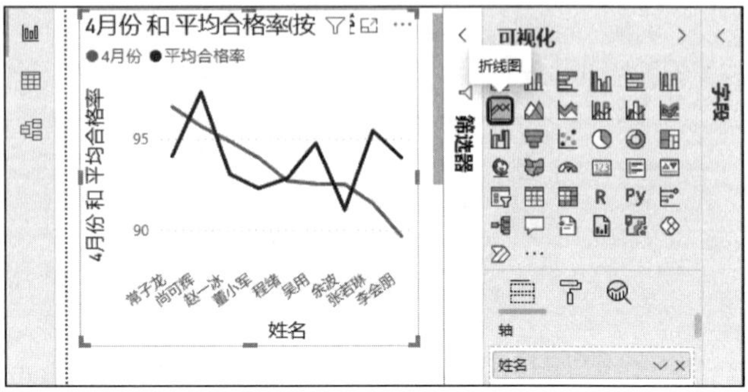

图 5-25 单击“折线图”按钮

（3）将鼠标指针移到视觉对象右下角，指针显示为双向箭头时，按住鼠标左键向外拖动到合适的大小后释放，调整视觉对象的大小，如图 5-26 所示。

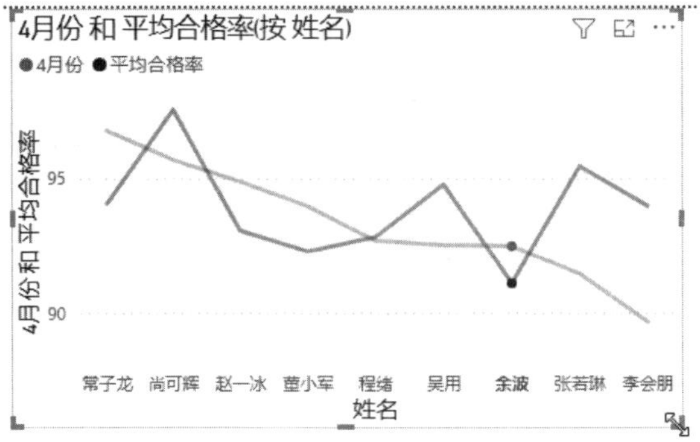

图 5-26 调整折线图

（4）取消选中的视觉对象，在“字段”窗格中重新勾选字段“4 月份”和“平均合格率”，然后在“可视化”窗格的视觉对象列表中单击“仪表”按钮，在报表画布中添加第二个视觉对象，如图 5-27 所示。

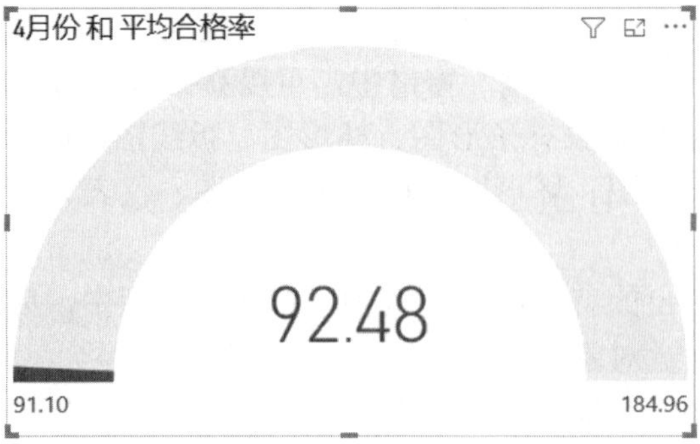

图 5-27 添加第二个视觉对象

（5）取消选中的视觉对象，在“插入”选项卡的“视觉对象”组中单击“新建视觉对象”按钮，即可在报表画布中添加一个默认类型的空白视觉对象，如图 5-28 所示。

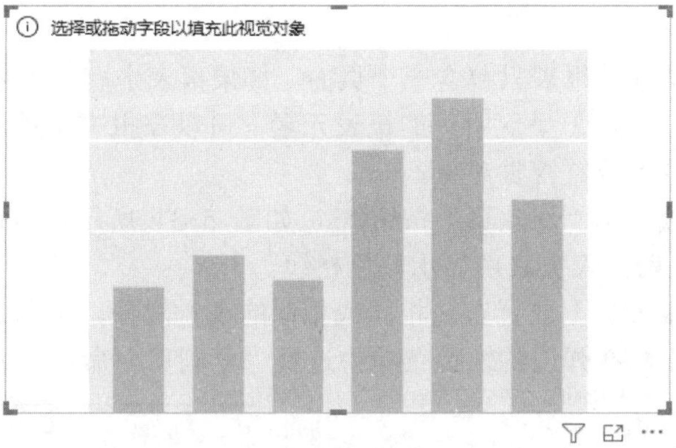

图 5-28　新建空白的视觉对象

（6）在“字段”窗格中分别将字段“4 月份”和“姓名”拖放到视觉对象中，即可填充视觉对象，如图 5-29 所示。

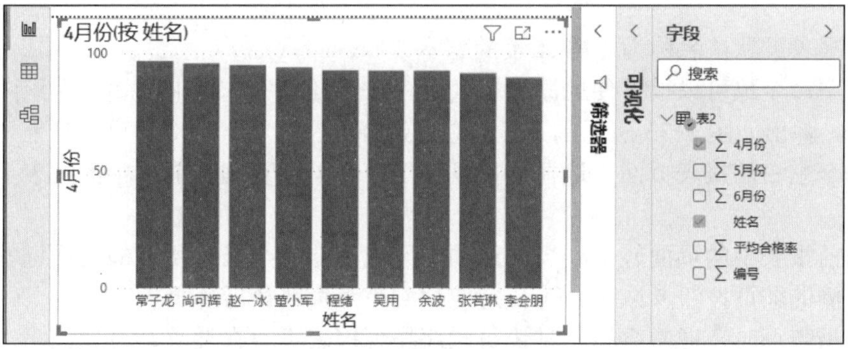

图 5-29　填充视觉对象

（7）如果要更改视觉对象的类型，可在报表画布中选中视觉对象，然后在“可视化”窗格的视觉对象列表中单击需要的视觉对象类型图标。例如，在“可视化”窗格的视觉对象列表中单击“瀑布图”按钮，效果如图 5-30 所示。

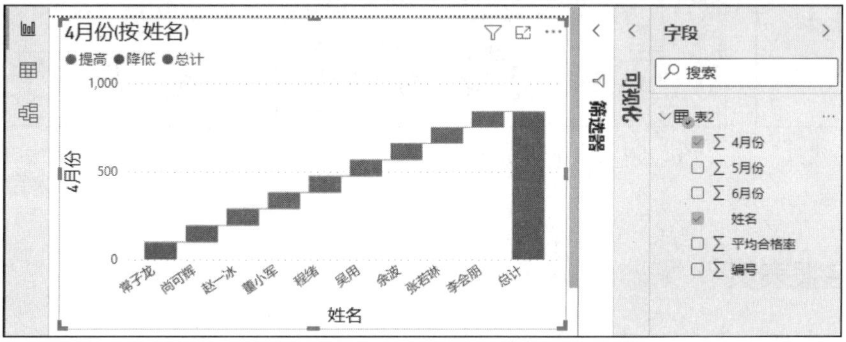

图 5-30　修改视觉对象的类型

三、添加、移动报表页

在默认情况下，新建的报表只包含一个页面。如果报表中有多个视觉对象，Power BI 报表画布的空间又有限，为便于呈现所有的报表元素，可以在报表中添加页面，按一定的逻辑关系在不同的页面中分类放置视觉对象。

在页面选项卡区域单击“新建页”按钮，如图 5-31 所示，可以添加报表页，并自动编号为“第 X 页”。当前报表页底部显示黄色栏线。

如果要在不同的报表页上放置布局相同或相似的视觉对象，可以通过复制操作添加报表页。在报表页面上右击，在弹出的快捷菜单中选择“复制页”命令，如图 5-32 所示。

图 5-31　新建页面

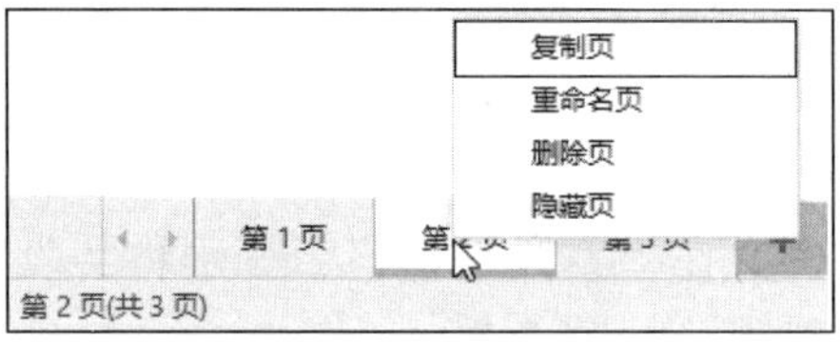

图 5-32　选择“复制页”命令

复制的报表页默认名称为“第 X 页的副本”。

利用菜单命令也可以很方便地添加报表页。在“插入”选项卡的“页”组中单击“新建页”按钮，弹出如图 5-33 所示的下拉菜单，选择“空白页”命令，可在当前选中的报表页右侧添加一个空白的报表页面；选择“重复页”命令，则复制当前选中的报表页面，生成一个副本。

如果当前报表中的页面较多，页面选项卡区域不能完全显示所有的页面标签，则利用页面选项卡左侧的翻页按钮◂或▸，可快速定位到第一页或最后一页。

在管理报表页时，通常会按某种逻辑顺序排列报表页。在要移动位置的报表页上按住鼠标左键拖动，当前所在位置的报表页名称标签顶部显示黑色栏线，如图 5-34 所示。

将鼠标指针移到目标位置（如“第 2 页”），释放鼠标，报表页即可移动到该页前面，如图 5-35 所示。

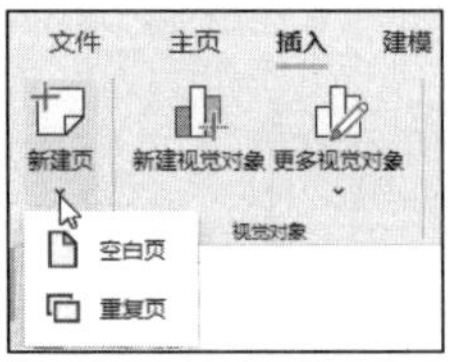

图 5-33　“新建页”下拉菜单

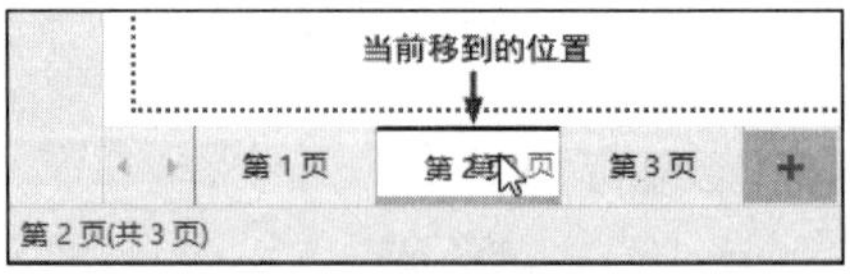

图 5-34　按住鼠标左键拖动报表页

图 5-35　移动后的效果

四、重命名报表页

如果一个报表中包含多张报表页，为便于快速识别或定位报表页，给每个报表页指定一个具有代表意义的名称是很有必要的。修改报表页的名称有以下两种常用方法。

（1）双击要重命名的报表页名称标签，键入新的名称后按〈Enter〉键。

（2）在要重命名的报表页名称标签上右击，在弹出的快捷菜单中选择“重命名页”命令，键入新名称后按〈Enter〉键。

五、删除和隐藏报表页

如果不再需要某个报表页，则应将其删除。将鼠标指针移到要删除的报表页上，页面名称选项卡右上角显示“删除页”按钮 ×，如图 5-36 所示。

图 5-36　显示“删除页”按钮

单击“删除页”按钮 ×，弹出一个提示对话框，提示用户该操作将永久删除选中的页面，如图 5-37 所示。单击“删除”按钮 删除 ，确认删除；单击“取消”按钮 取消 ，不删除该页面。

如果需要在报表中创建基础数据或视觉对象，但不希望其他人看到这些页面，或在发布的报表中隐藏某些报表页，可以将相应的报表页隐藏。

在要隐藏的报表页上右击，从弹出的快捷菜单中选择“隐藏页”命令，对应的报表页名称标签上显示隐藏图标，如图 5-38 所示。

图 5-37　提示对话框

图 5-38　隐藏报表页

特别提示

在 Power BI Desktop 的报表视图中，仍然可以看到隐藏的报表页内容，并且可以使用钻取或其他方法访问页面内容。将报表发布到 Power BI 服务后，隐藏的报表页不可见。

案例一——创建订单报表

（1）单击“文件”菜单中的“打开报表”命令，在打开的“文件”菜单的右侧窗格中单击“浏览报表”按钮 浏览报表 ，弹出“打开”对话框，选择“订单统计表”文件，单击“打开”按钮 打开(O) ，在 Power BI Desktop 界面打开文件，如图 5-39 所示。

（2）在“视图”侧边栏中单击“报表视图”按钮，在报表视图中展开“字段”窗格，勾选字段“客户名称”“机型”和“订单数量”，报表画布中自动添加对应的视觉对象，显示报表数据，如图 5-40 所示。

（3）在“可视化”窗格的视觉对象列表中，单击“簇状柱形图”按钮，即可将报表数据转化为簇状柱形图，如图 5-41 所示。

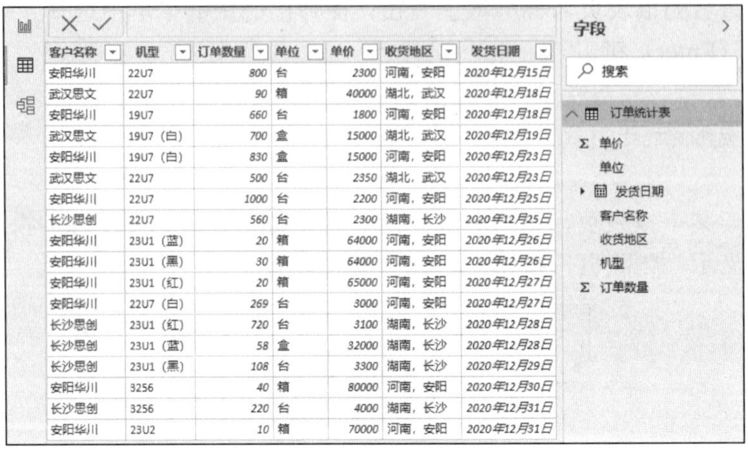

客户名称	机型	订单数量	单位	单价	收货地区	发货日期
安阳华川	22U7	800	台	2300	河南，安阳	2020年12月15日
武汉思文	22U7	90	箱	40000	湖北，武汉	2020年12月18日
安阳华川	19U7	660	台	1800	河南，安阳	2020年12月18日
武汉思文	19U7（白）	700	盒	15000	湖北，武汉	2020年12月19日
安阳华川	19U7（白）	830	盒	15000	河南，安阳	2020年12月23日
武汉思文	22U7	500	台	2350	湖北，武汉	2020年12月23日
安阳华川	22U7	1000	台	2200	河南，安阳	2020年12月25日
长沙思创	22U7	560	台	2300	湖南，长沙	2020年12月25日
安阳华川	23U1（蓝）	20	箱	64000	河南，安阳	2020年12月26日
安阳华川	23U1（黑）	30	箱	64000	河南，安阳	2020年12月26日
安阳华川	23U1（红）	20	箱	65000	河南，安阳	2020年12月27日
安阳华川	22U7（白）	269	台	3000	河南，安阳	2020年12月27日
长沙思创	23U1（红）	720	台	3100	湖南，长沙	2020年12月28日
长沙思创	23U1（蓝）	58	盒	32000	湖南，长沙	2020年12月28日
长沙思创	23U1（黑）	108	台	3300	湖南，长沙	2020年12月29日
安阳华川	3256	40	箱	80000	河南，安阳	2020年12月30日
长沙思创	3256	220	台	4000	湖南，长沙	2020年12月31日
安阳华川	23U2	10	箱	70000	河南，安阳	2020年12月31日

图 5-39 “订单统计表”文件

客户名称	机型	订单数量
安阳华川	19U7	660
安阳华川	19U7（白）	830
武汉思文	19U7（白）	700
安阳华川	22U7	1800
武汉思文	22U7	590
长沙思创	22U7	560
安阳华川	22U7（白）	269
安阳华川	23U1（黑）	30
长沙思创	23U1（黑）	108
安阳华川	23U1（红）	20
长沙思创	23U1（红）	720
安阳华川	23U1（蓝）	20
长沙思创	23U1（蓝）	58
安阳华川	23U2	10
安阳华川	3256	40
长沙思创	3256	220
总计		6635

图 5-40 报表数据

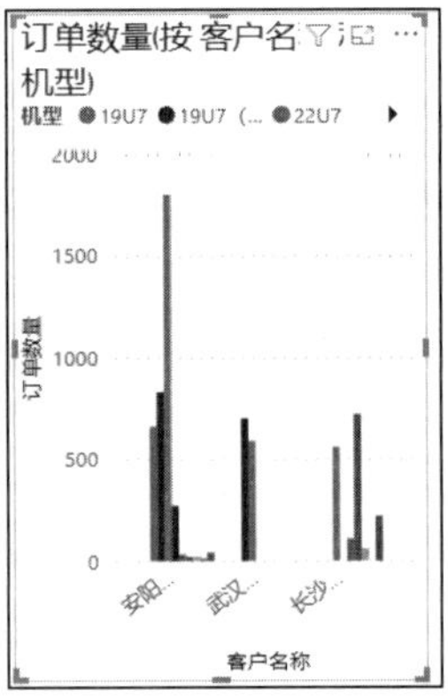

图 5-41 簇状柱形图

（4）将鼠标指针移到视觉对象右下角，指针显示为双向箭头时，按住鼠标左键向外拖动到合适的大小后释放，调整视觉对象的大小，如图 5-42 所示。

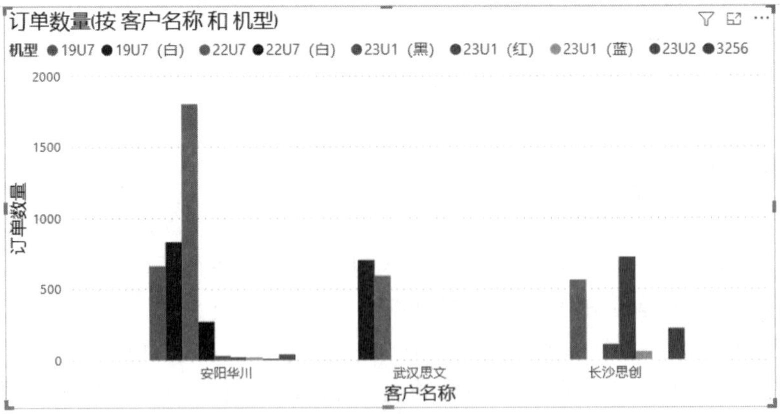

图 5-42 调整簇状柱形图大小

（5）取消选中的柱形图，在“字段”窗格中重新勾选字段“收货地区”和“订单数量”，然后在“可视化”窗格的视觉对象列表中单击“饼图”按钮，在报表画布中添加第二个视觉对象，如图 5-43 所示。

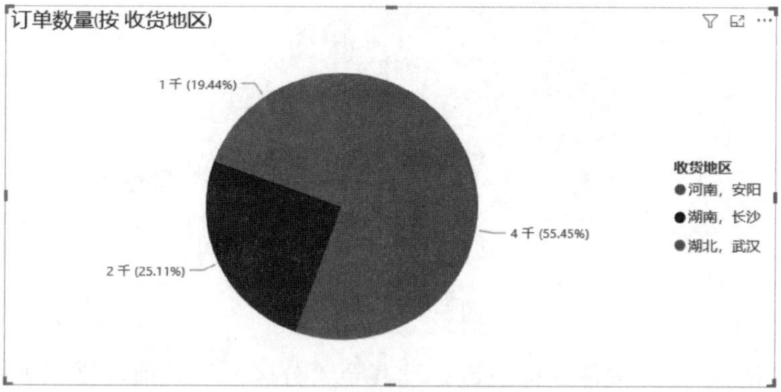

图 5-43　添加第二个视觉对象

（6）在页面选项卡区域双击报表页名称“第 1 页”，修改名称为“订单报表”。

（7）在页面选项卡区域单击“新建页”按钮，添加报表页，双击修改名称为“报价表”。

（8）在“插入”选项卡的“视觉对象”组中单击“新建视觉对象”按钮，即可在报表画布中添加一个默认类型的空白视觉对象。

（9）在“字段”窗格中分别将字段“单价”和“机型”拖放到视觉对象中，即可填充视觉对象，如图 5-44 所示。

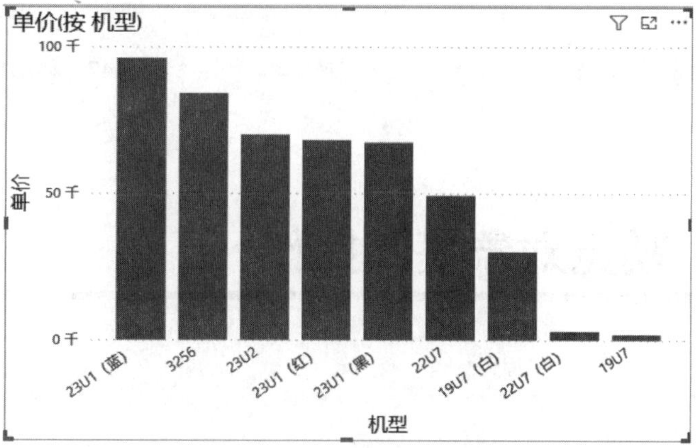

图 5-44　填充视觉对象

（10）在页面选项卡区域“报价表”上右击，弹出快捷菜单，选择“复制页”命令，创建“报价表副本”报表页，双击修改名称为“分区图”。

（11）选中上一步创建的视觉对象，然后在“可视化”窗格中单击“分区图”按钮，结果如图 5-45 所示。

（12）在页面选项卡区域单击“新建页”按钮，添加报表页，双击修改名称为“销量表”。

（13）在“可视化”窗格的视觉对象列表中单击“卡片图”按钮，在“字段”窗格中将字段“订单数量”拖放到视觉对象中，即可填充视觉对象，如图 5-46 所示。

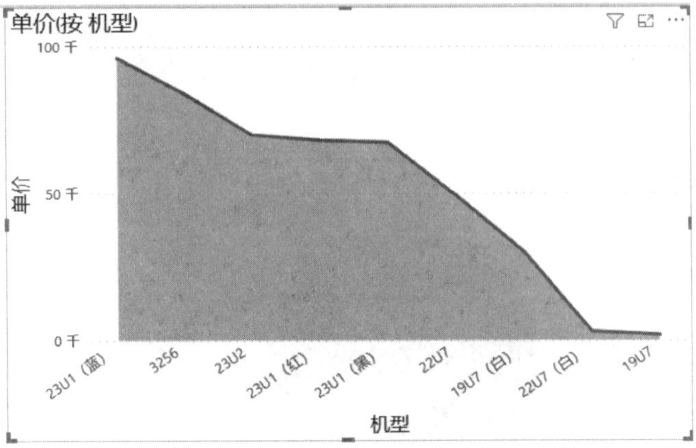

图 5-45　分区图

（14）选择“销量表”，按住鼠标左键拖动其至“分区图”之前，结果如图 5-47 所示。

图 5-46　卡片图

图 5-47　移动报表结果

任务三　视觉对象基本操作

任务引入

小明将做好的报表提交给领导，但是领导对报表中的字体大小、对齐方式以及视觉对象的设置都不是很满意，要求小明重新设置。那么，如何复制、粘贴视觉对象，设置字段和格式？又该怎样对视觉对象进行分析、设置，查看和导出视觉对象的数据呢？

知识准备

在报表中添加视觉对象后，通常会根据需要对视觉对象进行各种操作，如复制、粘贴视觉对象，修改视觉对象的字段和格式，编辑视觉对象的交互方式，查看和导出视觉对象数据等。

一、复制、粘贴视觉对象

如果要在报表的其他页面或其他报表中创建相同或类似的视觉对象，可以提取 Power BI Desktop 报表中的视觉对象并将其粘贴到其他报表中。

下面通过制作某企业各部门第二季度各月的费用饼图为例，讲解复制、粘贴视觉对象的操作方法。

（1）加载“部门费用统计表”。在“视图”侧边栏中单击“报表视图”按钮，在“字段”窗格中勾选“6 月费用”和“部门”复选框，报表画布中自动生成视觉对象，显示报表数据，如图 5-48 所示。

（2）在“可视化”窗格的视觉对象列表中单击“饼图”按钮，生成的视觉对象如图 5-49 所示。

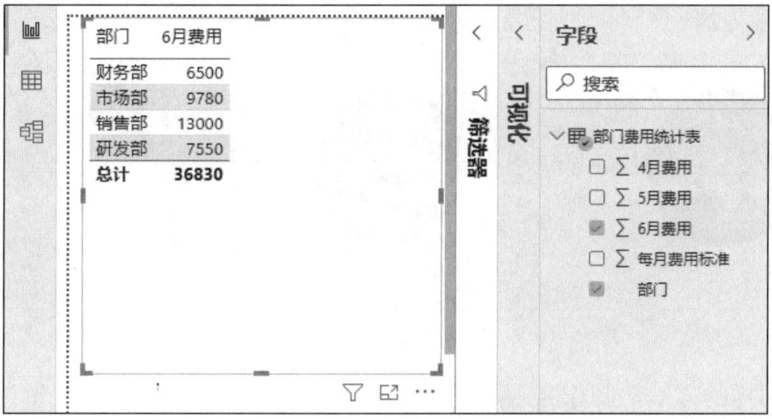

图 5-48　报表数据

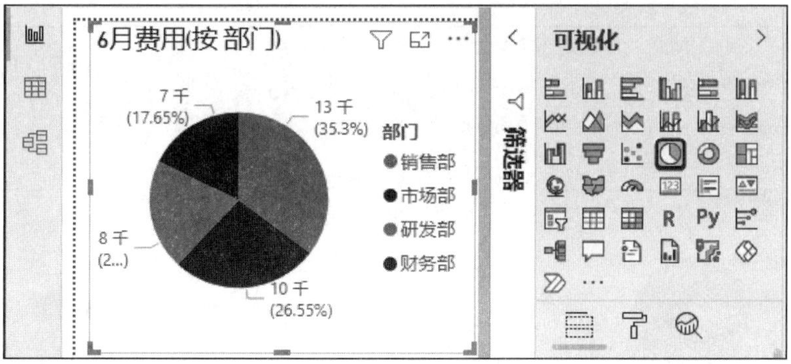

图 5-49　饼图显示效果

接下来复制、粘贴生成的饼图，展示 4 月份和 5 月份的费用统计情况。

（3）选中生成的饼图，按快捷键〈Ctrl+C〉复制视觉对象，然后按快捷键〈Ctrl+V〉将视觉对象粘贴到报表中。粘贴的视觉对象通常与原对象重叠，将粘贴的视觉对象移动到合适位置，如图 5-50 所示。

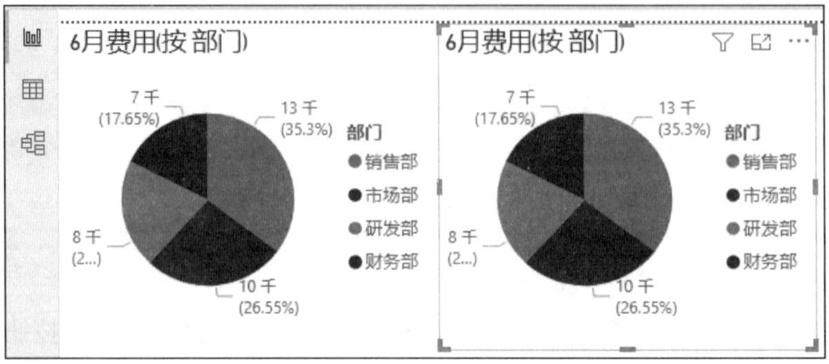

图 5-50　复制、粘贴视觉对象

（4）选中粘贴的视觉对象，在“字段”窗格中修改勾选的字段为“5 月费用”和“部门”，报表画布中的视觉对象将随之更新，如图 5-51 所示。

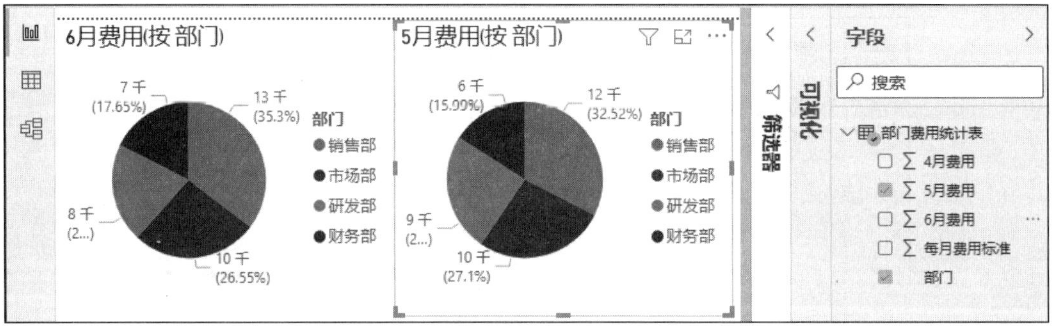

图 5-51　修改字段

（5）按照同样的方法，制作 4 月的费用统计视觉对象。按住〈Shift〉键选中 3 个视觉对象，在“格式”选项卡的“排列”组中单击“对齐”按钮，在弹出的下拉菜单中选择“横向分布”命令，在水平方向上等距排列 3 个视觉对象，如图 5-52 所示。

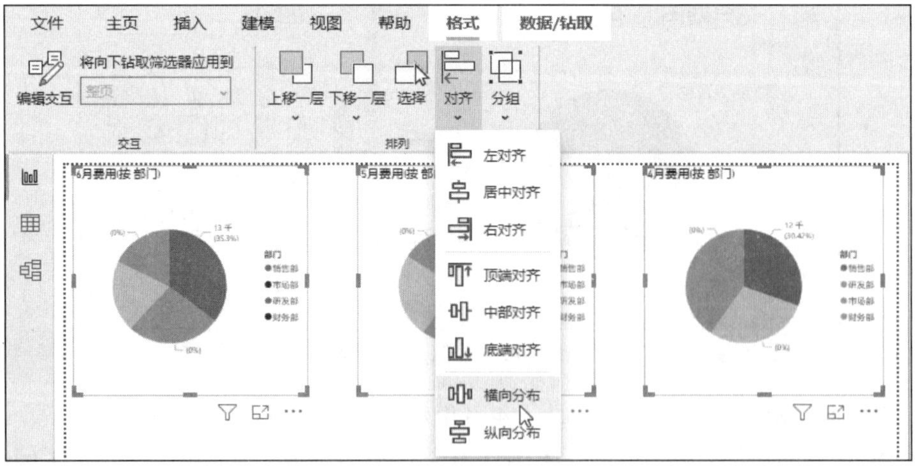

图 5-52　横向分布视觉对象

Power BI Desktop 为报表页上的视觉对象提供了“交叉突出显示”的交互功能，选中其中一个视觉对象中的数据点，当前报表页所有视觉对象中相应的数据点会突出显示，不适用于所选内容的数据点则半透明显示。

除了可以在当前报表中复制、粘贴视觉对象，还可以在报表之间复制、粘贴视觉对象。对于要频繁生成和更新多个报表的用户来说，该方法尤其有用。

特别提示

在报表之间粘贴视觉对象时，如果已显示设置了视觉对象的格式选项，则相应的设置将继续保持，而依赖于主题或默认设置的视觉对象元素将自动更新为匹配目标报表的主题。

二、设置字段和格式

在报表中添加了视觉对象之后，还可以编辑视觉对象的字段和格式。

例如，以设置第二季度各部门费用簇状柱形图的字段和格式为例，可以执行以下步骤。

（1）新建一个报表页，在“字段”窗格中勾选字段“4 月费用”“5 月费用”“6 月费用”和“部门”，在报表画布中默认生成簇状柱形图，如图 5-53 所示。

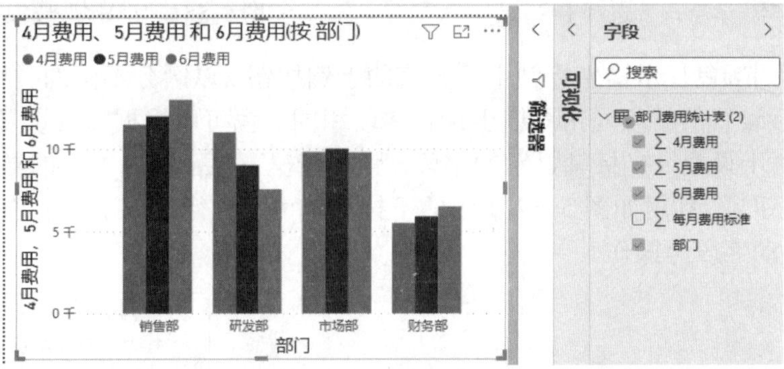

图 5-53　生成簇状柱形图

（2）选中要设置字段和格式的视觉对象，在“可视化”窗格中切换到“字段”选项卡，可以看到相应的设置选项，如图 5-54 所示。

特别提示

对于不同类型的视觉对象，其“字段”选项卡的内容也会有所不同。

“轴”选项用于设置横坐标轴显示的字段。如果要删除“轴”选项中的字段，单击字段右侧的“删除”按钮×；在“字段”窗格中将字段拖放到“轴”选项的字段列表框中，可以设置“轴”选项。单击字段列表框中的下拉按钮，利用如图 5-55 所示的下拉菜单可以执行删除字段、重命名字段、将字段移到其他区域等操作。

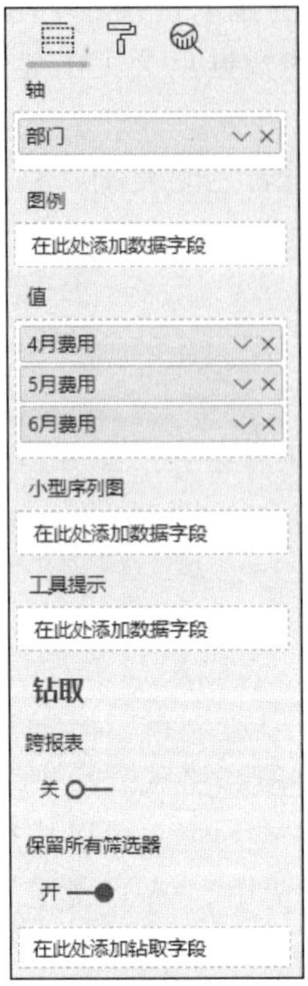

图 5-54 “字段”选项卡

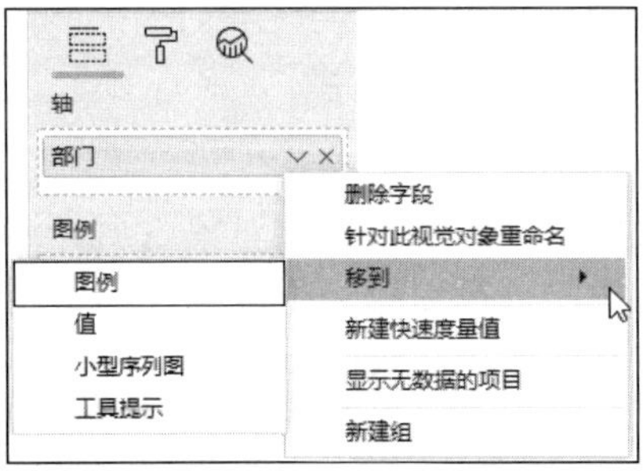

图 5-55 “图例”选项下拉菜单

图例是以不同颜色显示横坐标轴中不同值的示例按钮，以区分不同的类别，如图 5-56 所示。“图例”选项设置的字段通常与横坐标轴字段相同，也可以根据需要设置为不同的字段。

“值”选项用于设置纵坐标轴显示的字段，默认情况下显示汇总方式的结果。单击字段列表框中的下拉按钮，利用如图 5-57 所示的下拉菜单可以执行更改字段汇总方式、删除字段、重命名字段、移动字段等操作。

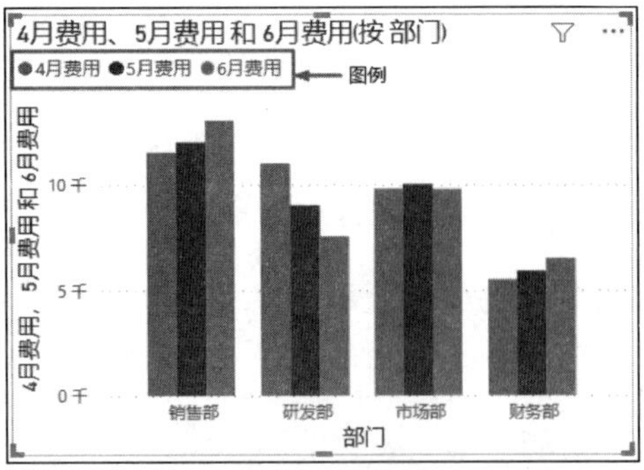

图 5-56 图例

图 5-57 “值”选项下拉菜单

小型序列图可以将视觉对象拆分为多个并排显示的版本。例如，在“字段”窗格中将字段“部门”拖放到“可视化”窗格“字段”选项卡的“小型序列图”选项下，报表画布中的视觉对象的数据按所选的维度拆分为一个 2×2 网格，每个网格中填充一个小型序列图，且各个网格中的轴是同步的，每行左边有一个纵坐标轴，每列底部有一个横坐标轴，如图 5-58 所示。

特别提示

目前仅可以在条形图、柱形图、折线图和面积图上创建小型序列图。

工具提示是指鼠标指针移到视觉对象中的图形元素时显示的提示信息，如图 5-59 所示。默认情况下，工具提示只显示轴和值字段的值，如果要在工具提示中显示更多的字段值，可在“字段”窗格中将相应的字段拖放到“工具提示”选项下。例如，将字段“每月费用标准”添加到工具提示的效果，如图 5-60 所示。

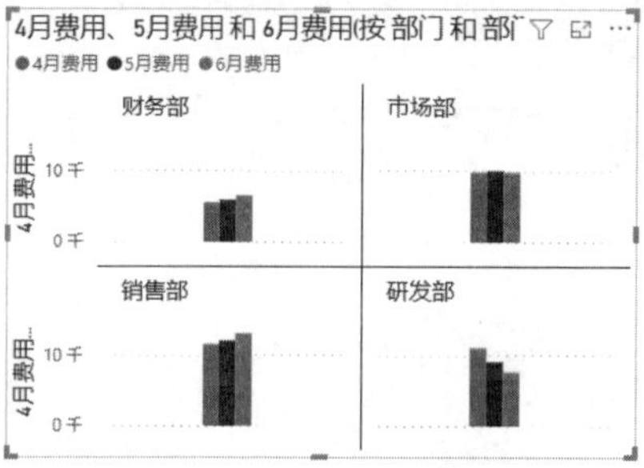

图 5-58　小型序列图

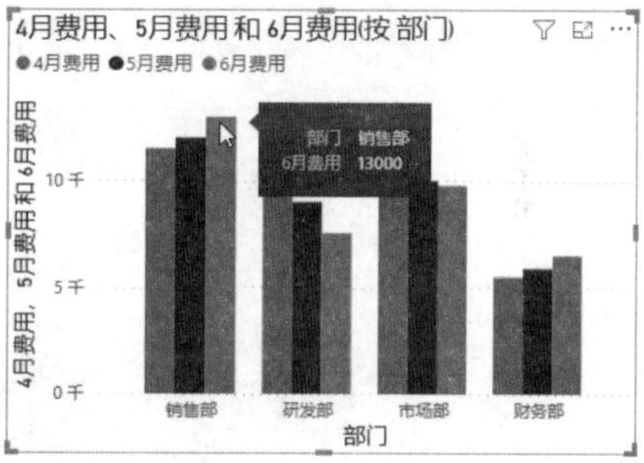

图 5-59　工具提示

（1）切换到“格式”选项卡，在如图 5-61 所示的格式选项中，可以设置视觉对象各种元素的格式。

（2）设置“常规”选项，如图 5-62 所示。

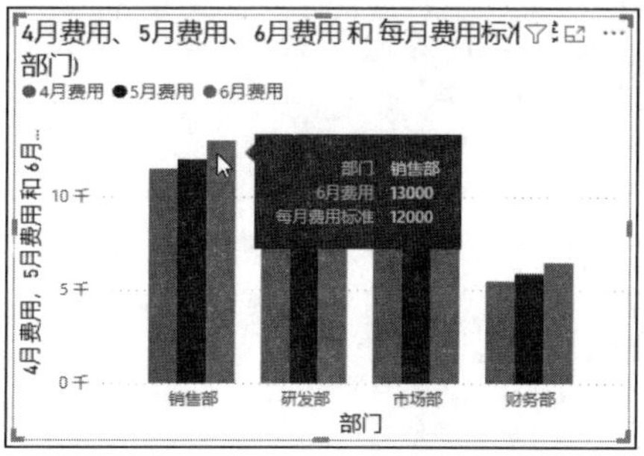

图 5-60　设置工具提示的效果

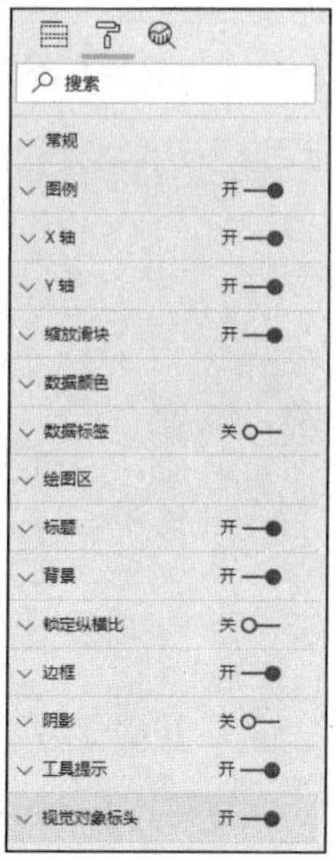

图 5-61　“格式”选项卡

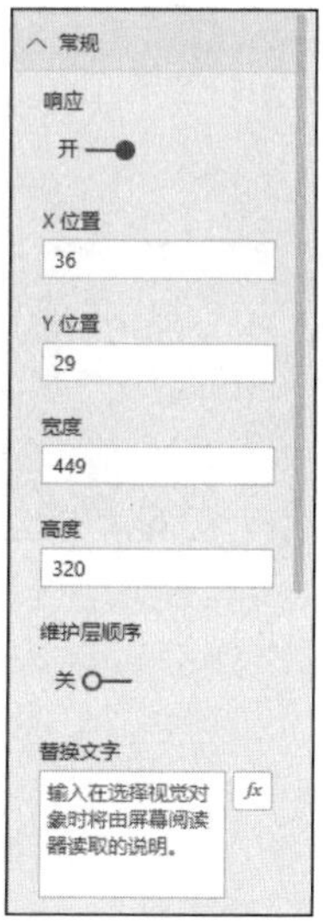

图 5-62　“常规”选项

“响应”默认设置为“开”，表示视觉对象的大小自动适应报表画布大小；单击开关按钮切换为“关”，则视觉对象的大小保持不变。

“X 位置”和“Y 位置”用于设置视觉对象左上角在报表画布中的坐标位置，其中，报表页左上角为坐标原点，向右和向下分别为横坐标和纵坐标的正向。

“宽度”和“高度”用于设置视觉对象的宽和高。

（3）设置视觉对象的元素格式。元素名称右侧的开关按钮为“开”，表示在视觉对象中显示对应的元素，否则不显示。单击元素名称左侧的展开按钮∨，可以设置元素的位置、标题、颜色、字体等格式。

例如，设置图例位置为“右中”，颜色为“深蓝色”；横坐标轴和纵坐标轴的文本颜色为“黑色”，纵坐标轴标题为“费用”；显示缩放滑块；标题为“第二季度各部门费用”，对齐方式为“居中”，字体颜色为“紫色”，背景色为“浅黄”；显示边框；视觉对象标头（可在视觉对象标题栏中显示的各种按钮）背景颜色为“白色”，边框颜色为“黑色”，效果如图 5-63 所示。将鼠标指针移到视觉对象上，显示标头的效果如图 5-64 所示。

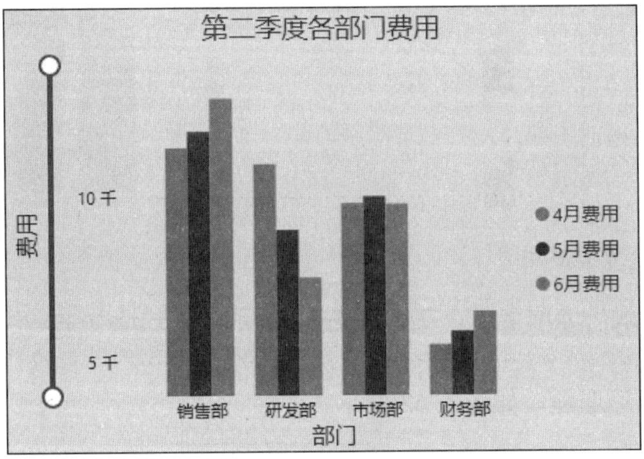

图 5-63　设置视觉对象格式的效果

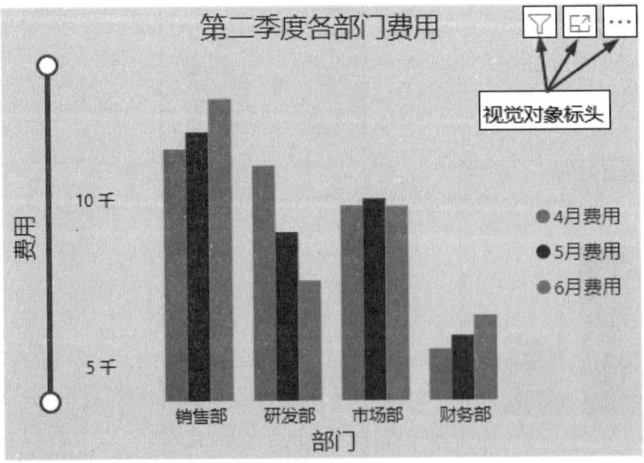

图 5-64　显示标头格式的效果

三、视觉对象分析设置

如果要在视觉对象中添加辅助分析参考线，则可以在“可视化”窗格中切换到“分析”选项卡进行设置。

下面以在 6 月各部门费用簇状柱形图中添加中值线和恒定线为例，介绍添加辅助分析参考线的方法。

（1）新建一个报表页，在“字段”窗格中勾选字段“6 月费用”和“部门”，在报表画布中默认生成簇状柱形图，如图 5-65 所示。

（2）在“可视化”窗格中切换到“分析”选项卡，可查看视觉对象的分析设置选项，如图 5-66 所示。

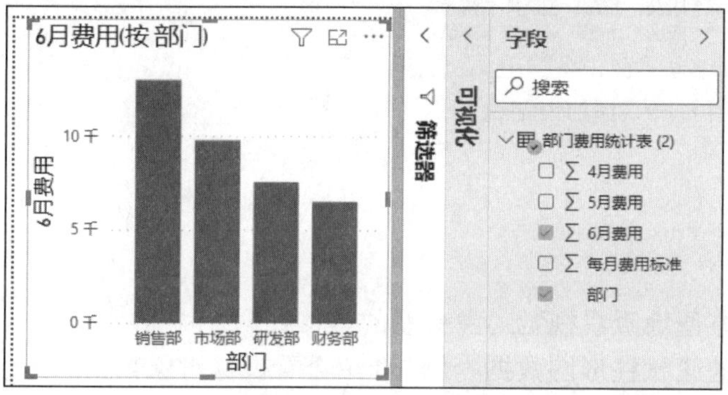

图 5-65　簇状柱形图

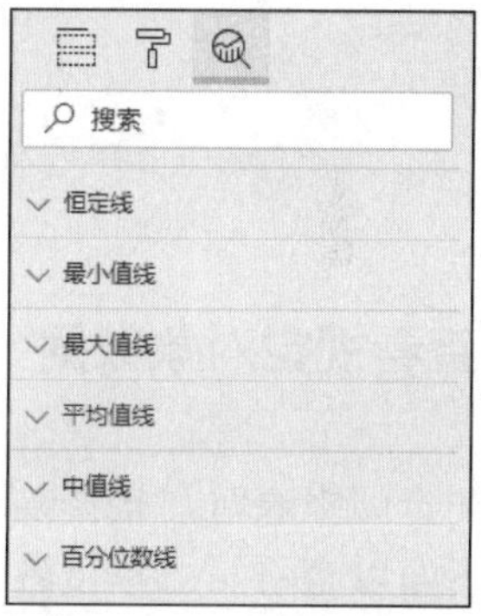

图 5-66　“分析”选项卡

从图中可以看到，在 Power BI Desktop 中可以为视觉对象添加恒定线、最小值线、最大值线、平均值线、中值线和百分位数线等辅助分析参考线。

（3）展开“中值线”选项，单击“添加”按钮＋添加，即可添加一条名称为“中值线 1”的默认样式的中值线，如图 5-67 所示。

（4）在“中值线 1”选项中，可以修改中值线的名称，本例保留默认；线条颜色为“红色”，透明度为“0%”；线条样式为“点线”，位置为“后方”；显示数据标签，标签文本为“名称和值”，水平位置为“右”。此时的视觉对象效果如图 5-68 所示。

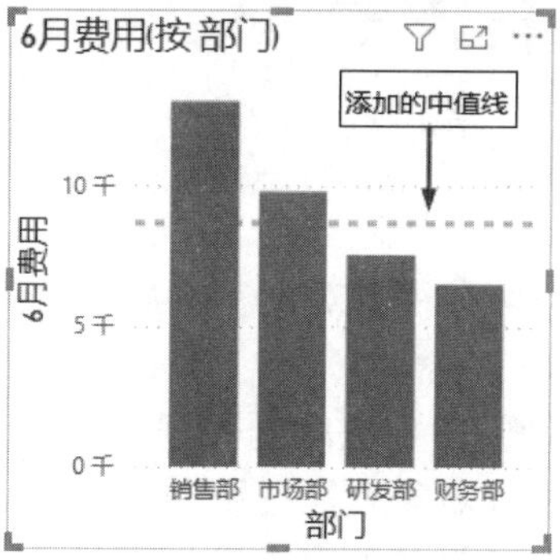

图 5-67　添加的中值线

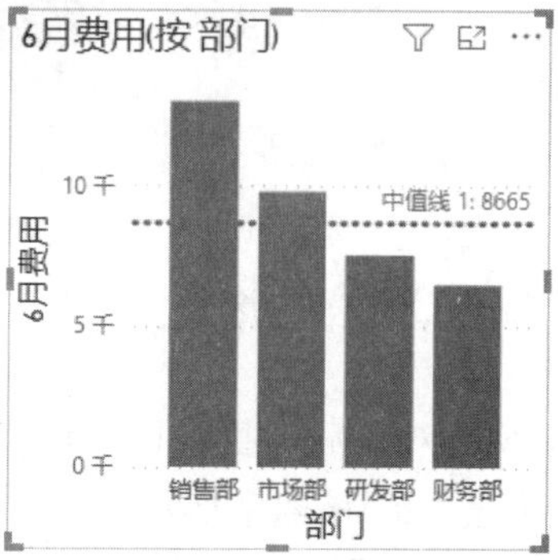

图 5-68　设置中值线格式的效果

为便于查看“研发部”6 月的费用是否超出预算，接下来添加一条恒定值参考线，标记研发部 6 月的预算费用。

（5）展开“恒定线”选项，单击“添加”按钮＋添加，设置“值”为“8000”，即可在纵坐标值为“8000”的位置添加一条默认样式的恒定线，如图 5-69 所示。

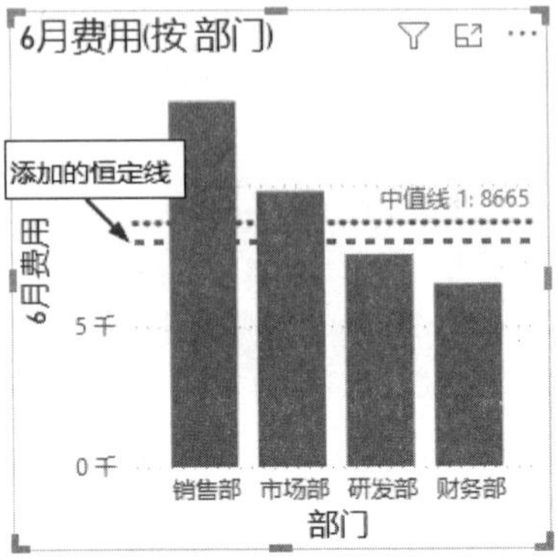

图 5-69　添加恒定线

四、查看视觉对象数据

在查阅报表时，根据需要可以很方便地查看视觉对象关联的具体数据。

下面以查看第二季度各部门费用的簇状柱形图数据为例，介绍查看视觉对象数据的方法。

（1）切换到要查看关联数据的视觉对象，右击，弹出如图 5-70 所示的快捷菜单。

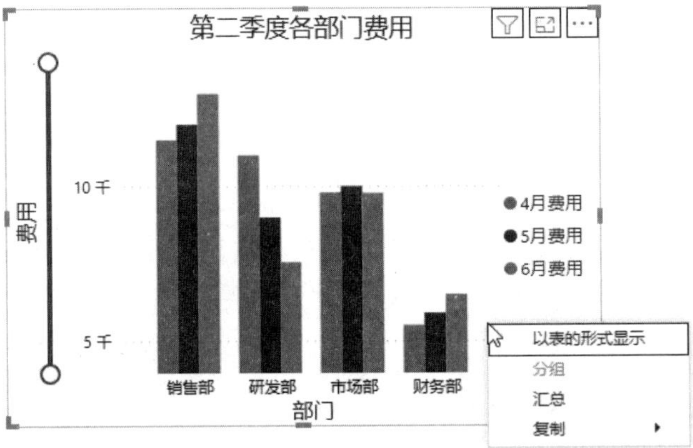

图 5-70　快捷菜单

（2）在快捷菜单中选择“以表的形式显示”命令，即可在视觉对象下方显示关联的数据，如图 5-71 所示。

选中视觉对象后，执行以下操作之一，也可以显示视觉对象关联的数据表。

① 在“数据/钻取”选项卡的“显示”组中单击“视觉对象表”按钮。

② 单击视觉对象右上角的“更多选项”按钮···，在弹出菜单中选择“以表的形式显示”命令。

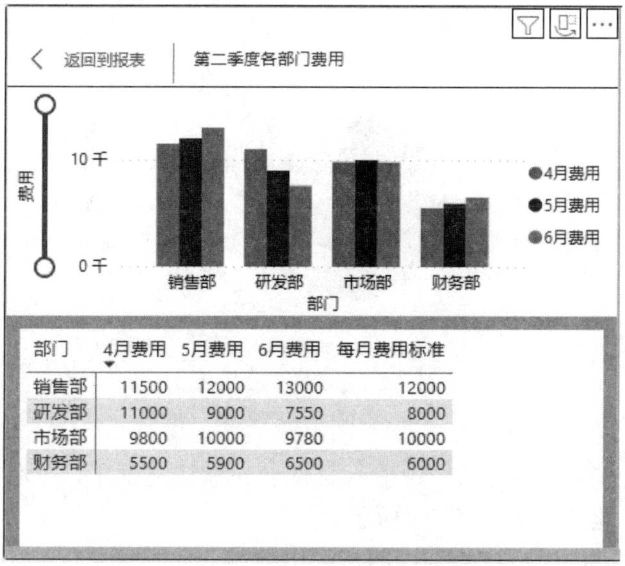

图 5-71　以表的形式显示数据

（3）在默认情况下，视觉对象的图形和数据表上下排列。如果要左右排列图形和数据，则单击视觉对象右上角的“切换为竖排版式”按钮，效果如图 5-72 所示。

（4）如果要退出数据查看状态，则单击视觉对象左上角的“返回到报表”按钮，或者在“数据/钻取”选项卡的“显示”组中单击“视觉对象表”按钮。

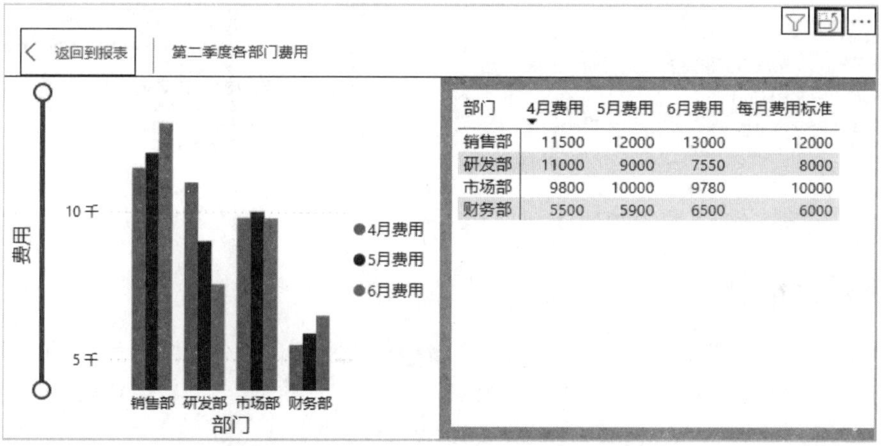

图 5-72　竖排版式

五、导出视觉对象数据

除了可以随时查看视觉对象关联的数据，还可以将数据导出到文件。

下面以导出 4 月各部门费用的饼图数据为例，介绍导出视觉对象数据的方法。

（1）切换到要查看关联数据的视觉对象，单击右上角的“更多选项”按钮···，在弹出的菜单中选择“导出数据”命令，如图 5-73 所示。

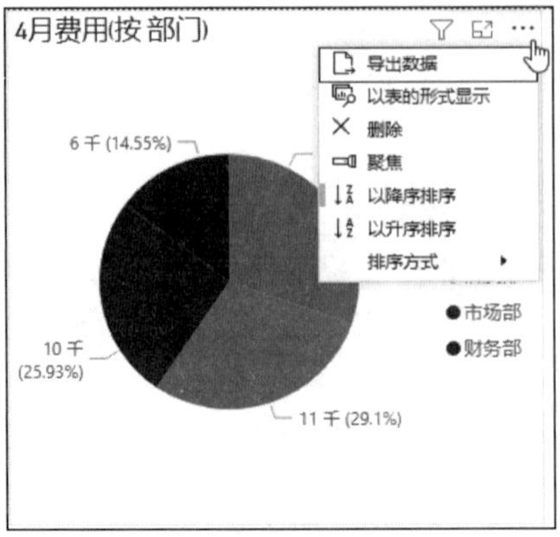

图 5-73　选择“导出数据”命令

（2）在弹出的“另存为”对话框中输入文件名。默认情况下，文件名称为视觉对象的标题，保存类型为 CSV 格式，如图 5-74 所示。

（3）单击“保存”按钮保存(S)，即可导出数据。此时使用记事本打开保存的文件，可以查看数据，如图 5-75 所示。

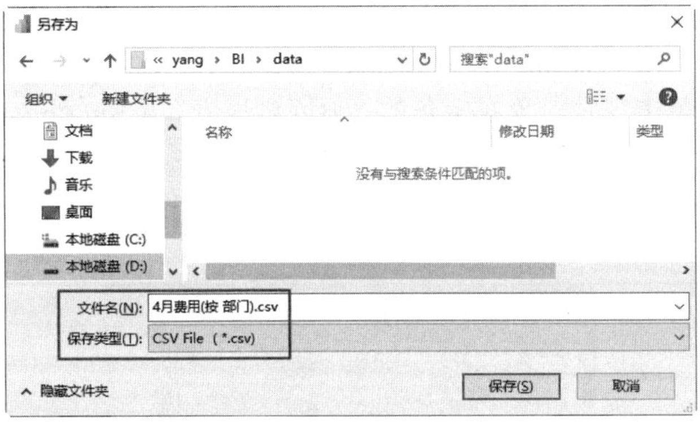

图 5-74　“另存为”对话框

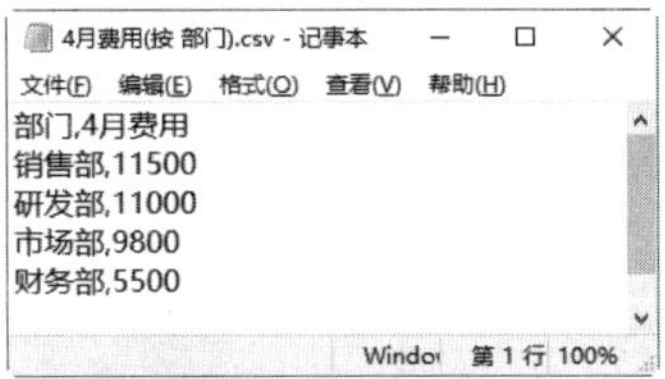

图 5-75　导出的数据

案例二——创建商品销售报表

（1）单击“文件”菜单中的“打开报表”命令，在打开的“文件”菜单的右侧窗格中单击“浏览报表”按钮浏览报表，弹出“打开”对话框，选择“商品销售统计表”文件，单击“打开”按钮打开(O)，在 Power BI Desktop 界面打开文件，如图 5-76 所示。

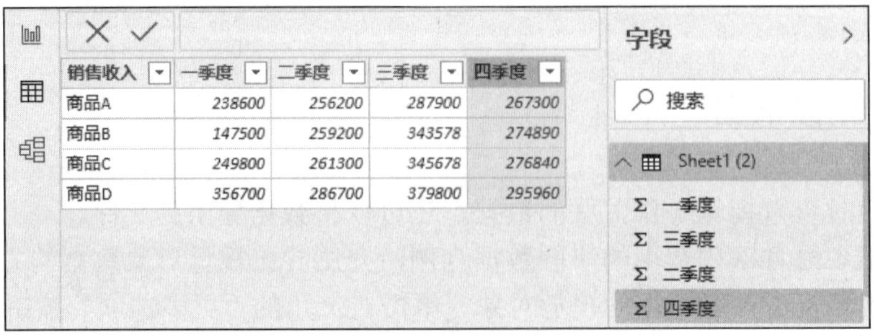

图 5-76　“商品销售统计表”文件

（2）在“视图”侧边栏中单击“报表视图”按钮，在报表视图中展开“字段”窗格，勾选字段“一季度”“机型”和“销售收入”，报表画布中自动添加对应的视觉对象，显示报表数据，如图 5-77 所示。

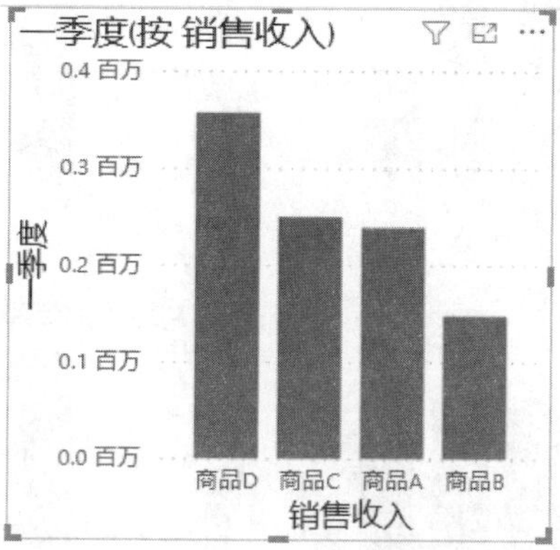

图 5-77 一季度报表

（3）选中一季度报表视觉对象，右击，在弹出的快捷菜单中选择“复制”→“复制视觉对象”命令，然后连续 3 次使用快捷键〈Ctrl+V〉，将视觉对象粘贴到报表中。粘贴的视觉对象通常与原对象重叠，移动粘贴的视觉对象到合适位置，如图 5-78 所示。

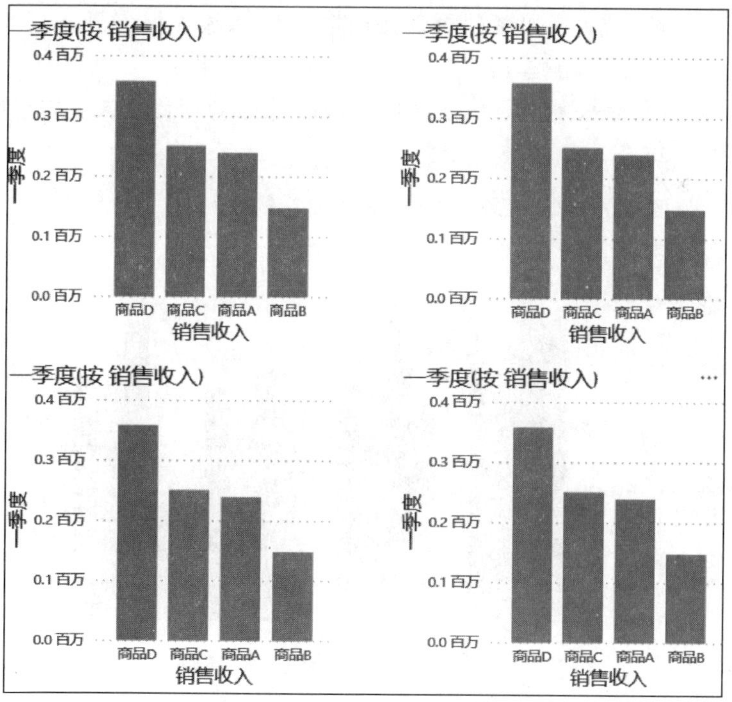

图 5-78 复制、粘贴并移动视觉对象

（4）选中复制的视觉对象，在“字段”窗格中分别将勾选的字段修改为“二季度”和“销售收入”、“三季度”和“销售收入”、“四季度”和“销售收入”，报表画布中的视觉对象将随之更新，如图 5-79 所示。

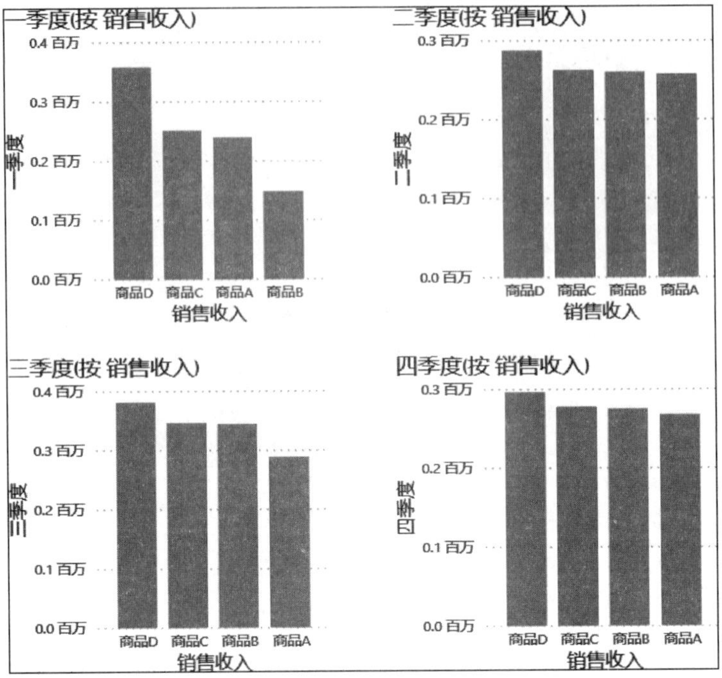

图 5-79　修改字段

（5）在页面选项卡区域单击“新建页”按钮，可以添加报表页，在“字段”窗格中勾选字段“一季度”“二季度”“三季度”“四季度”和“销售收入”。将鼠标指针移到视觉对象右下角，指针显示为双向箭头时，按住鼠标左键向外拖动到合适大小后释放，调整其大小，视觉对象如图 5-80 所示。

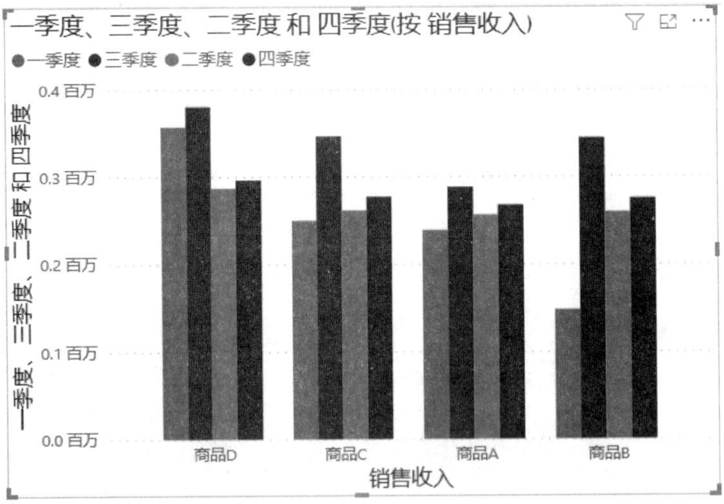

图 5-80　视觉对象

（6）在“可视化”窗格中切换到“格式”选项卡，单击“标题”选项，将其展开，修改标题文本为“销售报表”，字体颜色设置为“红色”，对齐方式设置为“居中”，文本大小设置为“20 磅”，结果如图 5-81 所示。

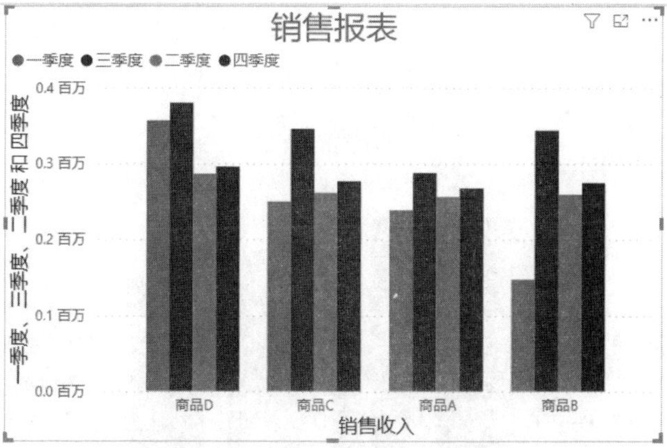

图 5-81　修改标题结果

（7）单击“图例”选项，将其展开，位置设置为“右中”，颜色为“紫色”，文本大小为“12 磅”，结果如图 5-82 所示。

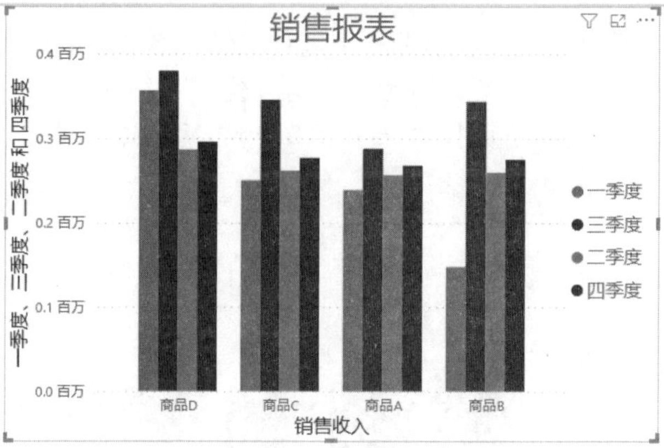

图 5-82　修改图例结果

（8）单击“纵坐标轴”选项，将其展开，修改文本大小为“12 磅”，轴标题设置为“季度”，标题文本大小为“14 磅”，结果如图 5-83 所示。

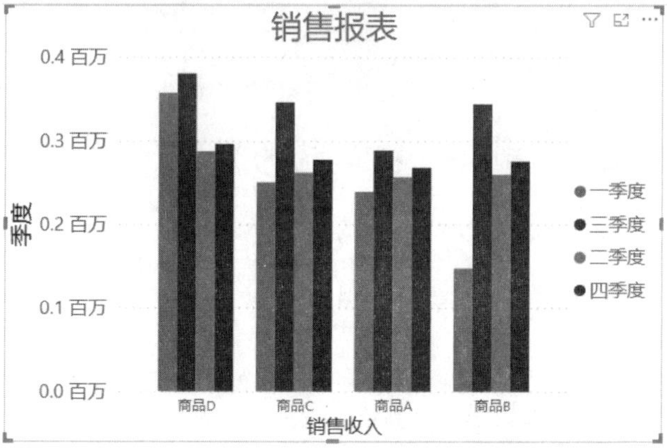

图 5-83　修改纵坐标轴结果

（9）单击“横坐标轴”选项，将其展开，修改文本大小为“12 磅”，轴标题设置为“销售收入”，标题文本大小为“14 磅”，结果如图 5-84 所示。

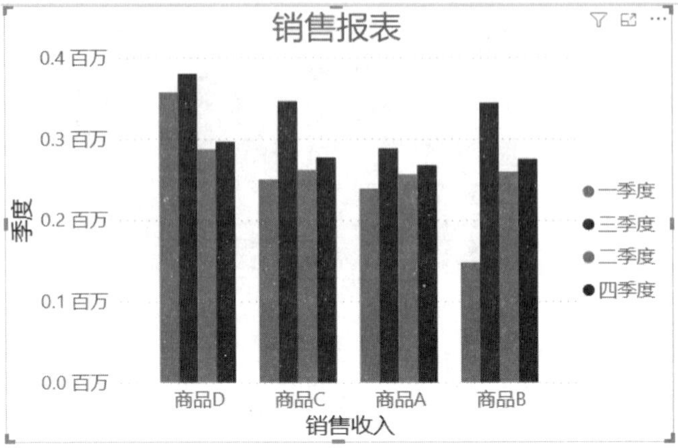

图 5-84　修改横坐标轴结果

（10）在“可视化”窗格中切换到“分析”选项卡，单击“平均值线”选项，将其展开，单击“添加”按钮＋添加，新建一条名称为“平均值线 1”的默认样式的平均值线，双击修改名称为“一季度平均值”，度量值选择“一季度”，单击“数据标签”选项将其打开，将水平位置设置为“右”，结果如图 5-85 所示。

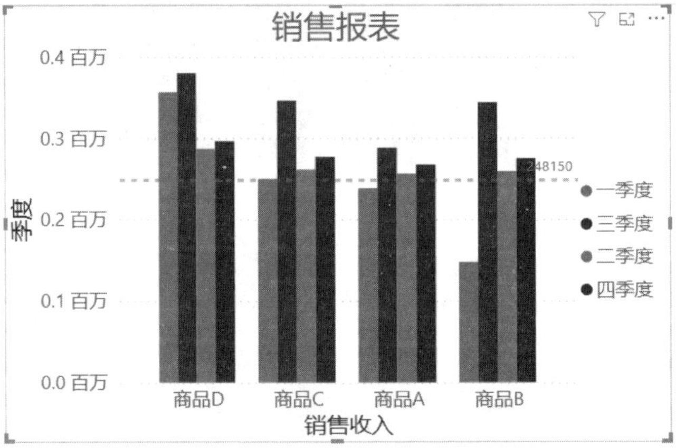

图 5-85　设置一季度平均值线

（11）同理，创建其他 3 个季度的平均值线，将二季度的数据标签放置在左边，结果如图 5-86 所示。

（12）在“可视化”窗格中切换到“字段”选项卡，然后将“字段”窗格中的字段“销售收入”拖到“字段”选项卡的“小型序列图”选项下，如图 5-87 所示。此时，生成的小型序列图如图 5-88 所示。

（13）单击右上角的“更多选项”按钮···，在弹出的菜单中选择“导出数据”命令，弹出“另存为”对话框，输入文件名称“销售报表”，进行保存。

（14）双击打开文件，如图 5-89 所示。

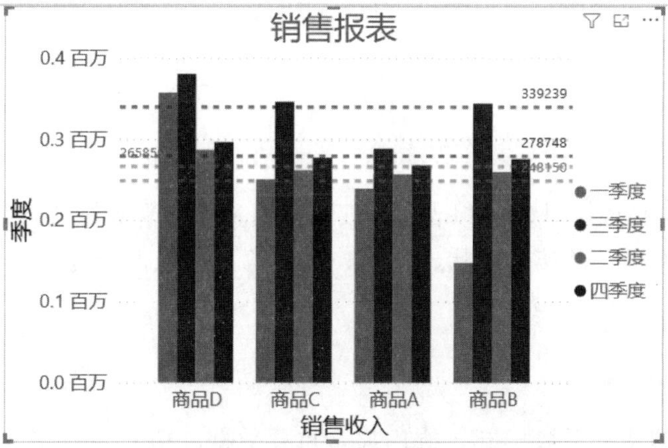

图 5-86 创建其他 3 个季度的平均值线

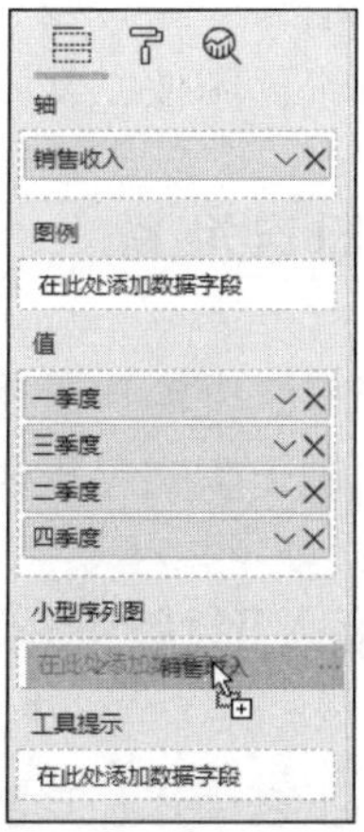

图 5-87 拖动字段

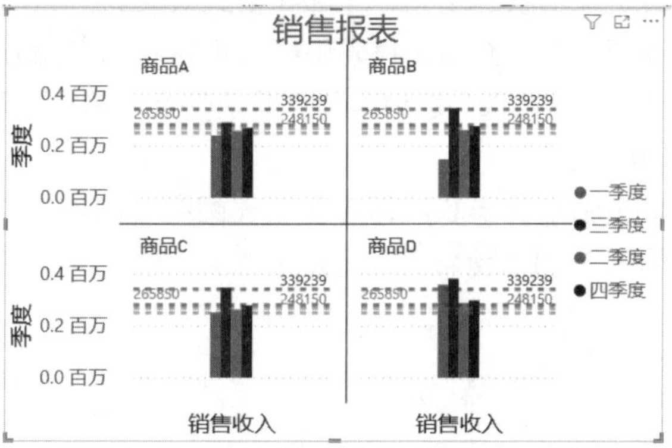

图 5-88 小型序列图

A	B	C	D	E
一季度	三季度	二季度	四季度	销售收入
356700	379800	286700	295960	商品D
249800	345678	261300	276840	商品C
238600	287900	256200	267300	商品A
147500	343578	259200	274890	商品B

图 5-89 导出的数据

任务四 完善报表

任务引入

小明将报表创建好后，因为报表比较多，领导认为在查看报表时很不方便，要求小明在报表中插入一些按钮、图像、文本框和链接，对报表进行进一步的优化。那么，如何对报表进行按钮、图像、文本框和链接的插入呢？

知识准备

在报表中添加了视觉对象，只是完成了基本的报表创建工作，要真正实现数据的可视化，还需要进一步完善报表，如添加文本框、链接、形状、书签、按钮等，增强报表的可读性。

一、插入形状和图像

在报表中添加形状可以将相关信息汇总到一起，突出显示重要数据，帮助用户浏览和理解信息。在 Power BI Desktop 中可以很方便地添加形状，如矩形、椭圆、三角形、直线、箭头，还能根据设计需要自定义形状的填充、轮廓和格式效果。

下面以绘制展厅路线图为例，介绍在报表中插入形状和图像的方法。

（1）新建一个报表页，在“插入”选项卡的“元素”组中单击“形状”按钮，展开“形状”下拉列表，如图 5-90 所示。

（2）在下拉列表中单击需要的形状，即可在报表画布中添加一个对应的形状。用同样的方法可添加多个形状，如图 5-91 所示。

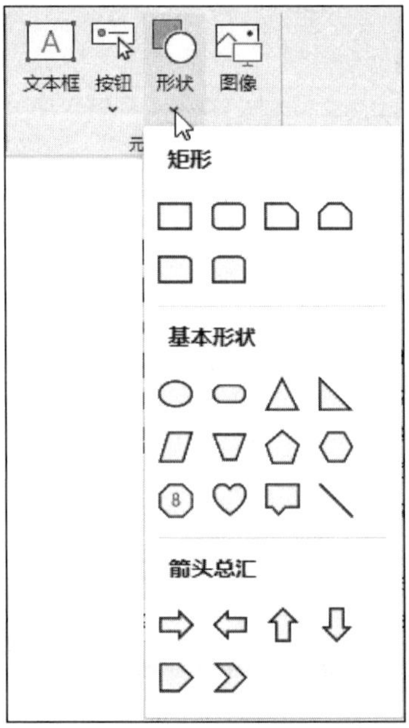

图 5-90　“形状”下拉列表

图 5-91　添加多个形状

（3）调整形状的大小和位置。选中一个形状，其四周显示变形控制手柄时，将鼠标指针移到其中一个控制手柄上，指针显示为双向箭头时，按住鼠标左键拖动，即可调整形状的大小；在形状上按住鼠标左键拖动，可调整形状位置，如图 5-92 所示。

（4）在“插入”选项卡的“元素”组中单击“形状”按钮，在下拉列表中单击“箭头”图标，即可在报表画布中添加箭头，如图 5-93 所示。

图 5-92　调整形状大小和位置

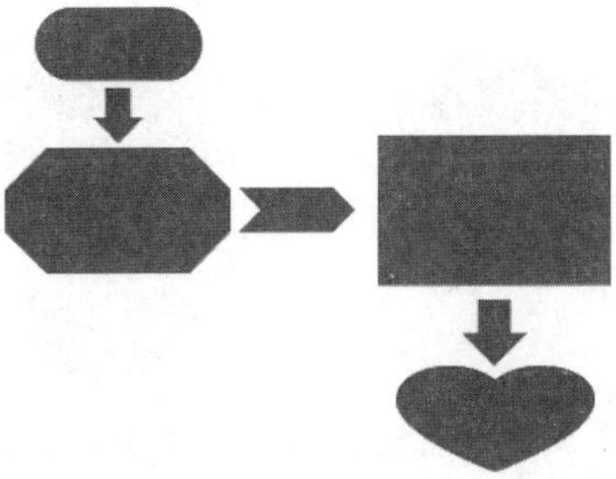

图 5-93　添加箭头形状

（5）选中所有形状，报表画布右侧显示如图 5-94 所示的“设置形状格式”窗格，单击“形状阴影”选项右侧的开关按钮，显示阴影。

（6）选中第一个形状，展开“填充”选项，设置填充颜色和透明度。采用同样的方法，可设置其他形状的填充颜色，效果如图 5-95 所示。

为便于识别每个形状的用途，接下来在形状中添加文字进行标识。

（7）选中第一个形状，在“设置形状格式”窗格中单击“文本”选项右侧的开关按钮，然后展开“文本”选项，输入要显示的文本，设置字体颜色和文本大小，对齐方式为“居中”，如图 5-96 所示。设置文本格式后的形状效果如图 5-97 所示。

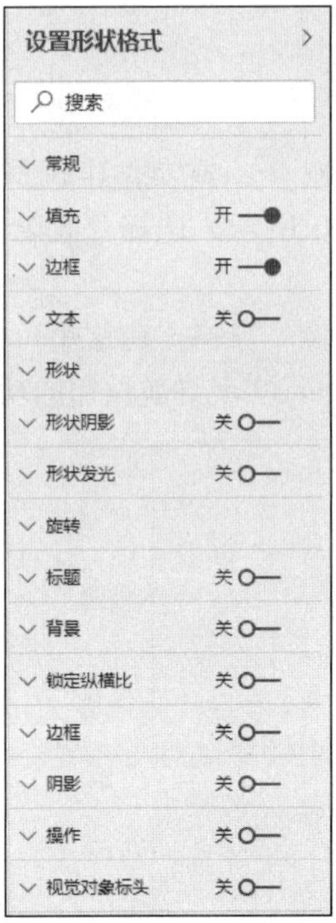

图 5-94　“设置形状格式”窗格

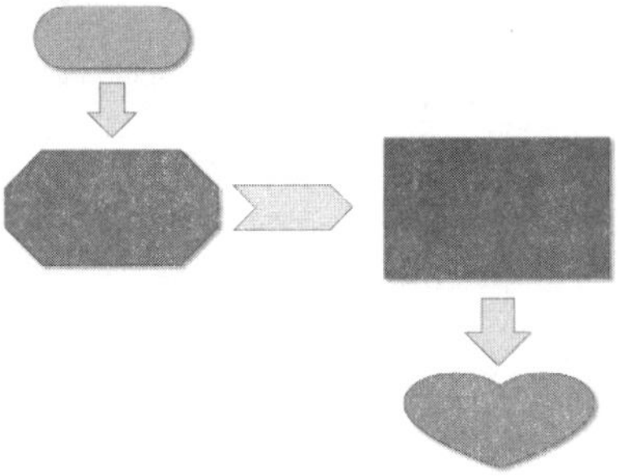

图 5-95　填充形状颜色后的效果

图 5-96　设置文本选项

（8）按照上一步同样的方法在其他形状中添加文本，效果如图 5-98 所示。

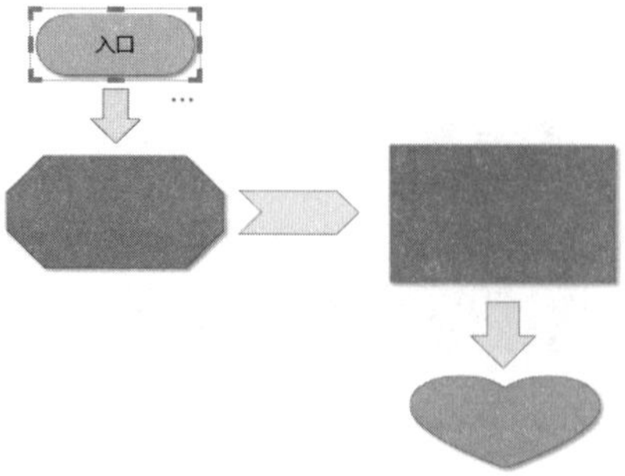

图 5-97　设置文本格式后的形状效果

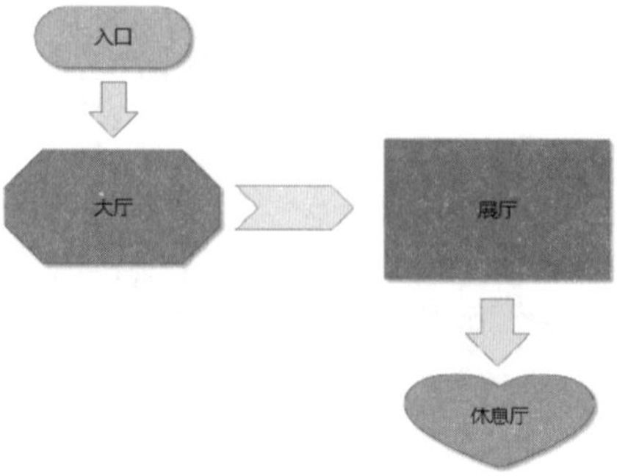

图 5-98　添加文本的效果

（9）在“插入”选项卡的“元素”组中单击“图像”按钮，弹出“打开”对话框，选择要插入报表的图像，单击“打开”按钮 打开(O) ，即可插入图像，如图 5-99 所示。

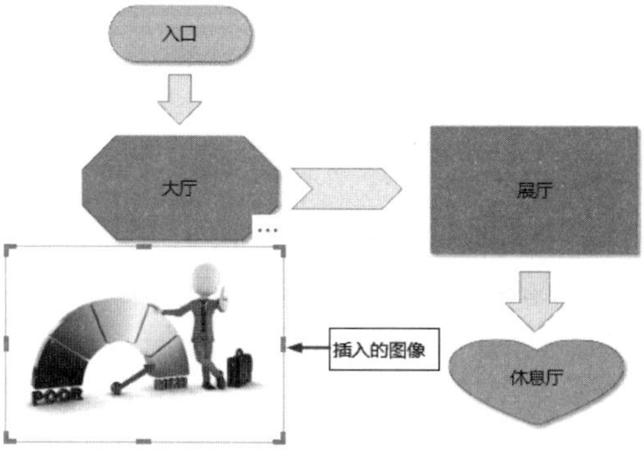

图 5-99　插入图像

如果要单独查看图像效果，则单击图像右上角的“更多选项”按钮 ···，在菜单中选择“聚焦”命令，此时报表画布中的其他视觉对象半透明显示，如图 5-100 所示。选择“删除”命令，可以将图像从报表画布中删除。

（10）选中图像，报表画布右侧显示如图 5-101 所示的“格式图像”窗格，在这里可以设置图像的大小、位置、背景、边框、阴影等属性，并可为图像添加动作，实现导航按钮的功能。

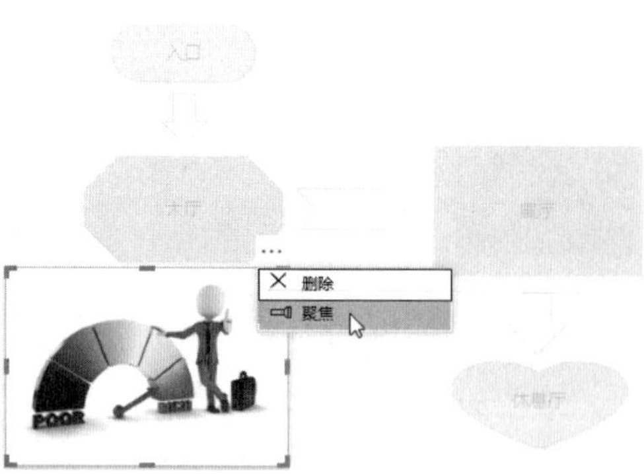

图 5-100　聚焦图像

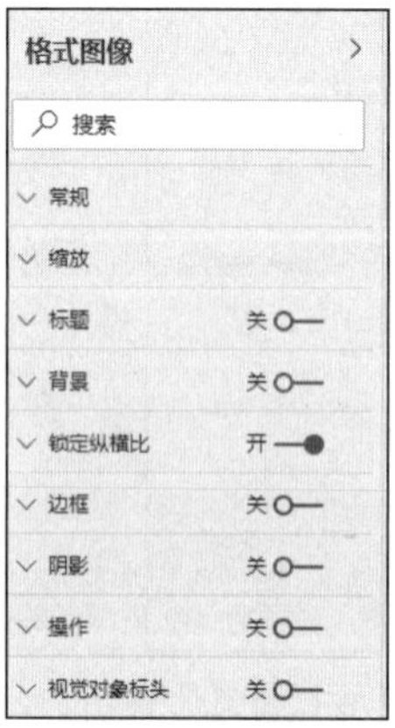

图 5-101　“格式图像”窗格

二、插入文本框和链接

如果报表中视觉对象的信息量不足，可添加文本框丰富报表内容。文本框可以描述报表页面、一组视觉对象或单个视觉对象，帮助用户更好地理解视觉对象中的组件或视觉对象之间的关系。如果要添加的内容较多，还可以在文本框中添加链接，以跳转到指定的详细说明网页。

（1）在“插入”选项卡的“元素”组中单击“文本框”按钮A，即可在当前报表页面中添加一个空白文本框，文本框下方显示浮动工具栏，如图 5-102 所示。

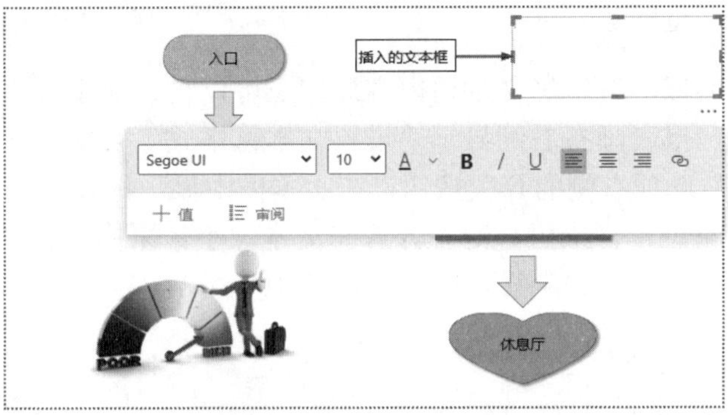

图 5-102　插入文本框

（2）在文本框中输入文本，然后选中文本，在浮动工具栏上设置文本的字体、字号、颜色、字形、对齐方式等格式，如图 5-103 所示。

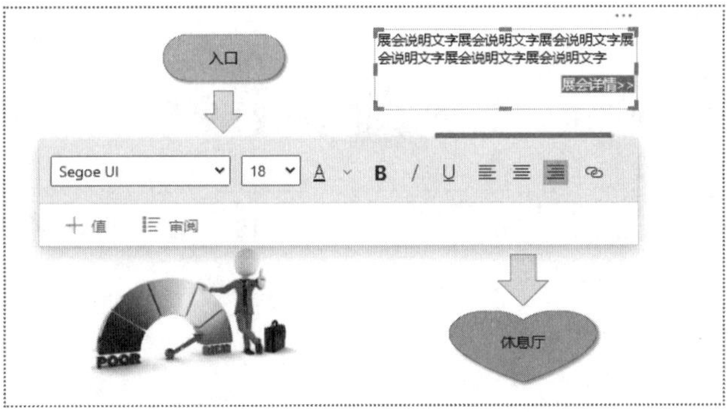

图 5-103　输入文本并设置格式

（3）选中要添加链接的文本，在浮动工具栏上单击“插入链接”按钮，工具栏中显示链接编辑框，如图 5-104 所示。

图 5-104　显示的链接编辑框

（4）在链接编辑框中输入链接地址后，单击“完成”按钮完成，即可设置链接。此时，链接文本下方默认显示一条下划线，如图 5-105 所示。单击链接文本可打开浏览器显示指定的网页。

如果要编辑或删除添加的链接，将鼠标指针移到链接文本的任意位置，显示如图 5-106 所示的浮动工具栏。单击“编辑”按钮编辑，即可修改链接地址；单击“删除”按钮删除，即可删除链接。

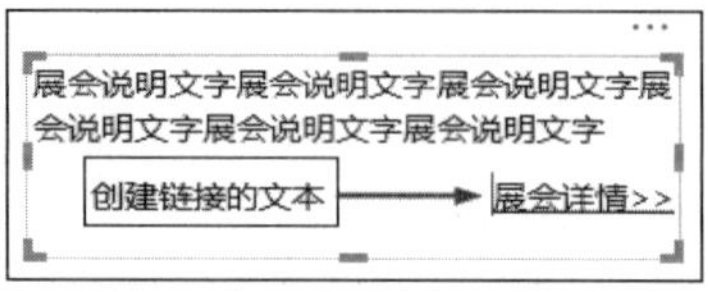

图 5-105　链接文本

图 5-106　浮动工具栏

与其他视觉对象类似，编辑好文本框内容后，还可以设置文本框格式。

（5）选中文本框，报表画布右侧显示“设置文本框格式”窗格，如图 5-107 所示。

（6）单击“标题”选项右侧的开关按钮，在文本框中显示标题，然后展开“标题”选项，设置标题文本、字体颜色、背景色、对齐方式和文本大小。采用同样的方法，可设置显示边框和阴影，并指定边框的颜色、半径，效果如图 5-108 所示。

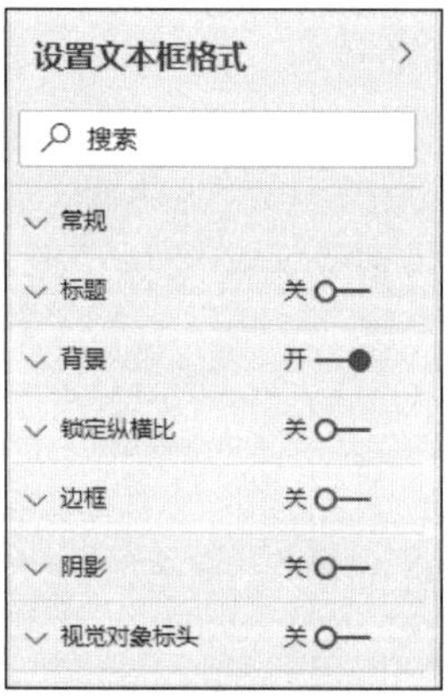

图 5-107　“设置文本框格式”窗格

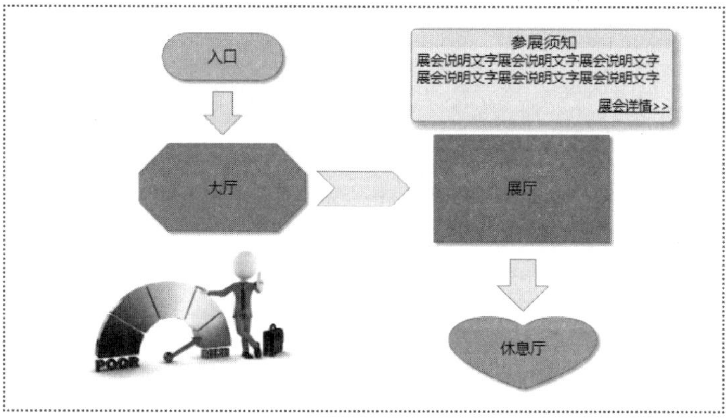

图 5-108　设置文本框格式后的效果

三、插入按钮和书签

通常一个报表会包含具有逻辑关系的多个报表页，通过按钮和书签可以便捷地在各个报表页之间进行切换。

下面以在报表页“展厅路线图”中插入按钮和书签为例，介绍使用按钮和书签制作报表导航栏的操作。

（1）在“插入”选项卡的“元素”组中单击“按钮”下拉按钮，可以查看 Power BI Desktop 预置的按钮列表，如图 5-109 所示。

（2）单击“上一步”按钮⊖，即可在报表页左上角添加一个指定的按钮。选中按钮，在如图 5-110 所示的“‘格式’按钮”窗格中可以修改按钮的外观。

（3）展开“图标”选项，设置线条颜色为“蓝色”，粗细为“5 磅”，水平对齐方式为“居中”，如图 5-111 所示。

尽管按钮本质上可看作是包含了预定义形状的图像，但与图像不同的是，在“格式按钮”窗格中不能通过“缩放”选项调整按钮的大小。

图 5-109　“按钮”下拉菜单

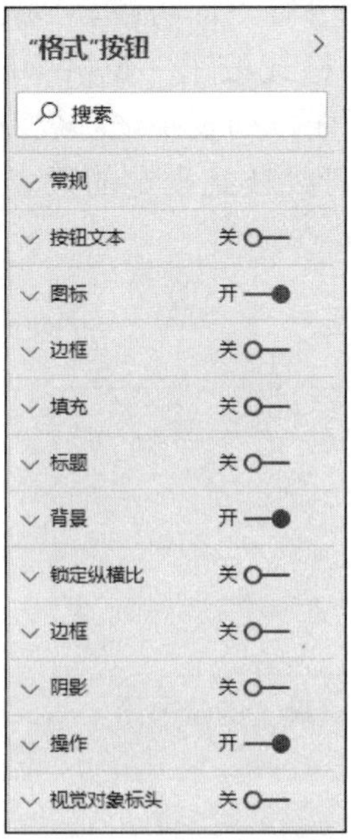

图 5-110　“‘格式’按钮”窗格

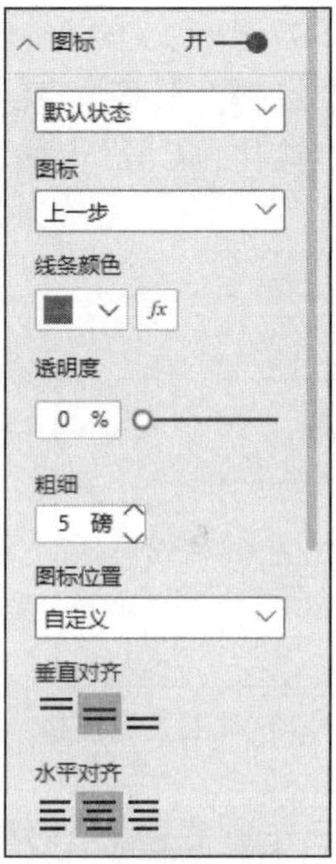

图 5-111　设置“图标”选项

（4）选中按钮，利用鼠标拖动按钮四周的变形控制手柄调整大小。然后将鼠标指针移到按钮上，可以看到指针显示为，并显示按钮操作的提示文本，如图 5-112 所示。

此时，按住〈Ctrl〉键单击按钮，将跳转到当前报表页的上一页。如果要跳转到其他位置，则在“格式按钮”窗格中展开“操作”选项，在“类型”下拉列表中选择位置，如图 5-113 所示。

书签常用于制作导航栏，便于用户快速定位到需要查看的报表页或视觉对象。接下来分别使用“按钮”下拉菜单中的“书签”和“书签”窗格实现报表页的导航。

（5）在“按钮”下拉菜单中选择“书签”，在“格式按钮”窗格中展开“图标”选项，设置透明度为“0%”，水平对齐方式为“居中”，线条颜色为“蓝色”，然后拖放到文本框中，如图 5-114 所示。

图 5-112　按钮操作的提示文本

图 5-113　“类型”下拉列表

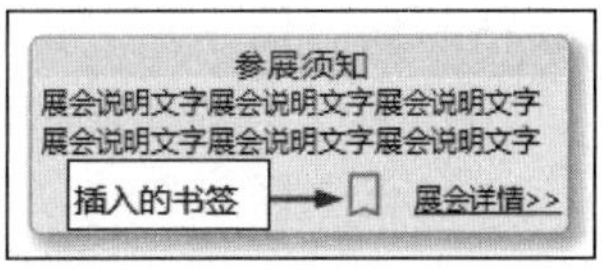

图 5-114　插入书签

（6）在“视图”选项卡的“显示窗格”组中单击“书签”按钮，打开“书签”窗格，如图 5-115 所示。

（7）单击“添加”按钮，自动创建一个名为“书签 1”的书签。双击书签名称，变为可编辑状态时，输入“展会路线图”，按〈Enter〉键确认。采用同样的方法，可切换到其他报表页创建书签，如图 5-116 所示。

（8）在“书签”窗格中单击某个书签，即可跳转到指定的报表页面。

（9）选中文本框中的书签，在“格式按钮”窗格中展开“操作”选项，在“类型”下拉列表中选择“书签”，然后在“书签”下拉列表中选择要跳转到的书签名称，如图 5-117 所示。此时，按住〈Ctrl〉键单击书签，也可跳转到指定的报表页面。

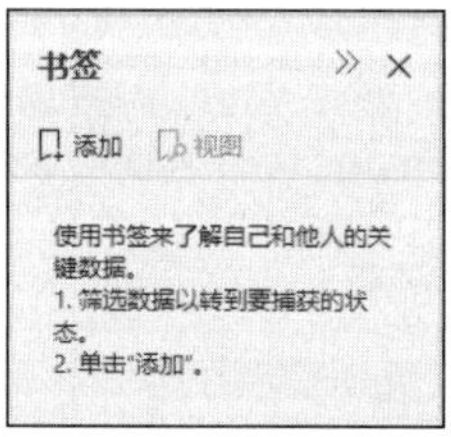

图 5-115 “书签”窗格

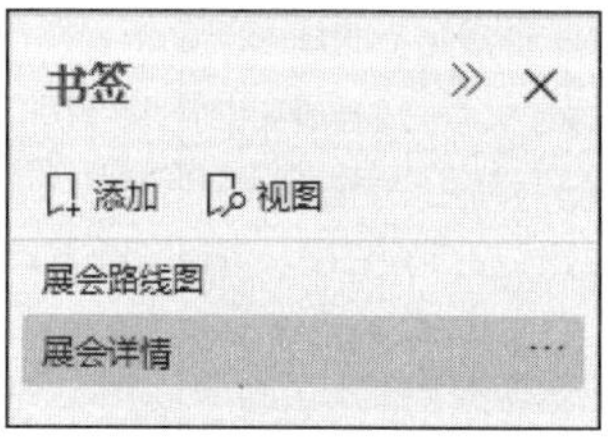

图 5-116 创建书签

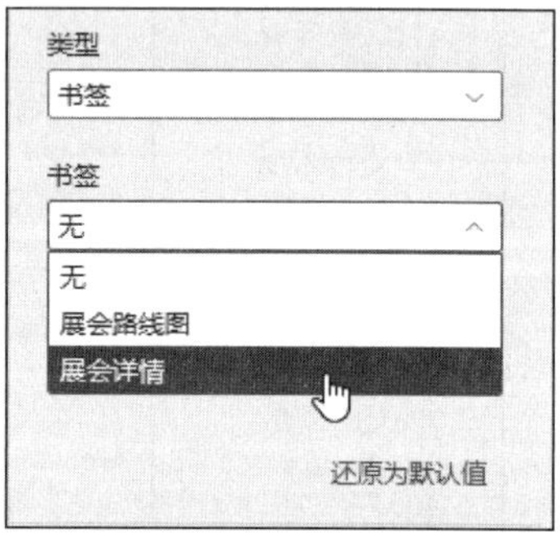

图 5-117 设置书签的“操作”选项

案例三——完善部门费用统计表

（1）单击“文件”菜单中的“打开报表”命令，在打开的“文件”菜单的右侧窗格中单击“浏览报表”按钮，弹出“打开”对话框，选择“部门费用统计表”文件，单击“打开”按钮，在 Power BI Desktop 界面打开文件。

（2）在“视图”侧边栏中单击“报表视图”按扭，选择“第 2 页”报表页，在“插入”选项卡的“元素”组中单击“按钮”下拉按钮，在弹出的下拉菜单中选择“上一步”按钮，在报表页的左上角插入按钮图标，将其拖动到右下角的位置，并将其拖拽至合适大小。

（3）单击“上一步”按钮，在“‘格式’按钮”窗格中单击“按钮文本”选项，将开关按钮设置为“开”，在文本框中输入“上一步”，字体颜色设置为“绿色”，文本大小为“28 磅”。

（4）单击“填充”选项，将开关按钮设置为“开”，填充颜色设置为“米黄色”。

（5）单击“图标”选项，将其展开，线条颜色设置为“绿色”，粗细为“5 磅”。

（6）单击“边框”选项，将开关按钮设置为“开”，其他采用默认设置，结果如图 5-118 所示。按住〈Ctrl〉键，单击该按钮，页面就会跳转到上步操作过的页面。

（7）选中该按钮，按快捷键〈Ctrl+C〉，再单击“第 3 页”报表页，按快捷键〈Ctrl+V〉，将其粘贴到“第 3 页”报表页。

（8）同理，将其复制、粘贴到“第 2 页的副本”报表页中。

（9）在“插入”选项卡的“元素”组中单击“文本框”按钮，插入文本框，输入“石家庄三维书屋文化传播有限公司”，设置字号为“20”，选中要添加链接的文本，在浮动工具栏上单击“插入链接”按钮，工具栏中显示链接编辑框，如图 5-119 所示。

（10）将“石家庄三维书屋文化传播有限公司”的链接“http://www.sjzswsw.com/”粘贴到链接编辑框中，如图 5-120 所示。

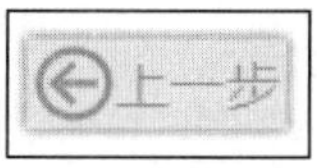

图 5-118　创建的按钮

图 5-119　链接编辑框

图 5-120　粘贴链接

（11）单击“完成”按钮完成，完成链接的创建。此时的文本框如图 5-121 所示。将鼠标指针放置在文本上，在浮动工具栏上显示出链接地址，单击该地址，就会跳转到指定的网页。

图 5-121　创建的链接

任务五　格式化报表

任务引入

小明再次将优化好的报表提交给领导，但是领导认为报表格式不够清晰、样式不够美观、画布的大小比例和布局不太合理。那么，如何对报表主题、画布大小和布局以及背景进行设置呢？

知识准备

创建了报表，并不等于完成了所有的制表工作。一份优秀的报表不但要求数据处理得合理准确，而且要求报表格式清晰、内容整齐、样式美观，便于理解和查看。

一、应用报表主题

报表主题是预定义的颜色、样式的集合，利用主题可以快速设置报表视觉对象的外观。在 Power BI Desktop 中，可以创建通用报表主题或外观，将其应用于所有报表页面。

Power BI Desktop 预置了一些主题，在“视图”选项卡的“主题”组中单击下拉按钮，可以看到预置的主题列表，如图 5-122 所示。单击某一主题图标，即可将该主题应用于当前报表中。

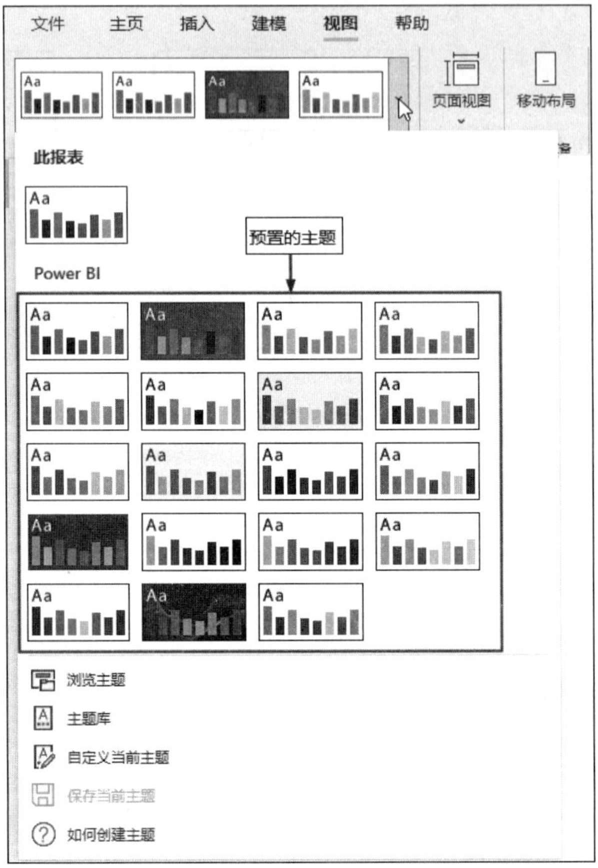

图 5-122　主题列表

下面以报表“项目支出分析表”应用主题“经典”为例，讲解使用主题格式化报表的操作方法。

（1）获取数据，加载的数据在数据视图中的效果如图 5-123 所示。

本例在制作视觉对象时，不需要最后一行的总计数据，所以接下来先在 Power Query 编辑器中编辑数据表。

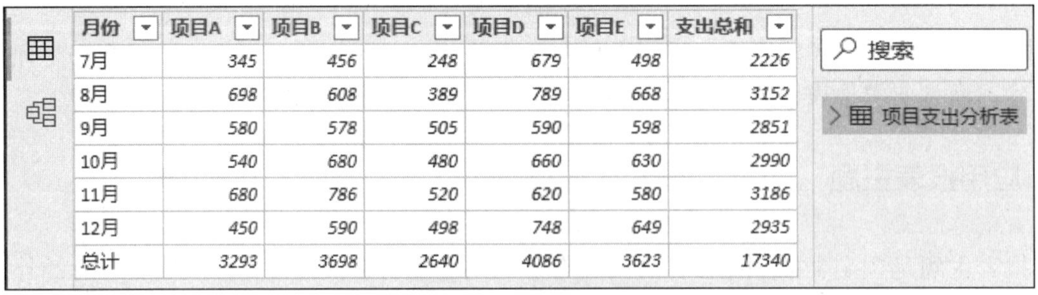

月份	项目A	项目B	项目C	项目D	项目E	支出总和
7月	345	456	248	679	498	2226
8月	698	608	389	789	668	3152
9月	580	578	505	590	598	2851
10月	540	680	480	660	630	2990
11月	680	786	520	620	580	3186
12月	450	590	498	748	649	2935
总计	3293	3698	2640	4086	3623	17340

图 5-123　加载的数据表

（2）在“主页”选项卡的“查询”组中单击“转换数据”按钮，弹出 Power Query 编辑器界面。在“主页”选项卡的“减少”组中单击“删除行”按钮，在弹出的下拉菜单中选择“删除最后几行”命令，打开对应的对话框，设置行数为“1”，如图 5-124 所示。

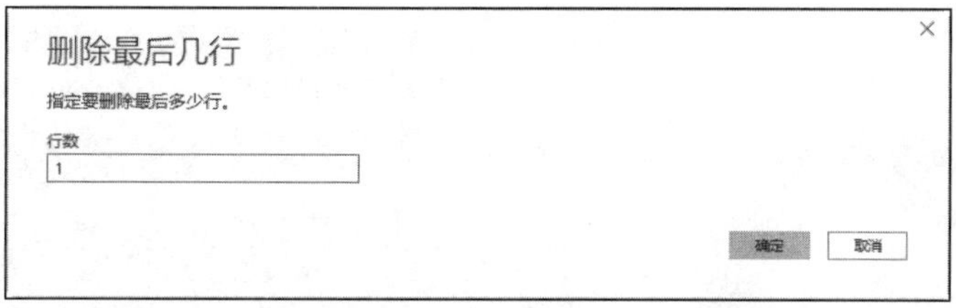

图 5-124　删除最后一行

（3）单击“确定”按钮，关闭对话框，然后在“主页”选项卡的“关闭”组中单击“关闭并应用”按钮，关闭 Power Query 编辑器，并更新数据。

（4）切换到报表视图，在“字段”窗格中勾选要添加到报表中的字段，然后在“可视化”窗格中单击“环形图”按钮，利用数据生成视觉对象，如图 5-125 所示。

（5）选中视觉对象，在“可视化”窗格的“格式”选项卡中修改标题文本为“各项目支出占比图”，对齐方式为“居中”，并添加黑色边框，效果如图 5-126 所示。

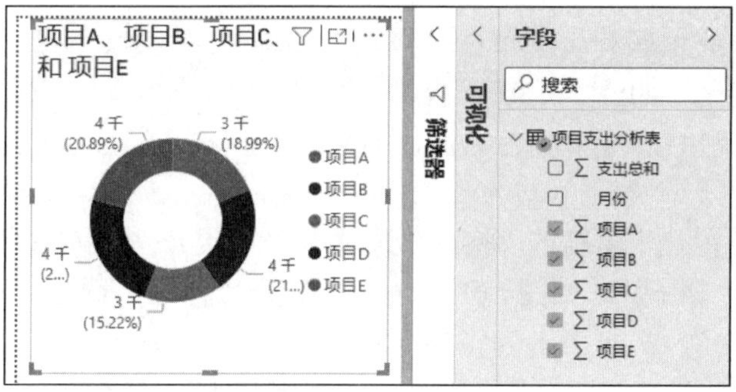

图 5-125　生成环形图

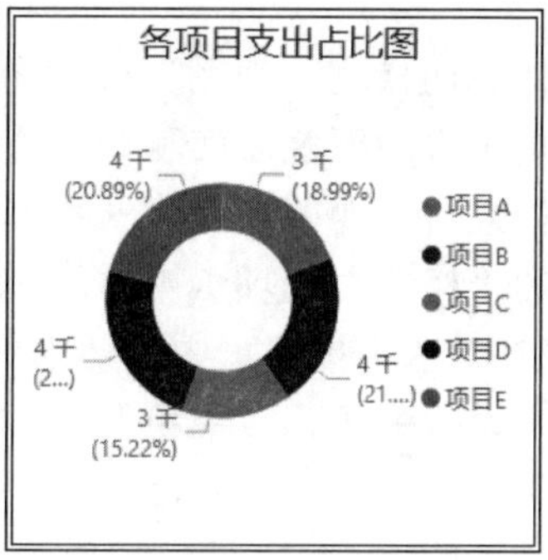

图 5-126　设置格式的效果

（6）取消选中的视觉对象，在“字段”窗格中勾选要添加到报表中的字段，然后在“可视化”窗格中单击“簇状条形图”按钮，利用数据生成视觉对象，如图 5-127 所示。

（7）选中视觉对象，在“可视化”窗格的“格式”选项卡中修改标题文本为“各月份支出总和”，对齐方式为“居中”，并添加黑色边框，效果如图 5-128 所示。

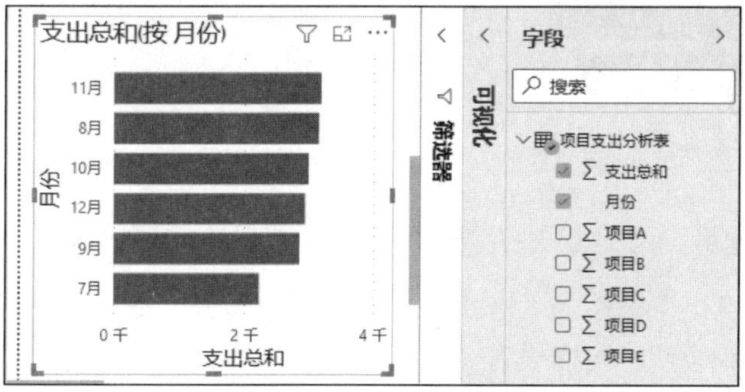

图 5-127　生成簇状条形图

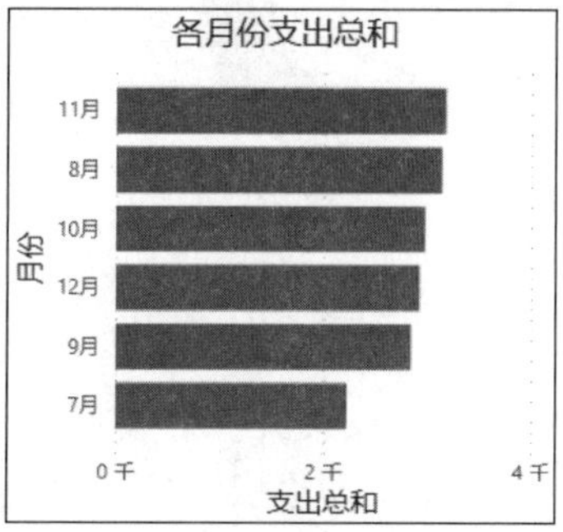

图 5-128　设置标题和边框的效果

（8）调整报表页中两个视觉对象的大小和位置，如图 5-129 所示。

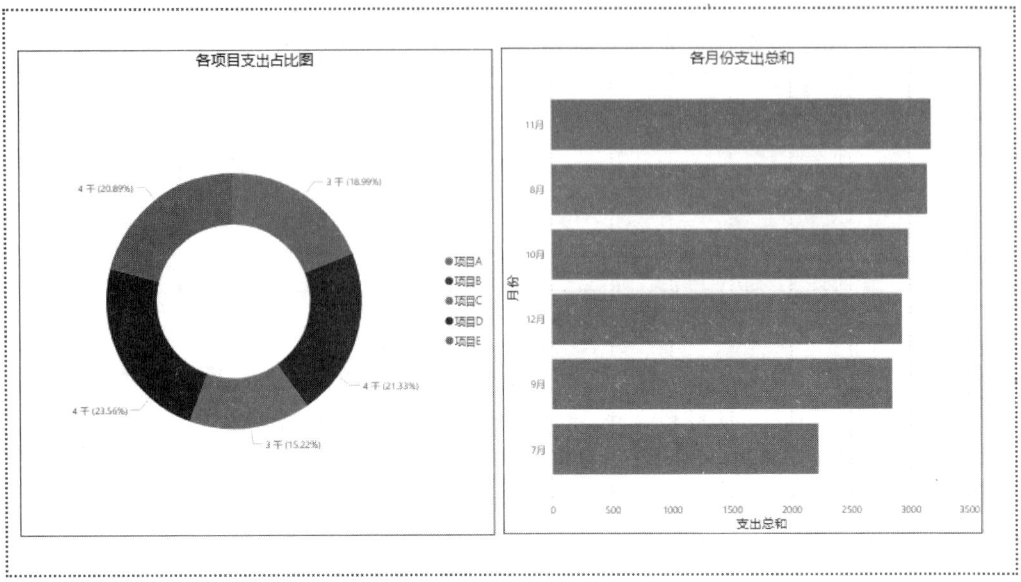

图 5-129　报表页效果

（9）切换到“视图”选项卡，在预置的主题列表中单击“经典”图标应用主题，可以看到视觉对象的配色方案和布局随之发生变化，如图 5-130 所示。

如果对主题的部分格式不满意，如主题中的文本颜色太浅、字号较小，可以在“可视化”窗格的“格式”选项卡中进行修改。

（10）选中报表页中的环形图，在“可视化”窗格的“格式”选项卡中展开“详细信息”选项，设置颜色为“黑色”，文本大小为“14 磅”，如图 5-131 所示。展开“标题”选项，设置字体颜色为“黑色”，对齐方式为“居中”，文本大小为“18 磅”，如图 5-132 所示。

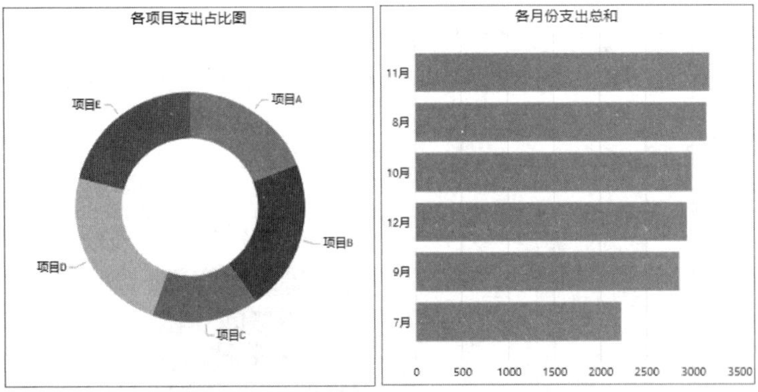

图 5-130　应用“经典”主题的效果

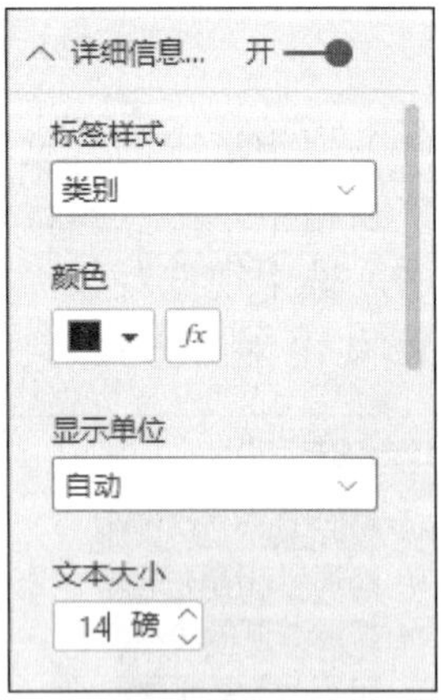

图 5-131　设置详细信息的格式

（11）选中报表页中的条形图，在“可视化”窗格的“格式”选项卡中展开“横坐标轴”选项，设置颜色为“黑色”，文本大小为“14 磅”，同样设置“纵坐标轴”选项；展开“标题”选项，设置字体颜色为“黑色”，对齐方式为“居中”，文本大小为“18 磅”，如图 5-133 所示。

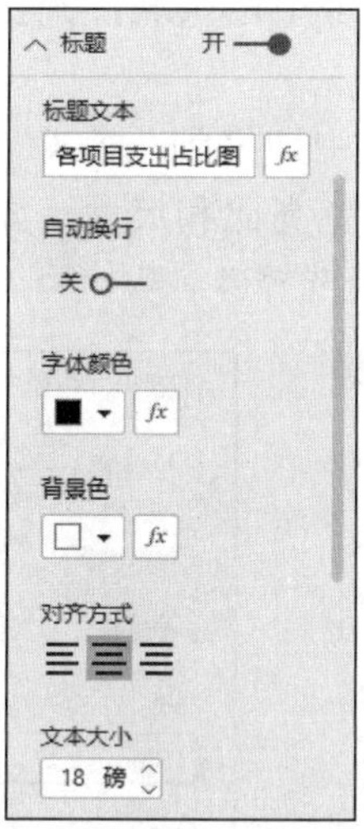

图 5-132　设置标题格式

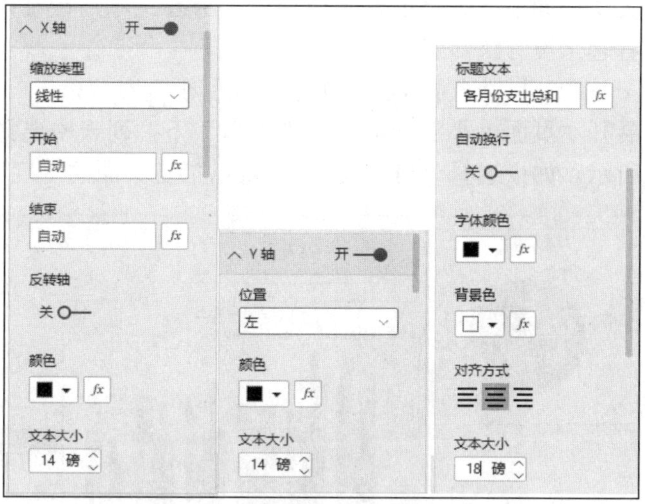

图 5-133　设置横坐标轴、纵坐标轴和标题格式

设置完成后，在报表页中可以看到格式化后的效果，如图 5-134 所示。

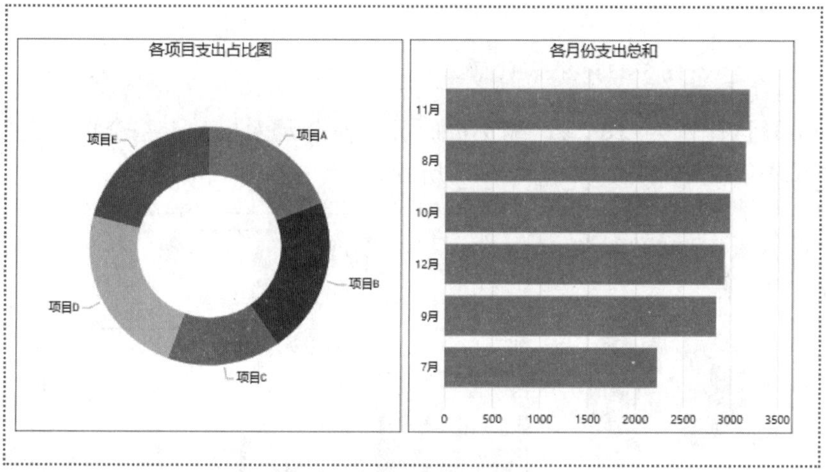

图 5-134　格式化的报表页

二、调整画布大小和布局

杂乱无章的报表页面不仅影响美观，甚至可能会影响用户对报表的理解。设计优秀的报表不仅使画布匹配视觉对象的大小，而且整体版面看起来整洁、舒适，这就需要对报表的页面大小和布局进行设置。

下面以更改“项目支出总额”报表页的大小和布局为例，介绍调整画布大小和布局的操作方法。

（1）打开报表页“项目支出总额”，如图 5-135 所示。

从图 5-135 中可以看到，报表页画布的留白较多，则视觉对象分布散乱，版面效果很不美观。如果已确定报表的查看和显示方式，则在设计时应注意减少空白区域，确保视觉对象看起来没有狭促感。

（2）取消选中报表画布中的任何视觉对象，在“可视化”窗格中切换到“格式”选项卡，展开“页面大小”选项，在“类型”下拉列表中选择需要的屏幕宽高比和尺寸，如图 5-136 所示。如果选择“自定义”，则可以指定页面的宽度和高度。本例选择 4∶3。

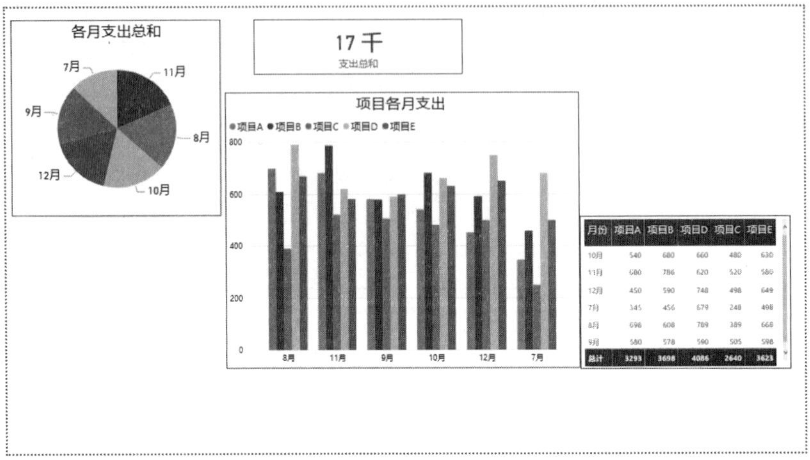

图 5-135　报表页面

图 5-136　设置页面大小

报表页面的默认比例为 16∶9，缩小页面后，各个元素相对于整个页面会放大，可能会有部分视觉对象不能完整显示，如图 5-137 所示。

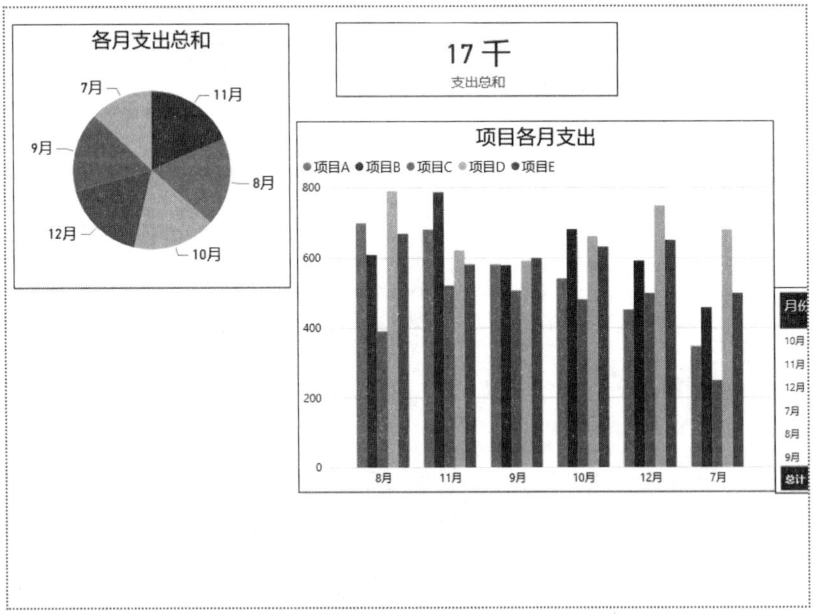

图 5-137　设置页面大小后的效果

接下来根据页面大小调整视觉对象的大小和位置，更改报表页面的布局。报表元素的布局是用户浏览报表页面时的导引，但会影响用户对报表的理解。在大多数情况下，人们习惯从左往右、从上往下进行浏览，因此可以将最重要的元素放在报表左上角，其他视觉对象的排列方式要有助于用户有逻辑地浏览和理解信息。

（3）调整视觉对象的位置。移动时报表画布中会显示对齐参考线（红色的虚线），如图 5-138 所示。

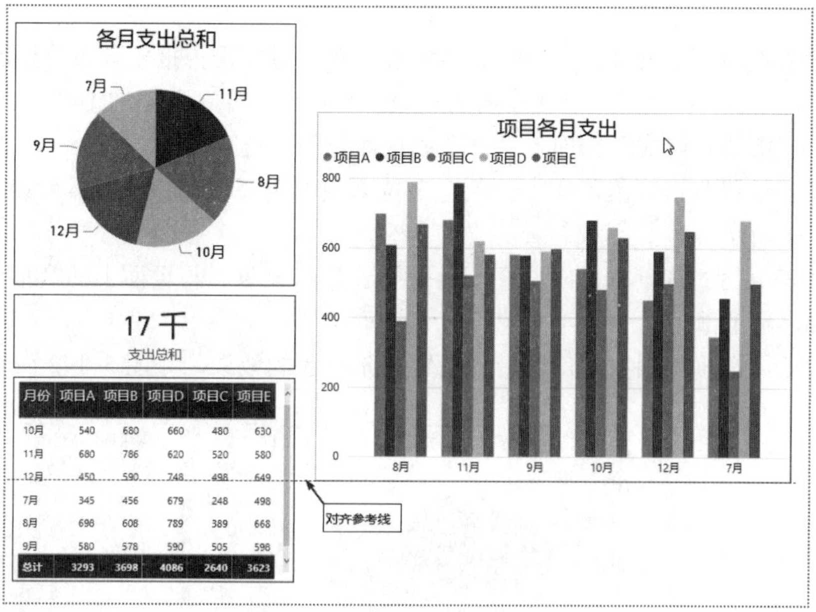

图 5-138　移动视觉对象时的对齐参考线

除了参考线，Power BI Desktop 在“格式”选项卡中还提供了一些对齐视觉对象的工具，如图 5-139 所示，可以对齐和分布选择的多个视觉对象。

（4）调整视觉元素的大小，最终效果如图 5-140 所示。

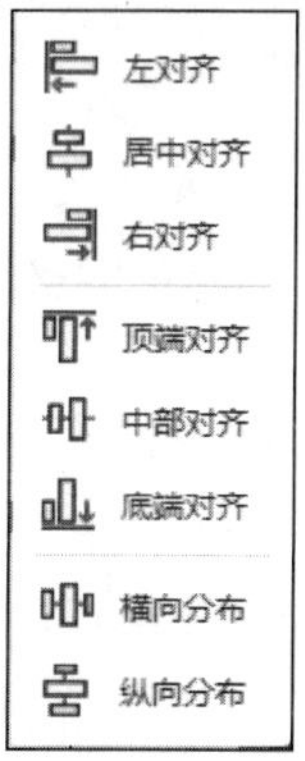

图 5-139　对齐视觉对象的工具

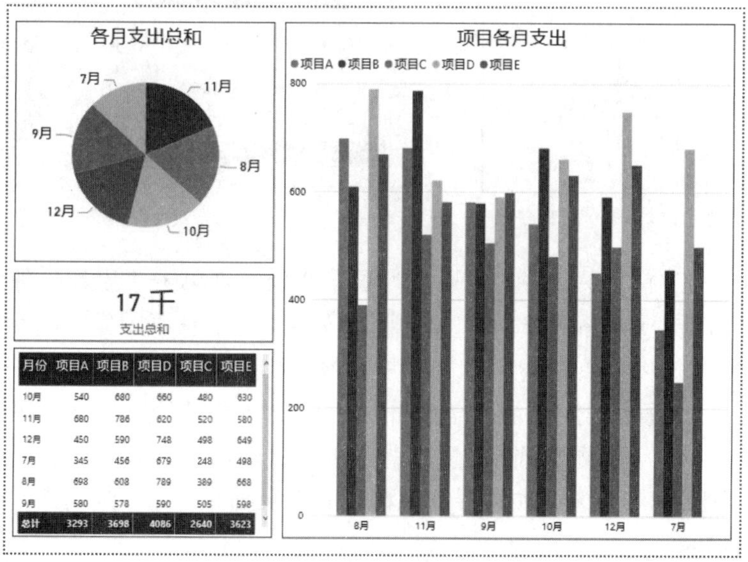

图 5-140　设置画布大小和布局的最终效果

三、设置画布背景

报表页面的背景默认为白色，在实际应用中，可为报表画布设置背景颜色，或将图像设置为背景。

下面以设置“项目支出总额”报表页的背景为例，讲解设置报表画布背景的方法。

（1）打开上一节已调整好大小和布局的报表页“项目支出总额”，取消选中任一视觉对象。在“可视化”窗格的“格式”选项卡中展开“页面背景”选项。

（2）如果要设置背景颜色，在“颜色”下拉列表中选择填充颜色，然后设置颜色的透明度，如图 5-141 所示。

在设置报表页面的背景时，应选择不会令报表黯然失色、与页面上的其他颜色不冲突或不会引起眼部不适的颜色。

设置完成后，在报表画布中可以看到设置背景颜色的效果，如图 5-142 所示。

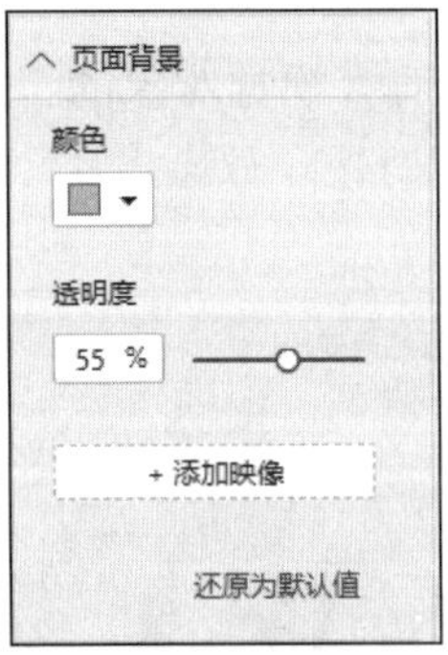

图 5-141　设置背景颜色

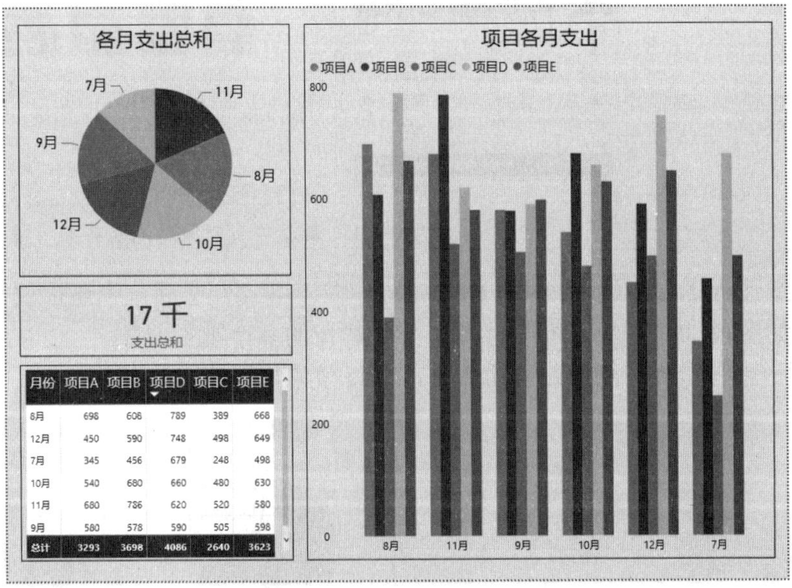

图 5-142　设置背景颜色的画布

（3）如果要将图像设置为画布背景，则单击“添加映像”按钮 + 添加映像 ，在弹出的“打开”对话框中选择需要的图像文件，然后在“图像匹配度”下拉列表中设置图像填充画布的方式和图像的透明度，如图 5-143 所示。

设置完成后，在报表画布中可以看到设置背景图像的效果，如图 5-144 所示。

（4）如果要删除设置的背景图像，则在“页面背景”选项中，单击图像文件名称右侧的“删除”按钮 × 。如果要恢复默认的报表画布背景，则单击“还原为默认值”按钮 还原为默认值 即可。

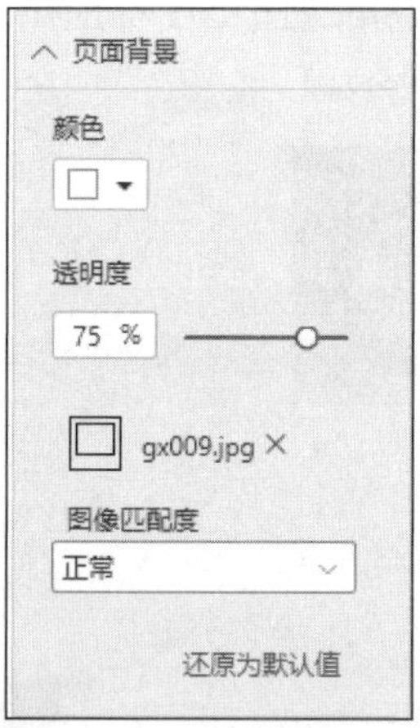

图 5-143　设置页面背景图像

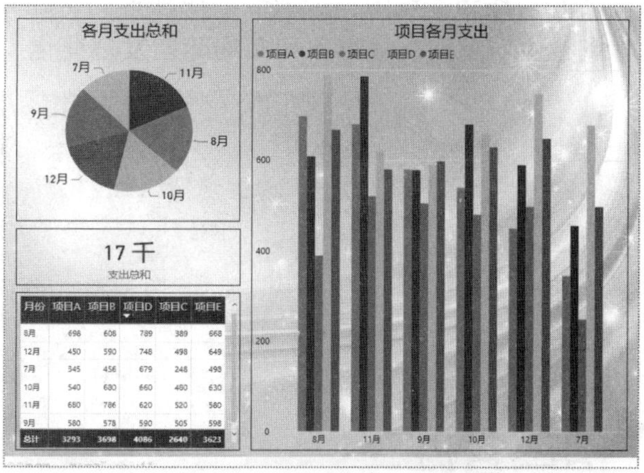

图 5-144　设置背景图像的画布

案例四——格式化部门费用统计表

（1）接上一节“完善部门费用统计表”案例。

（2）在“视图”侧边栏中单击“报表视图”，选择“第 1 页”报表页，此时可以看到，该报表页页面大小不太合适，下面我们对该页面进行编辑。

（3）不选中任何视觉对象，在“可视化”窗格的“格式”选项卡中单击“页面大小”选项，将其展开，类型选择“自定义”，修改高度为“360 像素”，结果如图 5-145 所示。

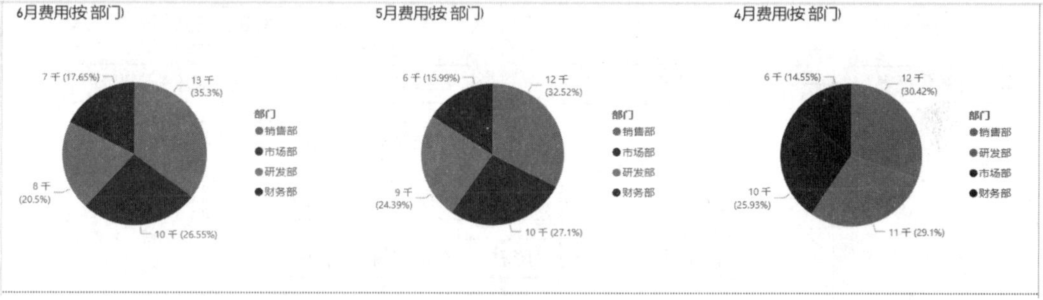

图 5-145　调整页面大小

（4）选择“页面背景”选项，将其展开，单击“添加映像”按钮 + 添加映像 ，弹出“打开”对话框，选择一张图片作为背景，如图 5-146 所示。

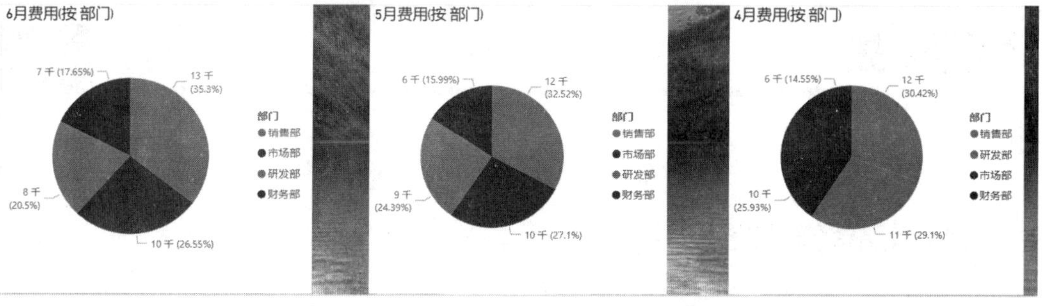

图 5-146　设置画布背景

（5）切换到“视图”选项卡，在预置的主题列表中单击“城市公园”图标应用主题，可以看到视觉对象的配色方案和布局随之发生变化，如图 5-147 所示。

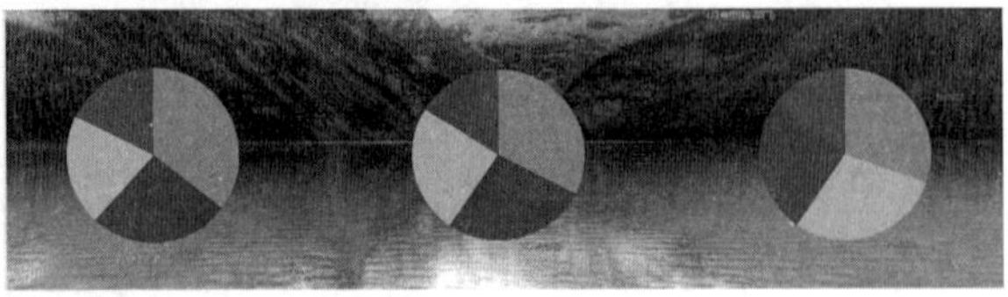

图 5-147　切换主题

项目总结

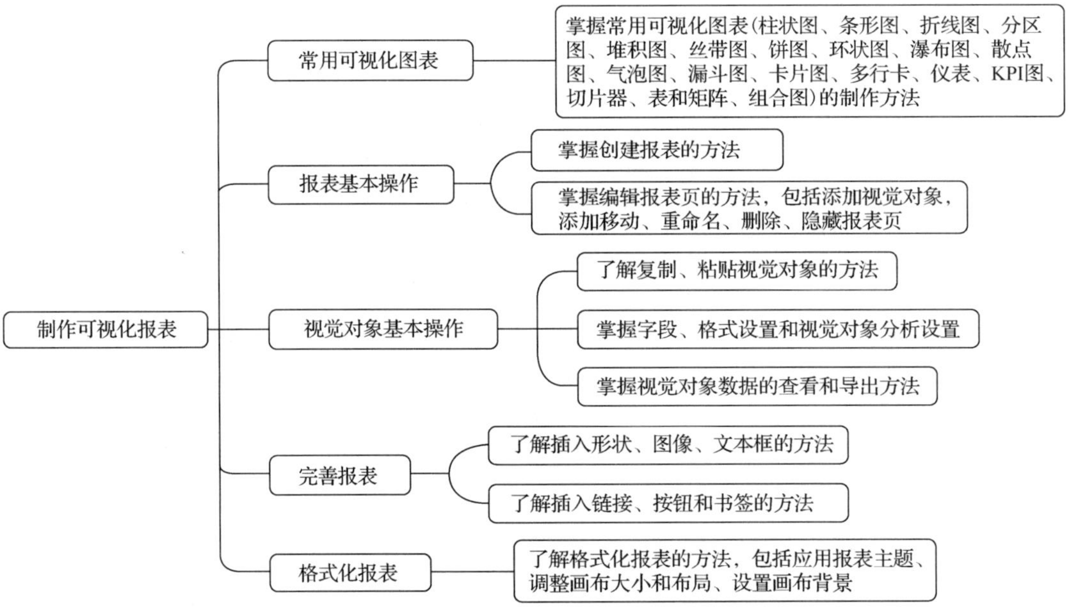
制作可视化报表
常用可视化图表
掌握常用可视化图表(柱状图、条形图、折线图、分区图、堆积图、丝带图、饼图、环状图、瀑布图、散点图、气泡图、漏斗图、卡片图、多行卡、仪表、KPI图、切片器、表和矩阵、组合图)的制作方法
报表基本操作
掌握创建报表的方法
掌握编辑报表页的方法，包括添加视觉对象，添加移动、重命名、删除、隐藏报表页
视觉对象基本操作
了解复制、粘贴视觉对象的方法
掌握字段、格式设置和视觉对象分析设置
掌握视觉对象数据的查看和导出方法
完善报表
了解插入形状、图像、文本框的方法
了解插入链接、按钮和书签的方法
格式化报表
了解格式化报表的方法，包括应用报表主题、调整画布大小和布局、设置画布背景

项目实战

实战　门店商品销售报表

（1）单击“文件”菜单中的“打开报表”命令，在打开的“文件”菜单的右侧窗格中单

击“浏览报表”按钮，弹出“打开”对话框，选择“门店商品销售报表”文件，单击“打开”按钮，在 Power BI Desktop 界面打开文件。

（2）在“视图”侧边栏中单击“报表视图”按钮，在“字段”窗格中选择“门店信息表”，勾选字段“城市”和“门店编码”，在“可视化”窗格中单击“地图”按钮，生成门店信息报表。

（3）双击报表页名称“第 1 页”，修改名称为“门店信息报表”，如图 5-148 所示。

（4）在页面选项卡区域单击“新建页”按钮，新建页的名称为“第 1 页”，双击修改名称为“销售额分析表”。

（5）在“字段”窗格中勾选字段“商品编码”和“销售额”，在“可视化”窗格中单击“环形图”按钮，生成的报表如图 5-149 所示。

图 5-148　修改报表名称

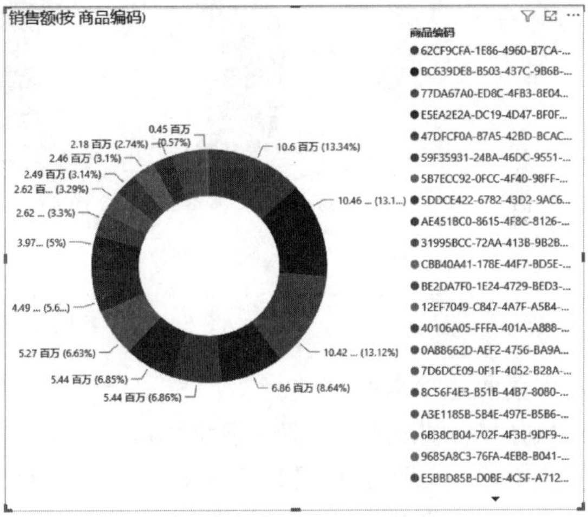

图 5-149　生成环形图

（6）选中生成的环形图，在“可视化”窗格中切换到“格式”选项，单击“标题”选项，将其展开，修改标题文本为“各商品销售额”，字体颜色设置为“红色”，对齐方式设置为“居中”，文本大小为“20 磅”。

（7）单击“边框”选项，将开关按钮设置为“开”，颜色设置为“蓝色”，结果如图 5-150 所示。

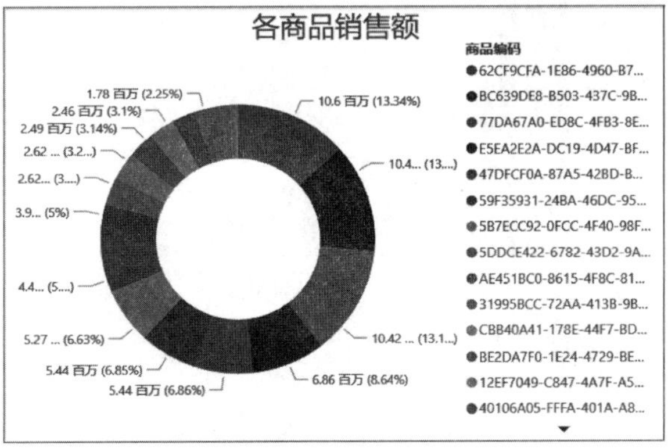

图 5-150　设置边框格式

（8）选中环形图，按快捷键〈Ctrl+C〉复制报表视觉对象，然后使用按快捷键〈Ctrl+V〉将视觉对象粘贴到报表中。粘贴的视觉对象通常与原对象重叠，移动粘贴的视觉对象到合适位置。

（9）在“字段”窗格中修改勾选的字段为“门店编码”和“销售额”。

（10）在“可视化”窗格中切换到“格式”选项卡，单击“标题”选项，将其展开，修改标题文本为“各门店销售额”，结果如图 5-151 所示。

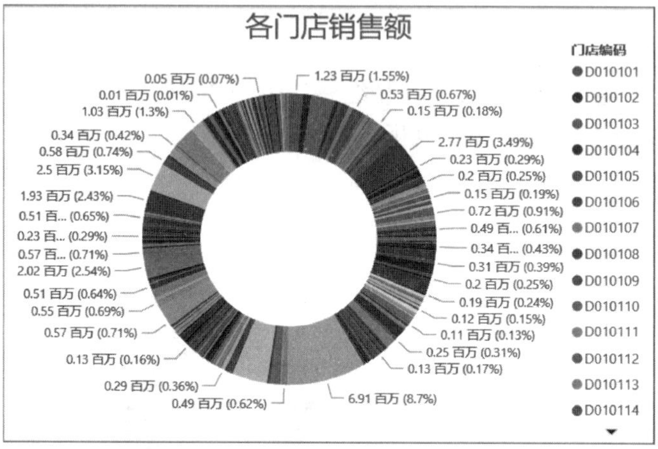

图 5-151　各门店销售额

（11）在页面选项卡区域选择“销售额分析表”，右击，在弹出的快捷菜单中选择“复制页”命令，创建新的报表页，双击名称修改为“成本分析表”，选中“各商品销售额”表，在“字段”窗格中修改勾选的字段为“成本额”和“商品编码”。

（12）单击“可视化”窗格中视觉对象列表中的“簇状柱形图”按钮。切换到“格式”选项卡，单击“标题”选项，将其展开，修改标题文本为“各商品成本额”，结果如图 5-152 所示。

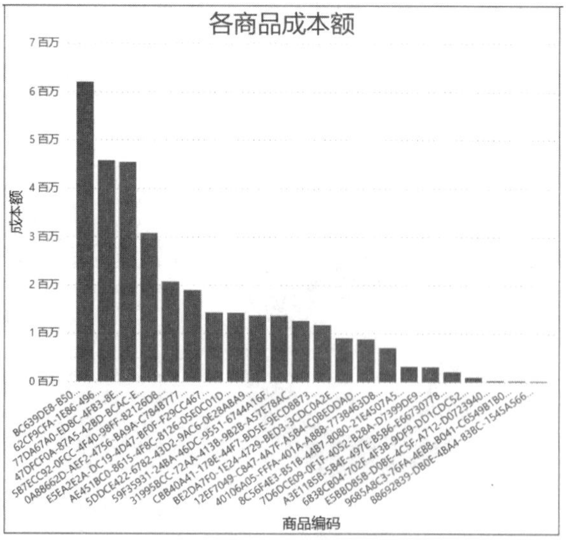

图 5-152　各商品成本额

（13）同理，选中“各门店销售额”表，在“字段”窗格中修改勾选的字段为“成本额”和“门店编码”。

（14）单击“可视化”窗格中视觉对象列表中的“折线图”按钮。切换到“格式”选项卡，单击“标题”选项，将其展开，修改标题文本为“各门店成本额”，结果如图 5-153 所示。

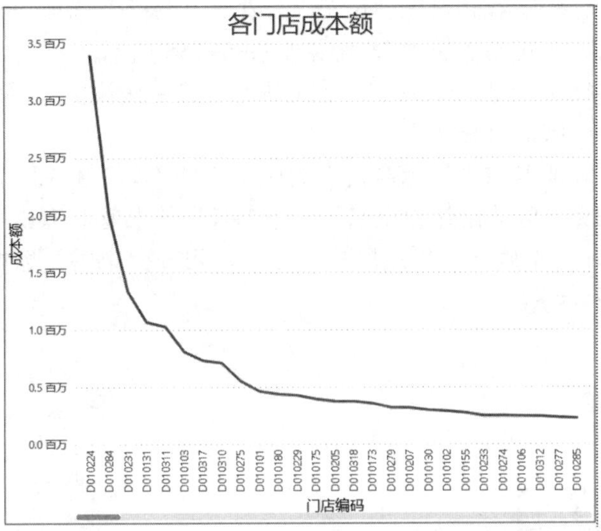

图 5-153　各门店成本额

（15）选中“各门店成本额”表，在“可视化”窗格中切换到“分析”选项卡，单击“最小值”选项，将其展开，单击“添加”按钮＋添加，添加一条名称为“最小值线 1”的默认样式的最小值线，修改颜色为“红色”。

（16）单击“最大值”选项，单击“添加”按钮＋添加，添加一条“最大值线 1”的默认样式的最大值线，修改颜色为“红色”，结果如图 5-154 所示。

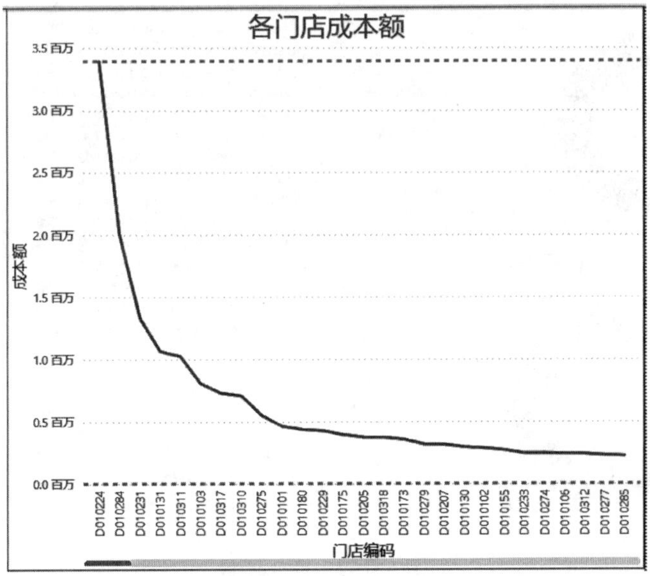

图 5-154　设置最大值线和最小值线

（17）不选中任何视觉对象。在“插入”选项卡的“元素”组中单击“按钮”下拉按钮，在弹出的下拉菜单中选择“书签”按钮，系统自动在左上角创建书签。将其拖动到右下角，并调整其大小。

（18）选中书签，在“格式按钮”窗格中单击“边框”选项的开关按钮，将其打开，设置轮廓线颜色为“紫色”，轮廓线粗细为“6 磅”。单击“图标”选项，将其展开，设置线条颜色为“蓝色”，水平对齐方式为“居中”，结果如图 5-155 所示。

（19）选中书签，按快捷键〈Ctrl+C〉复制书签，然后按快捷键〈Ctrl+V〉将书签粘贴到“销售额分析表”和“门店信息报表”中。

（20）在“视图”选项卡的“显示窗格”组中单击“书签”按钮，打开“书签”窗格，单击“添加”按钮 添加，自动创建一个名为“书签 1”的书签。双击书签名称，修改名称为“门店信息”，按〈Enter〉键确认。采用同样的方法，可在“书签”窗格中添加其他报表页创建书签，如图 5-156 所示。

图 5-155　创建书签

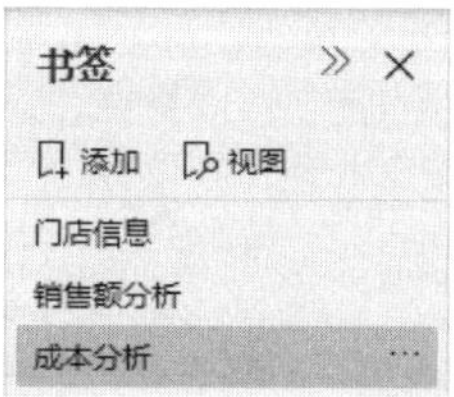

图 5-156　“书签”窗格

（21）在“书签”窗格中单击“销售额分析”书签，跳转到“销售额分析表”报表页面。

（22）在“插入”选项卡的“元素”组中单击“图像”按钮，弹出“打开”对话框，选择“商品信息表”图像，单击“打开”按钮 打开(O)，将图像插入到“销售额分析表”报表页中，结果如图 5-157 所示。

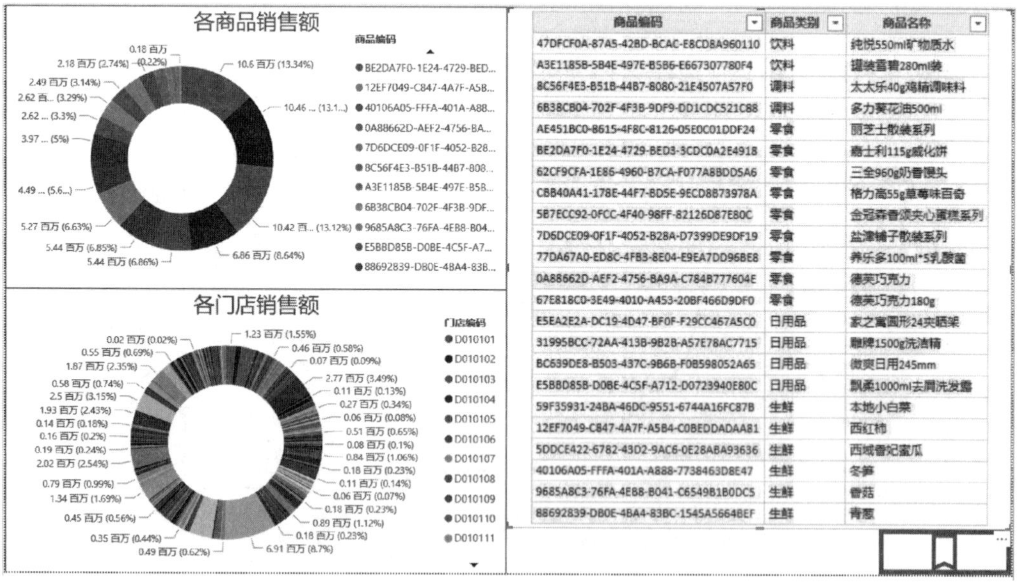

图 5-157　插入图像

（23）在“视图”选项卡的“主题”组中单击下拉按钮 ⌄，在主题列表中选择“经典”主题，此时，所有报表页的主题全部更换为“经典”，结果如图 5-158 所示。

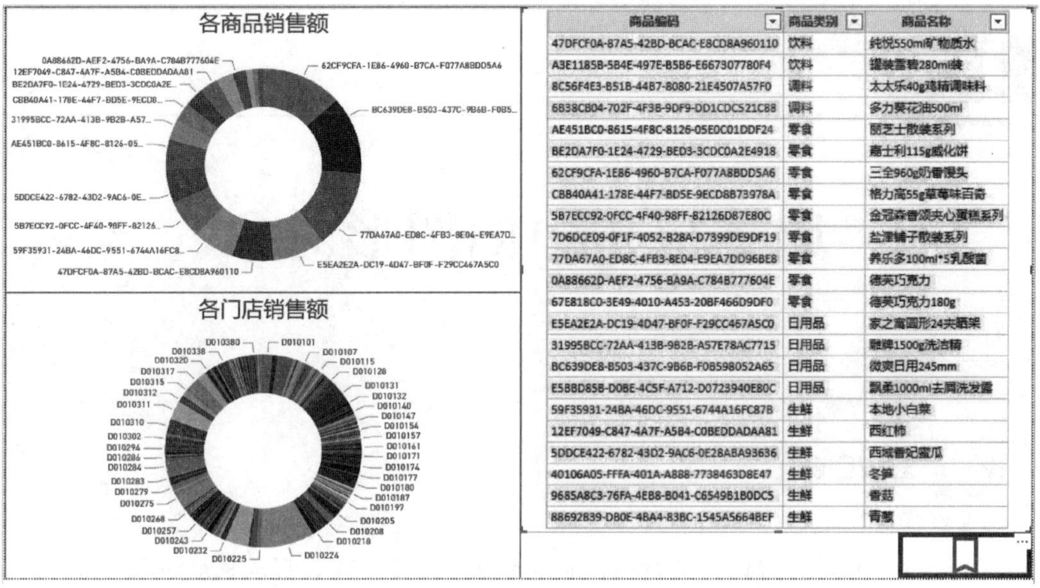

图 5-158　修改主题

项目六

财务应用中的图形对象

思政目标

- 培养读者的审美情趣，养成健康的生活方式，形成良好的人格修养。
- 充分释放想象力、发挥创造力，拓宽自己的视野，避免思维局限性。

技能目标

- 能够熟练使用筛选器。
- 能够熟练钻取数据。
- 能够掌握数据分组的方法。
- 能够添加报表工具提示。

项目导读

前面几个项目讲解了数据获取、整理和建模，以及制作视觉对象，这些都是实现数据可视化分析的准备工作。Power BI 作为一款功能强大的交互式数据可视化工具，能够帮助用户有效地简化庞杂的数据，快速挖掘有价值的信息，对数据进行多角度分析，从而辅助决策。

任务一 使用筛选器

任务引入

小明制作了展会信息的报表提交给公司各领导，领导认为报表有些笼统，对于一些详细数据的表达不是特别直观，建议小明进行数据筛选细化。那么，在 Power BI 中如何进行数据的筛选呢？数据的筛选又有哪些方法呢？

知识准备

在深入探究数据时通常要按分析需求筛选数据，以挖掘隐含的有价值的信息。使用筛选器，可对指定数据进行查找，仅显示包含某一特定值或符合一组条件的数据。Power BI 会将应用于模型表列的筛选器传播到其他模型表。只要有关系路径可循，筛选器就会进行传播。关系路径是确定的，这意味着筛选器会始终以相同的方式传播，而不会随机变化。

一、视觉对象筛选器

视觉对象筛选器是指应用在某个视觉对象上的筛选器。

（1）打开“展会信息”报表，选中要进行筛选的视觉对象，图 6-1 为“展商数量”饼图，在“筛选器”窗格中可以看到当前视觉对象上的筛选器，如图 6-2 所示。

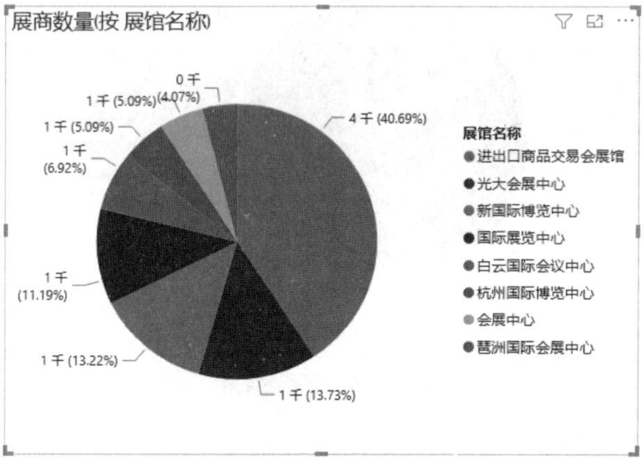

图 6-1 “展商数量”饼图

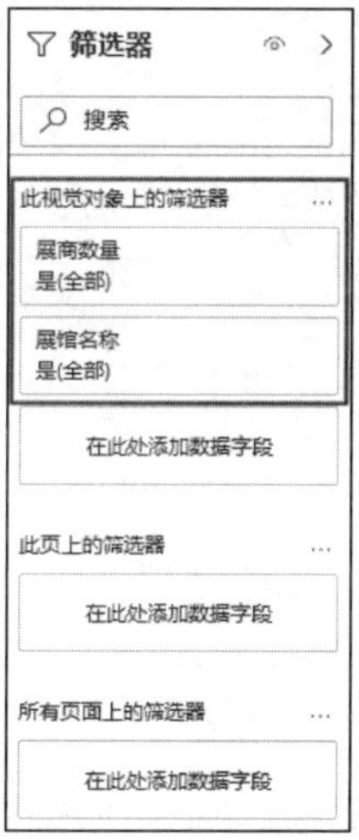

图 6-2 “筛选器”窗格

（2）单击要筛选字段右侧的“展开”按钮 ∨，可以看到“筛选类型”下拉列表和该字段中所有值的复选框，如图 6-3 所示。

（3）在“筛选类型”下拉列表中选择筛选数据的方式，默认为“基本筛选”，如图 6-4 所示。

图 6-3　查看筛选的值字段

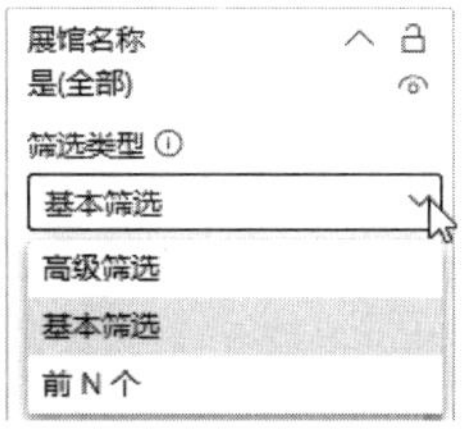

图 6-4　“筛选类型”下拉列表

（4）勾选要筛选的值字段，如图 6-5 所示。如果只筛选字段中的某一个值，则勾选字段值列表框下方的“需要单选”复选框，然后选择需要的字段值。报表画布中选中的视觉对象随之发生相应的变化，如图 6-6 所示。

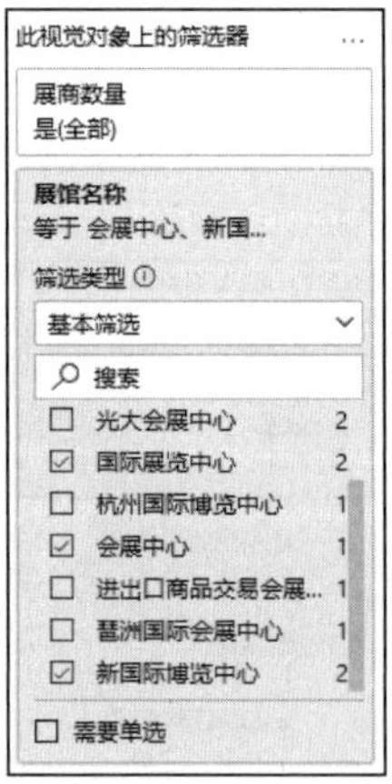

图 6-5　勾选要筛选的值字段

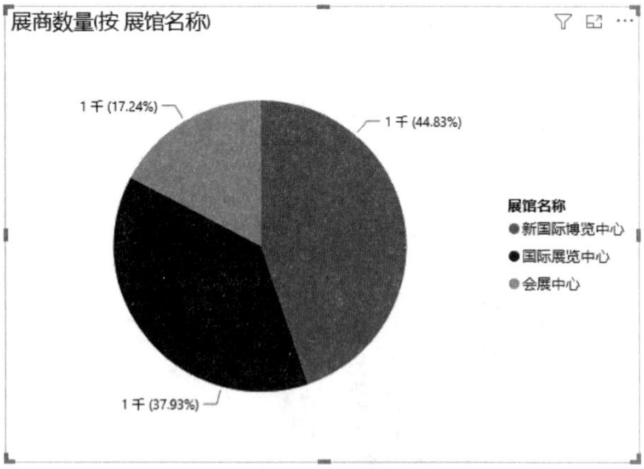

图 6-6　筛选结果

如果需要筛选的字段较多，且筛选条件比较复杂，则需要使用高级筛选简化筛选工作，提高工作效率。

（5）在筛选字段右侧单击“清除筛选器”按钮，如图 6-7 所示，取消数据筛选。

（6）在“筛选类型”下拉列表中选择“高级筛选”，其下方显示筛选条件，如图 6-8 所示。

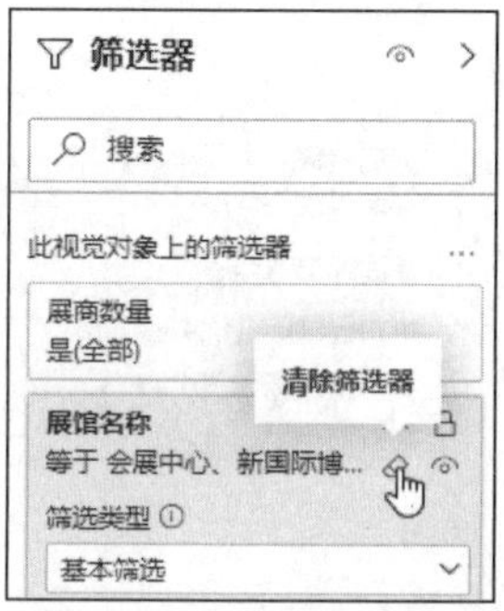

图 6-7　单击“清除筛选器”按钮

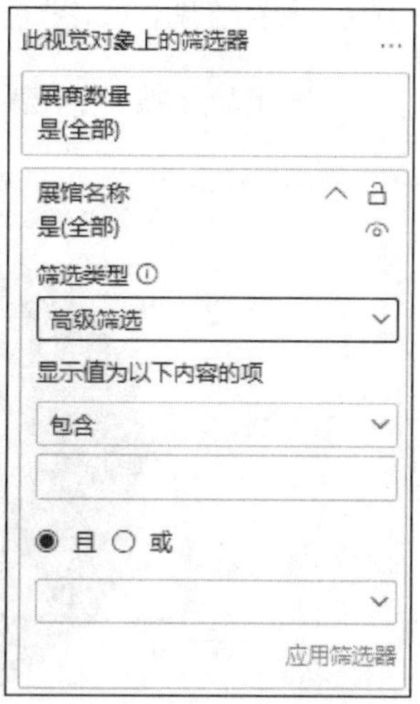

图 6-8　选择“高级筛选”

从图 6-8 中可以看到，高级筛选功能可以使用两个条件筛选数据。其中，“且”表示同时满足两个条件；“或”表示只要满足其中一个条件即可。

（7）设置筛选条件。第一个条件为字段值中包含“国际”，第二个条件为字段值中不包含“会展”，两个条件之间的关系为“且”，如图 6-9 所示。

（8）单击“应用筛选器”按钮应用筛选器，报表画布中选中的视觉对象随之发生变化，仅显示同时满足两个指定条件的数据，如图 6-10 所示。

图 6-9　设置筛选条件

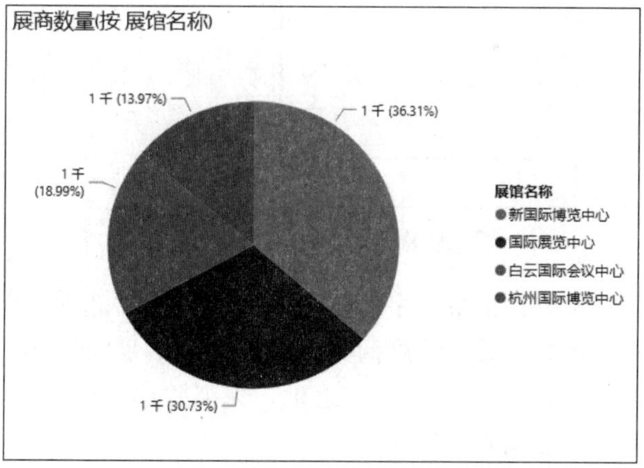

图 6-10　“且”关系的高级筛选结果

（9）如果将两个条件之间的逻辑关系修改为“或”，则可筛选出满足其中任一条件的数据，即筛选“展馆名称”中包含“国际”，或者不包含“会展”的数据，如图 6-11 所示。

如果要筛选的字段值是数值，则可以直接使用两个条件进行筛选。例如，展开“展商数量”筛选器卡，可以设置条件筛选展商数量小于或等于 500，或者大于或等于 3 000 的展馆信息，如图 6-12 所示。单击“应用筛选器”按钮 应用筛选器，报表画布中选中的视觉对象随之自动更新，显示筛选结果，如图 6-13 所示。

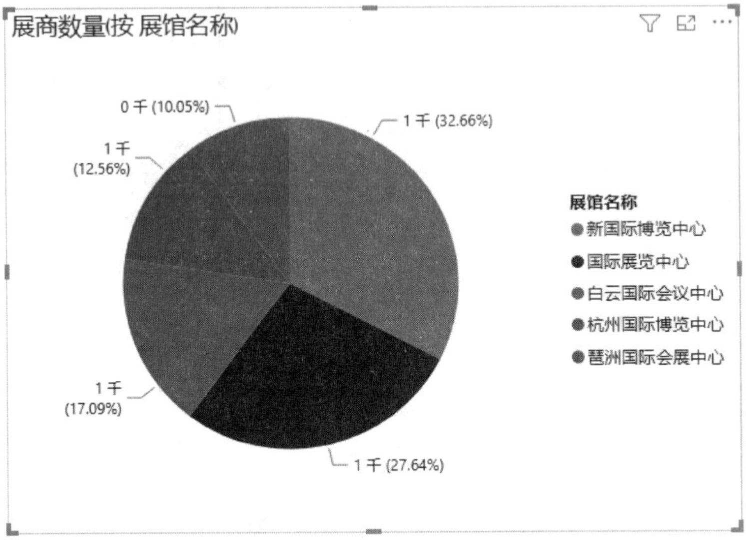

图 6-11　“或”关系的高级筛选结果

图 6-12　设置筛选条件

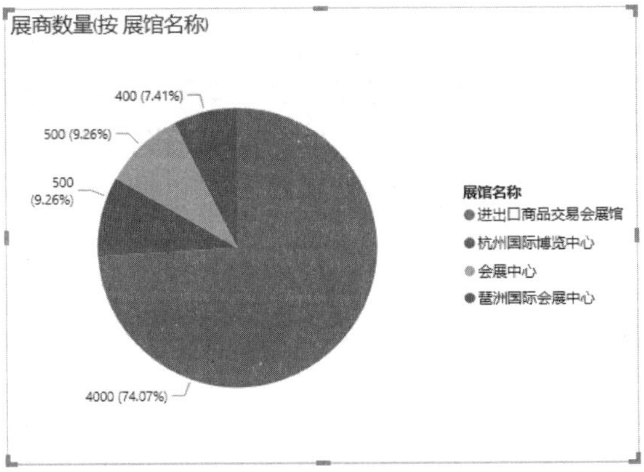

图 6-13　筛选结果

如果要按某个字段值的升序或降序筛选前 N 条或后 N 条记录，则可以使用第三种筛选方式。例如，要筛选展商数量位居前五的展馆数据，可以执行以下操作。

（10）更改筛选类型之前，先清除已有的筛选器。在筛选字段右侧单击“清除筛选器”按钮，取消数据筛选。

（11）在“筛选类型”下拉列表中选择“前 N 个”，由于要筛选的是前 5 条记录，所以在“显示项”选项区域选择方向为“上”，数量为“5”。然后从“字段”窗格中将“展商数量”拖放到“按值”编辑框中，如图 6-14 所示。

（12）设置完成后，单击“应用筛选器”按钮 应用筛选器，即可筛选数据，选中的视觉对象随之发生相应的变化，显示筛选结果，如图 6-15 所示。

除了可以利用视觉对象中已有的字段进行筛选，Power BI Desktop 还支持使用视觉对象未使用的字段进行筛选。例如，要在上一步的筛选结果中进一步使用字段“举办地点”筛选数据，可以执行以下步骤。

图 6-14　设置筛选条件

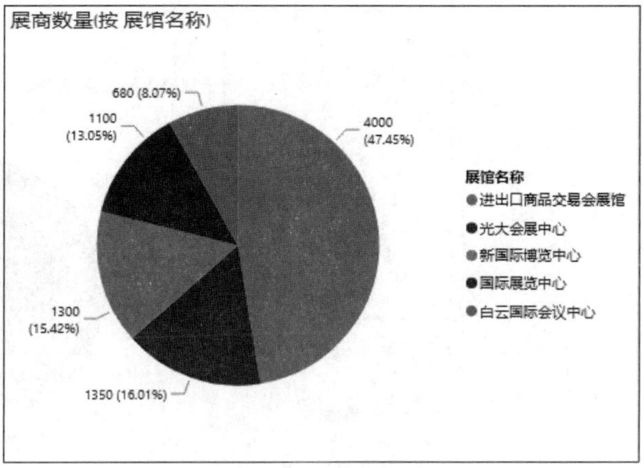

图 6-15　筛选结果

（13）在“字段”窗格中选择字段“举办地点”，按住鼠标左键，将其拖到“在此处添加数据字段”编辑框中，如图 6-16 所示。释放鼠标，即可在当前选中的视觉对象中添加筛选字段，如图 6-17 所示。

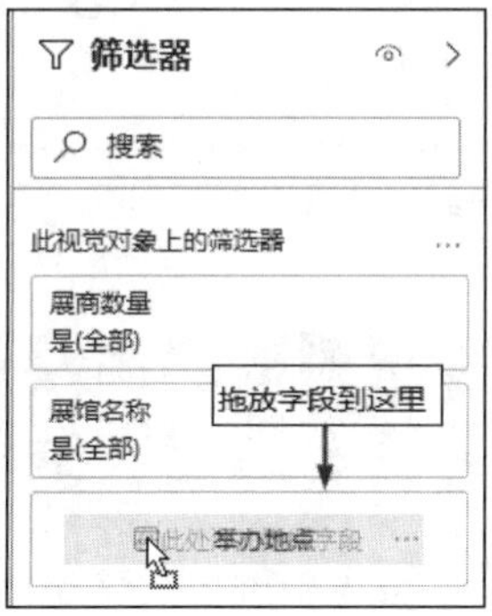

图 6-16　添加筛选字段

图 6-17　添加的筛选字段

（14）根据需要选择筛选类型和值字段。例如，要筛选位于北京和上海的展馆信息，则使用基本筛选，并勾选“北京”和“上海”复选框。选中的视觉对象随之发生相应的变化，显示筛选结果，如图 6-18 所示。

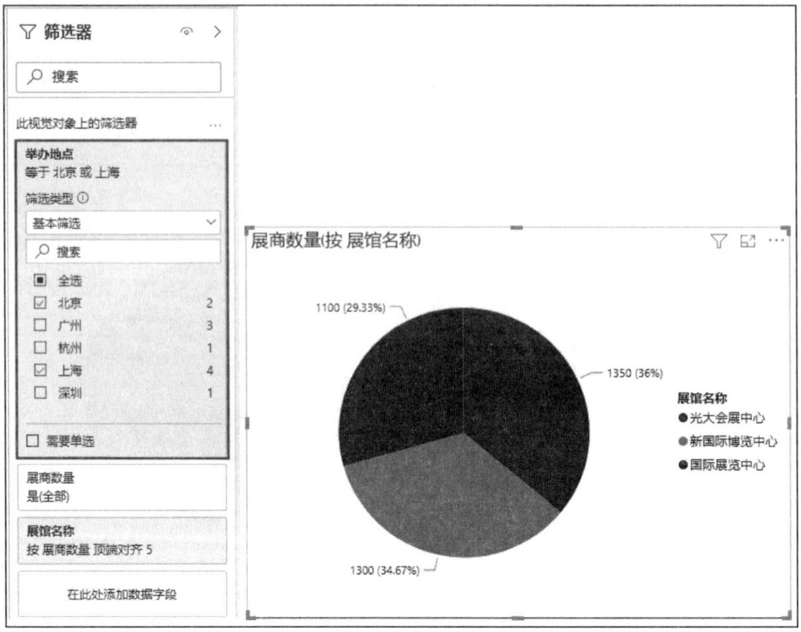

图 6-18　筛选条件和筛选结果

二、页面筛选器

页面筛选器是指应用于某个报表页中所有视觉对象的筛选器。

下面通过为报表页“展会信息”应用筛选器为例，介绍添加页面筛选器的方法。

（1）打开要添加筛选器的报表页面，不选中任一视觉对象，如图 6-19 所示。

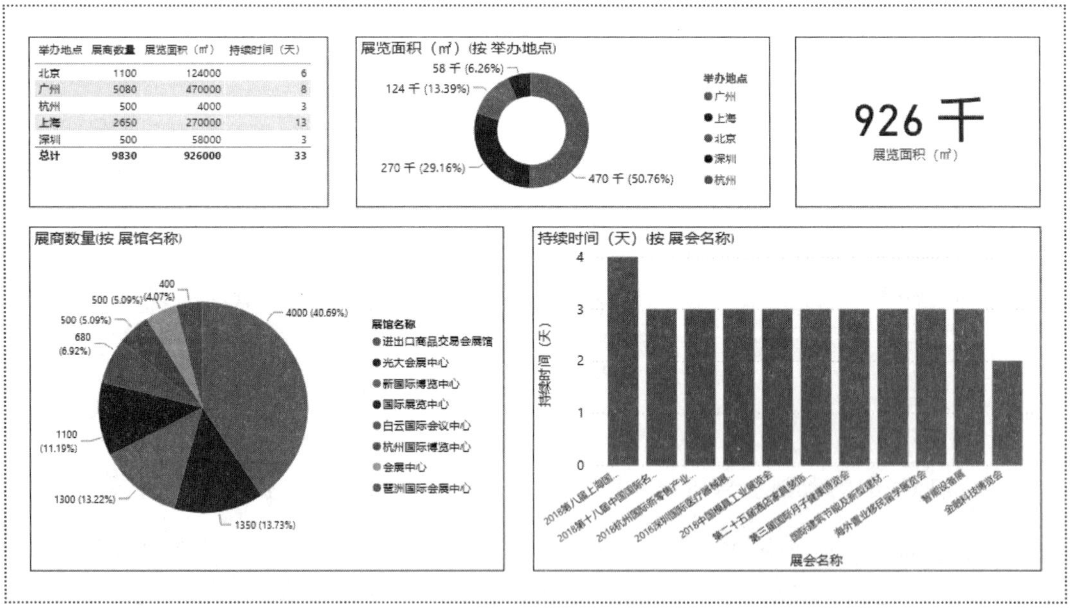

图 6-19　原始报表页

（2）在“字段”窗格中，将字段“举办地点”拖放到“在此处添加数据字段”编辑框中，如图 6-20 所示。

（3）根据需要选择筛选类型和值字段。例如，要查看在广州举办的展会信息，勾选“广州”复选框，如图 6-21 所示。

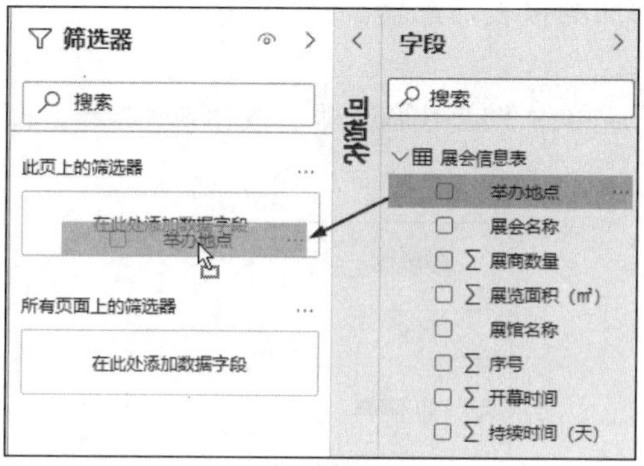

图 6-20　添加筛选字段

图 6-21　设置筛选条件

此时可以看到，当前报表页面中的所有视觉对象均应用该筛选器进行数据筛选，显示对应的筛选结果，如图 6-22 所示。

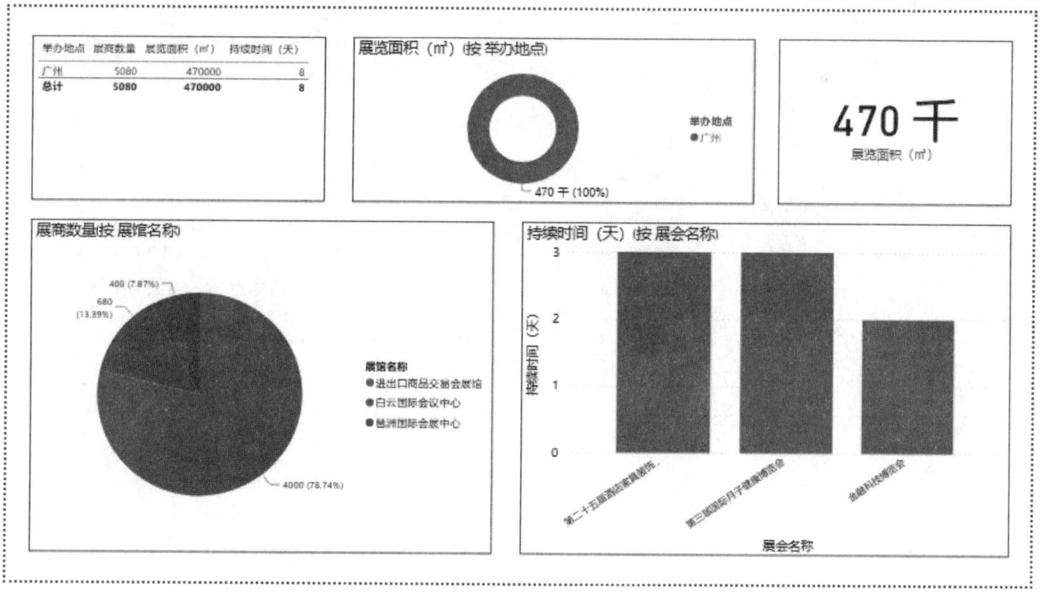

图 6-22　筛选结果

（4）如果选择的是“高级筛选”类型，则设置完成后单击“应用筛选器”按钮 应用筛选器，即可在报表中查看筛选结果。

（5）如果要添加其他筛选字段，则重复步骤（2）和（3）。

三、报表筛选器

报表筛选器是应用于报表所有页面中的视觉对象的筛选器。报表筛选器的添加和设置方法与页面筛选器相同。

（1）在“字段”窗格中，将筛选字段拖放到“在此处添加数据字段”编辑框中，如图 6-23 所示。

此时，在当前报表的所有页面中都可以看到添加的报表筛选器。

（2）设置筛选类型和值字段，如图 6-24 所示。

如果选择的是“高级筛选”类型，则设置完成后单击“应用筛选器”按钮应用筛选器，即可在报表中查看筛选结果。

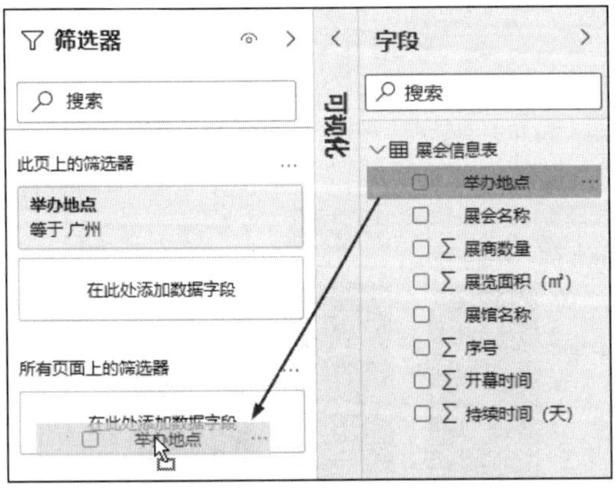

图 6-23　添加筛选字段

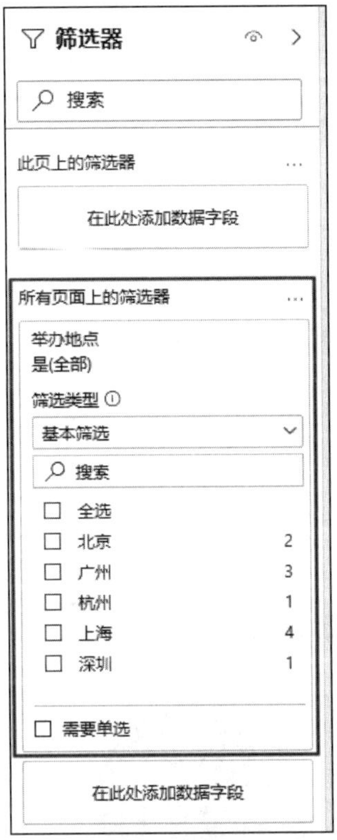

图 6-24　设置筛选条件

四、编辑筛选器

添加筛选器后，可以根据需要删除、锁定和隐藏筛选器。

展开筛选器卡，如果要删除筛选器，则单击“删除筛选器”按钮×，如图 6-25 所示。

单击“锁定筛选器”按钮🔒，如图 6-26 所示，可以锁定对应的筛选器卡。在这种情况下，报表使用者可以查看筛选器，但不能更改。

单击“隐藏筛选器”按钮 ，如图 6-27 所示，可以隐藏对应的筛选器卡。此时，筛选器列表中不会显示该筛选器。

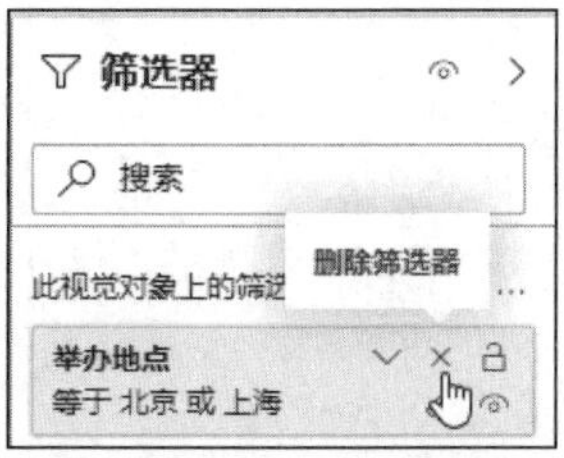

图 6-25 删除筛选器

图 6-26 锁定筛选器

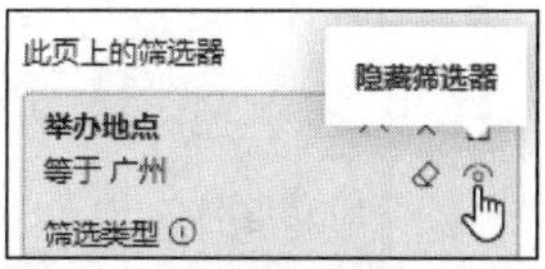

图 6-27 隐藏筛选器

为筛选器指定一个有意义的名称有助于增强报表的可读性。在筛选器卡上右击，从弹出的快捷菜单中选择“重命名”命令，如图 6-28 所示，筛选器名称变为可编辑状态，如图 6-29 所示。输入新名称，按〈Enter〉键或单击其他空白区域，即可重命名筛选器。

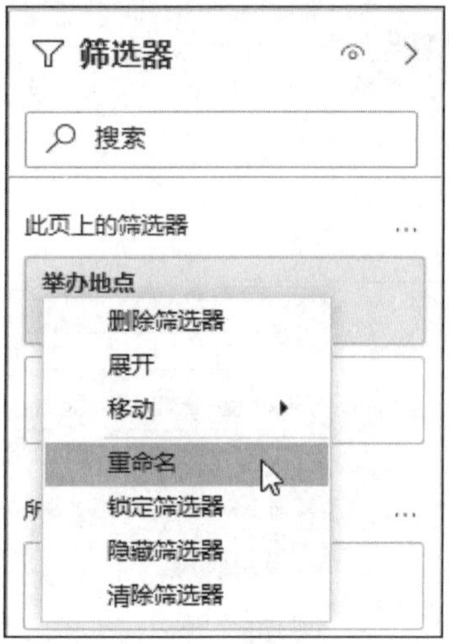

图 6-28 选择“重命名”命令

图 6-29 重命名筛选器

五、设置筛选器格式

格式化报表后，还可以设置“筛选器”窗格的外观，以与报表外观统一。在 Power BI Desktop 中，每个报表页的“筛选器”窗格可以分别设置不同的格式。

单击报表的空白处或“筛选器”窗格，在“可视化”窗格的“格式”选项卡中可以看到“筛选器窗格”和“筛选器卡”选项，如图 6-30 所示。

展开的“筛选器窗格”选项如图 6-31 所示。利用这些选项，可以设置窗格的背景颜色、字体和图标颜色、文本大小、边框样式、复选框和输入框颜色等。例如，设置背景颜色为“浅蓝”，边框颜色为“深蓝”，输入框颜色为“白色”的效果，如图 6-32 所示。

展开“筛选器卡”选项，可以分别设置筛选器卡的可用空间和已应用空间的格式，如图 6-33 所示。

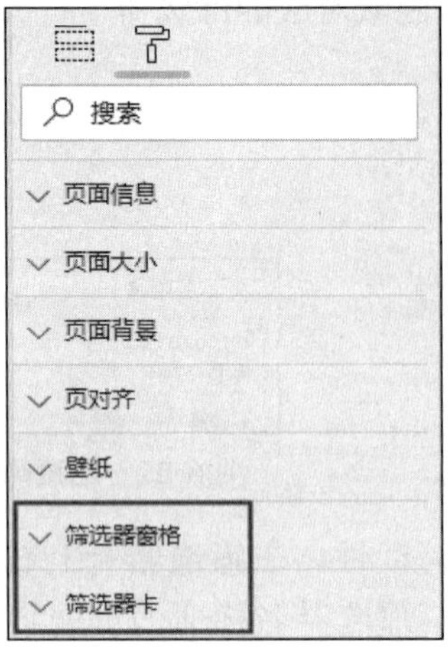

图 6-30　“格式”选项卡

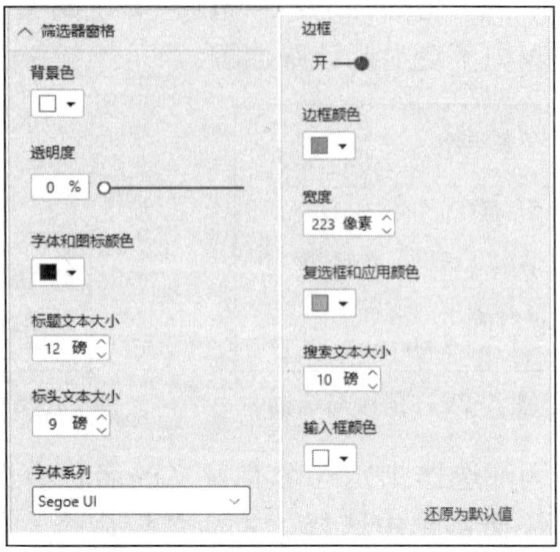

图 6-31　“筛选器窗格”选项

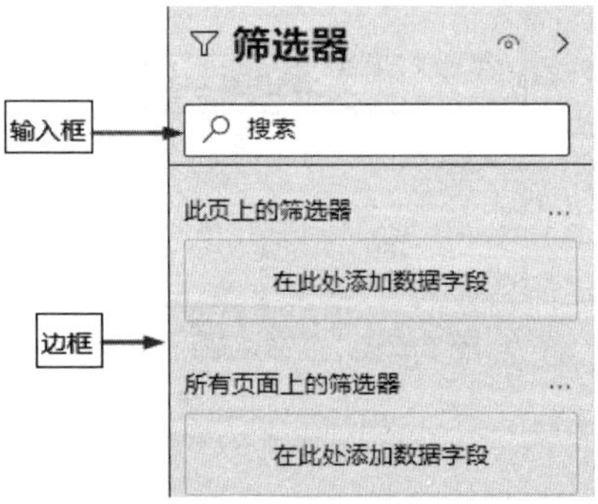

图 6-32　设置颜色格式的“筛选器”窗格

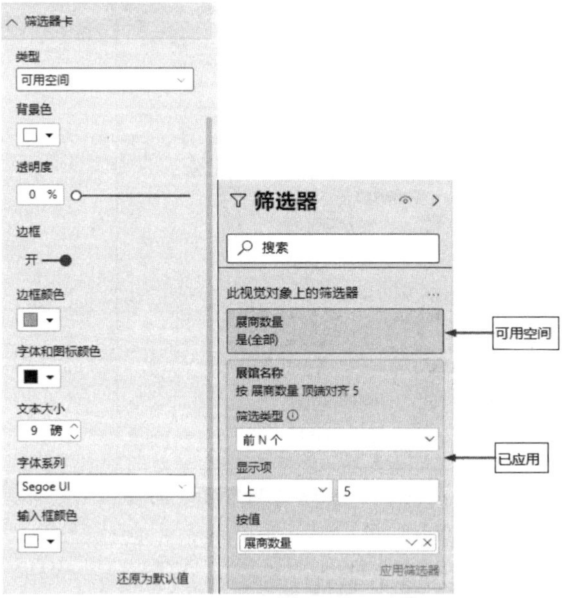

图 6-33　“筛选器卡”选项

案例——建立社会消费品零售总额报表

（1）单击“文件”菜单中“打开报表”命令，在打开的“文件”菜单的右侧窗格中单击“浏览报表”按钮，弹出“打开”对话框，选择“社会消费品零售总额”文件，单击“打开”按钮，在 Power BI Desktop 界面打开文件，在“视图”侧边栏中单击“报表视图”按钮，如图 6-34 所示。

（2）在页面选项卡区域选中“社会消费品零售总额”报表，右击复制报表页，修改报表页名称为“视觉对象筛选”。选中“社会消费品零售总额（亿元）（按统计时间）”视觉对象，在“筛选器”窗格中单击字段“统计时间”，将其展开，筛选类型选择“高级筛选”，筛选设置如图 6-35 所示。

（3）单击“应用筛选器”按钮应用筛选器，筛选结果如图 6-36 所示。

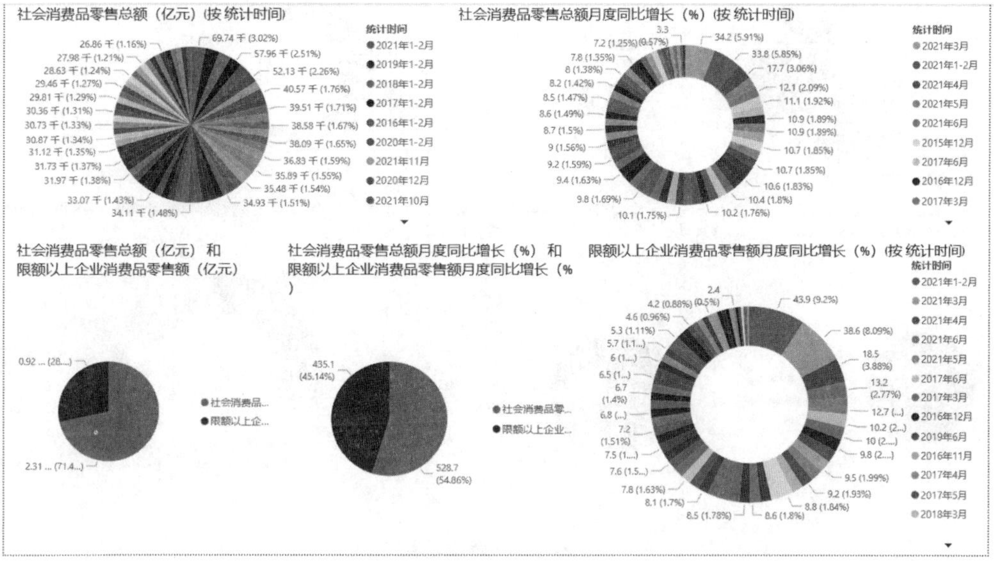

图 6-34　“社会消费品零售总额”报表

图 6-35　筛选设置

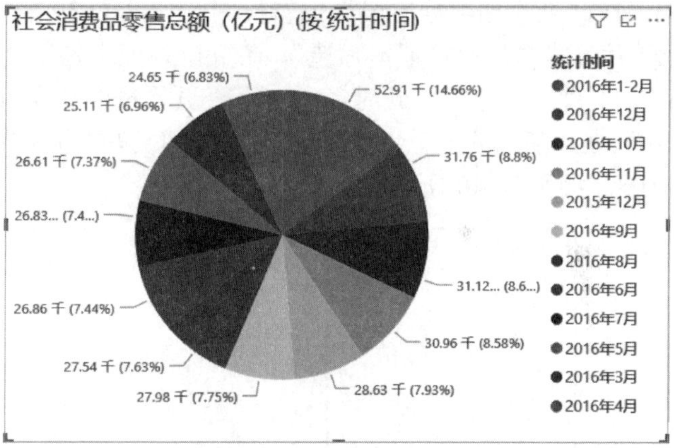

图 6-36　筛选结果

（4）在页面选项卡区域选中“社会消费品零售总额”报表，右击复制报表页，修改报表页名称为“页面筛选”。

（5）不选中任一视觉对象，将“字段”窗格中的字段“统计时间”拖放到“筛选器”窗格中的“在此处添加数据字段”编辑框中，如图 6-37 所示。

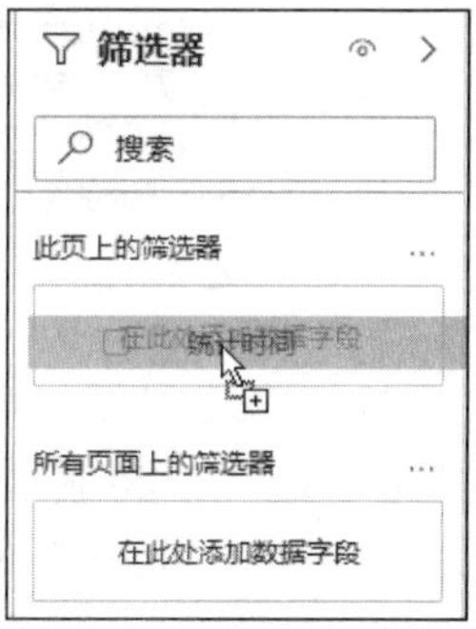

图 6-37　添加筛选字段

（6）筛选类型选择“基本筛选”，在下拉列表中勾选“2015 年 12 月”“2016 年 10 月”和“2016 年 11 月”复选框。筛选结果如图 6-38 所示。

（7）在页面选项卡区域选中“社会消费品零售总额”报表，右击复制报表页，修改报表页名称为“报表筛选”。

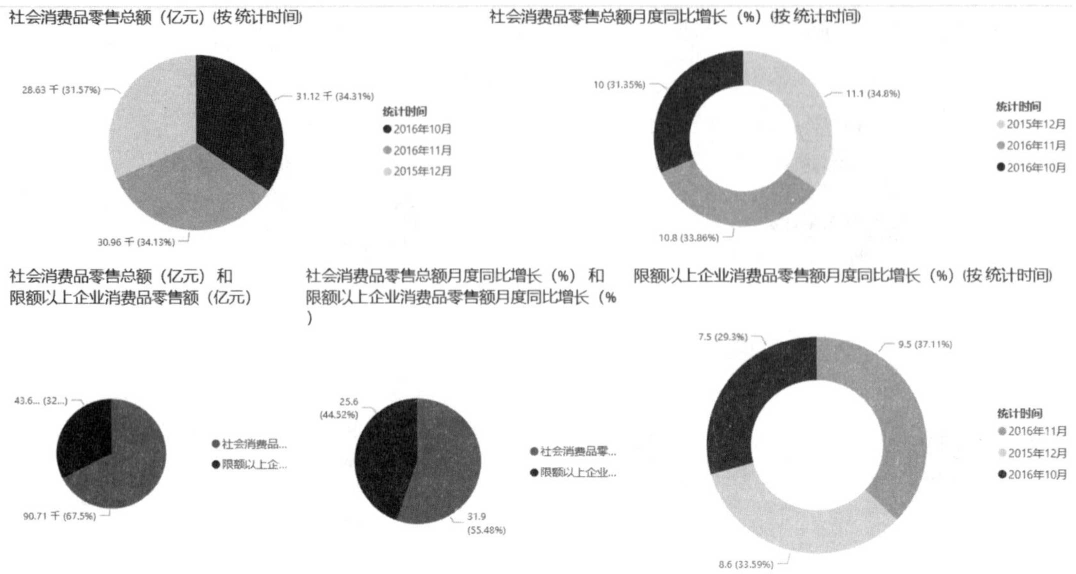

图 6-38　筛选结果

（8）不选中任一视觉对象，将“字段”窗格中的字段“统计时间”拖放到“筛选器”窗格中的“在此处添加数据字段”编辑框中，如图 6-39 所示。

（9）筛选类型选择“基本筛选”，在下拉列表中勾选“2015 年 12 月”“2016 年 10 月” 和“2016 年 11 月”复选框。此时，所有报表页均按照该条件进行筛选。

（10）在“所有页面上的筛选器”下方的编辑框中单击“删除筛选器”按钮╳，删除此次筛选，如图 6-40 所示。

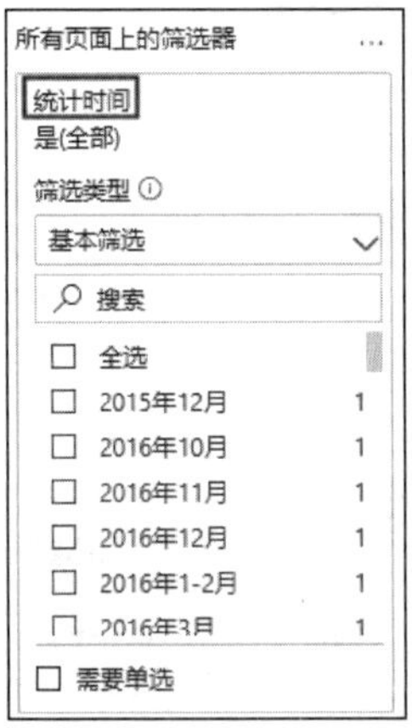

图 6-39　添加筛选字段

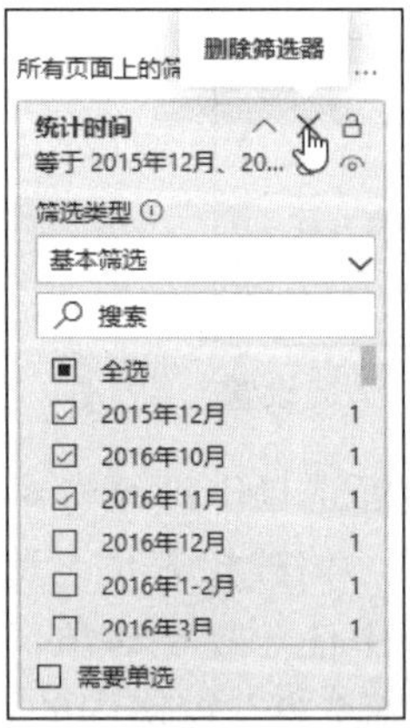

图 6-40　“删除筛选器”按钮

（11）不选中任一视觉对象，在“可视化”窗格中切换到“格式”选项卡，单击“筛选器窗格”选项，将其展开，设置背景色为“粉色”，调整其透明度为“60%”，字体和图标颜色为“蓝色”，标题文本大小为“14 磅”，标头文本大小为“10 磅”，边框颜色为“绿色”，宽度为“300 像素”，搜索文本大小为“12 磅”，输入框颜色为“白色”。设置后的“筛选器”窗格如图 6-41 所示。

（12）单击“筛选器卡”选项，将其展开，设置背景色为“蓝色”，透明度为“60%”，边框颜色为“棕黄色”，结果如图 6-42 所示。

图 6-41　设置后的“筛选器”窗格

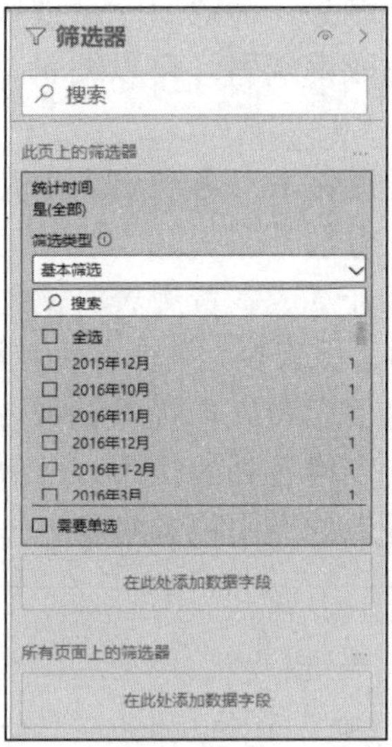

图 6-42　设置筛选器卡颜色

任务二　钻取数据

任务引入

小明在进行数据筛选的过程中发现，不仅可以利用视觉对象、页面和报表进行筛选，还可以利用钻取进行筛选。那么，在 Power BI 中如何进行钻取编辑并进行钻取数据操作呢？

知识准备

钻取也是 Power BI Desktop 提供的一种筛选器类型，通过在 Power BI 服务和 Power BI Desktop 中使用钻取，可以创建一个侧重于特定实体的“目标”报表页。报表读者可右击其他报表页中的数据点，然后钻取到具有针对性的页面，以获取针对此上下文进行筛选后的详细信息。

一、钻取页面

钻取筛选器通过钻取功能从一个报表页传递到另一个报表页，通常用于从当前页面跳转到数据项相关页面。

钻取筛选器分为两种类型：第一种是调用钻取的筛选器，如果具有编辑报表的权限，则可以编辑、删除、清除、隐藏或锁定此类筛选器；第二种是根据源报表页的页面筛选器传递到目标的钻取筛选器。可以编辑、删除或清除此类钻取筛选器，但无法锁定或隐藏此类筛选器。

下面通过钻取“各负责人每月费用总计”视觉对象中的“负责人”信息，演示这两种筛选器的操作方法。

（1）打开“成本费用表”文件获取数据，数据视图中的数据表如图 6-43 所示。

（2）创建报表页，重命名为“数据表”，添加要为之提供钻取的实体类型对应的视觉对象。例如，要为“负责人”提供钻取，在“字段”窗格中勾选相关的字段（注意勾选字段的先后顺序将影响表格各列的排序），添加到视觉对象中，如图 6-44 所示。钻取到该页后，可以看到选定负责人的专用视觉对象。

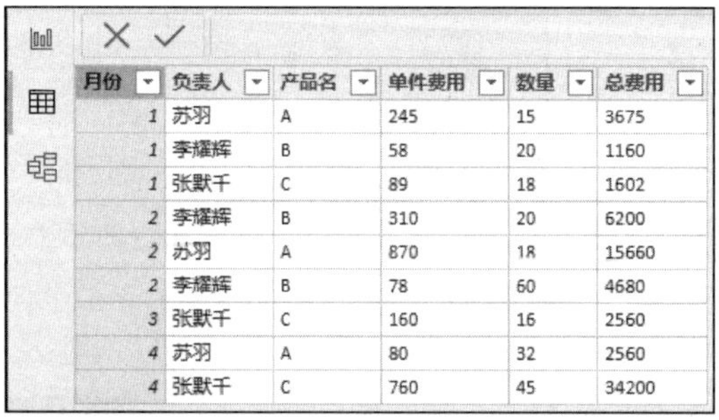

月份	负责人	产品名	单件费用	数量	总费用
1	苏羽	A	245	15	3675
1	李耀辉	B	58	20	1160
1	张默千	C	89	18	1602
2	李耀辉	B	310	20	6200
2	苏羽	A	870	18	15660
2	李耀辉	B	78	60	4680
3	张默千	C	160	16	2560
4	苏羽	A	80	32	2560
4	张默千	C	760	45	34200

图 6-43　数据表

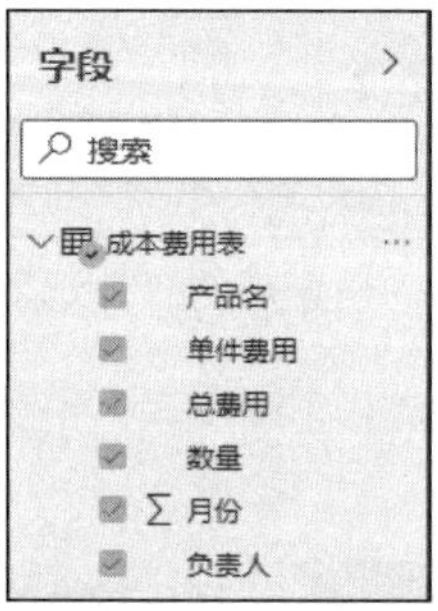

图 6-44　选中字段

（3）在“可视化”窗格的视觉对象列表中单击“表”按钮，利用选中的字段创建表。切换到“可视化”窗格的“格式”选项卡，设置网格的行填充为“15”，文本大小为“14 磅”，效果如图 6-45 所示。

（4）设置钻取字段。在“可视化”窗格中切换到“字段”选项卡，从“字段”窗格中将字段“负责人”拖放到“字段”选项卡“钻取”下方的钻取字段编辑框中，如图 6-46 所示。

负责人	月份	产品名	单件费用	数量	总费用
李耀辉	2	B	310	20	6200
李耀辉	1	B	58	20	1160
李耀辉	2	B	78	60	4680
苏羽	1	A	245	15	3675
苏羽	4	A	80	32	2560
苏羽	2	A	870	18	15660
张默千	3	C	160	16	2560
张默千	4	C	760	45	34200
张默千	1	C	89	18	1602
总计	20				

图 6-45　生成视觉对象

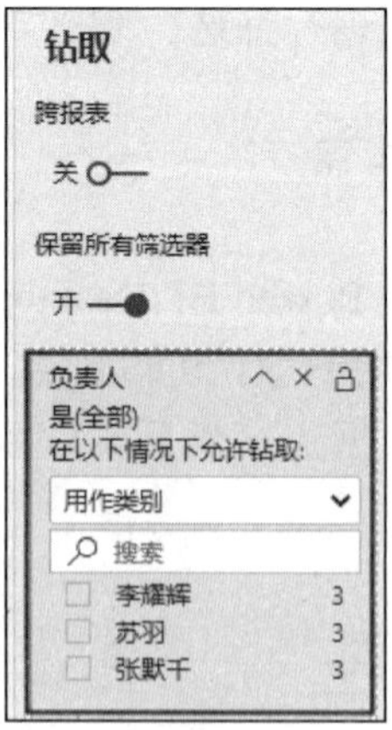

图 6-46　设置钻取字段

此时，Power BI Desktop 自动在报表页左上角创建“返回”按钮㊀。按住〈Ctrl〉键单击该按钮，返回到上一个查看过的报表页。

特别提示

“返回”按钮㊀是图像，通过插入图像，并在“格式图像”窗格中将“操作”选项中的“类型”设置为“上一步”，可以将默认的“返回”按钮替换为需要的图像。

（5）新建一个应用钻取的报表页，重命名为“各负责人每月费用总计”。在“字段”窗格中勾选“负责人”“月份”和“总费用”复选框，如图 6-47 所示。在“可视化”窗格的视觉对象列表中单击“饼图”按钮，创建饼图。

（6）格式化视觉对象。在“视图”选项卡的“主题”组中单击下拉按钮，在主题列表中选择“边界”应用主题，然后在“可视化”窗格中切换到“格式”选项卡，设置详细信息标签的颜色为“黑色”，文本大小为“18 磅”；展开“标题”选项，修改标题文本大小和对齐方式，效果如图 6-48 所示。

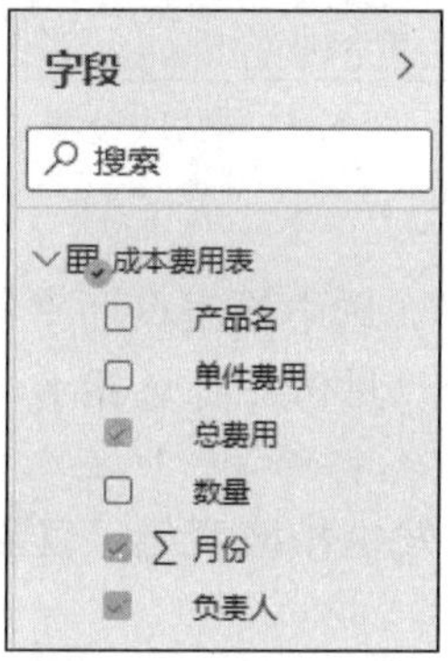

图 6-47　选中字段

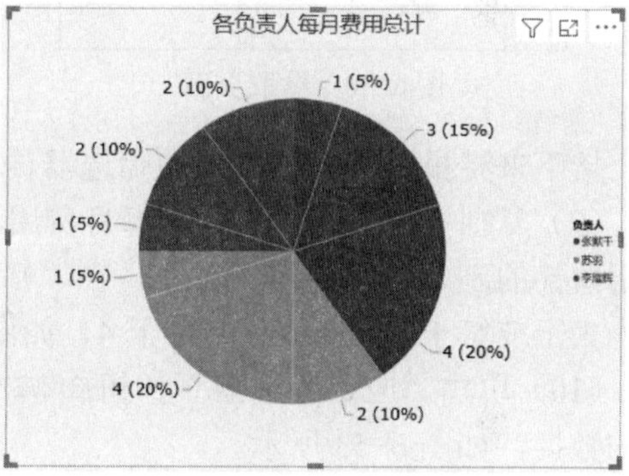

图 6-48　格式化的饼图

（7）钻取数据。在饼图中单击任意一个扇区，如负责人“张默千”3 月份的数据点，弹出“钻取”菜单，如图 6-49 所示。

（8）选择要钻取到的报表页（如“数据表”），即可跳转到指定的报表页，并显示指定数据点的详细信息，如图 6-50 所示。

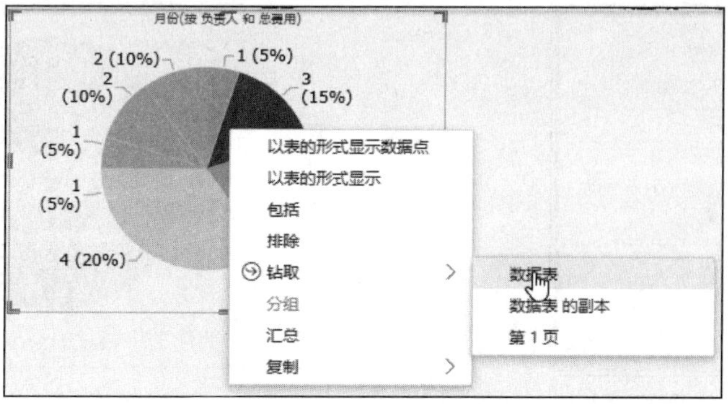

图 6-49　“钻取”菜单

此时，在当前报表页面的“可视化”窗格中可以查看钻取筛选器的详细信息，如图 6-51 所示。与上一节介绍的筛选器相同，用户可根据需要删除、锁定、隐藏、清除钻取筛选器。

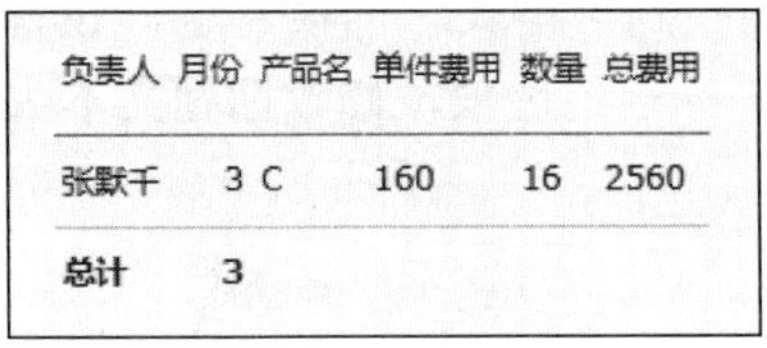

负责人	月份	产品名	单件费用	数量	总费用
张默千	3	C	160	16	2560
总计	3				

图 6-50　钻取页面

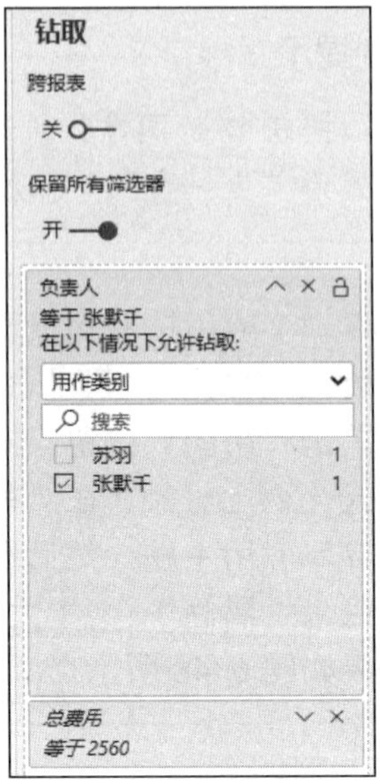

图 6-51　钻取设置

接下来将报表页中已应用的筛选器传递到钻取筛选器。

（9）复制报表页“各负责人每月费用总计”和“数据表”。选中报表页面“各负责人每月费用总计的副本”中的视觉对象，在“筛选器”窗格中展开“月份”筛选器卡，设置筛选条件为大于或等于 3，且小于或等于 4，如图 6-52 所示。

（10）单击“应用筛选器”按钮应用筛选器，视觉对象随之发生相应变化，仅显示 3 月和 4 月的数据，如图 6-53 所示。

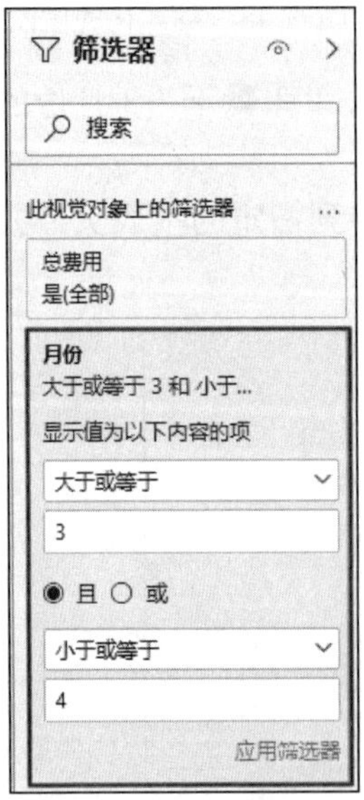

图 6-52　设置筛选条件

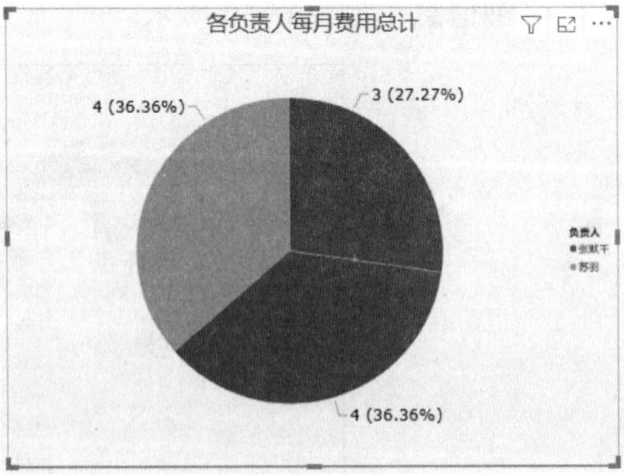

图 6-53　筛选结果

（11）在要钻取的数据点上右击，从弹出的快捷菜单中选择“钻取”→“数据表的副本”命令，如图 6-54 所示，即可跳转到相应的报表页，并显示指定数据点的详细信息，如图 6-55 所示。

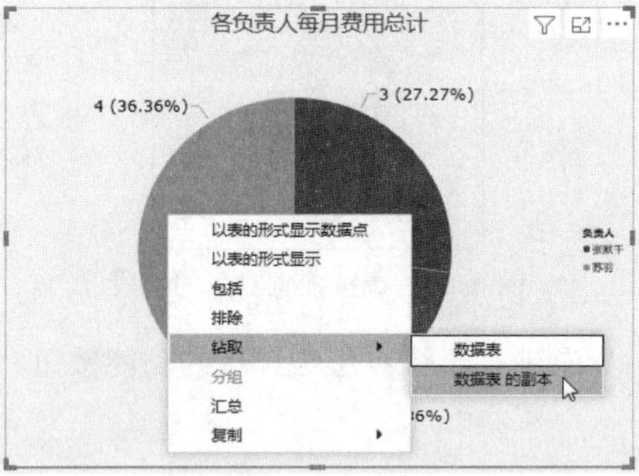

图 6-54　钻取数据

负责人	月份	产品名	单件费用	数量	总费用
苏羽	4	A	80	32	2560
总计	**4**				

图 6-55　钻取页面

此时打开钻取页面的“可视化”窗格，在“钻取”选项可看到沿用自源视觉对象的钻取筛选器，如图 6-56 所示。

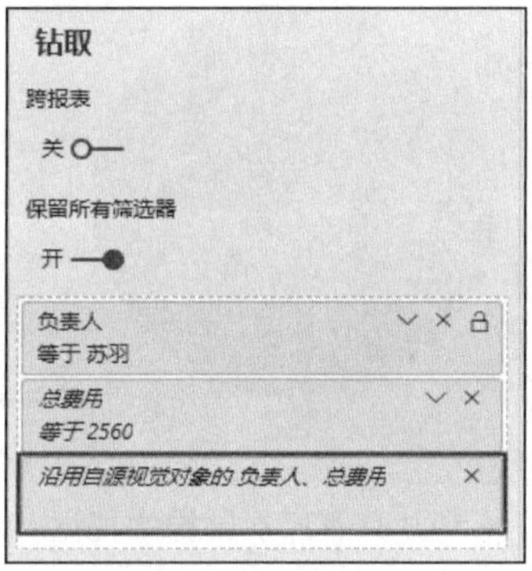

图 6-56　钻取筛选器

二、钻取层级结构

使用钻取功能，还可以从具有层级结构的视觉对象中跳转到其他级别。

下面以具有层级结构的视觉对象“各产品每月费用总计”饼图为例，介绍使用钻取功能查看层级结构中的数据的方法。

（1）复制报表页“各负责人每月费用总计”，重命名为“各产品每月费用总计”，删除视觉对象，展开“字段”窗格和“可视化”窗格。然后勾选字段“产品名”“总费用”“月份”和“负责人”，如图 6-57 所示，创建视觉对象。

（2）在“可视化”窗格的视觉对象列表中单击“饼图”按钮◔，创建饼图。然后在“字段”选项卡▤中拖放字段，设置图例、详细信息和值，如图 6-58 所示。

在饼图中，“图例”选项包含多个字段，构成了层级结构，每个层级结构中轴不同，但值不变。

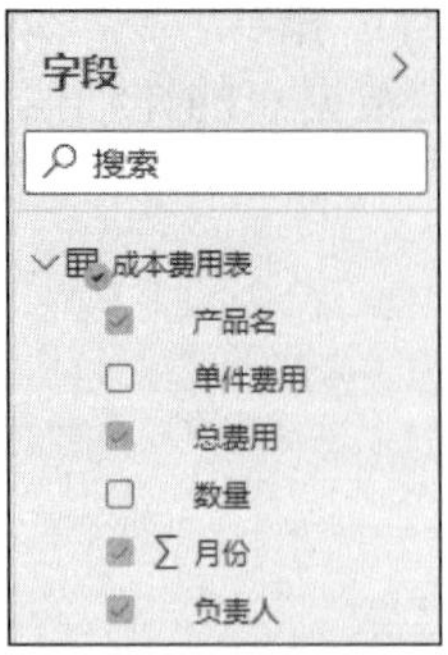

图 6-57　选中字段

图 6-58　调整视觉对象的字段

（3）选中创建的视觉对象，在视觉对象标头可以看到 4 个查看层级结构的功能按钮，如图 6-59 所示。

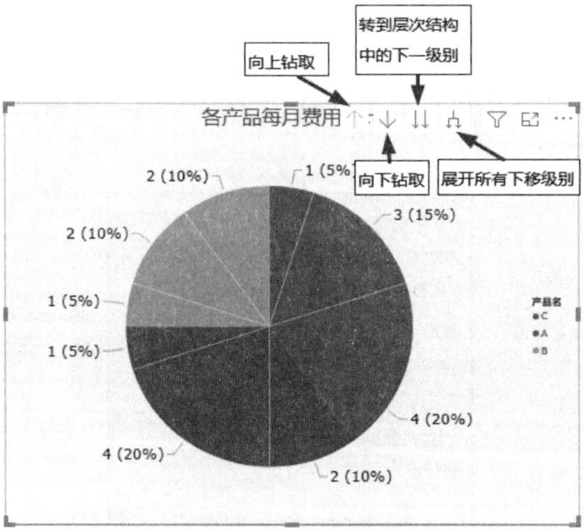

图 6-59　具有层次结构的视觉对象

（4）单击“向下钻取”按钮↓，启用向下钻取功能，按钮图标显示为⬇时，将鼠标指针移到按钮上，提示用户“深化模式”已启用，如图 6-60 所示。

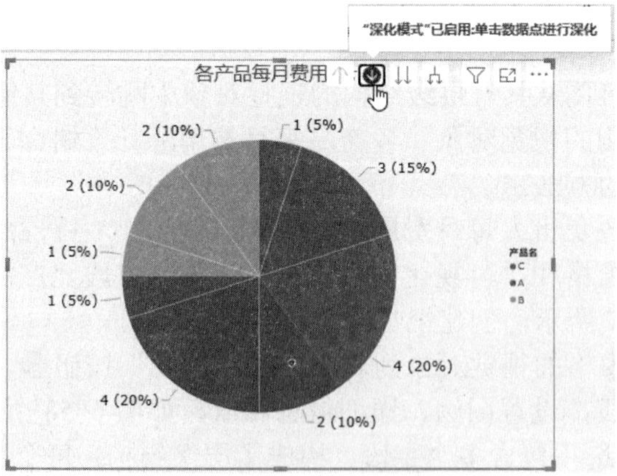

图 6-60　启用“深化模式”

（5）单击要深化查看的数据点，如 2 月份产品 B 的费用，如图 6-61 所示，视觉对象即可切换到指定的数据点进行显示，如图 6-62 所示。

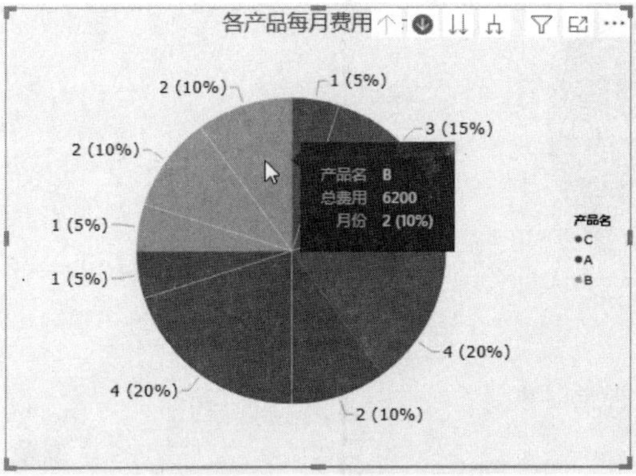

图 6-61　选择数据点

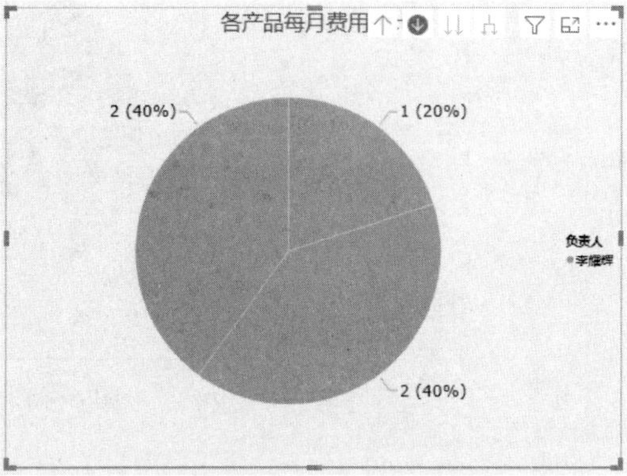

图 6-62　视觉对象切换

此时展开“筛选器”窗格，可以看到对报表中的视觉对象使用向下钻取功能后，向下钻取筛选器自动添加到“筛选器”窗格中，以斜体显示，如图 6-63 所示。

如果用户拥有编辑报表的权限，可以展开筛选器卡编辑或清除该筛选器，如图 6-64 所示。但无法删除、隐藏、锁定、重命名或排序此类筛选器，因为此类筛选器与视觉对象的向下钻取功能相关联。若要删除向下钻取筛选器，则单击视觉对象标头的“向上钻取”按钮↑。

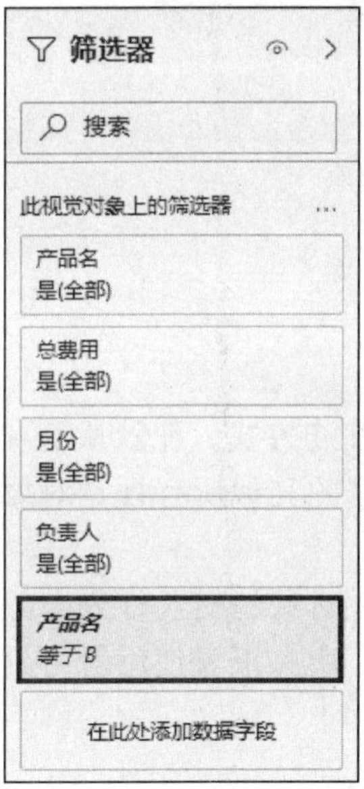

图 6-63　添加向下钻取筛选器

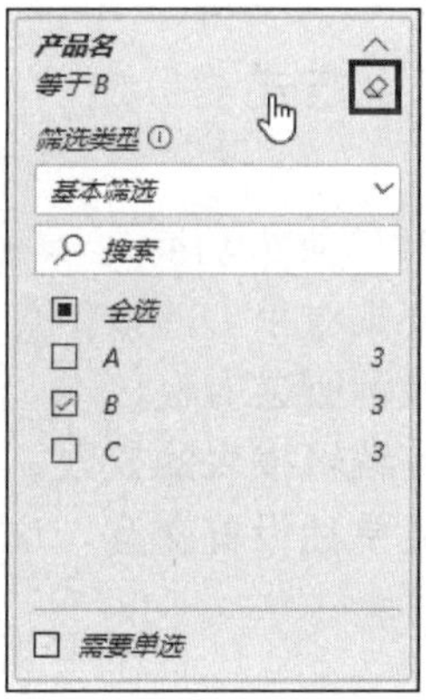

图 6-64　向下钻取筛选器卡

（6）单击“转到层次结构中的下一级别”按钮⇊，可切换到下一级视觉对象，如图 6-65 所示。

（7）单击“展开所有下移级别”按钮，可展示所有下移级别的视觉对象，如图 6-66 所示。

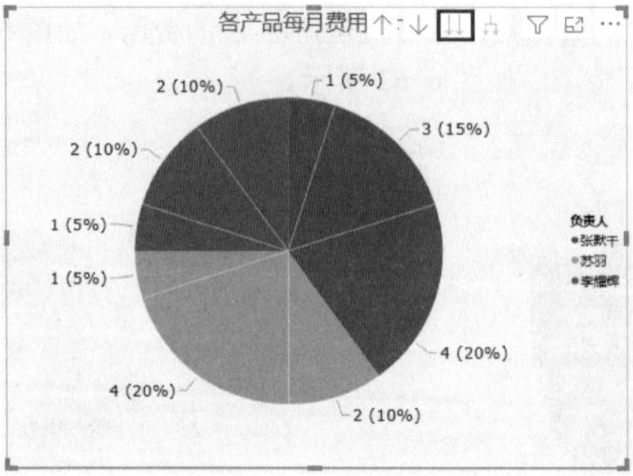

图 6-65　下一级视觉对象

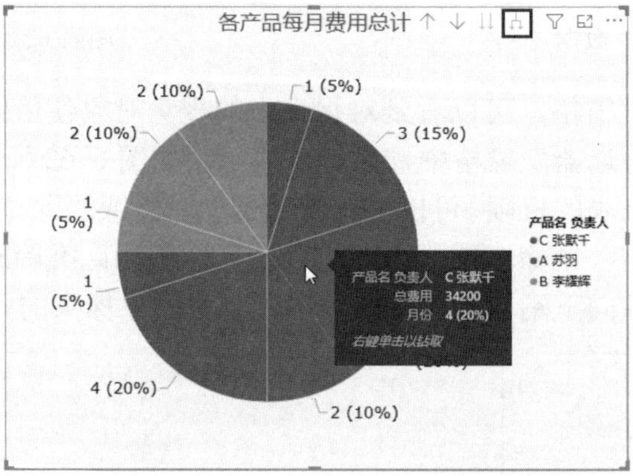

图 6-66　所有下移级别的视觉对象

三、编辑交互方式

Power BI 的强大功能之一是报表页上所有视觉对象的互连方式。在默认情况下，选择报表页上一个视觉对象上的数据点，该报表页上的包含该数据的其他所有视觉对象将交叉筛选或交叉突出显示所选内容。

如果拥有编辑报表的权限，用户可以根据需要更改视觉对象的交互行为，并且可以对每个可视化效果单独设置交互。这些更改会随报表一起保存，所有报表使用者将具有相同的视觉对象交互体验。

特别提示

“交叉筛选”和“交叉突出显示”类似，都可用于确定数据中的一个值分配给另一个值的方式。不同的是，“交叉筛选”会删除不相关的数据点，只有相关数据保持可见；而“交叉突出显示”保留视觉对象中的所有数据点，突出显示相关的数据，但不相关的数据仍然可见，只是以半透明的方式显示。

下面通过修改视觉对象“各月产品销量”树状图的交互方式，介绍自定义视觉对象在报表页上进行交互方式的操作方法。

（1）打开报表页，该页面包含两个视觉对象，如图 6-67 所示。

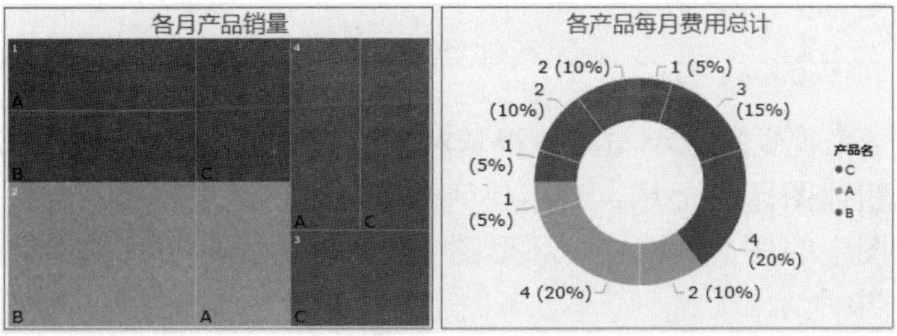

图 6-67 视觉对象

（2）单击其中一个视觉对象中的某个数据点（如 3 月份产品 C 的数据点），可以看到在当前报表页中，所有视觉对象中对应的数据点突出显示，其他数据点半透明显示，如图 6-68 所示。

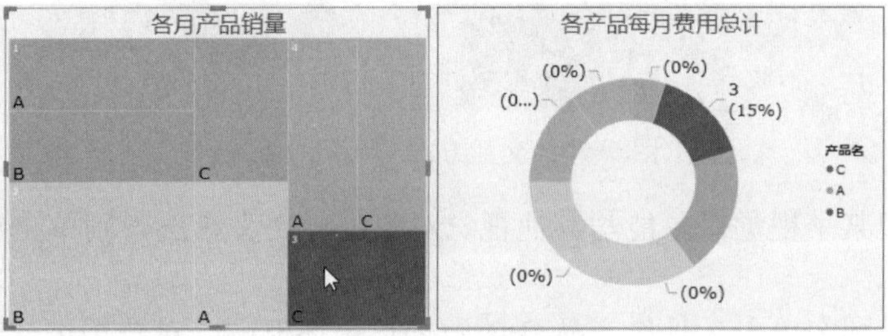

图 6-68 交叉突出显示

（3）如果要删除突出显示，则再次选择该数据点，或单击同一视觉对象中的任意空白区域。

接下来修改树状图的交互方式。

（4）启用编辑交互功能。选择要修改交互方式的树状图，在功能区的“格式”选项卡的“交互”组中单击“编辑交互”按钮，此时可以看到，当前报表页上的所有其他视觉对象顶部都显示“筛选器”、“突出显示”和“无”等交互按钮图标，如图 6-69 所示。

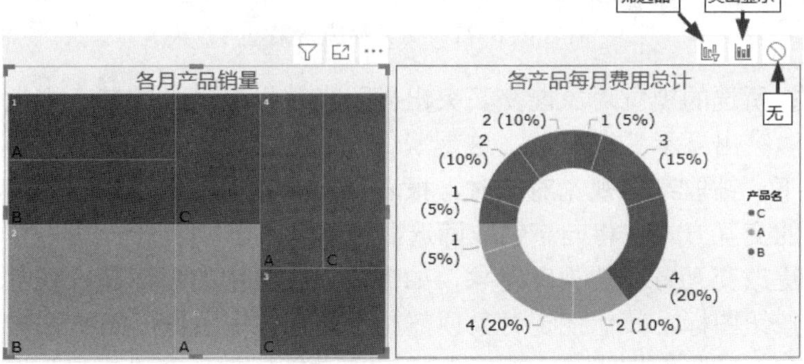

图 6-69 启用编辑交互功能

> **特别提示**
>
> 启用编辑交互功能后，不同类型的视觉对象上显示的交互按钮图标可能会有所不同，但功能一致。

（5）如果希望某个视觉对象不与其他视觉对象进行交互，则单击该视觉对象顶部的“无”按钮，该按钮以粗体图标显示，表示任何操作对该视觉对象都不起作用。

此时单击树状图中的任一数据点，环形图中相应的数据点不再交叉突出显示，展示效果保持不变，如图 6-70 所示。

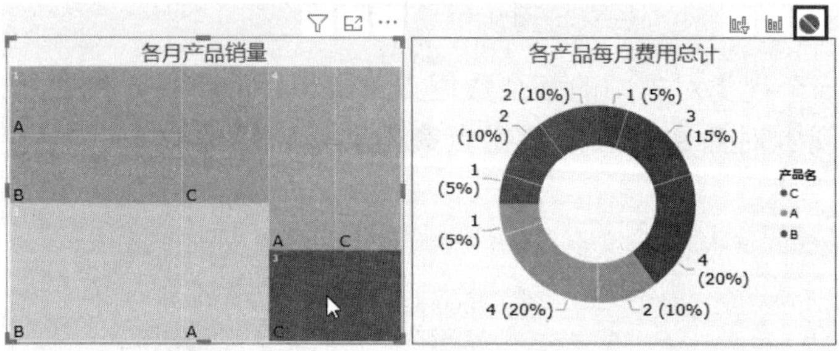

图 6-70　交互方式“无”的效果

（6）如果希望某个视觉对象能与其他视觉对象进行交叉筛选，则单击该视觉对象顶部的“筛选器”按钮。

例如，在树状图中单击 2 月份产品 B 的数据点，环形图会对数据进行交叉筛选，仅显示 B 产品 2 月份的数据信息，如图 6-71 所示。

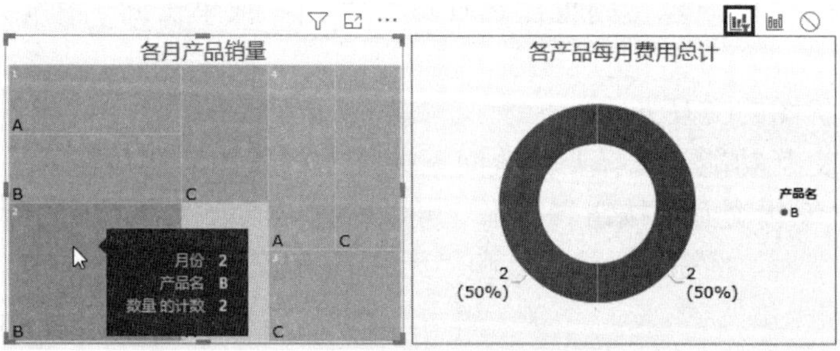

图 6-71　交叉筛选结果

（7）如果希望所选的视觉对象能交叉突出显示当前报表页上的某个视觉对象，则单击该视觉对象顶部的“突出显示”按钮。这是默认的交互方式。

在默认情况下，钻取某个视觉对象时，报表页上的其他视觉对象不受影响。接下来修改可钻取视觉对象的交互方式，将向下钻取筛选器应用到整个报表页。

（8）选中要更改交互方式的视觉对象，如当前报表页中的环形图，视觉对象上方显示钻取和深化的相关按钮图标。其他视觉对象顶部显示交互按钮图标，如图 6-72 所示。

（9）单击“向下钻取”按钮↓，启用向下钻取功能。然后在“格式”选项卡的“交互”

组中选择“将向下钻取筛选器应用到”下拉列表中的“整页”，如图 6-73 所示。

（10）在视觉对象中向下钻取（或向上钻取）时，报表页上的其他视觉对象将发生改变，以反映当前的钻取选择。例如，在环形图中 2 月份产品 B 的数据点上单击，环形图和树状图都会发生改变，显示钻取到的数据信息，如图 6-74 所示。

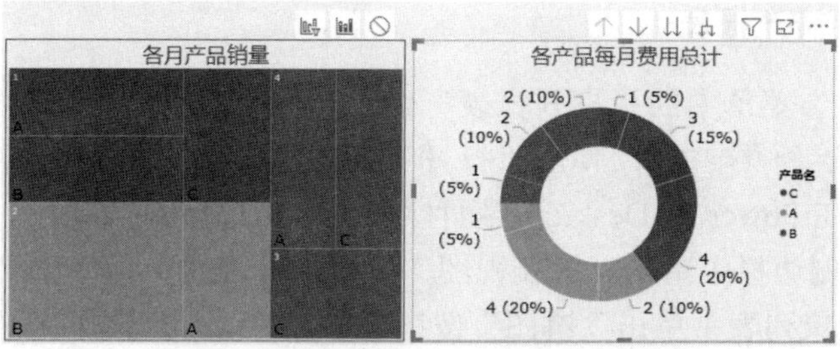

图 6-72　显示钻取方式和交互方式

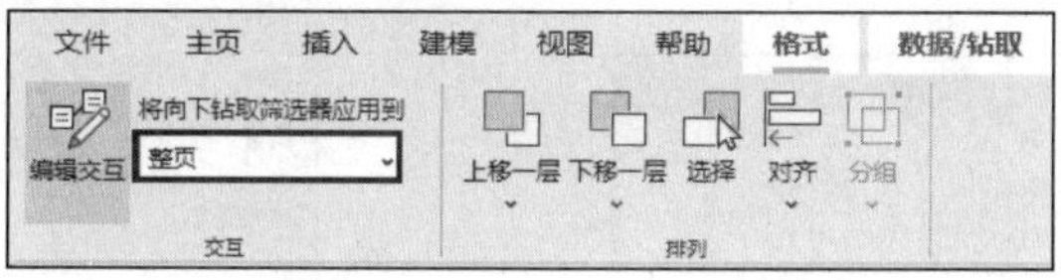

图 6-73　将向下钻取筛选器应用到整个报表页

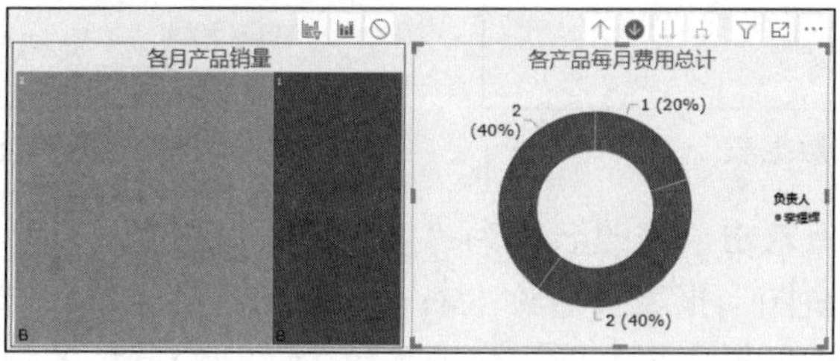

图 6-74　钻取页面

此时选中树状图，展开对应的“筛选器”窗格，可以看到自动添加的筛选器，以斜体显示。该筛选器是向下钻取筛选器通过交叉筛选或交叉突出显示功能传递到报表页上的另一个视觉对象而创建的。将鼠标指针移到筛选器卡右上角，不显示操作图标，如图 6-75 所示。

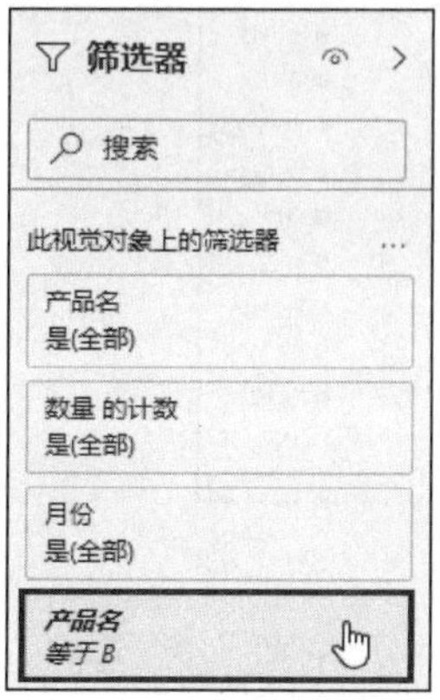

图 6-75　查看筛选器卡

也就是说，即使用户拥有编辑报表的权限，也无法删除、清除、隐藏、锁定、重命名或排序交叉钻取筛选器，因为此类筛选器与视觉对象的向下钻取功能相关联。也无法编辑此类筛选器，因为此类筛选器源自另一个视觉对象中的向下钻取。如果要删除交叉钻取筛选器，则单击视觉对象标头的“向上钻取”按钮。

案例二——建立固定资产报表

（1）单击“文件”菜单中的“打开报表”命令，在打开的“文件”菜单的右侧窗格中单击“浏览报表”按钮，弹出“打开”对话框，选择“固定资产”文件，单击“打开”按钮，在 Power BI Desktop 界面打开文件，如图 6-76 所示。

（2）在“视图”侧边栏中单击“报表视图”按钮，在“字段”窗格中勾选字段，在“可视化”窗格的视觉对象列表中单击“饼图”按钮，各字段设置如图 6-77 所示。创建的饼图如图 6-78 所示。

资产名称	型号	颜色	数量	损耗数量	剩余数量
资产1	XH020	皓月灰	10	5	5
资产2	XH021	天空蓝	410	320	90
资产3	XH032	皓月灰	400	280	120
资产4	XH024	金属银	850	720	130
资产5	XH121	天空蓝	210	105	105
资产6	XH123	玫瑰红	600	420	180
资产7	XH045	皓月灰	1000	890	110
资产8	XH046	天空蓝	150	87	63
资产9	XH067	玫瑰红	50	28	22

图 6-76　数据表

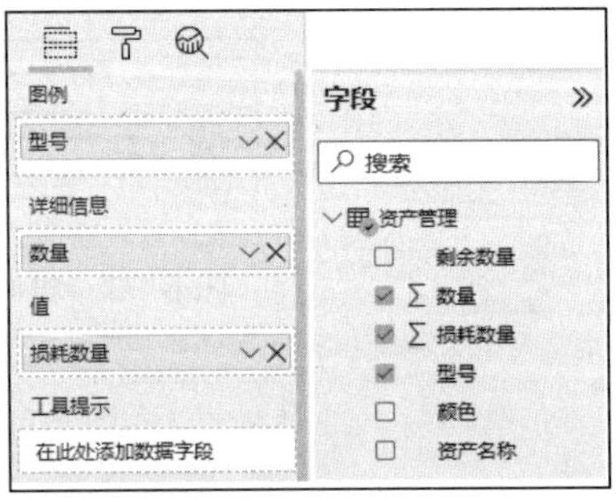

图 6-77　调整视觉对象字段

（3）在报表页名称上双击，修改名称为“损耗数量饼图”。

（4）在“损耗数量饼图”报表页名称上右击，弹出快捷菜单，选择“复制页”命令，创建“损耗数量饼图的副本”报表页。双击修改名称为“天空蓝色各型号损耗”。

（5）选中饼图，将“颜色”字段拖放到“可视化”窗格的“钻取”选项下的钻取字段编辑框中，并展开筛选器卡，结果如图 6-79 所示。

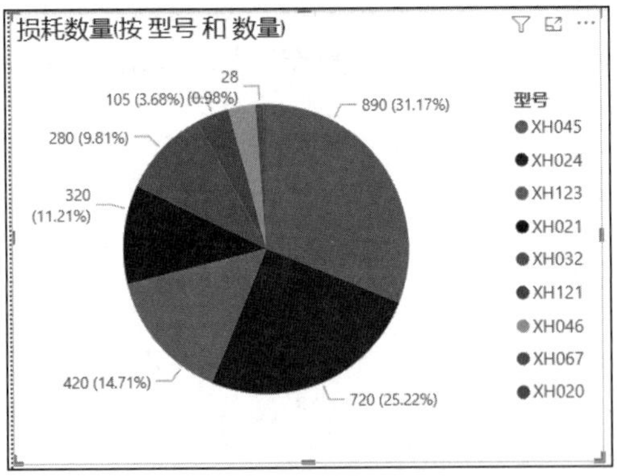

图 6-78　创建的饼图

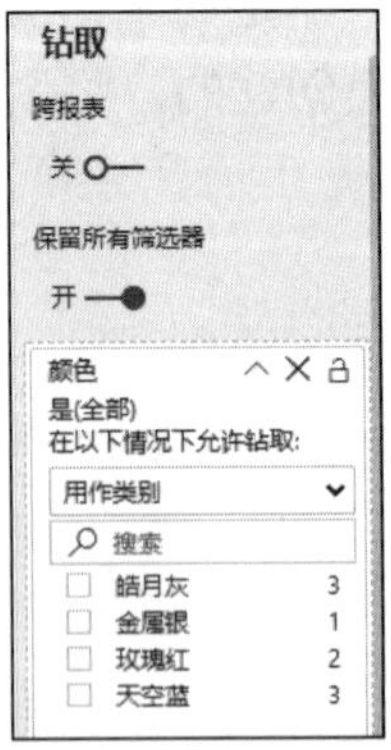

图 6-79　拖放字段

（6）在展开的筛选器卡中勾选“天空蓝”复选框，天空蓝色各型号的损耗数量报表如图 6-80 所示。

（7）在“可视化”窗格中切换到“字段”选项卡，单击“标题”选项，修改标题文本为“天空蓝色各型号损耗”，字体颜色为“蓝色”，对齐方式为“居中”，结果如图 6-81 所示。

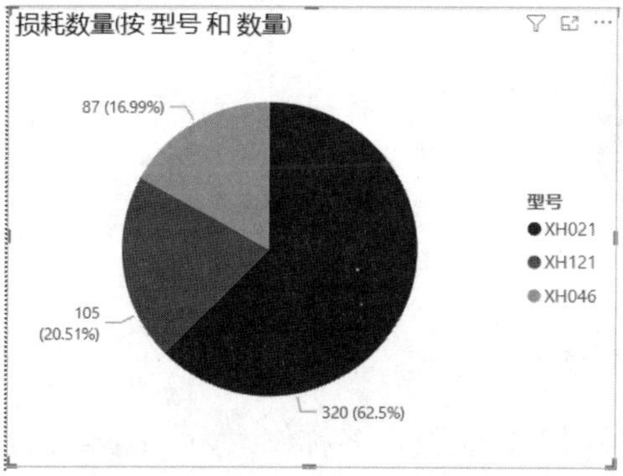

图 6-80　天空蓝色各型号的损耗数量报表

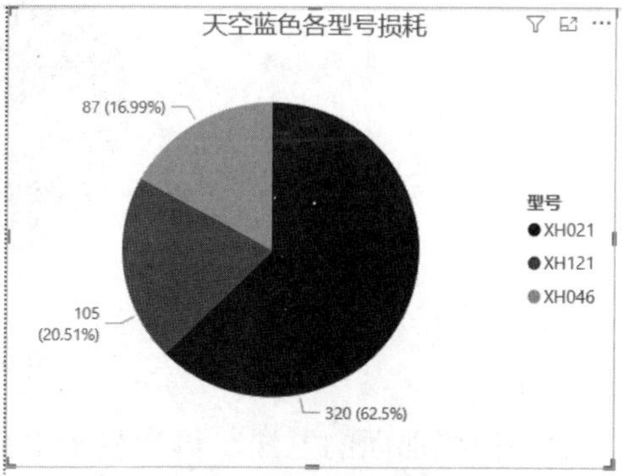

图 6-81　设置报表的标题格式

（8）按照前面的方法，再次复制“损耗数量饼图”报表页，修改名称为“皓月灰各型号损耗”。

（9）将“字段”窗格中勾选的字段拖动到“可视化”窗格“字段”选项卡的“图例”编辑框中，如图 6-82 所示。此时，生成的饼图如图 6-83 所示。

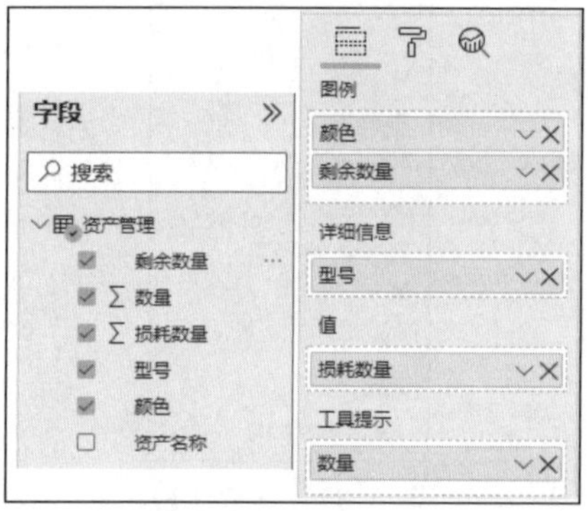

图 6-82　可视化窗格“图例”选项

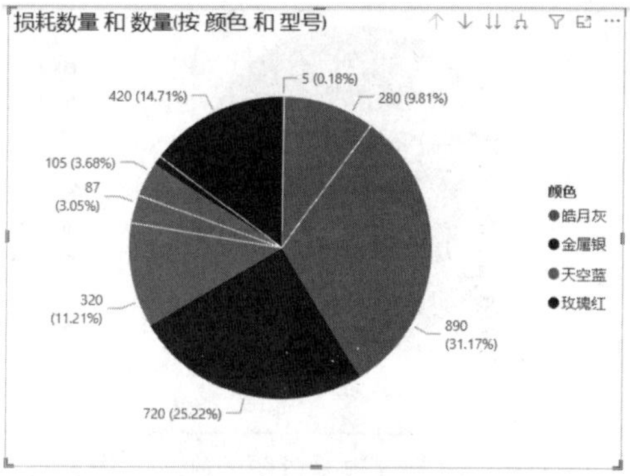

图 6-83　各颜色和型号损耗数量饼图

（10）单击“向下钻取”按钮，选中如图 6-84 所示的区域，筛选结果如图 6-85 所示。

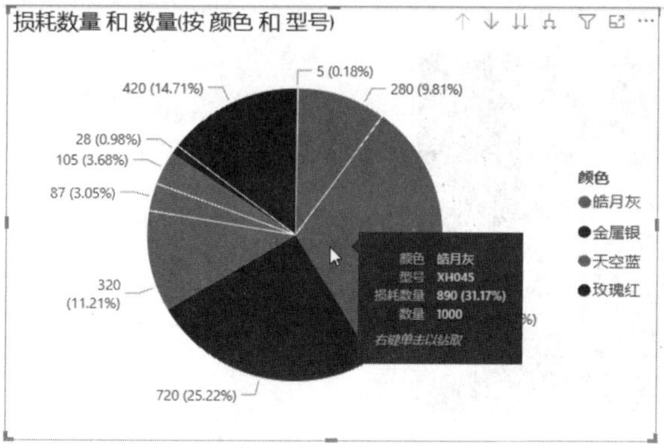

图 6-84　选中筛选区域

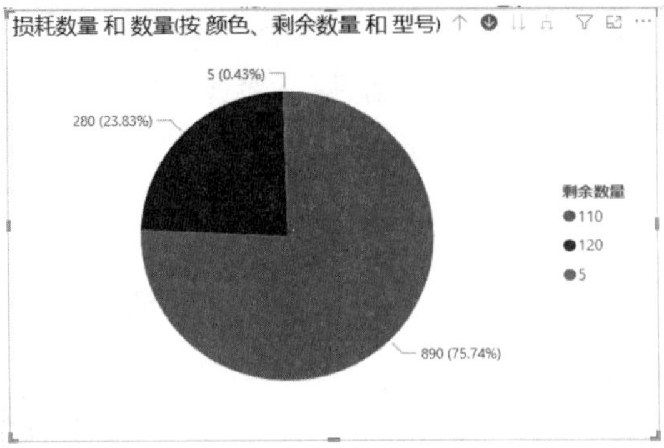

图 6-85　筛选结果

（11）按照前面的方法，再次复制“损耗数量饼图”报表页，名称修改为“编辑交互”。选中视觉对象，在“字段”窗格中勾选剩余数量，此时的报表如图 6-86 所示。

（12）不选中任何视觉对象，在“可视化”窗格的视觉对象列表中单击“树状图”按钮，将“字段”窗格中的各字段拖放到“可视化”窗格的“组”选项下的各编辑框中，结果如图 6-87 所示。此时，创建的树状图如图 6-88 所示。

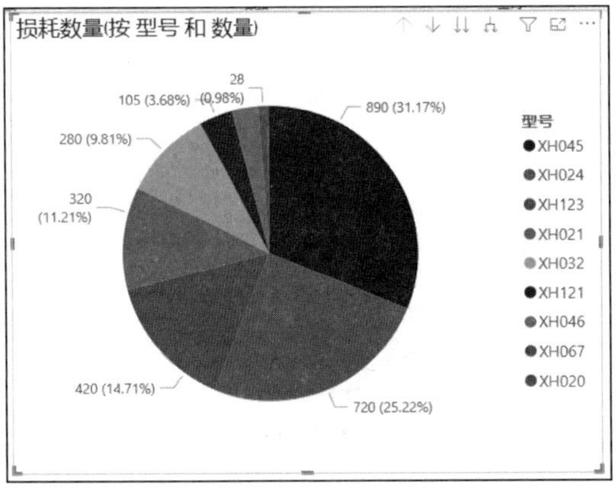

图 6-86　“损耗数量饼图的副本”报表页

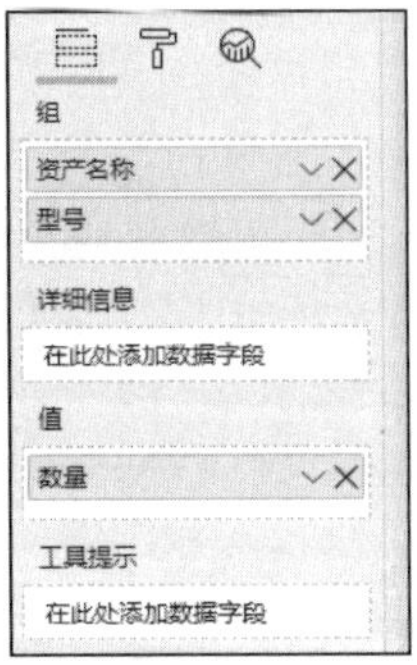

图 6-87　拖放字段

（13）选中树状图，在“格式”选项卡的“交互”组中单击“编辑交互”按钮，此时，饼图右上角出现如图 6-89 所示的按钮图标。

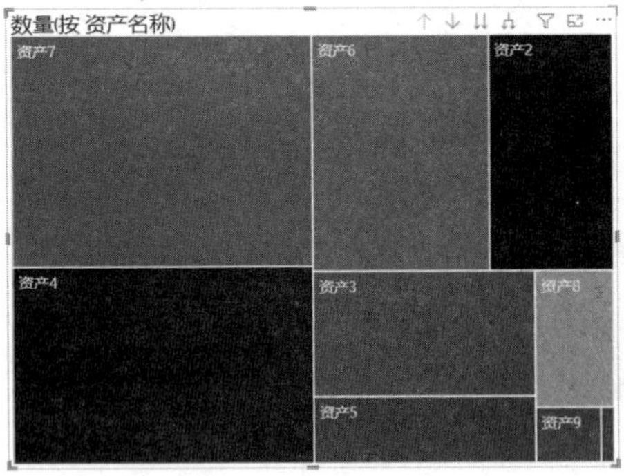

图 6-88　创建的树状图

图 6-89　编辑交互按钮图标

（14）单击“突出显示”按钮，然后在树状图任意区域单击，饼图上相应的区域就会突出显示，如图 6-90 所示。

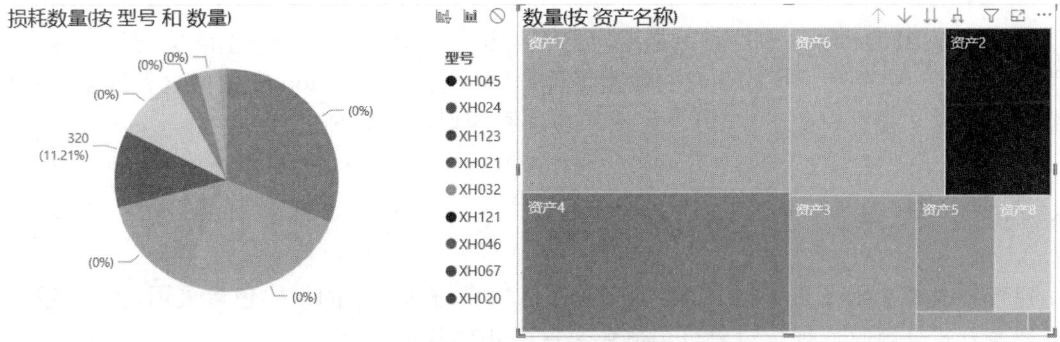

图 6-90　突出显示

（15）单击空白处，取消区域突出显示。选中树状图单击“展开所有下移级别”按钮，结果如图 6-91 所示。

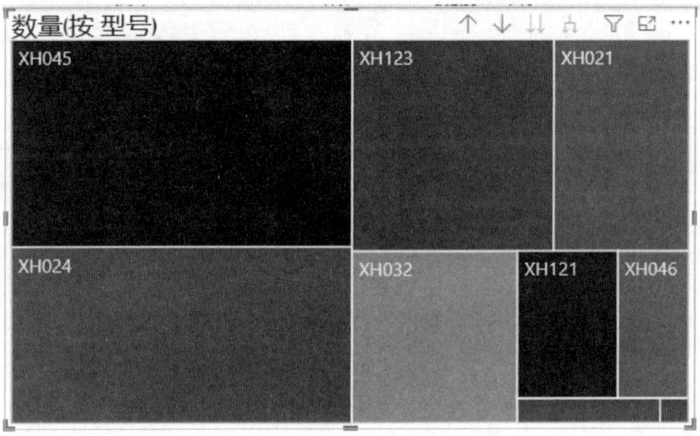

图 6-91　展开所有下移级别的视觉对象

任务三　数据分组

任务引入

小明在进行报表制作时，发现生成的报表不能突出显示数据信息，同事告诉小明可以利用数据分组进行编辑。那么，在 Power BI 中如何进行列表分组和装箱分组操作呢？

知识准备

在 Power BI Desktop 中，对数据进行分组可更清楚地查看、分析和浏览视觉对象中的数据和变化趋势，更有助于执行合理的数据可视化。Power BI Desktop 支持列表和装箱两种数据分组方式，可从视觉对象、“字段”窗格和数据视图对数据系列进行分组。

一、列表分组

列表分组通常用于文本类型的字段，数字和日期时间类型的字段也可采用这种分组方式。采用列表方式分组时，视觉对象可用颜色来区分不同的组。

下面通过对数据进行分组，将采购的不同类商品在视觉对象中分别使用不同的颜色进行显示。

（1）打开“家具订购单”报表页，该页面包含一个簇状柱形图，显示采购的商品名称和总价，所有数据系列显示为同一种颜色，如图 6-92 所示。

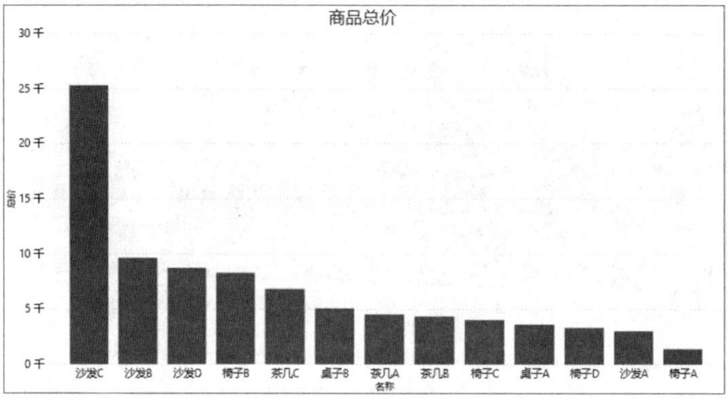

图 6-92　原始视觉对象

（2）按住〈Ctrl〉键单击要归为一类的数据系列（如各种型号的沙发），然后右击，从弹出的快捷菜单中选择“为数据分组”命令，如图 6-93 所示。

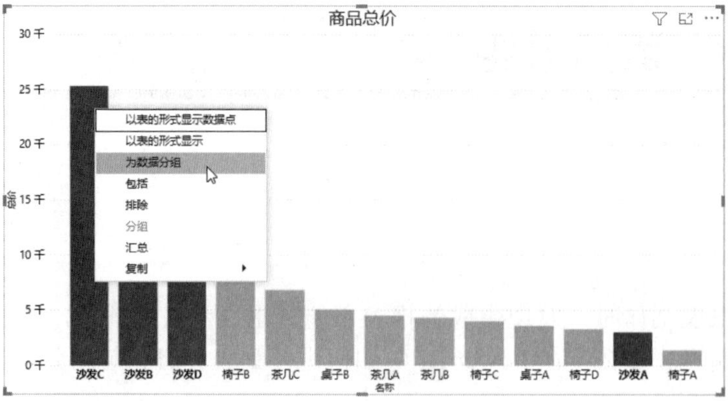

图 6-93　选择“为数据分组”命令

此时，在“字段”窗格中可以看到创建的组，如图 6-94 所示，在视觉对象中可以看到自动创建的以组命名的图例，如图 6-95 所示。

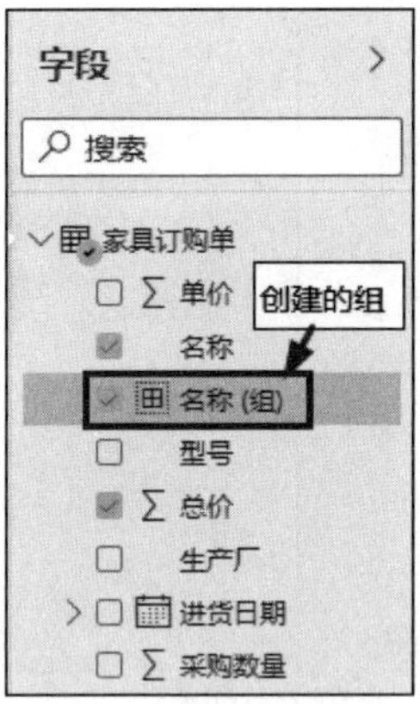

图 6-94　创建的组

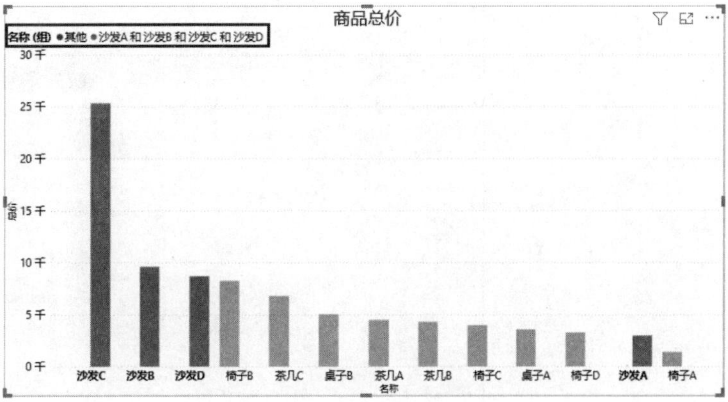

图 6-95　创建组之后的视觉对象

特别提示

文本类型的字段只能采用列表方式进行分组，因此图 6-93 中的“分组”不可选择。

（3）在组名称上双击，将分组重命名为“品类”。也可以在“可视化”窗格“字段”选项卡“图例”编辑框中修改组名称，如图 6-96 所示。

（4）如果要修改组名称和类型，在组名称上右击，从弹出的快捷菜单中选择“新建组”命令，打开如图 6-97 所示的“组”对话框，根据需要修改组名称和组类型。

接下来利用“组”对话框对其他的数据系列进行分组。

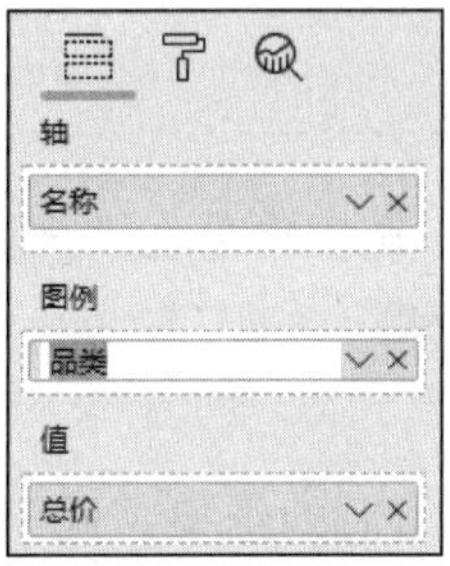

图 6-96　重命名组

图 6-97　“组”对话框

（5）在“未分组值”列表框中按住〈Shift〉键选中要归为一组的值，此时列表框下面的“分组”按钮变为可用状态。单击“分组”按钮 分组 ，即可创建新的分组，如图 6-98 所示。

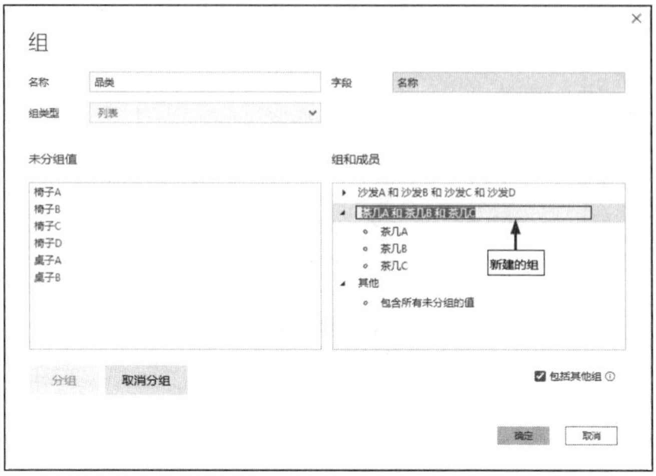

图 6-98　创建组

（6）按照与上一步相同的方法创建其他组，并在“组和成员”列表框中修改组名称，如图 6-99 所示。

图 6-99　创建其他组并重命名

特别提示

在创建最后一个组时，如果“包括其他组”复选框处于勾选状态，则不需要在“未分组值”列表框中选择值，只需重命名“其他”组，也可创建最后一个分组。

（7）单击“确定”按钮 确定 ，关闭对话框，即可在报表中查看分组后的结果。同一组中的数据系列显示为相同颜色，不同组显示为不同颜色，组名称则显示为图例标题和类别名称，如图 6-100 所示。

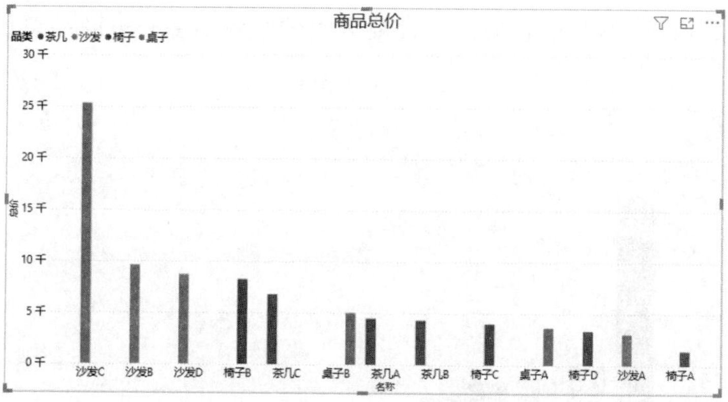

图 6-100　分组结果

从图 6-100 中可以看到，通过分组数据，可以很直观地查看各个类别的商品总价。如果要取消分组，则在“字段”窗格中取消勾选组字段即可。

除了可以从视觉对象中创建分组，还可以在“字段”窗格或数据视图中右击要分组的字段，从弹出的快捷菜单中选择“新建组”命令，如图 6-101 所示，打开“组”对话框进行分组。

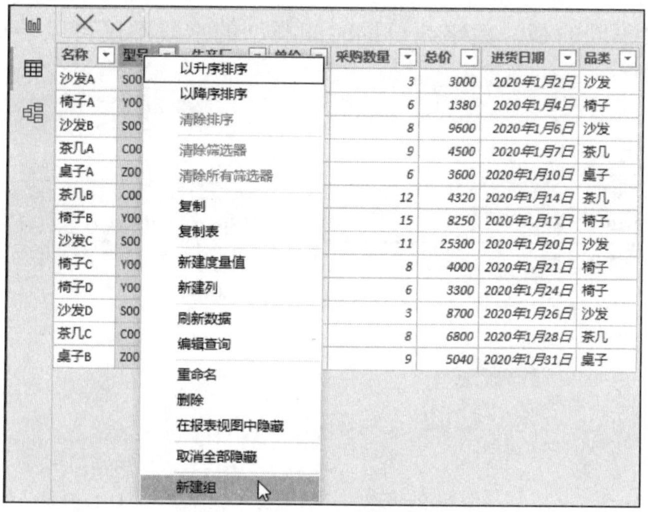

图 6-101　在数据视图中新建组

二、装箱分组

对于数字和日期时间类型的字段，可设置装箱大小，将数据表中的所有值按数量分组，合理精简显示的数据。Power BI Desktop 可以为计算列创建箱，但不能为度量值创建箱。

1. 数字类型的字段进行装箱分组的操作方法

下面通过将商品总价簇状柱形图中的“总价”字段按值分组，介绍对数字类型的字段进行装箱分组的操作方法。

（1）打开“家具订购单”报表页，包含要分组的视觉对象——商品总价簇状柱形图，如图 6-102 所示。

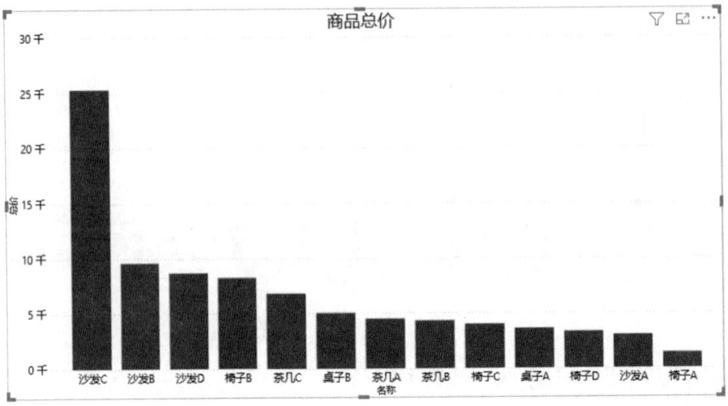

图 6-102　原始视觉对象

（2）在“字段”窗格中的“总价”字段上右击，从弹出的快捷菜单中选择“新建组”命令，打开“组”对话框。由于“总价”字段的数据类型为数字，因此组类型默认为“箱”，如图 6-103 所示。“最小值”和“最大值”文本框中显示的是分组字段的最小值和最大值。

与文本类型字段不同的是，数字或日期时间类型的字段不仅可以装箱分组，也可以选择列表分组。

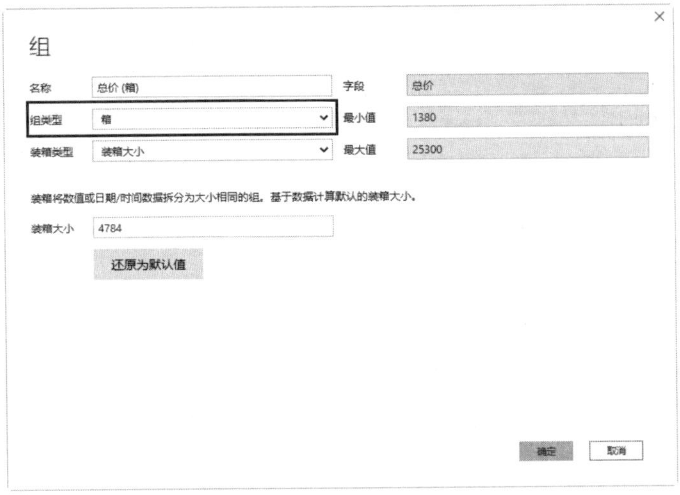

图 6-103　“组”对话框

（3）在“装箱类型”下拉列表中选择分组依据，可选择“装箱大小”或“装箱计数”。

如果选择“装箱大小”，则需要设置装箱大小，默认基于最大值和最小值将数据拆分为大小相同的组；如果选择“装箱计数”，则需要设置总的箱数，箱中值的数量为值的总数除以箱数。本例保留默认设置。

（4）单击“确定”按钮 确定 ，关闭对话框。从视觉对象中可以看到，数据系列按指定的箱大小进行分组，同一组的数据系列显示为相同的颜色，不同组显示不同的颜色，如图 6-104 所示。

对于日期时间类型的字段，Power BI Desktop 可以将日期时间拆分为年、季度、月、日、时、分、秒等进行装箱。

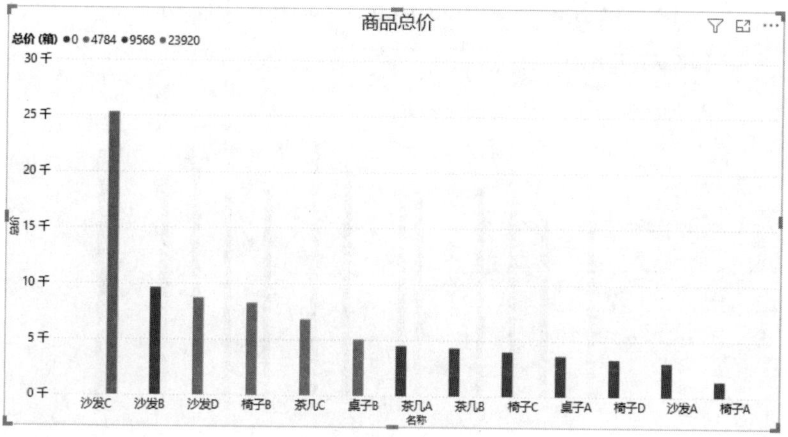

图 6-104　按箱大小分组的结果

2. 对日期时间类型的字段进行装箱分组的操作方法

下面通过将商品总价簇状柱形图中的“进货日期”字段按日期分组，介绍对日期时间类型的字段进行装箱分组的操作方法。

（1）复制商品总价报表页，选中其中的簇状柱形图，在“字段”窗格中取消之前选中的字段，然后将“品类”字段拖放到“可视化”窗格“字段”选项卡的“图例”编辑框中；将“总价”字段拖放到“值”编辑框中；展开“进货日期”字段的日期层次结构，将“日”字段拖放到“轴”编辑框中，如图 6-105 所示。

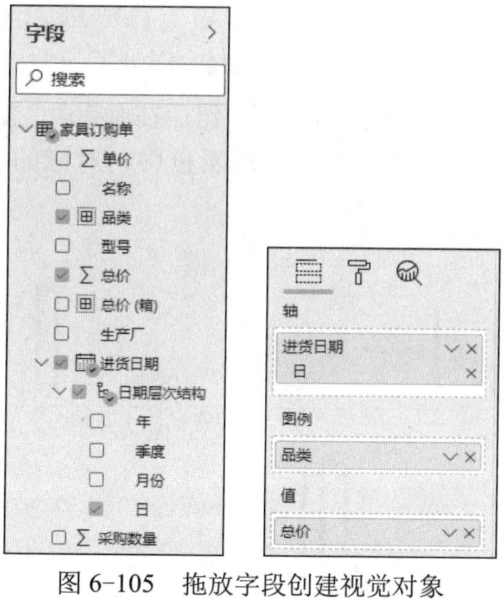

图 6-105　拖放字段创建视觉对象

（2）选中创建的视觉对象，在“可视化”窗格中切换到“格式”选项卡，设置 X 轴的类型为“类别”，Y 轴的缩放类型为“日志”，然后设置文本颜色为“黑色”，文本大小为“14

磅”，显示网格线，效果如图 6-106 所示。

（3）在“字段”窗格的“进货日期”字段上右击，从弹出的快捷菜单中选择“新建组”命令，打开“组”对话框，设置装箱大小为 10 天，如图 6-107 所示。

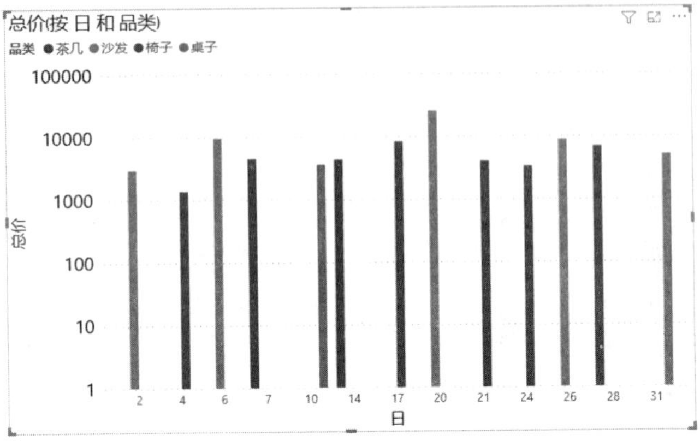

图 6-106　视觉对象设置效果

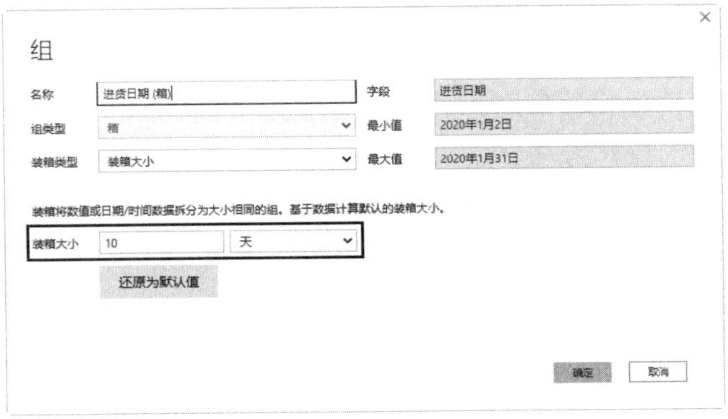

图 6-107　设置装箱大小

（4）单击“确定”按钮 确定，关闭对话框，然后在“字段”窗格中勾选“进货日期（箱）”复选框。该字段自动被添加到“小型序列图”编辑框中，对应的视觉对象如图 6-108 所示。

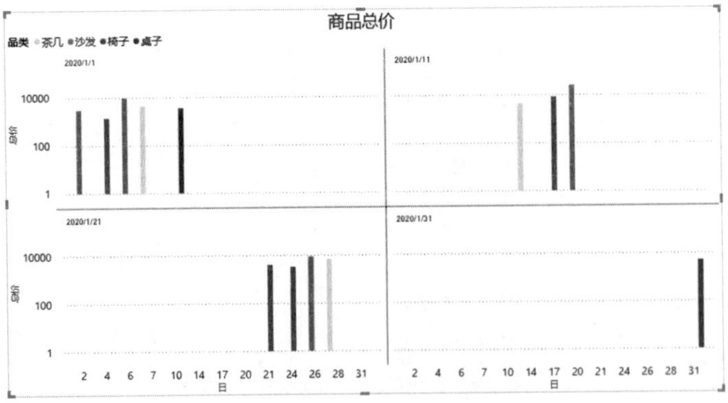

图 6-108　按日期装箱的结果

从图 6-108 中可以很直观地查看各个日期时间段的订购商品和总价。

案例三——建立员工信息表

（1）单击“文件”菜单中的“打开报表”命令，在打开“文件”菜单的右侧窗格中单击“浏览报表”按钮，弹出“打开”对话框，选择“员工信息表”文件，单击“打开”按钮，在 Power BI Desktop 界面打开文件，在“视图”侧边栏中单击“报表视图”按钮，如图 6-109 所示。

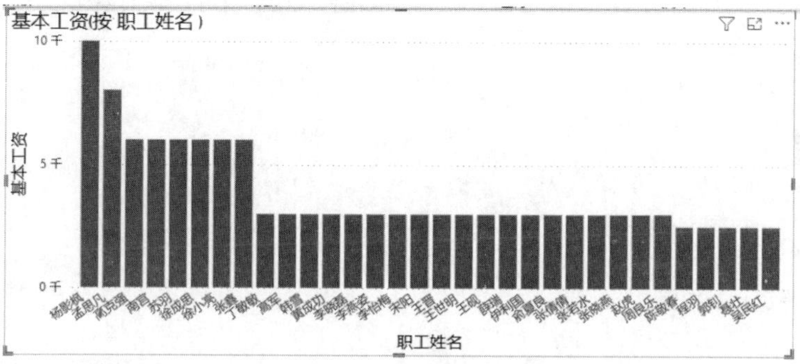

图 6-109　原始视觉对象

（2）选中该报表页，右击，在弹出的快捷菜单中选择“复制页”命令，双击复制后的报表页，修改名称为“数据分组”。

（3）按住〈Ctrl〉键，选择图 6-110 所示的人员，右击，在弹出的快捷菜单中选择“为数据分组”命令。此时，在“字段”窗格中添加了“职工姓名（组）”字段，如图 6-111 所示。

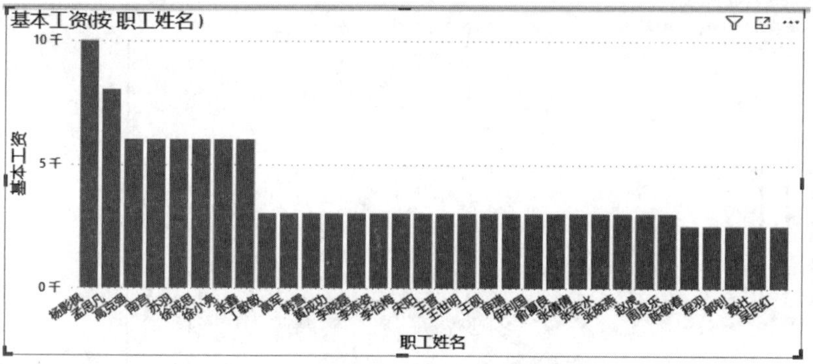

图 6-110　选择要分组的数据

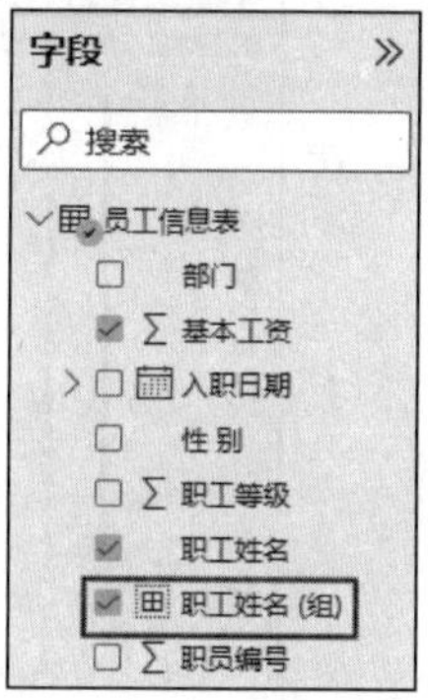

图 6-111　添加字段

（4）在“职工姓名（组）”字段上右击，在弹出的快捷菜单中选择“新建组”命令，弹出“组”对话框，如图 6-112 所示。

（5）在“组和成员”列表框中双击“吴民红和程羽和聂壮和陈敬春”组，修改名称为“等级 5”。

（6）在“未分组值”列表框中选中“杨影枫”，单击列表框下方的“分组”按钮，创建新组，修改组名为“等级 1”。

（7）同理，在“未分组值”列表框中选中“孟思凡”，创建“等级 2”分组。按住〈Ctrl〉键，在“未分组值”列表框中选中“高克强”“南宫”“苏羽”“徐成思”“徐小亮”“张鑫”，创建“等级 3”分组。

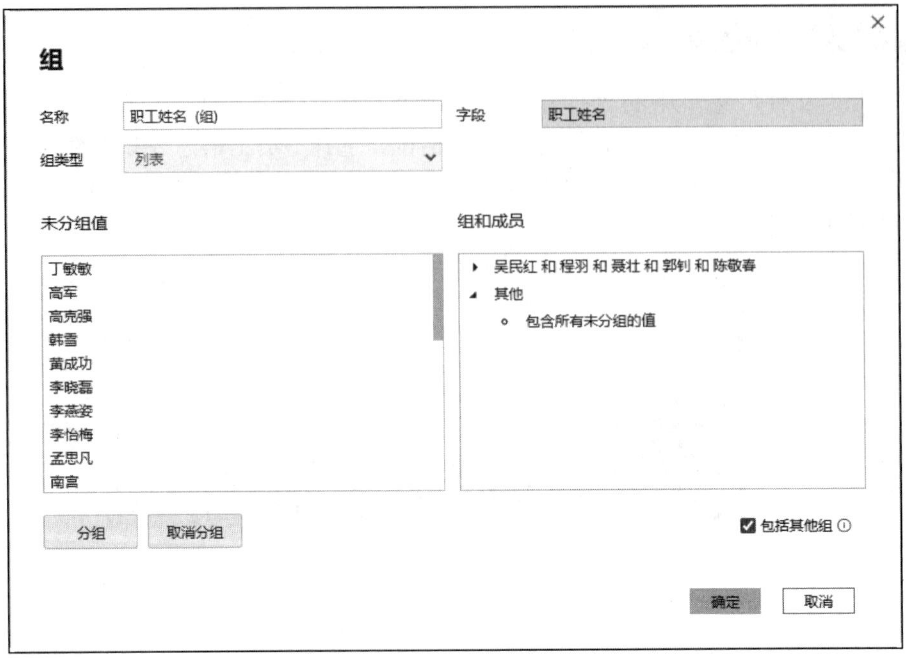

图 6-112　“组”对话框

（8）在“组和成员”列表框中双击“其他”，修改名称为“等级 4”。单击“确定”按钮，关闭对话框。此时，视觉对象如图 6-113 所示。

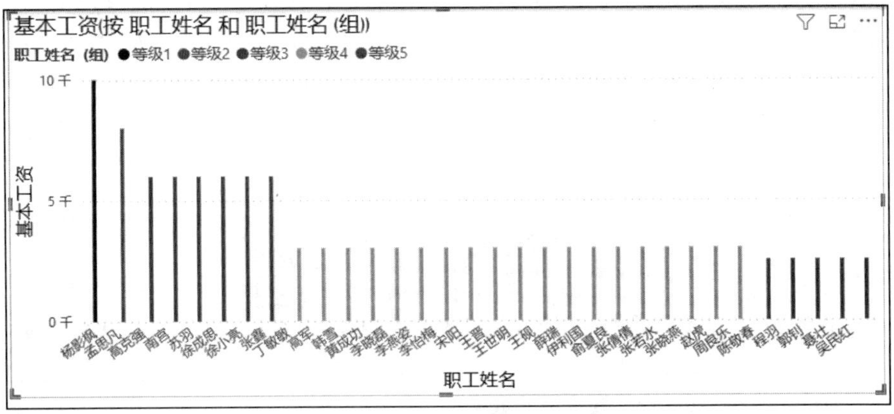

图 6-113　分组后的视觉对象

（9）在页面选项卡区域单击“新建页”按钮，创建新的报表页。修改名称为“装箱分组”。

（10）在“可视化”窗格的视图对象列表中单击“簇状柱形图”按钮，将“字段”窗格中的各字段分别拖动至“可视化”窗格“字段”选项卡下相应的编辑框中，如图 6-114 所示。此时，视觉对象如图 6-115 所示。

（11）在“字段”窗格中选中字段“基本工资”，右击，在弹出的快捷菜单中选择“新建组”命令，弹出“组”对话框。

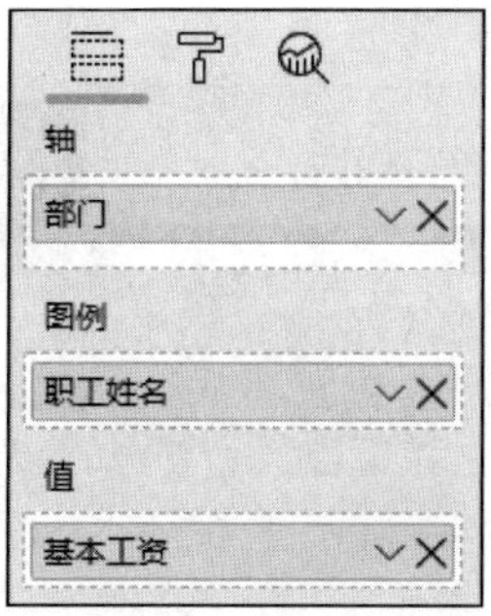

图 6-114　“可视化”窗格

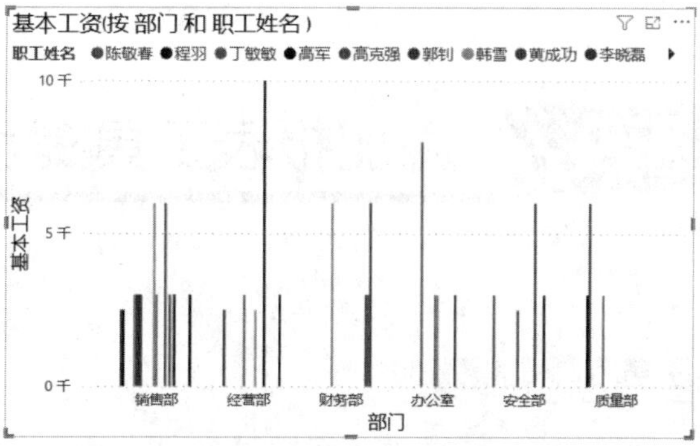

图 6-115　视觉对象

（12）将装箱类型设置为“装箱大小”，装箱大小为“2000”，如图 6-116 所示。

（13）单击“确定”按钮 确定 ，关闭对话框。此时，“字段”窗格如图 6-117 所示。

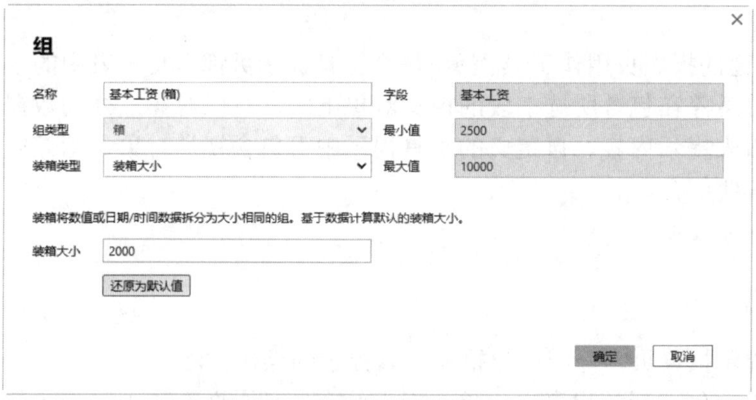

图 6-116　设置装箱类型和装箱大小

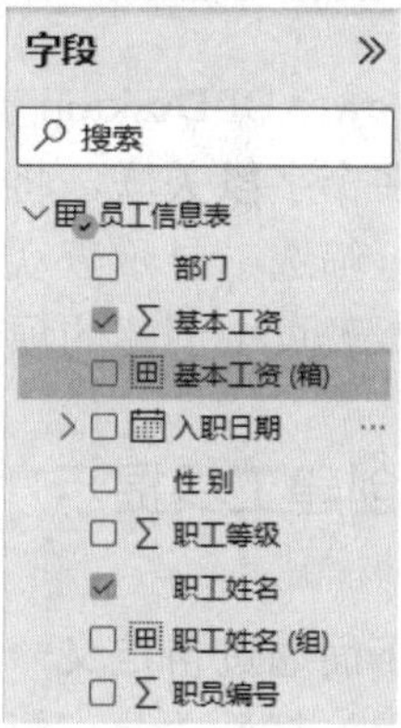

图 6-117　“字段”窗格

（14）将“基本工资（组）”字段拖动至“可视化”窗格“字段”选项卡的“小型序列图”编辑框中，结果如图 6-118 所示。

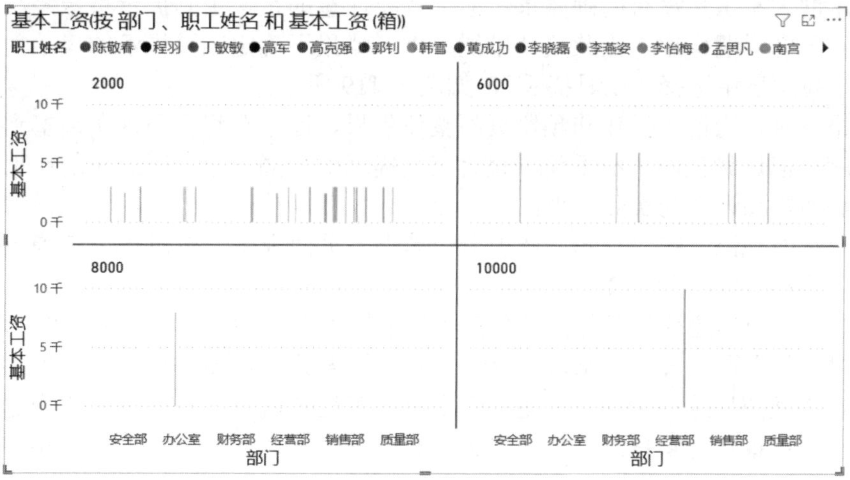

图 6-118　分组后的视觉对象

任务四 添加报表工具提示

任务引入

小明提交给领导的报表不能直观地显示报表内容，领导要求小明添加工具提示，更突出地显示数据信息。那么，在 Power BI 中如何配置工具提示？又如何添加报表工具提示呢？

知识准备

Power BI Desktop 支持将创建的报表页用作工具提示，每个工具提示页都可与报表中的一个或多个字段关联。将鼠标指针悬停在包含所选字段的视觉对象上时，可以对焦点处的数据点进行筛选，显示直观丰富的报表提示内容。自定义的工具提示中可包含视觉对象、图像以及在报表页中创建的项的所有其他集合。

一、创建工具提示

下面通过自定义一个工具提示报表页，介绍创建报表工具提示的操作方法。

（1）打开“员工资料”文件，创建新的报表页。单击报表画布底部页面选项卡区域中的“新建页”按钮 + ，新建一个报表页面。该页面将作为报表工具提示。

（2）设置报表页的页面大小。在“可视化”窗格中切换到“格式”选项卡，展开“页面大小”选项，在“类型”下拉列表中选择页面比例或大小。

工具提示的大小虽然没有明确要求，但读者要注意的是，工具提示将悬停在报表画布上方，起提示和补充说明作用，因此尺寸不能太大。如果不确定工具提示的尺寸大小，可直接在“类型”下拉列表中选择“工具提示”，如图 6-119 所示。

在制作报表时，为便于操作和预览页面整体效果，通常会将页面视图调整到页面大小或适应可用宽度。但这种视图大小不便于查看工具提示的全局效果，因此在制作工具提示页面时，最好将页面视图调整为实际大小。

（3）调整页面视图。在“视图”选项卡中单击“页面视图”按钮，在弹出的下拉菜单中选择“实际大小”，如图 6-120 所示。

（4）在报表页中创建视觉对象。在“字段”窗格中选中“姓名”“年龄”和“职称”字段，然后单击“可视化”窗格视觉对象列表中的“折线和簇状柱形图”按钮，创建对应的视觉对象。然后在“视图”选项卡的“主题”组中单击下拉按钮，在主题列表中选择“边界”应用主题，在“可视化”窗格的“格式”选项卡中修改 X 轴和 Y 轴的文本大小，并显示数据标签，效果如图 6-121 所示。

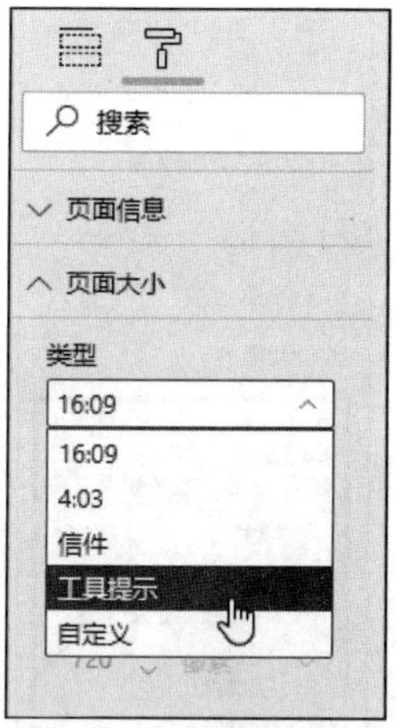

图 6-119　设置页面大小

图 6-120　设置页面视图

（5）根据需要，报表页面中可以包含多个不同类型的视觉对象。

制作完成后，为报表页指定一个有意义的名称，便于用户了解其用途。

（6）设置报表页名称。在“格式”选项卡中展开“页面信息”选项，在“名称”文本框中输入报表页的名称，如图 6-122 所示。

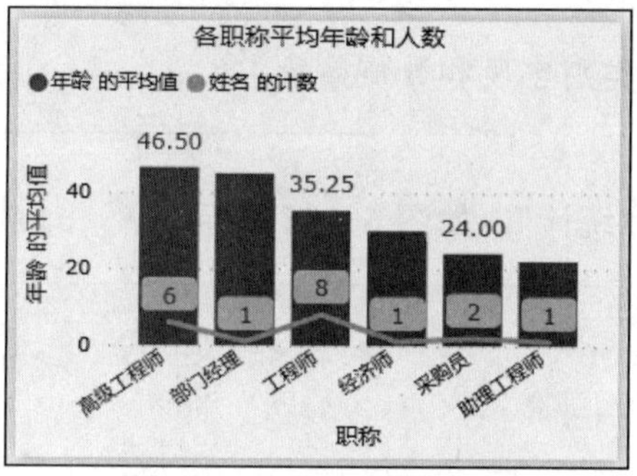

图 6-121　创建的视觉对象

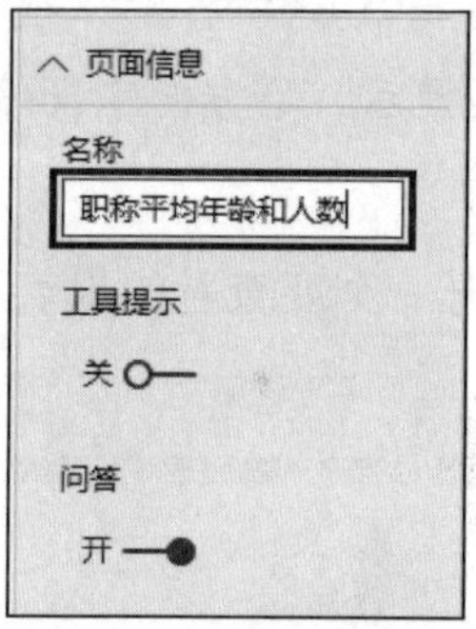

图 6-122　设置报表页的名称

至此，工具提示页面制作完成。但此时的报表页面还不能用作工具提示，还需要配置工具提示页。

二、配置工具提示

创建好工具提示报表页之后，需要配置工具提示页，让 Power BI Desktop 将其注册为工具提示，并确保它显示在正确的视觉对象上方。

（1）在“可视化”窗格的“格式”选项卡中展开“页面信息”选项，单击“工具提示”开关按钮，将其设置为“开”，如图 6-123 所示，将当前页用作工具提示。

（2）添加工具提示字段。在“可视化”窗格中切换到“字段”选项卡，在“字段”窗格中将要对其显示报表工具提示的字段（如“部门”）拖放到“工具提示”下方的字段编辑框中，如图 6-124 所示。

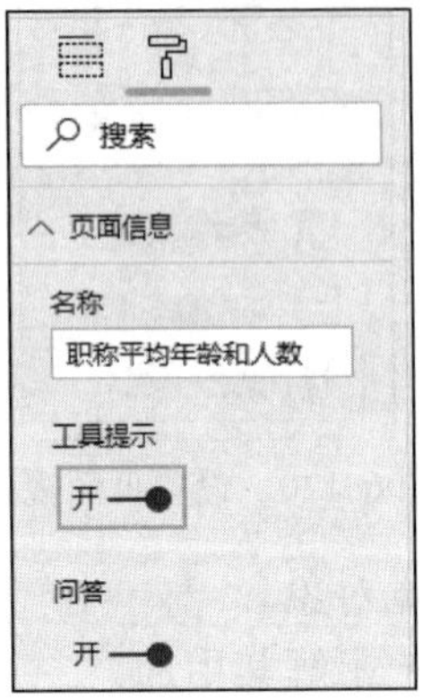

图 6-123　开启工具提示

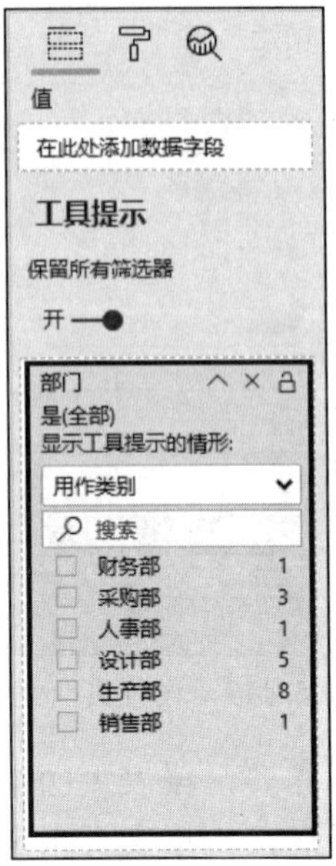

图 6-124　添加工具提示字段

特别提示

"工具提示"下方的字段编辑框中可同时包括类别字段和数值字段。

（3）打开一个要查看的报表页，如"各部门职称统计"，如图 6-125 所示。

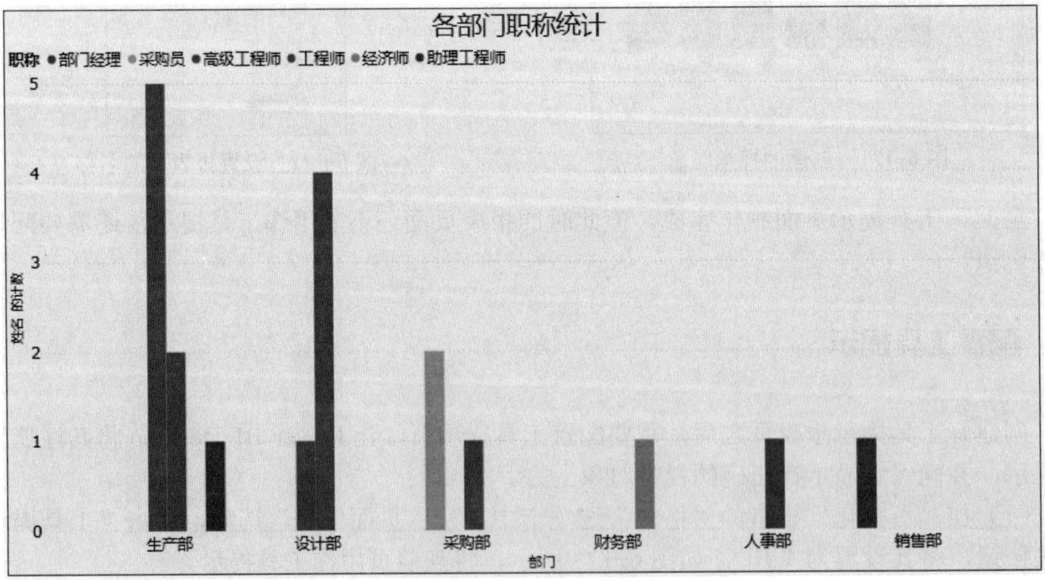

图 6-125　要查看的报表页

（4）将鼠标指针移到其中一个数据系列上，即可对工具提示报表页中的视觉对象进行筛选，显示对应数据系列的相关信息，替换默认的 Power BI 工具提示，如图 6-126 所示。

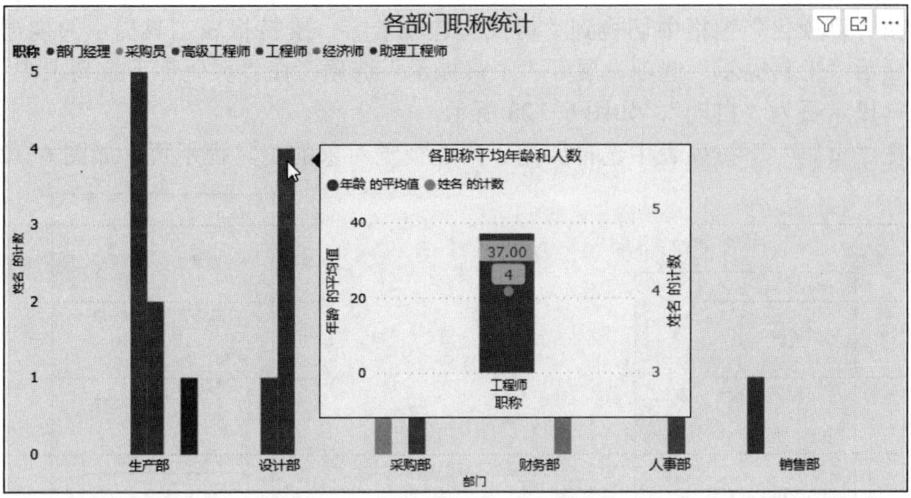

图 6-126　显示报表工具提示

从图 6-126 中可以看到，将鼠标指针移到“设计部”的“工程师”数据系列上时，报表工具提示仅显示该部门工程师的平均年龄和数量。

三、手动设置工具提示

上文介绍的工具提示配置方法，可以实现当鼠标指针悬停在包含指定字段的视觉对象上时自动显示工具提示。除此之外，用户还可以手动指定工具提示应用的视觉对象。

手动设置工具提示的功能具有多种用途。例如，可以设置空白的工具提示页，替代 Power BI 默认的工具提示选项；也可以设置不显示 Power BI 自动选择的工具提示。

下面通过为饼图指定创建的工具提示为例，介绍手动设置工具提示的方法。

（1）打开一个包含多个视觉对象的报表页。选中其中一个视觉对象（如饼图），将鼠标指针移到其中一个数据点上时，由于该视觉对象中不包含指定的工具提示字段“部门”，所以显示默认的工具提示，如图 6-127 所示。

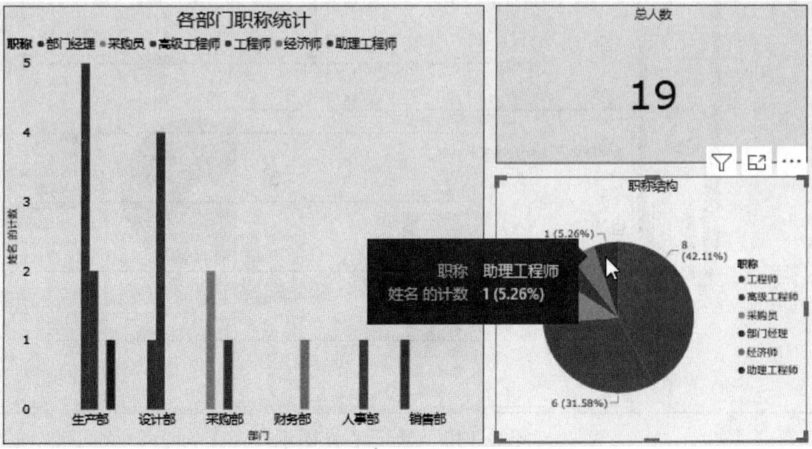

图 6-127　显示默认的工具提示

（2）在“可视化”窗格中切换到“格式”选项卡，支持报表工具提示的视觉对象会在选项卡中显示“工具提示”选项。展开“工具提示”选项，在“页码”下拉列表中可以看到，默认的工具提示页为“自动”，如图 6-128 所示。

（3）在“页码”下拉列表中选择要用于所选视觉对象的工具提示页，如图 6-129 所示。

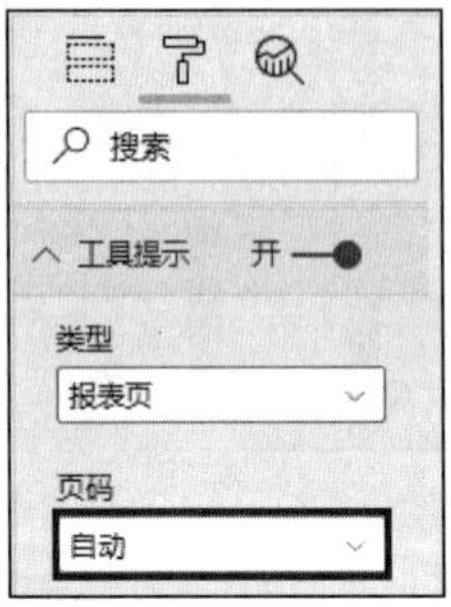

图 6-128　默认的工具提示页

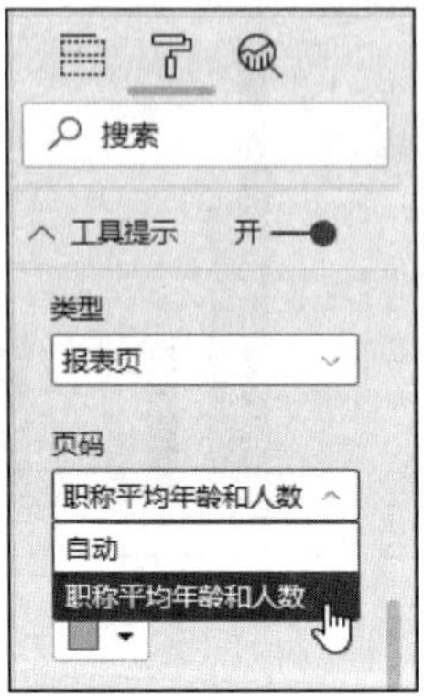

图 6-129　选择工具提示页

特别提示

“页码”下拉列表中仅显示指定为工具提示页的报表页，其他报表页不显示。

（4）将鼠标指针移到指定了工具提示页的视觉对象的数据点上，即可显示指定的工具提示，如图 6-130 所示。

手动配置视觉对象的工具提示后，如果要恢复默认的工具提示，则可展开“工具提示”选项，在“页码”下拉列表中选择“自动”即可。

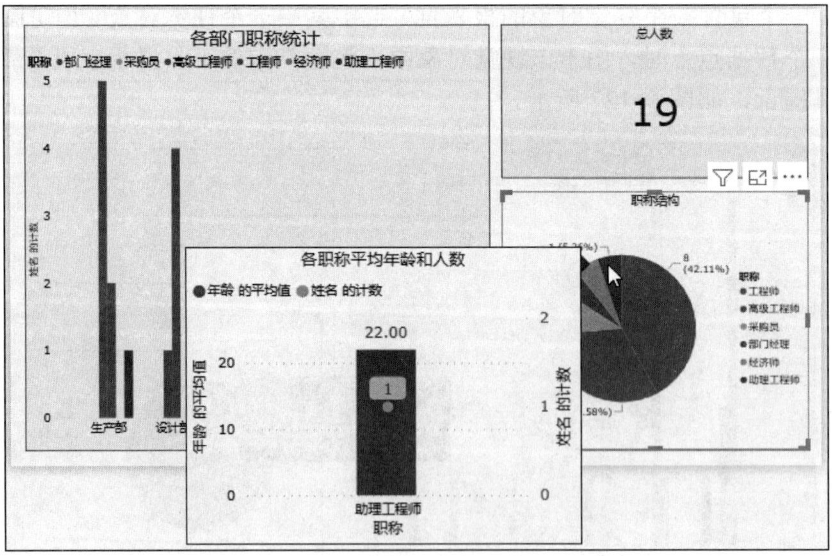

图 6-130　显示工具提示

案例四——建立各门店商品销售表

（1）单击“文件”菜单中的“打开报表”命令，在打开的“文件”菜单的右侧窗格中单击“浏览报表”按钮，弹出“打开”对话框，选择“各门店商品销售表”文件，单击“打开”按钮，在 Power BI Desktop 界面打开文件。

（2）在“可视化”窗格中切换到“格式”选项卡，展开“页面大小”选项，在“类型”下拉列表中选择“工具提示”，如图 6-131 所示。

（3）展开“页面信息”选项，单击“工具提示”开关按钮，将其设置为“开”，如图 6-132 所示，将当前页用作工具提示。

图 6-131　设置页面大小

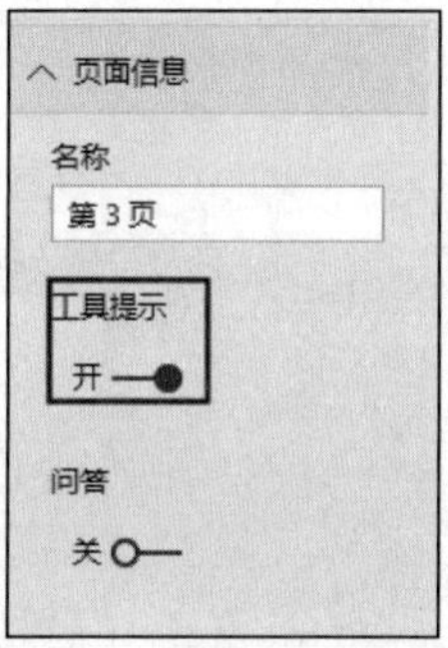

图 6-132　开启工具提示

（4）在“视图”选项卡中单击“页面视图”按钮，在弹出的下拉菜单中选择“实际大小”，如图 6-133 所示。

（5）在“可视化”窗格的视图对象列表中单击“簇状柱形图”按钮，将“字段”窗格中的字段分别拖动到“可视化”窗格“字段”选项卡如图 6-134 所示的编辑框中。生成的视觉对象如图 6-135 所示。

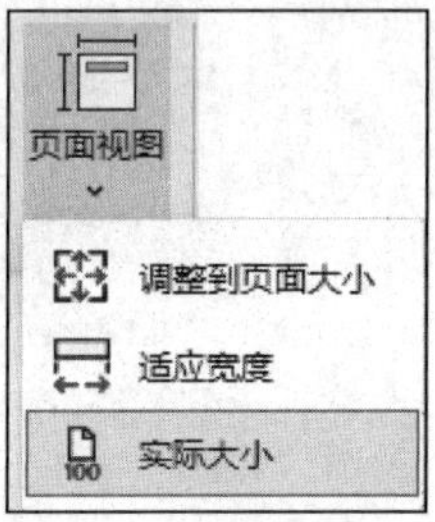

图 6-133　设置页面视图

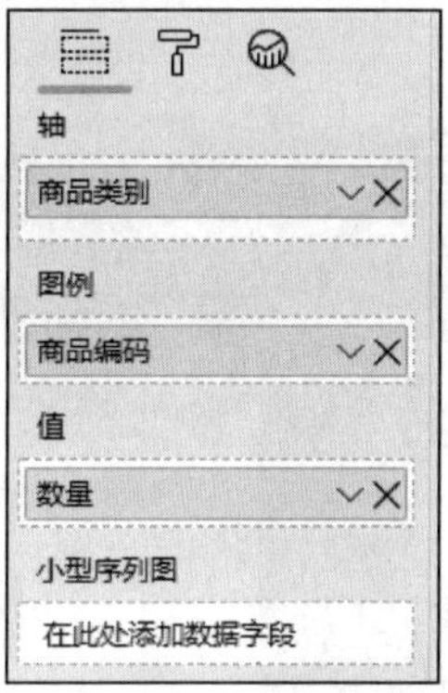

图 6-134　添加字段

（6）在“字段”窗格中将“门店编码”字段拖放到“工具提示”下方的字段编辑框中，如图 6-136 所示。

（7）在页面选项卡区域单击“新建页”按钮 + ，新建报表页。在“可视化”窗格的视图对象列表中单击“树状图”按钮，将“字段”窗格中的字段拖放至“可视化”窗格“字段”选项卡下的各编辑框中，如图 6-137 所示。此时，生成的树状图如图 6-138 所示。

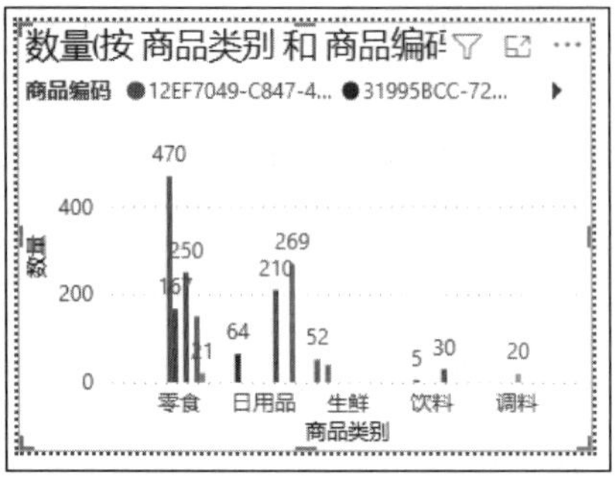

图 6-135　生成的视觉对象

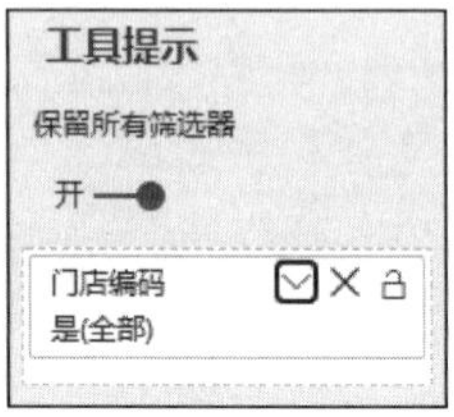

图 6-136　添加工具提示字段

图 6-137　拖动字段

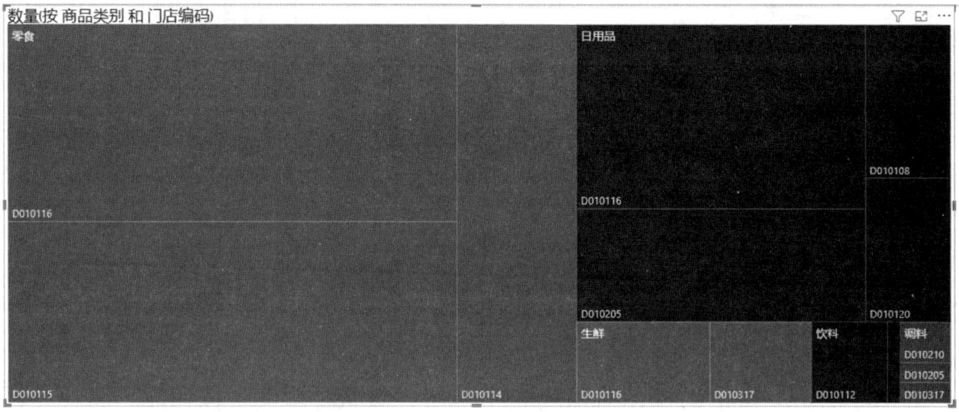

图 6-138　生成的树状图

（8）将鼠标指针置于其中左上角的“零食”区域，系统会自动显示工具提示，如图 6-139 所示。

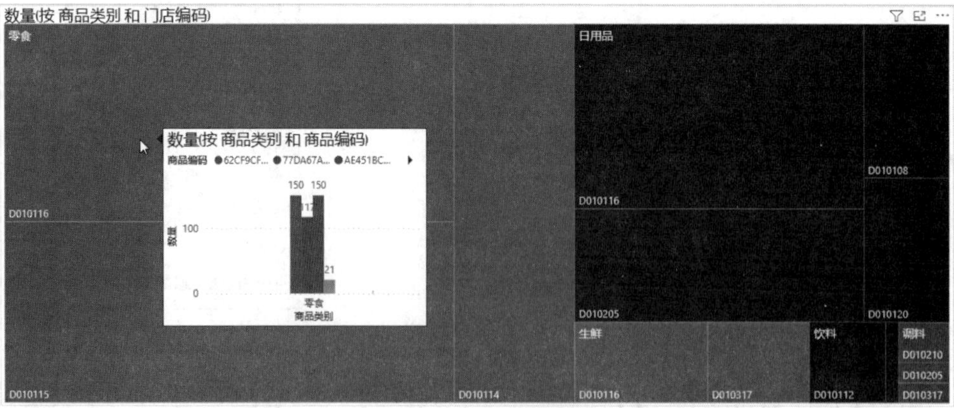

图 6-139　显示工具提示

项目总结

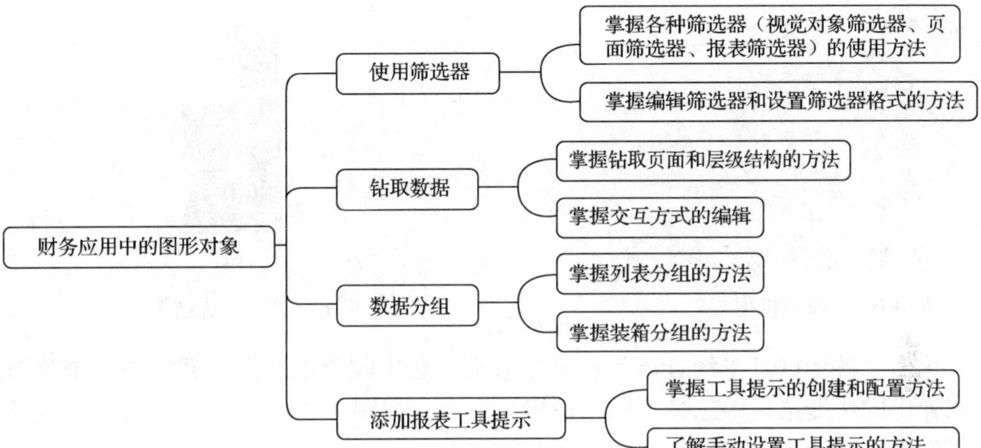
财务应用中的图形对象
使用筛选器
掌握各种筛选器（视觉对象筛选器、页面筛选器、报表筛选器）的使用方法
掌握编辑筛选器和设置筛选器格式的方法
钻取数据
掌握钻取页面和层级结构的方法
掌握交互方式的编辑
数据分组
掌握列表分组的方法
掌握装箱分组的方法
添加报表工具提示
掌握工具提示的创建和配置方法
了解手动设置工具提示的方法

项目实战

实战　建立商品订单统计表

（1）单击“文件”菜单中的“打开报表”命令，在打开的“文件”菜单的右侧窗格中单击“浏览报表”按钮，弹出“打开”对话框，选择“订单统计表”文件，单击“打开”按钮，在 Power BI Desktop 界面打开文件，在“视图”侧边栏中单击“报表视图”按钮，打开“各机型订单统计表”报表页，如图 6-140 所示。

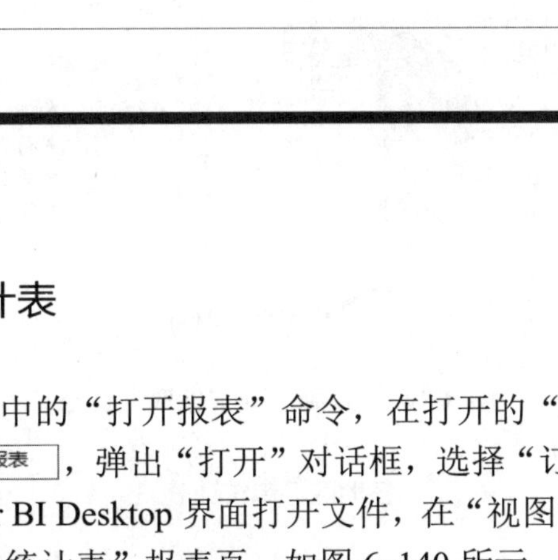
各机型订单统计表
颜色 ●玫瑰金 ●磨砂黑 ●天空蓝 ●月光白 ●紫罗兰
2000
1500
1000
500
0
订单数量
22U7
19U7
23U1
3256
23U2
机型

图 6-140　原始视觉对象

（2）将鼠标指针移到要设置筛选条件的筛选器上，显示“展开或折叠筛选器卡”按钮﹀，单击该按钮，即可展开筛选器。单击“机型”选项，将其展开，筛选类型设置为“基本筛选”，勾选“19U7”机型复选框，如图 6-141 所示。此时，筛选出机型 19U7 天空蓝色和月光白色的订单数量，如图 6-142 所示。

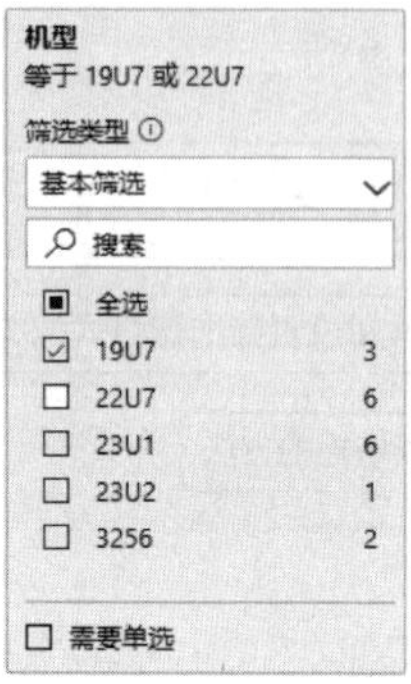

图 6-141　勾选机型

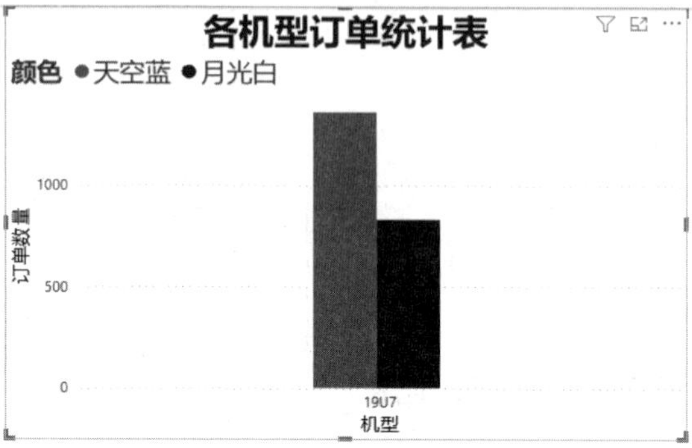

图 6-142　筛选结果

（3）单击“各地区订单统计表”打开报表页，选中收货地区湖北武汉的一个数据区域，右击，在弹出的快捷菜单中选择“向下钻取”命令，如图 6-143 所示。此时，生成湖北武汉地区各机型数量统计表，如图 6-144 所示。

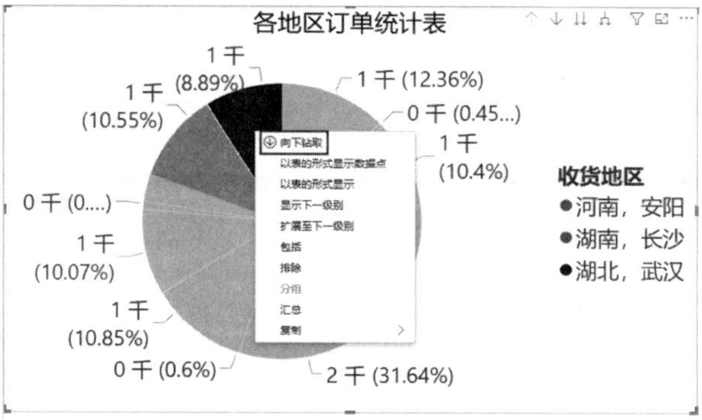

图 6-143　选择“向下钻取”命令

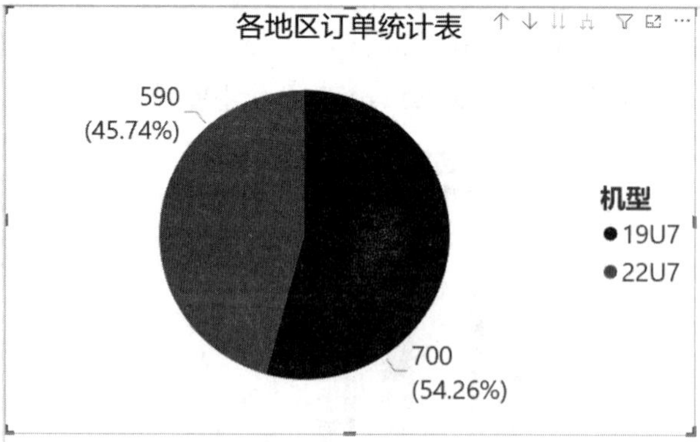

图 6-144　钻取的数据

（4）单击“单日订单统计表”打开报表页，如图 6-145 所示。

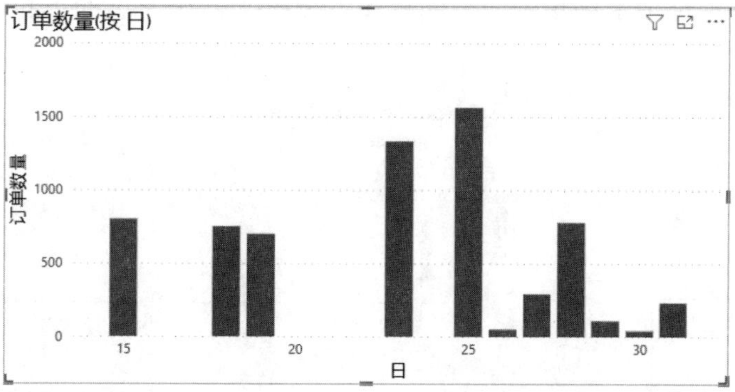

图 6-145　“单日订单统计表”报表页

（5）选择“字段”窗格中的“颜色”字段，右击，在弹出的快捷菜单中选择“新建组”命令，弹出“组”对话框，在“未分组值”列表框中选择“玫瑰金”，单击“分组”按钮 分组 ，在“组和成员”下拉列表中生成新组。

（6）同理，将剩余的其他颜色分别进行分组，结果如图 6-146 所示。

（7）单击“确定”按钮 确定 ，关闭对话框，在“字段”窗格中生成新的字段，如图 6-147 所示。

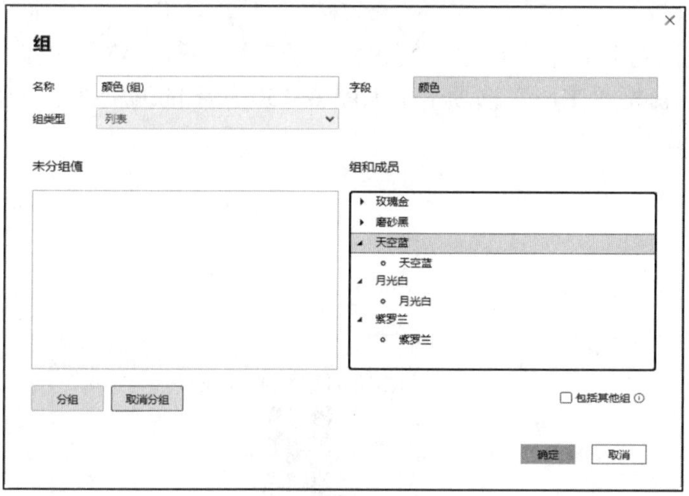

图 6-146　创建的分组

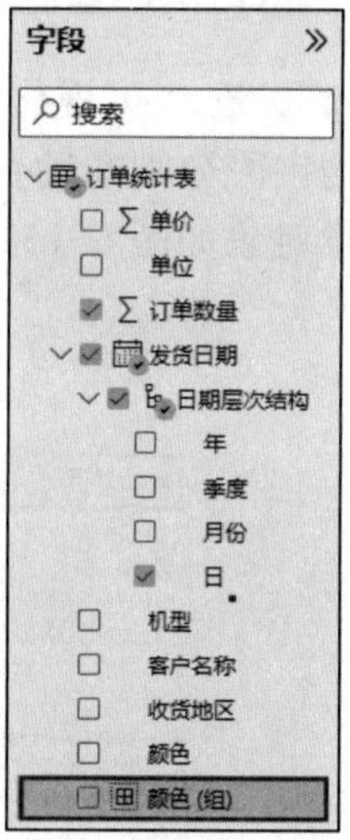

图 6-147　生成的新字段

（8）将新生成的“颜色（组）”字段拖至“可视化”窗格“字段”选项卡“小型序列图”编辑框中，如图 6-148 所示。此时，视觉对象如图 6-149 所示。

（9）在页面选项卡区域单击“新建页”按钮 + ，新建报表页。双击修改名称为“工具提示”。

（10）在“可视化”窗格中切换到“格式”选项卡，展开“页面大小”选项，在“类型”下拉列表中选择“工具提示”。

（11）展开“页面信息”选项，单击“工具提示”开关按钮，将其设置为“开”，将当前页用作工具提示。

（12）在“视图”选项卡中单击“页面视图”按钮，在弹出的下拉菜单中选择“实际大小”。

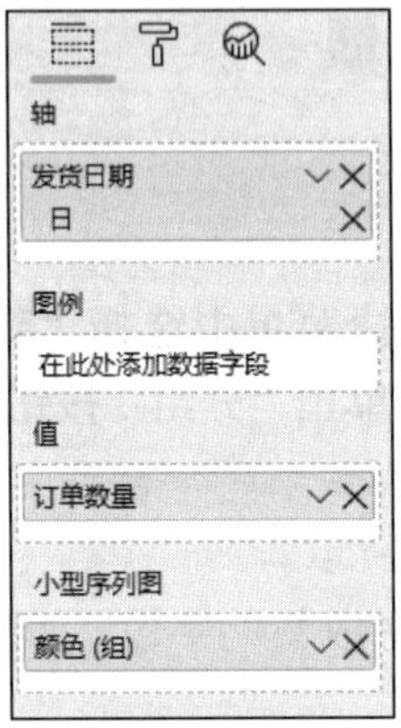

图 6-148　拖动字段

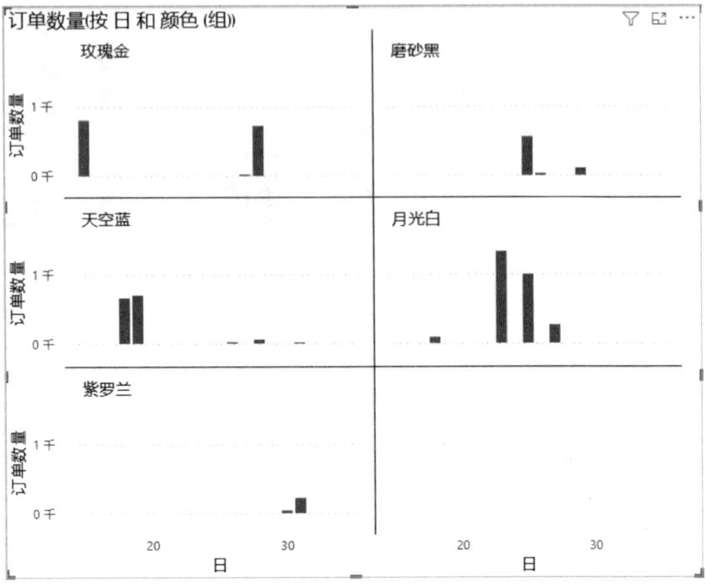

图 6-149　分组后的视觉对象

（13）在“可视化”窗格的视图对象列表中单击“簇状柱形图”按钮，将“字段”窗格中的字段分别拖动到“可视化”窗格“字段”选项卡下如图 6-150 所示的编辑框中。生成的视觉对象如图 6-151 所示。

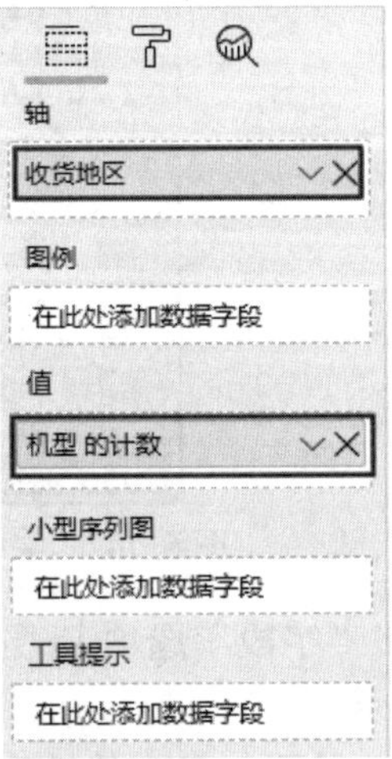

图 6-150　拖放字段

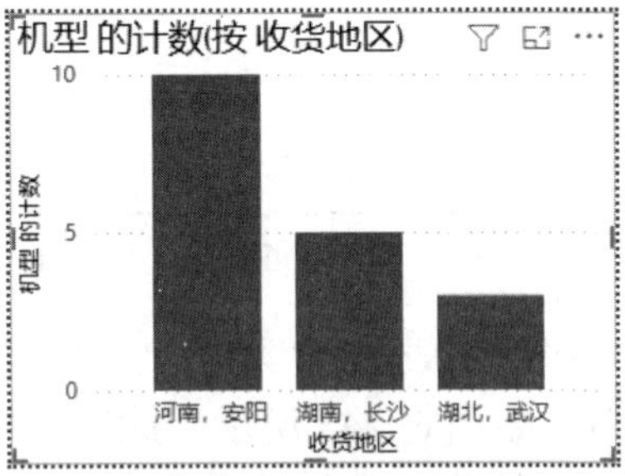

图 6-151　生成的视觉对象

（14）在“字段”窗格中将“颜色”字段拖放到“可视化”窗格“字段”选项卡“工具提示”下方的字段编辑框中，如图 6-152 所示。

（15）选中创建的视觉对象，在“可视化”窗格“格式”选项卡中单击“数据标签”开关按钮，将其设置为“开”。展开“Y 轴”选项，修改轴标题为“订单笔数”，此时的视觉对象如图 6-153 所示。

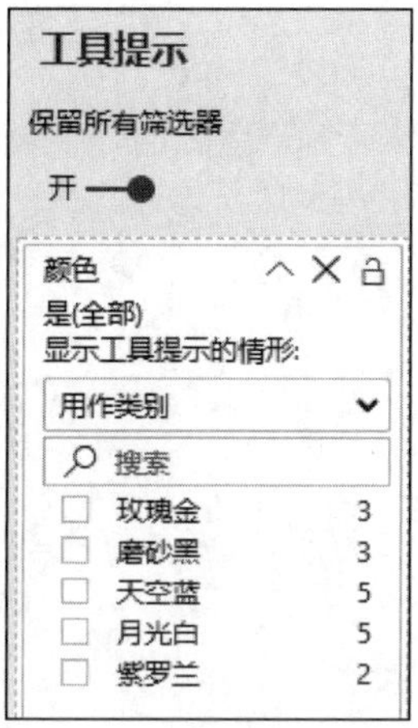

图 6-152　拖动字段

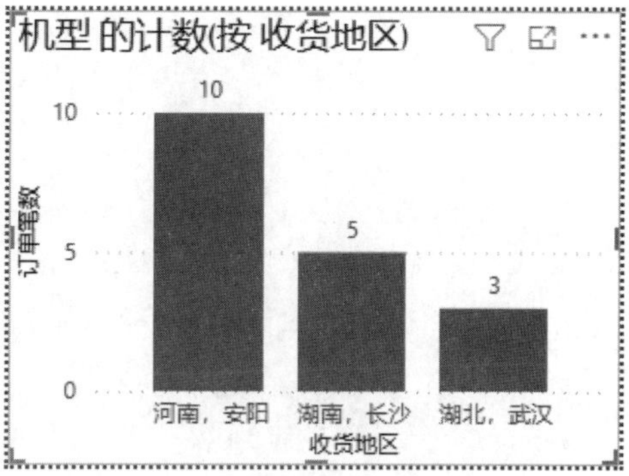

图 6-153　打开数据标签的视觉对象

（16）单击“各机型订单统计表”报表页，将鼠标指针置于“天空蓝”数据区域，系统会自动显示工具提示，如图 6-154 所示。该工具提示表明机型为 19U7 天空蓝色的机子在河南安阳和湖北武汉各有一笔订单。

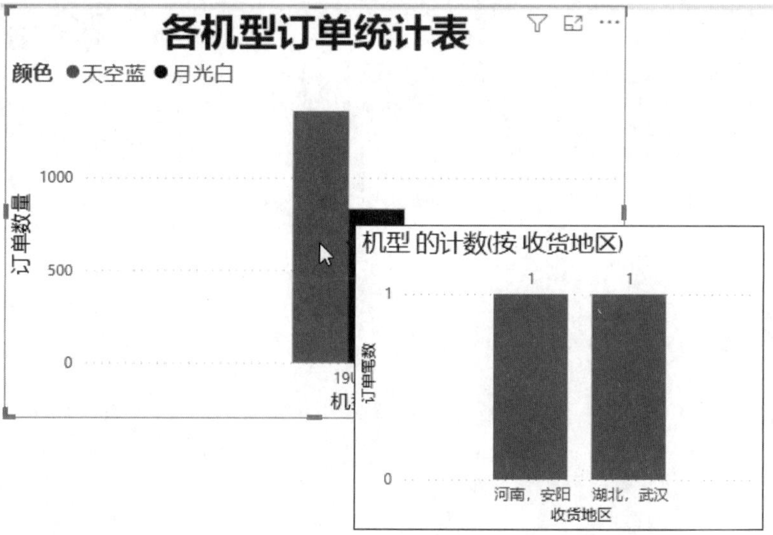

图 6-154　显示工具提示